U0681953

中共中央党校（国家行政学院）马克思主义学院／主编

马克思主义研究前沿（全六卷）

第五卷
中国特色社会主义政治经济学研究

Frontiers of Research on

Marxism

Six Volumes

社会科学文献出版社
SOCIAL SCIENCES ACADEMIC PRESS (CHINA)

马克思主义研究前沿（全六卷）
编委会

主　任　张占斌

副主任　牛先锋　陈曙光　王中汝　薛伟江

成　员　（按姓氏笔画排序）

王　巍　王虎学　王海燕　刘莹珠

李海青　邱耕田　辛　鸣　张　严

赵　培　唐爱军　黄　锟　崔丽华

蒋　茜　韩庆祥　魏静茹

·总　序·

马克思主义是我们立党立国的指导思想。中国共产党为什么能，中国特色社会主义为什么好，归根结底是马克思主义行，是中国化时代化的马克思主义行。马克思主义科学理论指导是我们党鲜明的政治品格和强大的政治优势。在任何时候，我们都要彰显这个鲜明的政治品格，都要发挥好这个强大的政治优势。中共中央党校（国家行政学院）马克思主义学院是党中央批准成立的，是全国唯一一家"党"字号、"国"字号马克思主义学院。2015 年 12 月 11 日，习近平总书记在全国党校工作会议上强调："中央批准中央党校成立马克思主义学院，就是坚持党校姓'马'姓'共'之举。"习近平总书记的重要讲话和中共中央党校（国家行政学院）"四个建成"目标的提出，为我们建设好马克思主义学院指明了方向。

2022 年是中国共产党第二十次全国代表大会召开之年。为了向党的二十大献礼，集中展示党的十八大以来中共中央党校（国家行政学院）马克思主义学院标志性研究成果，我们组织专门班子编辑出版"马克思主义研究前沿"（全六卷）学术丛书。

第一卷为《当代中国马克思主义研究》。该卷聚焦习近平新时代中国特色社会主义思想，从总论、以人民为中心、中国式现代化道路、人类文明新形态、国家治理、中国经济学六个专题展开，深度解读习近平新时代中国特色社会主义思想的科学内涵、思想精髓、原创性贡献，科学回答习近平新时代中国特色社会主义思想的若干重大理论问题，展示习近平新时代中国特色社会主义思想的真理力量、实践力量、思想力量。

第二卷为《马克思主义基本原理及经典著作研究》。该卷旨在论证正本清源、返本开新是新时代中国特色社会主义事业顺利发展的理论保障。该卷立足于马克思主义经典著作，着眼于马克思主义基本原理的创造性运用与创新性发展，对实践、劳动、自由、国家、暴力革命、社会主义等核心概念，进行了条分缕析的梳理和研究，有利于我们准确理解与传播马克思主义基本原理，彰显马克思主义真理力量。

第三卷为《马克思主义发展史研究》。该卷精选了马克思主义学院在马克思主义发展史、国外马克思主义等学科的代表性研究成果，这些成果体现了"正本清源、返本开新"的学术旨趣，既有围绕经典著作对"源头"的阐释，也有结合当代问题对"潮头"的探索，体现了对马克思主义发展史、国外马克思主义多角度的观照和多维度的研究，体现和凸显了马克思主义的科学原理和科学精神的历史发展和当代意义。

第四卷为《马克思主义中国化研究》。该卷立足中国特色社会主义新时代，从总论、国家治理与制度优势、意识形态与思想文化、发展道路与发展战略、中国式现代化与发展模式五个板块探究马克思主义中国化的理论逻辑、历史逻辑与实践逻辑，深入阐释中国共产党为什么能、马克思主义为什么行、中国特色社会主义为什么好等重大理论问题，力图为开启全面建设社会主义现代化国家新征程、实现第二个百年奋斗目标提供思想启迪。

第五卷为《中国特色社会主义政治经济学研究》。该卷立足中国特色社会主义新时代，以问题为经，以理论为纬，从总论、资本与劳动关系、经济思想史、新型城镇化与经济发展、减贫与农民工市民化等五个板块研究新时代中国特色社会主义政治经济学的创新发展和学科体系，分专题深入研究新时代中国特色社会主义政治经济学一系列重大理论和现实问题，具有较强的学术性和前沿性。

第六卷为《中国道路研究》。该卷立足中国特色社会主义新时代，以问题为纲，以史实为据，从总论、中国发展道路、中国话语、中国制度、党的建设、全球治理等六个板块探究"中国奇迹"背后的逻辑，阐明中国道路背后的道理、哲理、学理，阐明中国共产党始终以实现中华民族伟大复兴为己任，团结带领全国各族人民奋力推进革命、建设、改革事业，不仅取得了举世瞩目的伟大成就，也为全球发展提供了中国智慧和中国方案。

　　《马克思主义研究前沿》（全六卷）收入的作品只是马克思主义学院学者发表的部分研究成果，鉴于篇幅和选题所限，还有大量优质成果未能纳入。该套丛书的出版，既是对过去成绩的回望与检阅，更是新起点、新征程上向着更高目标进发的"动员令"。中共中央党校（国家行政学院）马克思主义学院是一所年轻的学院，马克思主义学院团队是一支特别能攻坚、特别能创造、特别能奉献的队伍，我们有信心担负起推动马克思主义学院高质量发展的历史使命，以更优异成绩建功新时代，为党的理论创新创造做出更大贡献。

丛书编委会

2022 年 11 月 1 日

·目　录·

第一编　总　论

习近平经济思想与当代中国特色社会主义政治经济学的发展[*]

张占斌

巨大变革的时代催生先进的思想理论体系，先进的思想理论体系指引又将极大地推动时代的变革步伐。党的十八大以来，习近平总书记代表党中央发表了系列重要讲话，这是指导我们在新的历史阶段进行具有新的历史特点的伟大斗争的最鲜活的马克思主义。在中国经济社会转型的关键时刻，我们需要全面地而不是片面地，系统地而不是零碎地，实际地而不是空洞地，在读原著、学原文、悟原理中把握其精髓。特别值得重视的是，习近平总书记围绕经济建设和经济改革的重要讲话，回答了我们这样的经济大国向何处去的大问题，发展了马克思主义政治经济学，是当代中国特色社会主义政治经济学的新突破。

一 "魂"与"纲"：习近平经济思想的体系框架

我认为，习近平系列重要讲话的"魂"或可概括为"一个主义""两个实现""三个自信""四个全面""五大理念"。"一个主义"是指毫不动摇地坚持和发展中国特色社会主义。只有社会主义才能救中国，只有中国特色社会主义才能发展中国。这是习近平治国理政的旗帜和理想，要继往开来把这篇大文章续写精彩。"两个实现"，一是实现国家治理体系和治理能力现代化，即在党的领导下实现国家管理制度体系的现

---

[*] 本文原载于《政治经济学评论》2016 年第 4 期，收入本书时有改动。

代化；二是实现"两个一百年"的奋斗目标，即到 2020 年全面建成小康社会，到 2050 年实现国家富强、民族振兴、人民幸福的中华民族伟大复兴的中国梦。"两个实现"，内涵丰富，非常值得期待。"三个自信"是指要坚持中国特色社会主义道路自信、理论自信、制度自信。这是我们的民族精神，要刻骨铭心。当然，这也是我们前行的依据和基础，需要在国际比较中坚持。"四个全面"是指全面建成小康社会、全面深化改革、全面依法治国、全面从严治党。全面建成小康社会是我们的战略目标，全面深化改革、全面依法治国、全面从严治党是三大战略举措。"四个全面"是一个统一互动的整体，是一套行云流水的组合拳。"五大理念"是指"创新、协调、绿色、开放、共享"的新发展理念，是未来我国经济社会发展的指挥棒和红绿灯，是以人民为中心的新发展思想。这个"魂"覆盖政治、经济、社会、文化、生态等方方面面，当然也是习近平经济思想的"魂"。抓住了这个"魂"，就相当于抓住了理解习近平经济思想的"金钥匙"。

而从"纲"的角度看，习近平经济思想或可重点概括为六个方面。第一，强烈的历史担当，强调发展仍是解决中国所有问题的关键，加快从经济大国走向经济强国。第二，宽阔的国际视野，强调建立开放型经济新格局、新体制，积极推动国际经济合作和全球经济治理。第三，真诚尊重规律，强调发挥市场在资源配置中的决定性作用，认识、适应和引领经济新常态。第四，务实的思想作风，强调坚持社会主义市场经济改革方向，推进供给侧结构性改革。第五，真挚的为民情怀，坚持以人民为中心的发展思想，使改革发展成果更多更公平地惠及全体人民。第六，坚强的党的领导，强调提高党领导经济工作的能力，更好地发挥政府在经济发展中的作用。

二　怎么看：中国经济发展进入新常态

习近平总书记在 2013 年底的中央经济工作会议上首次提出中国经济发展进入"新常态"。提出中国经济新常态，是在深入分析当前国内外宏观经济新形势和深刻揭示中国经济潜在增长率新变化的基础上，对我国未来经济社会发展新趋势的一种战略判断。在认识新常态上，要准确把握内涵，注意克服几种倾向。其一，新常态不是一个事件，不要用好或坏来判断。其二，新常态不是一个筐子，不要什么都往里面装。其三，新常态不是一个避风港，不要把不好做或难做好的工作都归结为新常态。中国经济新常态的提出，是立足时代的一项重大的理论创新，是新版的马克思主义政治经济学，是中国特色社会主义市场经济理论的新突破。习近平总书记提出经济新常态，表明党对经济建设规律的把握更加成熟，对科学发展的认识更加自觉。

一是增长速度由超高速、高速转向中高速。这是经济新常态的表象特征。二是发展方式从规模速度型粗放增长转向质量效率型集约增长。这是经济新常态的基本要求。三是产业结构由中低端水平转向中高端水平。这是经济新常态的主攻方向。四是增长动力由要素驱动、投资驱动转向创新驱动。这是经济新常态的核心内涵。五是资源配置由市场起基础性作用转向起决定性作用。这是经济新常态的机制保障。六是经济福祉由先富先好转向包容共享。这是经济新常态的发展结果。新常态下需要坚持的新思维主要有：一是坚持稳中求进的总体基调，保持战略定力与平常心；二是高度重视防范各种风险，保持合理的经济发展速度；三是推进经济结构的优化升级，实现实实在在和没有水分的增长；四是必须将生态文明理念融入到经济发展之中，努力建设美丽中国；五是牢牢把握正确方向不动摇，加大全面深化改革的力度。

三　怎么办：用新发展理念引领新变革

党的十八届五中全会鲜明地提出，实现"十三五"时期发展目标，必须牢固树立创新、协调、绿色、开放、共享的发展理念。这是指导我国"十三五"乃至更长时期经济社会发展的总纲和灵魂，是关系我国发展全局的一场深刻变革。五大发展理念的提出，是以习近平同志为核心的中央领导集体治国理政思想的集中体现，是对中国特色社会主义建设实践规律的深刻总结，是当代中国新版的马克思主义政治经济学，是对当代中国马克思主义发展观的深化和提升。

创新是引领发展的第一动力，是引领经济新常态的关键因素。协调是持续健康发展的内在要求，是引领经济新常态的重要保证。绿色发展是永续发展的必要条件，是引领经济新常态的重要体现。开放是国家繁荣发展的必由之路，是引领经济新常态的重要条件。共享是中国特色社会主义的本质要求，是引领经济新常态的落脚点。习近平指出，新发展理念要落地生根、变成普遍实践，关键在各级领导干部的认识和行动。习近平在讲话中从深学笃用、用好辩证法、创新手段、守住底线等方面，深刻阐明了落实新发展理念的基本要求。

四　如何干：推进供给侧结构性改革

2015 年 11 月 10 日，习近平总书记在中央财经领导小组第十一次会议上讲话，首次提出"供给侧改革"。推进供给侧结构性改革，既是因应国际经济形势的剧烈变化，也是基于我国经济发展中存在的突出矛盾与主要问题，解决了当前我国如何干的大问题。中央提出积极推进供给侧结构性改革以来，社会各个方面都在认真研讨中央精神。我们注意到，当前社会上对供给侧的理解各式各样，有些符合中央精神，也有一些不完全符合，甚至体现出"庸俗化""短期化""绝对化"三个特点。供给侧管理不是对需求侧管理的简单代替，而是各有侧重、相互促进。供给侧改革是要更好地发挥政府作用，而不是要搞新计划经济。供给侧改革与西方经济学中的供给学派提出的观点有本质的区别。

对此，需要引起重视并进行正面宣传和阐释。供给侧结构性改革的实质是政府与市场关系的再平衡，其核心是政府管理的制度和体制创新。政府是制度供给的主体。供给侧结构性改革的主战场是释放要素市场的活力。推进供给侧结构性改革，战略上要着眼于打好持久战，坚持稳中求进，把握好节奏和力度；战术上要抓住关键点，主要是抓好去（减）产能、去（减）库存、去（减）杠杆、降成本、补短板五大任务。新常态下，我们要更加突出全面深化改革特别是供给侧结构性改革的重要作用，积极释放"中国红利"，迈向中高端水平，实现高效率增长。

五 为谁干：把以人民为中心的发展思想体现在发展的各个环节

以人民为中心的发展思想具有丰富的思想内涵和强有力的指导作用，是在更新理念、更大格局、更强措施、更高水平上服务于人民的科学指南，是当代马克思主义政治经济学的新境界、新思维、新发展，是实现"两个一百年"奋斗目标和中华民族伟大复兴中国梦的重要遵循。以人民为中心的发展思想包含着深刻的理论内涵和坚定的价值追求，彰显了马克思主义政治经济学的根本立场，蕴藏着推动国家发展和民族进步的根本力量，体现了中国共产党人为人民服务的根本宗旨。以人民为中心的发展思想具有丰富的思想内涵和鲜明的政治导向。始终坚持人民主体地位，牢牢把握人民至上的价值取向。坚持逐步实现共同富裕，牢牢把握发展为民的根本要求。努力促进人的全面发展，牢牢把握依靠人民的发展理念。始终保持与人民的血肉联系，牢牢把握民意为重的评价标准。按照"四个全面"战略布局的要求，把以人民为中心的发展思想落到实处。贯彻落实全面建成小康社会的要求，补齐民生短板，努力增进全体人民福祉。贯彻落实全面深化改革的要求，增强发展的内生动力，让人民得到更多实惠。贯彻落实全面依法治国的要求，推进法治中国建设，让人民切实感受到公平正义的阳光。贯彻落实全面从严治党的要求，不断提高党的执政能力和执政水平，增强人民对中国特色社会主义事业的信心。

习近平新时代中国特色社会主义经济思想的学理逻辑[*]

张占斌　钱路波

党的十八大以来，以习近平同志为核心的党中央深刻把握改革开放近40年来我国经济发展变革的时代性特征，提出了"学好用好政治经济学"、构建中国特色社会主义政治经济学体系的时代课题。在党的十九大报告中，习近平总书记系统论述了中国特色社会主义发展进入新时代，这也意味着中国社会主义政治经济学的发展进入一个新阶段。随后在2017年底召开的中央经济工作会议上，首次明确提出"以新发展理念为主要内容的习近平新时代中国特色社会主义经济思想"，并强调"习近平新时代中国特色社会主义经济思想，是5年来推动我国经济发展实践的理论结晶，是中国特色社会主义政治经济学的最新成果"[①]。因此，深刻把握习近平新时代中国特色社会主义经济思想的学理逻辑及其内在逻辑关联，有利于增强其指导全面建设社会主义强国的理论自信和行动自觉。

一　逻辑起点：中国特色社会主义进入新时代，这也是习近平新时代中国特色社会主义经济思想的时代坐标

从社会主义在中国建立和发展的历史谱系来看，中国特色社会主

---

　　* 国家社科基金重大项目"把握经济发展趋势性特征加快形成引领经济发展新常态的体制机制和发展方式研究"的阶段性成果。本文原载于《国家行政学院学报》2018年第6期，收入本书时有改动。

　　① 《中央经济工作会议在北京举行》，《人民日报》2017年12月21日。

义发展进入新时代具有深刻的历史逻辑连续性，是在新的历史方位上对中国特色社会主义时代属性的坚持和创新，使得中国社会主义在纵向比较过程中具有鲜明的阶段性特征，并使这些特征打上了从"站起来"、"富起来"开始走向"强起来"的时代烙印。可以说，"中国特色社会主义的新时代"通过融合改革开放近40年我国社会主义建设所取得的新成就、出现的新情况、变化的新特点，为我国继续向前发展奠定了最直接、最现实的基础，进而将中国特色社会主义建设推进到一个全新的起点和更高的阶段，使新时代显现出巨大的实践创造性和理论突破性。

从社会主义生产方式的逻辑架构来看，中国特色社会主义进入新时代是我国社会生产力发生根本性跃升的必然结果。党的十八大以来，以习近平同志为核心的党中央牢牢把握中国经济潜在增长率的新变化，发挥经济体制改革的牵引作用，使我国经济保持中高速增长，在世界主要国家中名列前茅，国内生产总值从54万亿元增长到80万亿元，稳居世界第二，对世界经济增长贡献率超过30%，这些重大成就意味着中国社会主义发展的历史境遇发生了重大变化。对此，习近平总书记指出，"中国特色社会主义进入新时代，意味着近代以来久经磨难的中华民族迎来了从站起来、富起来到强起来的伟大飞跃"[1]。在以"强起来"为主题的时代背景下，习近平新时代中国特色社会主义经济思想以解决经济改革和发展的重大问题为导向，使马克思主义经济学中国化彰显出鲜明的时代特征。从"新时代"的事实出发到"问题导向"，再从"问题导向"倒逼"理论创新"，这既是改革开放近40年来我国经济体制发展变革的现实路径，也是习近平新时代中国特色社会主义经济思想形成的内在逻辑。可以说，"新时代"在时代特征和使命中重新标定了我国社会主义发展的时代坐标与历史方位，丰富发展了马克思主义政治经济学的时代理论。

---

[1] 习近平:《决胜全面建成小康社会 夺取新时代中国特色社会主义伟大胜利——在中国共产党第十九次全国代表大会上的报告》，《人民日报》2017年10月28日。

二　逻辑内核：我国社会主要矛盾发生新变化，这也是习近平新时代中国特色社会主义经济思想的立论依据

在我国社会主义建立、巩固和发展完善的历史过程中，我们党非常重视社会主要矛盾的发展变化。经过近 40 年的改革开放，一方面，我国社会生产力得到迅速发展，原先落后的社会生产状况得到了巨大改变，尤其是党的十八大以来，我国加快转变经济发展方式，积极引领经济新常态，社会生产供给能力大幅提升。另一方面，人民群众整体生活水平已经走出贫困、越过温饱、实现小康，正朝着全面小康的水平迈进。可见，我国社会主要矛盾在社会生产与社会需求这两个方面都发生了显著而深刻的变化。习近平总书记深刻指出："中国特色社会主义进入新时代，我国社会主要矛盾已经转化为人民日益增长的美好生活需要和不平衡不充分的发展之间的矛盾。"①

从生产供给的视域来看，"人民对美好生活的需要"意味着人民的基本生存需要已经得到满足，但供给体系没有根据需求变化与时俱进地进行调整，人民群众更多元更高水平的新需求没有得到满足。因此，为更好满足人民多样化的生活需要，就必须加快从经济大国走向经济强国的步伐，就要从经济总量扩张向经济结构优化转变来实现经济健康持续发展，也就是从"有没有"向"好不好"迈进。从社会主要矛盾的主要方面来看，"不平衡不充分的发展"主要表现为生产力的布局仍不平衡，生产力的总体发展水平还不充分，特别是在经济发展中城乡之间、区域之间、不同群体之间的收入差距依然很大，在市场体制和政府职能、产品质量和生产数量、经济建设和生态环保等方面仍存在不平衡，这些不平衡既是我国生产力发展不充分的具体表现，也是我国社会主义生产关系不完善的现实反映。因而，建设经济强国就必须立足于这些现实问题，通过深入推进供给侧结构性改革，增强供给结构

---

①　习近平：《决胜全面建成小康社会 夺取新时代中国特色社会主义伟大胜利——在中国共产党第十九次全国代表大会上的报告》，《人民日报》2017 年 10 月 28 日。

对需求变化的适应性和灵活性，在促进供给与需求动态平衡的基础上更好地满足人民对美好生活的需要，实现社会主义生产目的。要言之，我国社会主要矛盾的变化是关系全局的历史性变化，这既是构成新时代的基本内容，也是习近平新时代中国特色社会主义经济思想的现实基座。

三　逻辑统领：坚持党对经济工作的集中统一领导，这也是习近平新时代中国特色社会主义经济思想的政治保障

列宁指出，"一个阶级如果不从政治上正确地看问题，就不能维持它的统治，因而也就不能完成它的生产任务"①。这就是说，只有依靠党的正确领导，才能解决好为谁生产、依靠谁生产、怎样生产等问题。因此，作为中国特色社会主义道路重要组成部分的社会主义市场经济建设，也必须在党的领导下才能继续推进。

党的十八大以来，随着我国经济发展进入新常态，改革进入深水区，推动我国经济发展提质增效升级面临诸多机遇和挑战。解决好这些问题，关键在党。习近平总书记多次强调，"党是总揽全局、协调各方的，经济工作是中心工作，党的领导要在中心工作中得到充分体现，抓住了中心工作这个牛鼻子，其他工作就可以更好展开"②，并深刻指出，"做好经济工作，必须加强和改善党对经济工作的领导"③。在此基础上，习近平总书记在党的十九大报告中明确指出，"中国特色社会主义最本质的特征是中国共产党领导，中国特色社会主义制度的最大优势是中国共产党领导"④。这一

---

① 《列宁选集》第4卷，人民出版社，1995，第408页。
② 《习近平关于社会主义经济建设论述摘编》，中央文献出版社，2017，第318页。
③ 《习近平关于社会主义经济建设论述摘编》，中央文献出版社，2017，第320页。
④ 习近平：《决胜全面建成小康社会 夺取新时代中国特色社会主义伟大胜利——在中国共产党第十九次全国代表大会上的报告》，《人民日报》2017年10月28日。

重要论述深刻揭示了党的领导与中国特色社会主义的关系，反映了"坚持加强党对经济工作的集中统一领导"，这是"中国共产党的领导是中国特色社会主义最本质特征和最大优势"这一质的规定性在经济工作中的具体要求和生动体现。对此，习近平总书记指出："能不能驾驭好世界第二大经济体，能不能保持经济社会持续健康发展，从根本上取决于党在经济社会发展中的领导核心作用发挥得好不好。"① 党的领导的优越性在哪里？就在于它的先进性和统一性，集政治、思想、组织等一系列优势于一身。中国特色社会主义市场经济的发展历程表明，只有坚持党对经济工作的集中统一领导，才能准确把握时代变化的趋势，确保我国经济发展始终沿着正确方向前进，为解放和发展生产力、实现社会主义现代化提供有力政治保障；也只有坚持党的领导，才能更好发挥政府作用，因为党统揽全局、统筹布局、协调各方、制定政策，既是政府的向导和核心，又是实施政府宏观政策的组织保证。这将有利于推进新时代国家治理体系和治理能力现代化。

四 逻辑指向：全面建设社会主义现代化强国，这也是习近平新时代中国特色社会主义经济思想的重要目标

在追寻现代化的崭新道路上，中国共产党人孜孜以求。早在 1954 年 9 月，毛泽东在第一届全国人大第一次会议开幕词中就提出，"我国人民应当努力工作……准备在几个五年计划之内，将我们现在这样一个经济上文化上落后的国家，建设成为一个工业化的具有高度现代文化程度的伟大的国家"②。随着社会主义建设的不断推进，1963 年 1 月，周恩来明确提出，"我们要实现农业现代化、工业现代化、国防现代化和科学技术现代化，把我国建设成为一个社会主义强国"③。这一重要论述是对党

---

① 《习近平关于社会主义经济建设论述摘编》，中央文献出版社，2017，第 325 页。
② 《毛泽东文集》第 6 卷，人民出版社，1999，第 350 页。
③ 《周恩来选集》（下），人民出版社，1984，第 412 页。

的八大规定的经济建设目标的完善和发展。改革开放以来，邓小平经过调查论证、反复考量，逐步形成并提出了"三步走"发展战略。随着社会主义现代化的历史性展开，江泽民在党的十五大报告中提出了 21 世纪前 50 年分阶段的发展目标，从而把第三步战略划分为三个步骤，即我们常说的"新三步"。

党的十八大以来，我国经济持续增长，各项事业不断进步，党的十九大明确提出两个阶段的现代化战略新安排：第一个阶段，从 2020 年到 2035 年，在全面建成小康社会的基础上，再奋斗 15 年，基本实现社会主义现代化。第二个阶段，从 2035 年到本世纪中叶，在基本实现现代化的基础上，再奋斗 15 年，把我国建成富强民主文明和谐美丽的社会主义现代化强国[①]。与 30 多年前所提出的现代化目标侧重于物质层面的发展不同，党的十九大所提出的现代化目标是全面的目标，是覆盖经济、政治、文化、社会、生态等五大领域的目标。在现代化建设的新部署中，明确提出了建设社会主义现代化强国的目标。经过改革开放近 40 年的发展，我国 GDP 稳居世界第二，已成为真正意义上的经济大国，但把经济大国建设成为经济强国，则还需要经过相当长时间的奋斗才能实现。因此，我们更需要全面发展；更需要转变经济发展方式，提高经济发展的质量效益。可以说，全面建设社会主义现代化强国战略目标的提出，是我们党在全面建成小康社会奋斗目标完成之后新的奋斗目标，是我国社会主义现代化建设"三步走"总体战略的继续和深入，进而与中华民族从"站起来"、"富起来"到"强起来"的历史逻辑高度契合。

五 逻辑枢纽：贯彻新发展理念、推动经济高质量发展，这也是习近平新时代中国特色社会主义经济思想的主要内容

党的十八大以来，以习近平同志为核心的党中央为适应时代发展的

---

① 习近平：《决胜全面建成小康社会 夺取新时代中国特色社会主义伟大胜利——在中国共产党第十九次全国代表大会上的报告》，《人民日报》2017 年 10 月 28 日。

新要求，始终将发展尤其是促进经济高质量发展贯穿于历史逻辑始终，提出了以"创新、协调、绿色、开放、共享"为主要内容的五大发展理念。其中，创新是促进经济高质量发展的第一动力；协调是促进经济高质量发展的内在要求；绿色是促进经济高质量发展的必要条件和人民对美好生活向往的重要体现；开放是促进经济高质量发展的必由之路；共享是中国特色社会主义的本质要求，也是促进经济高质量发展的根本目的所在。可见，五大发展理念集发展动力、发展机制、发展条件、发展环境、发展目标等为一体，是改革开放近 40 年来我国发展经验的深刻总结，是党的十八大以来党中央治国理政经济思想的一次全面系统阐述，既反映了促进生产力系统结构优化和功能改善的内在特性，又体现了应如何调节完善社会主义生产关系。

随着中国特色社会主义发展进入新时代，习近平总书记坚持唯物辩证法发展过程和发展结果相统一的要求，在党的十九大报告中深刻指出："我们要在继续推动发展的基础上，着力解决好发展不平衡不充分问题，大力提升发展质量和效益，更好满足人民在经济、政治、文化、社会、生态等方面日益增长的需要，更好推动人的全面发展、社会全面进步。"[1] 在新常态背景下，我国经济发展也呈现出新的阶段性特征。对此，习近平总书记指出，"我国经济已由高速增长阶段转向高质量发展阶段，正处在转变发展方式、优化经济结构、转换增长动力的攻关期"[2]。与高速增长阶段不同，高质量发展要求经济发展从传统的工具理性转向更好地满足人民美好生活需要的价值理性。这是因为与过去 40 年相比，中国经济发展质态从生产力落后转变为世界第二大经济体、从低收入国家进入中上等收入国家行列。经济发展质态的变化必然要求发展观的相应转变。因此，以创新、协调、绿色、开放、共享为主要内容的

---

① 习近平：《决胜全面建成小康社会 夺取新时代中国特色社会主义伟大胜利——在中国共产党第十九次全国代表大会上的报告》，《人民日报》2017 年 10 月 28 日。

② 习近平：《决胜全面建成小康社会 夺取新时代中国特色社会主义伟大胜利——在中国共产党第十九次全国代表大会上的报告》，《人民日报》2017 年 10 月 28 日。

"新发展理念",就成为对新时代高质量发展的新要求,这也是我国经济走向高质量发展的评判标准。可以说,经济转向高质量发展的提出既是对以往发展理念的丰富完善,也是在更高层次上对传统发展思想的升华与超越。

六 逻辑重心:加快构建现代化经济体系,这也是习近平新时代中国特色社会主义经济思想的关键支撑

国家强,经济体系必须强。现代化经济体系是"由社会经济活动各个环节、各个层面、各个领域的相互关系和内在联系构成的一个有机整体"①。这一体系是生产力与生产关系良性互动的经济体系,是促进我国经济转向高质量发展的经济体系,这就要求社会经济各部门、各环节协调配合、有序运转,使经济体系的运行具有内生创新动力、能与自然和谐相处、保证生产发展的可持续。因而,现代化经济体系要努力建设好"六个体系一个体制",即:要建设创新引领、协同发展的产业体系,要建设统一开放、竞争有序的市场体系,要建设体现效率、促进公平的收入分配体系,要建设彰显优势、协调联动的城乡区域发展体系,要建设资源节约、环境友好的绿色发展体系,要建设多元平衡、安全高效的全面开放体系,要建设充分发挥市场作用、更好发挥政府作用的经济体制②。

习近平总书记指出,建设现代化经济体系,要突出抓好以下工作:一是大力发展实体经济,筑牢现代化经济体系的坚实基础;二是加快实施创新驱动发展战略,支撑现代化经济体系建设;三是积极推动城乡区

---

① 《习近平在中共中央政治局第三次集体学习时强调 深刻认识建设现代化经济体系重要性 推动我国经济发展焕发新活力迈上新台阶》,《人民日报》2018年2月1日。

② 《习近平在中共中央政治局第三次集体学习时强调 深刻认识建设现代化经济体系重要性 推动我国经济发展焕发新活力迈上新台阶》,《人民日报》2018年2月1日。

域协调发展，优化现代化经济体系的空间布局；四是着力发展开放型经济，提高现代化经济体系的国际竞争力；五是深化经济体制改革，完善现代化经济体系的制度保障①。这些重大举措表明，建设现代化经济体系贯穿于生产、分配、交换、消费诸环节，它要求包括经济制度、经济体制、对外经济关系等在内的上层建筑与我国建设经济强国的奋斗目标相适应；同时，现代化经济体系作为生产力与生产关系良性互动的经济体系，既要通过建设现代产业体系、激发人的活力来促进生产力的现代化发展，又要通过推进经济治理体系和治理能力现代化来变革完善社会主义生产关系，即在解放、发展和保护生产力的基础上变革调整与之相适应的生产关系，由此成为习近平新时代中国特色社会主义经济思想的逻辑重心和关键支撑。

七　逻辑主线：在坚守"以人民为中心"的发展基础上实现共同富裕，这也是习近平新时代中国特色社会主义经济思想的价值取向

党的十八大以来，以习近平同志为核心的党中央秉承马克思主义政治经济学的光荣传统和阶级立场，时刻关注人民群众对切身利益的追求、对美好生活的向往，始终把以人民为中心的发展思想贯穿于治国理政的全过程。早在 2012 年，习近平总书记就指出，"人民对美好生活的向往，就是我们的奋斗目标"②；随后在中共中央政治局第二十八次集体学习时深刻强调："要坚持以人民为中心的发展思想，这是马克思主义政治经济学的根本立场。"③ 对此，以习近平同志为核心的党中央深入推进供给

---

① 《习近平在中共中央政治局第三次集体学习时强调 深刻认识建设现代化经济体系重要性 推动我国经济发展焕发新活力迈上新台阶》，《人民日报》2018 年 2 月 1 日。

② 《习近平谈治国理政》，外文出版社，2014，第 4 页。

③ 《习近平在中共中央政治局第二十八次集体学习时强调 立足我国国情和我国发展实践 发展当代中国马克思主义政治经济学》，《人民日报》2015 年 11 月 25 日。

侧结构性改革，实施精准扶（脱）贫，补齐民生短板。同样，"以人民为中心"也是贯穿党的十九大报告的思维红线，习近平总书记指出："必须始终把人民利益摆在至高无上的地位，让改革发展成果更多更公平惠及全体人民，朝着实现全体人民共同富裕不断迈进。"① 同时，党的十九大报告在八个明确中的第二点指出："明确新时代我国社会主要矛盾是人民日益增长的美好生活需要和不平衡不充分的发展之间的矛盾，必须坚持以人民为中心的发展思想。"② 可见，习近平总书记的这些重要论述更为明确地将人民作为利益和幸福的"主体"地位凸显出来，这是对"以人为本"的价值理念和价值原则在理论与实践上的双重深化，彰显了"人民"的历史主体性、实践主体性和价值主体性。在此基础上，习近平总书记在纪念马克思诞辰200周年的大会上进一步强调，"我们要始终把人民立场作为根本立场，把为人民谋幸福作为根本使命"③，这是由"人民性"这一马克思主义最鲜明的品格所决定的。如果说"富起来"的政治经济学强调效率优先，兼顾公平，先富带后富，那么"强起来"的政治经济学则是强调全体人民的共同富裕，让人民共享改革发展的全部成果④。

我国社会主义经济建设的实践历程表明，在经济发展中任何偏离"以人民为中心"这一根本遵循的都不是真正的社会主义市场经济。社会主义市场经济是既能促进经济发展，又能使得经济发展成果由全民共享的经济体制，因为我们的经济发展始终强调的是共同富裕的发展。另外，中国特色社会主义坚持以公有制为主体，这决定了生产的根本目的

---

① 习近平：《决胜全面建成小康社会 夺取新时代中国特色社会主义伟大胜利——在中国共产党第十九次全国代表大会上的报告》，《人民日报》2017年10月28日。

② 习近平：《决胜全面建成小康社会 夺取新时代中国特色社会主义伟大胜利——在中国共产党第十九次全国代表大会上的报告》，《人民日报》2017年10月28日。

③ 习近平：《在纪念马克思诞辰200周年大会上的讲话》，《人民日报》2018年5月5日。

④ 张占斌、钱路波：《论构建中国特色社会主义政治经济学》，《管理世界》2018年第7期。

是满足人民需要，而不是资本增殖；社会主义现代化经济体系是以人民为中心，而不是以资本为中心。在当前主要表现为通过"实施精准扶贫、精准脱贫"以解决贫困人口、贫困地区的脱贫问题，实现社会主义制度下任何人都不掉队。总之，"坚持以人民为中心的发展思想，在经济平稳健康发展的基础上使改革发展成果更多更公平惠及全体人民，就能如期全面建成小康社会，朝着共同富裕的目标稳步前进"①。

---

① 张占斌：《常怀忧民爱民为民惠民之心——深入学习贯彻以人民为中心的发展思想》，《人民日报》2017 年 2 月 22 日。

论构建中国特色社会主义政治经济学*

张占斌　钱路波

　　中国特色社会主义政治经济学是我们党将马克思主义政治经济学的基本原理与我国社会主义经济建设的具体实践相结合，不断推动马克思主义政治经济学中国化的最新硕果，也是习近平新时代中国特色社会主义思想的重要有机组成部分。随着中国特色社会主义发展进入新阶段，习近平总书记结合我国经济建设实践发展的总体性和阶段性深刻指出："要立足我国国情和我国发展实践，揭示新特点新规律，提炼和总结我国经济发展实践的规律性成果，把实践经验上升为系统化的经济学说，不断开拓当代中国马克思主义政治经济学新境界。"[①]这一论断揭示了坚持好、发展好中国特色社会主义政治经济学的重要遵循，它表明以习近平同志为核心的中央领导集体，将我国改革开放的经济发展实践和思想理念上升到了理论层面和学科高度，是对马克思主义政治经济学说的巨大创新，极大地丰富了中国特色社会主义理论体系。

　国家社科基金重大项目"把握经济发展趋势性特征加快形成引领经济发展新常态的体制机制和发展方式研究"（15ZDC009）的阶段性成果。本文原载于《管理世界》2018 年第 7 期，收入本书时有改动。

①　《习近平在中共中央政治局第二十八次集体学习时强调 立足我国国情和我国发展实践 发展当代中国马克思主义政治经济学》，《人民日报》2015 年 11 月 25 日。

一 中国特色社会主义政治经济学形成的理论来源与实践基础

历史上任何一个创造奇迹的国家都形成过自己的经济理论，中国作为有世界影响力的大国更不能例外。改革开放 40 年来，尤其是党的十八大以来，我国经济实力不断增强，经济发展质量不断提升，为推动世界经济发展所作出的贡献也不断增多，进而创造了享誉全球的"中国奇迹"。在此情形下，中国特色社会主义政治经济学顺势而生，这既是马克思主义政治经济学谱系的最新版本，也是中国特色社会主义经济建设的理论结晶。可以说，中国特色社会主义政治经济学的形成是理论创新和实践呼唤的必然要求。

（一）理论母体：马克思主义政治经济学

早在 170 年前，马克思恩格斯通过对资本主义生产方式及其发展趋势的历史考察，揭示了未来共产主义社会的基本经济特征。尤其是在《资本论》中，马克思恩格斯将唯物史观贯穿于该经典著作分析的全过程，从分析商品开始，借助对资本主义生产方式全方位的解剖来揭示其生产关系的本质和运动规律，并对未来社会经济关系的基本特征作了描述。在此基础上，马克思还对商品生产和市场经济的一般规律作了深刻论证，认为"如果我们把工资和剩余价值，必要劳动和剩余劳动的独特的资本主义性质去掉，——那么，剩下的就不再是这几种形式，而只是它们的为一切社会生产方式所共有的基础"①。马克思的这些重要论述，从经济哲学层面揭示了市场经济的逻辑规律，说明商品经济、市场经济本身并不具有任何社会性质，可以和不同的社会制度结合在一起，这对我国建立和发展社会主义市场经济、探索公有制与市场经济的对接、结合、磨合、融合和亲和这一世纪性和世界级的难题而言，具有重要的思想启迪。因此，习近平指出，"有人说，马克思主义政

---

① 《马克思恩格斯全集》第 46 卷，人民出版社，2003，第 992 页。

治经济学过时了，《资本论》过时了。这个说法是武断的。……国际金融危机发生后，不少西方学者也在重新研究马克思主义政治经济学、研究《资本论》，借以反思资本主义的弊端"①，并先后多次强调，"坚持和发展中国特色社会主义政治经济学，要以马克思主义政治经济学为指导"②。

（二）基础来源：毛泽东社会主义经济思想

中华人民共和国成立后，毛泽东对我国如何进行大规模的社会主义经济建设展开了积极探索，提出了建设和发展社会主义经济的一系列开创性观点，如"提出社会主义社会的基本矛盾理论，提出统筹兼顾、注意综合平衡，以农业为基础、工业为主导、农轻重协调发展等重要观点。这些都是我们党对马克思主义政治经济学的创造性发展"③。1959年底，毛泽东还明确提出"社会主义政治经济学教科书，究竟怎样写才好？"④这一重大的现实问题，开启了对我国社会主义政治经济学的最初探索。同时，毛泽东在借鉴苏联经验教训的基础上，结合新中国成立10年来我国在社会主义经济建设过程中所取得的成就及出现的失误，初步探讨了社会主义政治经济学的研究对象和研究方法，指出："政治经济学的研究对象主要是生产关系，但是，政治经济学和唯物史观难得分家。不涉及上层建筑方面的问题，经济基础即生产关系的问题不容易说得清楚。"⑤ 毛泽东的这一重要论述表明生产力与生产关系、经济基础与上层建筑是有机统一、密不可分的，对生产关系的研究不能脱离生产力的发展水平，强调要从发展生产力的角度来研究生产关系。这就避免了对生

---

① 习近平：《在哲学社会科学工作座谈会上的讲话》，《人民日报》2016年5月19日。

② 习近平：《在经济形势专家座谈会上的讲话》，《人民日报》2016年7月9日。

③ 《习近平在中共中央政治局第二十八次集体学习时强调 立足我国国情和我国发展实践 发展当代中国马克思主义政治经济学》，《人民日报》2015年11月25日。

④ 《毛泽东文集》第8卷，人民出版社，1999，第137页。

⑤ 《毛泽东文集》第8卷，人民出版社，1999，第138～139页。

产关系孤立、静止的研究，从而突破了《苏联政治经济学教科书》的局限性，拓展了政治经济学的研究范围和视野，从而为我们构建中国特色社会主义政治经济学提供了基础性思路。

（三）有益借鉴：国外经济学理论中的有益成分

中国特色社会主义政治经济学既具有中国特色、中国风格、中国气派的特殊性，也具有人类文明的一般性。世界各国经济学长期的探索和取得的成果，虽然都具有各自具体条件的适应性，但也包含人类文明的一般性，借鉴和吸收世界各国经济学的有益成分，为我所用，对构建中国特色社会主义政治经济学是大有裨益的。对此，习近平在哲学社会科学工作座谈会上的讲话中明确指出，"国外哲学社会科学的资源，包括世界所有国家哲学社会科学取得的积极成果，这可以成为中国特色哲学社会科学的有益滋养"[1]。以西方发达国家的经济学为例，它的许多概念、论点、观念有助于说明建立在社会化大生产基础上的商品经济的某些一般的共同性的特征，尤其是西方微观经济学对商品的供给与需求、价格与销量、竞争和垄断等有关市场机制的分析，这对我们研究如何发挥市场对经济生活的调节作用，显然具有参考价值；同时，西方宏观经济学对总供给与总需求均衡条件、经济增长、财政与货币政策的分析，以及其所得出的有关经济变量之间的相互关系的研究、经济调节手段和管理方法的研究等，都具有一定的合理因素，这对于我国发展完善社会主义市场经济、丰富和发展中国特色社会主义政治经济学理论是有益的。

（四）丰厚滋养：中国传统文化中的优秀经济思想

我国是有着数千年悠久历史的文明古国，曾经有过经济繁荣发展的辉煌，特别是农耕文明长期居于世界领先水平。在经济发展的基础上，我国产生了富有中国特色的丰富的经济思想，体现了中华民族几千年积累的知识和智慧。早在春秋战国时期，诸子百家就在各自的学说中展现

---

[1] 《习近平谈治国理政》第 2 卷，外文出版社，2017，第 339 页。

了富有针对性的经济思想，比如在《论语》《老子》《孟子》《墨子》《管子》《韩非子》等著作中，关于人性论、义利观、奢俭论、轻重论、富国强民论等思想就有专段论述。西汉初期，推行"无为而治"的"与民休息"政策，主张自由放任的经济思想，反映了封建经济上升时期的积极要求。对此，司马迁在《史记》中提出了"善因论"，主张"善者因之，其次利道之，其次教诲之，其次整齐之，最下者与之争"，它反对封建国家对国民经济的过多干预和控制；在西汉中后期，桓宽写就的《盐铁论》反映了自由放任主义与政府干涉主义两大经济思想的争锋。总之，中华民族的深厚文化传统是我国的独特优势。继承优秀的历史文化遗产，"是发展民族新文化提高民族自信心的必要条件"①。构建中国特色社会主义政治经济学，要加强对中华优秀传统文化中经济思想的挖掘与阐发，把具有当代价值的经济思想弘扬起来，从而不断增强文化自信。

（五）实践基础：改革开放以来中国特色社会主义经济建设实践

"时代是思想之母，实践是理论之源。"② 当代中国社会主义经济建设的伟大实践，是不断开辟中国特色社会主义政治经济学新境界的广阔历史舞台与动力源泉。

改革开放以来，以邓小平为代表的中国共产党人在推进马克思主义经济学中国化的历史进程中，创立了社会主义市场经济理论，标志着马克思主义经济学中国化的一次重大突破，实现了对中国特色社会主义政治经济学的破题。以江泽民为代表的中国共产党人在领导我国进行社会主义经济建设和改革的过程中，提出了"三个代表"重要思想，强调了建立和完善中国市场经济体制的历史任务，促进了中国特色社会主义政治经济学在理论和实践上的深化。以胡锦涛为代表的中国共产党人提出了科学发展观，创造性地回答了如何驾驭和发展社会主义市场经济这一

---

① 《毛泽东选集》第2卷，人民出版社，1991，第707~708页。
② 《习近平谈治国理政》第2卷，外文出版社，2017，第34页。

重大历史课题，使我国社会主义政治经济学的研究视域大大拓展。党的十八大以来，随着中国经济发展进入新常态，为有效应对我国发展起来以后新出现的风险和挑战，以习近平为代表的中国共产党人提出了一系列重大论断①。党的十八大以来的成功实践，体现着当代中国社会主义经济建设实践发展的新要求，为促进中国特色社会主义政治经济学的形成奠定了深厚的实践基础。

二 中国特色社会主义政治经济学的重大理论价值和实践意义

中国特色社会主义政治经济学是适应新时代中国国情和时代特征的政治经济学，是习近平新时代中国特色社会主义思想的重要组成部分，它有力指导了我国经济发展实践，开拓了马克思主义政治经济学的新境界，丰富了人类经济思想宝库。

（一）理论意义：拓展了马克思主义政治经济学在 21 世纪发展的新视野和新境界

习近平总书记指出："我们要以更加宽广的眼界审视马克思主义在当代发展的现实基础和实践需要，……不断开辟 21 世纪马克思主义发展新境界，让当代中国马克思主义放射出更加灿烂的真理光芒。"② 发展 21 世纪马克思主义，开辟 21 世纪马克思主义新境界，是哲学社会科学的重要任务，政治经济学作为马克思主义的重要组成部分，应该为发展 21 世纪马克思主义、开辟 21 世纪马克思主义新境界作出新贡献。中国特色社会主义政治经济学体现了社会经济发展的一般规律，同时又超越了传统社会主义政治经济学的理论框架，积极应对 21 世纪全球经济发展的时代挑战，主动回应了发展 21 世纪马克思主义政治经济学的现实基础和实践需要。尤其是在经济全球化深入发展、世界各国应对新挑战的关键时刻，

---

① 《习近平关于社会主义经济建设论述摘编》，中央文献出版社，2017。
② 《习近平谈治国理政》第 2 卷，外文出版社，2017，第 34 页。

中国提出"一带一路"倡议，构建人类命运共同体，改善全球经济治理模式，推动世界和平、发展、互利、共赢，这是马克思主义经济全球化思想在新时代背景下的现实体现，反映了全世界人民的共同心声。可以说，中国特色社会主义政治经济学，在继承马克思主义政治经济学固有立场的基础上，反映了 21 世纪经济发展的本质要求，揭示了 21 世纪全球经济发展的共同规律，形成了 21 世纪马克思主义政治经济学的最新成果。

（二）时代意义：坚定了中国特色社会主义政治经济学的理论自觉和理论自信

在推进马克思主义经济学中国化的过程中，中国经济总量已跃居世界第二，迈入中等收入国家行列；工业规模跃居世界第一，成为制造业第一大国；成功融入世界经济主流，"中国声音"在国际舞台上更加响亮……这一系列重要成就表明，中国 40 年来所走的改革开放道路是正确的，中国的发展之所以成功，最重要的是有自己的理论，这个理论就是中国特色社会主义理论。我们要构建自己的经济学话语体系，首先要增强中国特色社会主义政治经济学的理论自觉与理论自信。一方面，中国经济社会的发展需要马克思主义经济学的指导；另一方面，马克思主义经济学又需要中国经济社会的实践去检验和发展，这就需要在新时期进一步推进马克思主义经济学中国化，进一步增强我们的理论自觉与理论自信，从而增进我们的制度自信及道路自信。中国特色社会主义政治经济学作为马克思主义政治经济学中国化、时代化的最新成果，它既超越了传统社会主义政治经济学的理论范式，又突破了西方政治经济学理论，解决了社会主义与市场经济结合后的理论难题，使中国社会主义市场经济体制改革在基本理论及其合法性上彰显了马克思主义的理论自觉与理论自信，成为中国特色社会主义道路最鲜明的理论诠释。

（三）实践意义：为新时代中国特色社会主义经济建设提供理论指引和方向遵循

中国特色社会主义政治经济学系统总结了新时代实践经验，揭示了经济建设的规律性，为加快新时代中国特色社会主义经济建设、推动我国经济从高速增长阶段转向高质量发展阶段提供了科学的理论指引。党的十九大报告明确指出，我国经济已由高速增长阶段转向高质量发展阶段①。随着中国经济发展进入新常态，迫切需要通过转化经济增长动力，优化经济结构，提高发展的质量和效益，这也是适应新常态、引领新常态的内在要求。可见，促进我国经济转向高质量发展阶段，需要准确把握我国社会主要矛盾的转换，紧紧围绕供给侧结构性改革这条主线，充分发挥市场在资源配置中的决定性作用，通过市场的力量来淘汰落后过剩产能，推进"三去一降一补"，使生产要素在各部门之间自由流动，调动微观市场主体的活力和创造力，使创新驱动成为经济发展的内生动力，同时更好地发挥政府作用，不断创新和完善宏观调控，为实现我国经济高质量发展保驾护航。上述重要举措，本身就是中国特色社会主义政治经济学的有机组成部分。在决胜全面建成小康社会和开启全面建设社会主义现代化国家新征程中，中国特色社会主义政治经济学作为习近平新时代中国特色社会主义思想的重要组成部分，是我们在经济建设领域的理论指引和行动指南。

（四）国际意义：为世界经济发展、经济学发展贡献了中国方案和中国智慧

党的十九大报告指出："中国共产党是为中国人民谋幸福的政党，也是为人类进步事业而奋斗的政党。中国共产党把为人类作出新的更大的贡献作为自己的使命。"② 从这一使命的世界意蕴来看，中国特色社会主义政治经济学包含着人类共同的价值追求，具有世界范围经济学理论的一般性和普遍性。具体而言，中国特色社会主义政治经济学坚持以人民为中心的发展思想，以每个人的自由而全面的发展为根本目的，坚持把增进人民福祉、促进人的全面发展作为经济发展的出发点和落脚点，

---

① 《中国共产党第十九次全国代表大会文件汇编》，人民出版社，2017，第24页。

② 《中国共产党第十九次全国代表大会文件汇编》，人民出版社，2017，第46页。

这反映了人类对美好生活的共同向往。同时，中国特色社会主义政治经济学致力于解放和发展生产力，消除贫困，消除两极分化，朝着共同富裕的方向稳步迈进，而消除贫困，消除两极分化，是当代人类面临的突出问题，解决这些问题是人类追求的共同目标。尤其是中国特色社会主义政治经济学重视对经济全球化正负效应的分析，反对贸易保护，倡导互利共赢的开放战略，发展更高层次的开放型经济，致力于和平发展，强调互利互惠，积极参与全球经济治理，构建人类命运共同体，这反映了人类和平发展、平等发展、共同发展的共同心声。

三 中国特色社会主义政治经济学的时代 特征和突出特色

中国特色社会主义政治经济学是马克思主义经济学中国化的最新理论成果，它植根于中国现代化进程的现实土壤，承继社会主义事业发展的历史大逻辑，开拓了马克思主义政治经济学的新境界。尤其是党的十八大以来，习近平总书记关于中国特色社会主义政治经济学的重要论述和在实践中形成的以新发展理念为主要内容的习近平新时代中国特色社会主义经济思想，内在地彰显了中国特色社会主义政治经济学的理论特性。

（一）紧扣发展主题的时代性：从"站起来"、"富起来"到"强起来"

"政治经济学本质上是一门历史的科学"[①]，它在反映时代和实践发展要求的同时，也必然随着时代和实践发展的步伐而不断发展变化。中国特色社会主义政治经济学作为"系统化的经济学说"，是以中国社会主义经济建设和现实经济关系为基础，是在中国从"站起来"到"富起来"再到"强起来"的历史进程中逐渐形成的。也就是说，中华人民共和国成立以来，以1956年中国社会主义经济制度确立为标志，与大规模的社会主义经济建设相联系，构成中国以"站起来"为主题的政治经济

---

① 《马克思恩格斯文集》第9卷，人民出版社，2009，第153页。

学发展时期；以 1978 年党的十一届三中全会为起点，与我国改革开放实践过程相联系，构成中国以"富起来"为主题的政治经济学发展时期；以 2012 年党的十八大后提出实现中华民族伟大复兴的中国梦的奋斗目标为界标，进入中国以"强起来"为主题的政治经济学发展时期，这是以"站起来"和"富起来"为主要内容的中国特色社会主义政治经济学在新时代的发展和创新，是中国特色社会主义发展的必然结果，意味着中国特色社会主义发展进入了新时代，对促进当代中国马克思主义政治经济学的重大发展具有划时代的历史意义。

（二）保障发展方向的正确性：坚持和完善党对经济工作的集中统一领导

习近平总书记在党的十九大报告中明确指出："中国特色社会主义最本质的特征是中国共产党领导，中国特色社会主义制度的最大优势是中国共产党领导。"[①] 这一重要论述深刻揭示了党的领导与中国特色社会主义的关系，反映了"坚持加强党对经济工作的集中统一领导"，这是"中国共产党的领导是中国特色社会主义最本质特征和最大优势"这一质的规定性在经济工作中的具体要求和生动体现。可以说，坚持党对经济工作的集中统一领导，是当代中国发展进步的根本保障，也是中国特色社会主义政治经济学最核心、最本质的特征。对此，习近平总书记指出："能不能驾驭好世界第二大经济体，能不能保持经济社会持续健康发展，从根本上取决于党在经济社会发展中的领导核心作用发挥得好不好。"[②] 党的领导的优越性在哪里？就在于它的先进性和统一性，集政治、思想、组织等一系列优势于一身。中国特色社会主义市场经济的发展历程表明，"坚持党的领导，发挥党总揽全局、协调各方的领导核心作用，是我国社会主义市场经济的一个重要特征"[③]。

[①] 《中国共产党第十九次全国代表大会文件汇编》，人民出版社，2017，第16页。
[②] 《习近平关于社会主义经济建设论述摘编》，中央文献出版社，2017，第325页。
[③] 《习近平谈治国理政》，外文出版社，2014，第118页。

（三）凸显发展目的的人民性：坚持以人民为中心的发展思想

习近平总书记指出，"坚持以人民为中心的发展思想，这是马克思主义政治经济学的根本立场"①。这一重要论述表明，坚持以人民为中心也是中国特色社会主义政治经济学的根本立场，意味着中国特色社会主义政治经济学要坚持人民在经济建设中的历史主体地位，把人民作为经济建设的动力源泉，要以实现最大多数人的利益为目标，切实保障人民群众在经济、政治、文化、社会、生态等各方面的基本权益，不断增强人民群众在新时代的获得感、幸福感。在此基础上，习近平总书记在纪念马克思诞辰 200 周年大会上进一步强调，"我们要始终把人民立场作为根本立场，把为人民谋幸福作为根本使命"②，这是由"人民性"这一马克思主义最鲜明的品格所决定的。如果说"富起来"的政治经济学强调效率优先，兼顾公平，先富带后富，那么"强起来"的政治经济学则是强调全体人民的共同富裕，让人民共享改革发展的全部成果。与此相反，西方主流经济学过于看重资本的力量和价值，片面强调和追求利润最大化，从而忽视了普通劳动者的真实情况和感受。这一发展观既没有立足于满足人的需求，也没有着眼于充分发挥人的积极性，虽然能在一定程度上促进经济增长，但这样的增长是不健康、不可持续的，经常被经济危机打断。法国学者托马斯·皮凯蒂撰写的《21 世纪资本论》用翔实的数据证明，"美国等西方国家的不平等程度已经达到或超过了历史最高水平，认为不加制约的资本主义加剧了财富不平等现象，而且将继续恶化下去"③。

---

① 《习近平在中共中央政治局第二十八次集体学习时强调 立足我国国情和我国发展实践 发展当代中国马克思主义政治经济学》，《人民日报》2015 年 11 月 25 日。

② 习近平：《在纪念马克思诞辰 200 周年大会上的讲话》，《人民日报》2018 年 5 月 5 日。

③ 习近平：《在哲学社会科学工作座谈会上的讲话》，《人民日报》2016 年 5 月 19 日。

（四）彰显发展眼光的世界性：在全面开放新格局的基础上积极参与全球经济治理

习近平总书记在党的十九大报告中明确指出，"中国开放的大门不会关闭，只会越开越大"①。坚持打开国门搞建设，是改革开放40年来我国实现历史性发展的基本经验，是面对经济全球化大潮的正确选择。在当今世界面临的主要问题中，南北发展差距和数字鸿沟限制了人类发展潜力的发挥，是全球需求不足、国际投资和贸易萎缩的重要根源。为此，中国将加大对发展中国家的援助力度，促进缩小南北发展差距，推动实现共同发展。经济全球化失速是作为第一轮经济全球化主要动力的发达国家政策逆转的负效应，不仅拖累世界经济恢复增长，而且使保护主义、孤立主义、民粹主义和反全球化思潮泛滥。针对这种情况，中国坚持打开国门搞建设，支持多边贸易体制，促进自由贸易区建设，推动建设开放型世界经济，推动经济全球化朝着开放、包容、普惠、平衡、共赢的方向发展。各国经济政策失调，关键在于各国面临的经济形势和难题出现分化，政策内顾倾向上升。为此，我国就实现各国政策沟通、促进世界经济增长、推动区域合作、完善全球经济治理先后提出了"一带一路"倡议、创建亚投行、推动G20转型、构建人类命运共同体等系列"中国方案"，推动了中国参与国际合作和全球治理的历史进程。

四 中国特色社会主义政治经济学在新时代发展的核心内容与总体架构

党的十八大以来，以习近平同志为核心的党中央立足于马克思主义政治经济学的基本原理，始终把以人民为中心的发展思想摆在治国理政

---

① 《中国共产党第十九次全国代表大会文件汇编》，人民出版社，2017，第28页。

的突出位置，强调"人民对美好生活的向往，就是我们的奋斗目标"①，并认为"坚持以人民为中心的发展思想。发展为了人民，这是马克思主义政治经济学的根本立场"②。以人民为中心的发展思想把增进人民福祉、促进人的全面发展、朝着共同富裕方向稳步前进作为经济社会发展的出发点和落脚点，既凸显了中国特色社会主义政治经济学的时代特征，也是中国特色社会主义政治经济学在新时代发展的核心内容。因为，中国特色社会主义政治经济学的关键词是中国特色和社会主义，而社会主义的本质就是要"解放生产力，发展生产力，消灭剥削，消除两极分化，最终达到共同富裕"③。可见，中国特色社会主义政治经济学强调社会效益和经济效益的统一，其本质属性就是以人民为中心，这个属性与社会主义的本质要求具有内在的逻辑统一性。围绕"坚持以人民为中心"这一核心内容，中国特色社会主义政治经济学紧扣解放、发展和保护生产力，从社会主要矛盾的变化、贯彻新发展理念、推动高质量发展等多个方面赋予了马克思主义政治经济学崭新的中国因素，促进了中国特色社会主义政治经济学在新时代背景下形成系统完整的理论体系。

（一）要回答：新时代我国社会主要矛盾发生了怎样的变化，满足人民日益增长的美好生活需要

随着中国特色社会主义发展进入新时代，中国特色社会主义政治经济学的构建也进入一个新的阶段。对此，习近平总书记在党的十九大报告中指出，"我国社会主要矛盾已经转化为人民日益增长的美好生活需要和不平衡不充分的发展之间的矛盾"④。我国社会主要矛盾的转化，不仅是中国特色社会主义进入新时代的理论依据，而且也是中国特色社会

① 《习近平关于社会主义经济建设论述摘编》，中央文献出版社，2017，第19页。

② 《习近平关于社会主义经济建设论述摘编》，中央文献出版社，2017，第30页。

③ 《邓小平文选》第3卷，人民出版社，1993，第373页。

④ 《中国共产党第十九次全国代表大会文件汇编》，人民出版社，2017，第9页。

主义政治经济学有了新发展的标志。因为新时代我国社会主要矛盾的变化是关系全局的历史性变化，处理和解决好这一矛盾，已是新时代中国特色社会主义的主要任务，关涉中国特色社会主义建设的"五位一体"总体布局和"四个全面"战略布局，是对党和国家各方面工作提出的新要求。尤其是"人民日益增长的美好生活需要"，这不仅反映了人民对物质文化生活提出更高要求，而且在民主、法治、公平、正义、安全、环境等方面的要求日益增长，昭示着人民对未来中国社会发展的需求和期待将日益提高。站在新的历史起点，面临新的矛盾，承担新的时代任务与历史使命，这些都涉及重大的政治经济认识与战略安排问题，需要新的政治经济学思想作为指导。可见，我国社会主要矛盾的变化是新时代中国特色社会主义政治经济学的理论新起点，是理论变革的新征程。

（二）要回答：怎样贯彻新发展理念，建设什么样的现代化经济体系

发展是解决中国一切问题的"金钥匙"。中国特色社会主义政治经济学所包含的新发展理念为我国社会主义现代化开辟了新的实现路径，既拓宽了马克思主义政治经济学的研究对象，也丰富发展了以《论十大关系》为代表的毛泽东社会主义经济建设思想。创新、协调、绿色、开放、共享，体现了新时代的新问题和新发展方向。贯彻新发展理念，建设现代化经济体系，需要推动生产力与生产关系的良性互动，并从这一社会基本矛盾的视角来把握。具体而言，在生产力视角下，现代化经济体系要以现代化生产力为支柱。因而，建设现代化经济体系，核心载体是"四个协同"的产业体系，即实体经济、科技创新、现代金融和人力资源协同发展的产业体系。这就需要将生产要素与经济增长或实体经济发展协同起来，通过每一种生产要素质量的提高、配置结构的优化，从而提高经济增长的质量和效益。生产关系视角下，现代化的经济体系意味着国家治理体系和治理能力的现代化，这就要求构建市场机制有效、微观主体有活力、宏观调控有度的经济体制。以上建设现代化经济体系的基本要求对经济的发展动力、发展领域、供给体系、体制保障等方面的理论贡献，涉及现阶段经济发展理论的核心部分，具有深厚的马克思

主义政治经济学的理论基础。因而，"新时代中国特色社会主义政治经济学要加强对现代化经济体系的研究"①。

（三）要回答：如何推动经济从高速增长转向高质量发展，建设社会主义现代化强国

我国经济发展进入了新时代的基本特征就是：我国经济已由高速增长阶段转向高质量发展阶段。从高速增长转向高质量发展，这意味着今后不仅要重视量的增长，更要重视结构的优化，不仅要重视经济的增长，更要重视环境的保护、社会文明的提升以及社会治理的完善等等。实现我国经济的高质量发展，必须加强国家创新体系建设，建立以企业为主体、市场为导向、产学研用深度融合的技术创新体系，倡导创新文化，强化知识产权保护，支持大众创业、万众创新，使科技创新成为产业升级的持续驱动力，从而推动经济发展质量变革、效率变革、动力变革，提高全要素生产率。在新时代背景下，我国经济由高速增长转向高质量发展，是进一步推进我国现代化进程、实现现代化战略目标的必然要求。在现代化建设的新部署中，明确提出了建设社会主义现代化强国的目标。与之前提出的"建设社会主义现代化国家"的目标相比，这一目标更突出了"强国"的建设。中国是一个人口大国，相比于建成经济大国，建设成为经济"强国"则更为艰难。现在，中国已经是全球第二大经济体，换言之，已经是名副其实的经济大国。但是由经济大国变为经济强国，道路更为坎坷，任务更为艰巨。因此，我们需要培育新的经济增长点，形成发展的新动能和新优势；需要优化经济结构，在全球价值链体系分工中，占领越来越多的制高点。可见，按照总任务的战略安排，新时代中国特色社会主义政治经济学的主线是实现社会主义现代化强国建设。

（四）要回答：如何认识、适应、引领经济发展新常态，推进供给侧结构性改革

习近平总书记指出，认识新常态，适应新常态，引领新常态，是当

---

① 张占斌：《为中国"强起来"贡献智慧》，《经济参考报》2018年5月16日。

前和今后一个时期我国经济发展的大逻辑①。"经济新常态"既是马克思主义政治经济学的新论断、新成果、新范畴，也为我们分析和研判未来中国经济发展趋势提供了新的理论根据和框架。新常态下，我国经济发展呈现出速度变化、结构优化、动力转换三大新特征，增长速度从高速转向中高速，发展方式从规模速度型转向质量效率型，经济结构调整从增量扩能为主转向调整存量、做优增量并举，发展动力从主要依靠资源和低成本劳动力等要素投入转向创新驱动。可见，中国经济发展进入新常态后所面临的一系列突出矛盾和问题，表面上看是速度问题，根本上看是结构问题。经济问题的主要原因已经不在需求侧，而是要抓住供给侧做文章，着力通过推进供给侧结构性改革来破解当前中国经济难题。对此，习近平总书记深刻指出，"供给侧结构性改革，重点是解放和发展社会生产力，用改革的办法推进结构调整，减少无效和低端供给，扩大有效和中高端供给，增强供给结构对需求变化的适应性和灵活性，提高全要素生产率"②。"供给侧结构性改革"的提出，是中国特色社会主义政治经济学的重要成果，丰富了政治经济学中关于社会主义宏观经济运行的理论范畴，也为中国未来一个时期如何抓好经济工作指明了方向。习近平总书记还强调，"从政治经济学的角度看，供给侧结构性改革的根本，是使我国供给能力更好满足广大人民日益增长、不断升级和个性化的物质文化和生态环境需要，从而实现社会主义生产目的"③，这表明供给侧改革的关键是推进供给侧结构性调整，即通过创新供给结构引导需求结构调整与升级，形成优质高效多样化的供给体系，提供更多优质产品和服务，使供给和需求在新的水平上实现均衡，进而更好地满足人民对美好生活的需要，促进我国经济持续健康发展。

（五）要回答：如何正确处理政府与市场的关系，不断完善社会主义市场经济体制

政府与市场作为配置资源、发展经济的两种手段，随着社会生产力、

---

① 《中央经济工作会议在北京举行》，《人民日报》2014年12月12日。
② 《习近平谈治国理政》第2卷，外文出版社，2017，第252页。
③ 《习近平谈治国理政》第2卷，外文出版社，2017，第252页。

生产关系和上层建筑的发展而变化，处于动态的变化过程之中。从"计划经济为主、市场调节为辅"到"社会主义有计划商品经济"再到"使市场在国家宏观调控下对资源配置起基础性作用"最后到"发挥市场配置资源的决定性作用，更好发挥政府作用"，可见，正确处理好政府与市场的关系，一直贯穿于中国特色社会主义政治经济学形成与发展的始终。把市场在资源配置中的"基础性作用"修改为"决定性作用"，标志着我们党对现代市场经济建设规律的深刻把握，把对市场作用的认识提高到了一个新高度，是结合我国国情书写的新版马克思主义政治经济学。当然，市场在资源配置中起决定性作用是有明确限定范围的，即市场起决定性作用的范围领域只是在资源配置中，并不是在分配等其他一切社会经济活动中都能起决定性作用；同时，市场在资源配置中只是起决定性作用，而不是起全部作用，更不是不要政府的作用。发展和完善我国的市场经济体制，还需要更好地发挥政府的作用。因为科学的宏观调控，有效的政府治理，是发挥社会主义市场经济体制优势的内在要求。因此，要不断创新和完善宏观调控体系，进一步推进"放管服"改革，打造一个服务型的廉洁政府，积极构建"亲"和"清"的新型政商关系，实现政府和市场"两只手"的协调配合。

（六）要回答：如何大力发展混合所有制经济，不断完善社会主义基本经济制度

习近平总书记在党的十八届三中全会上指出："要积极发展混合所有制经济，强调国有资本、集体资本、非公有资本等交叉持股、相互融合的混合所有制经济，是基本经济制度的重要实现形式。"① 这一重要论述，既是对经典社会主义的继承、坚持、创新和发展，同时又规定了我国新时代经济建设的发展方向和路径。一方面，大力发展混合所有制经济，必须在坚持"两个毫不动摇"的基础上，坚持权利平等、机会平等、规则平等，加强产权保护制度建设，保证各种所有制经济依法平等地使用生产要素、公开公平公正地参与市场竞争，尤其要加大知识产权

---

① 《习近平谈治国理政》，外文出版社，2014，第78页。

保护力度，提高知识产权侵权成本，完善涉外知识产权执法机制。另一方面，混合所有制经济作为我国基本经济制度的重要实现形式，它的发展完善亟须激发和保护企业家精神，壮大企业家队伍，增强企业家信心，要通过各种方式支持实体经济，充分调动民营企业的投资积极性，大力促进民营经济健康发展。总之，积极发展混合所有制经济，能够促进不同性质的所有制资本交叉持股、相互融合，尤其是促进公有制经济资本与非公有制经济资本相互渗透融合，改善公有制企业的产权结构，增强公有制企业的市场竞争力，促进公有制实现形式的多样化，进而不断完善以公有制为主体、多种所有制经济共同发展的基本经济制度，更加夯实社会主义市场经济体制的根基。

（七）要回答：如何促进"一带一路"国际合作，推动形成全面开放新格局

推进"一带一路"建设是习近平深刻思考中国及世界发展大势所提出的宏伟构想和中国方案。2013年9月和10月，习近平在出访中亚和东南亚国家期间，先后提出共建"丝绸之路经济带"和"21世纪海上丝绸之路"的重大倡议，得到了国际社会的高度关注和积极回应。习近平指出，"以'一带一路'建设为契机，开展跨国互联互通，提高贸易和投资合作水平，推动国际产能和装备制造合作，本质上是通过提高有效供给来催生新的需求，实现世界经济再平衡……有利于稳定当前世界经济形势"[①]。推进"一带一路"建设既是中国扩大和深化对外开放的需要，也是加强与亚欧非及世界各国互利合作的需要。因此，共建"一带一路"倡议的核心内涵，就是促进基础设施建设和互联互通，加强经济政策协调和发展战略对接，促进协同联动发展，实现共同繁荣。为更好地促进"一带一路"建设，"中国人民将继续扩大开放、加强合作，坚定不移奉行互利共赢的开放战略，坚持引进来和走出去并重，推动形成陆海内外联动、东西双向互济的开放格局，实行高水平的贸易和投资自由

---

① 《习近平谈治国理政》第2卷，外文出版社，2017，第504页。

化便利化政策，探索建设中国特色自由贸易港"①。在此基础上，中国将继续秉持共商共建共享的全球治理观，打造开放型合作平台，加快实施自由贸易区战略，逐步构筑起立足周边、辐射"一带一路"、面向全球的自由贸易区网络，积极同共建"一带一路"国家和地区商建自由贸易区，支持多边贸易体制，共同反对贸易保护主义，真正把"一带一路"建成和平之路、繁荣之路、开放之路、创新之路、文明之路。

（八）要回答：如何积极参与全球经济治理，构建人类命运共同体

随着全球化的深入发展，全球经济治理在实现稳定全球经济、促进全球经济长期可持续发展上的重要作用已经受到广泛的重视。对此，中国通过二十国集团、国际货币基金组织、世界银行、世界贸易组织等国际组织和国际机制，获得更多参与国际事务的机会以及与其他国家在各个领域合作共赢的机遇，以此推进与世界各国共同发展，推动世界经济实现平衡、可持续发展。尤其是党的十八大以来，习近平主席在不同场合多次提出构建人类命运共同体的理念，体现了新时期中国参与全球治理的原则立场。中国提出构建"人类命运共同体"，并以诸多实际行动践行这一理念，比如中国坚定维护以联合国为核心的国际体系，设立中国—联合国和平与发展基金，设立"南南合作援助基金"，为世界和平与发展作出新贡献；中国主张通过对话协商共担责任，促进不同安全机制间协调包容、互补合作，实现普遍安全和共同安全；中国发起建立亚洲基础设施投资银行和设立丝路基金，积极推动"金砖+"合作模式，让更多新兴市场国家和发展中国家参与到共同合作、互利共赢的事业中来。总之，中国发挥负责任大国作用，积极参与全球治理体系改革和建设，将构建人类命运共同体理念通过新的国际合作机制转化为实际行动，扩大了各国利益交汇点，有力推动着世界共同发展。正如习近平主席在博鳌亚洲论坛 2018 年年会开幕式上的主旨演讲中指出的那样，"我希望，

---

① 习近平：《开放共创繁荣 创新引领未来——在博鳌亚洲论坛 2018 年年会开幕式上的主旨演讲》，《人民日报》2018 年 4 月 11 日。

各国人民同心协力、携手前行，努力构建人类命运共同体，共创和平、安宁、繁荣、开放、美丽的亚洲和世界"①。

（九）要回答：如何坚持问题导向部署经济发展新战略，坚持稳中求进的工作总基调

习近平总书记强调："我们中国共产党人干革命、搞建设、抓改革，从来都是为了解决中国的现实问题。可以说，改革是由问题倒逼而产生，又在不断解决问题中得以深化。"② 从"问题意识"到"问题倒逼"，既是解决中国现实经济发展问题的科学方法，也是中国经济改革的现实路径，同时也彰显了中国发展的政治经济学的重要特色。习近平凸显"问题意识"，直面我们经济发展中的一系列突出矛盾和问题，深刻回答了新的历史条件下坚持和发展中国特色社会主义的一系列重大理论和现实问题。尤其是实施京津冀协同发展、长江经济带以及乡村振兴战略，根本目的是促进区域协调发展，解决发展不平衡不充分的问题。针对我国经济发展中存在的不少突出矛盾和问题，这就需要坚持稳中求进的工作总基调。"稳中求进工作总基调是我们治国理政的重要原则，也是做好经济工作的方法论"③，稳中求进，稳和进都是主基调，都是大局。稳和进是辩证统一的，要作为一个整体来把握，把握好工作节奏和力度。要实现经济发展稳中求进，必须统筹各项政策，加强政策协同。一是宏观政策要稳，二是产业政策要准，三是微观政策要活，四是改革政策要实，五是社会政策要托底。稳中求进同样意味着要更加积极主动地按照党的十九大要求，今后三年要重点抓好决胜全面建成小康社会的防范化解重大风险、精准脱贫、污染防治三大攻坚战，推动高质量发展。

---

① 习近平：《开放共创繁荣 创新引领未来——在博鳌亚洲论坛2018年年会开幕式上的主旨演讲》，《人民日报》2018年4月11日。
② 《习近平谈治国理政》，外文出版社，2014，第74页。
③ 《习近平关于社会主义经济建设论述摘编》，中央文献出版社，2017，第332页。

（十）要回答：如何加强党对经济工作的领导，保证我国经济沿着正确方向发展

坚持党对经济工作的集中统一领导，这是中国特色社会主义政治经济学最核心、最本质的特征。首先，必须坚持全面从严治党，永葆党的生机与活力。如果纵容腐败盛行，我们党就会变质，经济制度也必然变质。其次，要坚持党对国有企业的领导不动摇，发挥企业党组织的领导核心和政治核心作用，把党的领导融入公司治理各环节，把企业党组织内嵌到公司治理结构之中，保证党和国家方针政策、重大部署在国有企业贯彻执行。这是国有企业的"根"和"魂"，是我国国有企业的独特优势。再次，要在民营企业中建立、加强党的组织建设，通过党建工作的开展，宣传党的新经济政策，保证民营企业沿着社会主义的方向发展，真正成为中国特色社会主义市场经济的重要组成部分。最后，要"加强领导干部能力建设，提高领导经济工作科学化水平"[①]。各级领导干部要围绕经济社会发展重大问题加强学习和调研，提高科学决策、民主决策能力。要从选拔、任用、考核、培训等多方面入手，在各级班子中配备懂经济特别是具备领导科学发展能力的干部。

五 构建中国特色社会主义政治经济学的政治立场和重大原则

中国特色社会主义政治经济学的重大原则，是从新时代政治经济学理论原理中概括出来的抽象性准则，体现了中国特色社会主义政治经济学的内涵实质和根本属性，蕴含着探索中国特色社会主义经济运行规律和发展道路的理论逻辑。

---

① 《习近平关于社会主义经济建设论述摘编》，中央文献出版社，2017，第315~316页。

（一）政治原则：不断改善党对经济工作的集中统一领导

列宁指出："一个阶级如果不从政治上正确地看问题，就不能维持它的统治，因而也就不能完成它的生产任务。"[1] 坚持党对经济工作的集中统一领导，为经济社会发展提供有力政治保障，这是当代中国社会主义市场经济体制改革成功的根本经验所在。在领导社会主义市场经济方面，党统揽全局、协调各方，既能充分发挥市场机制的积极作用，又能矫正、弥补它的缺陷。我国社会主义市场经济的建立和发展，就是在党的领导下、在社会主义宪法制度基础上对传统计划经济体制进行改革的结果。中国共产党全心全意为人民服务的根本宗旨，能够在生产力迅速发展的基础上使经济社会发展成果由全体人民所共享，消灭资本主义市场经济由资本的逐利性所导致的两极分化，从而确保市场经济的发展方向朝着共同富裕不断趋近，以体现社会主义的本质要求。可以说，离开党的领导，离开社会主义基本制度，就必然改变自身的性质，就不是社会主义市场经济了。

（二）核心原则：坚持以人民为中心的发展思想

以人民为中心，为人民谋利益，是我们党的宗旨和目标，是支配中国特色社会主义经济发展过程、反映中国特色社会主义经济发展趋势的理论原则。这一重大原则，反映了中国特色社会主义政治经济学的研究立场。以人民为中心，就是要坚持人民主体地位，顺应人民群众对美好生活的向往，"把增进人民福祉、促进人的全面发展、朝着共同富裕方向稳步前进作为经济发展的出发点和落脚点"[2]。这反映了中国特色社会主义政治经济学研究的方向和重点，体现在基本理论、结构体系、现实问题等方面。因而，以人民为中心研究中国特色社会主义政治经济学，既是把马克思主义经济学原理与当代中国具体实践结合起来，科学解答

---

[1]《列宁选集》第4卷，人民出版社，1995，第408页。
[2]《习近平关于社会主义经济建设论述摘编》，中央文献出版社，2017，第31页。

我国经济发展中的重大理论和实践问题的过程，也是立足于我国国情和发展实践，把人民群众的实践经验上升为系统化的经济学说的过程。由此可见，以人民为中心作为中国特色社会主义政治经济学的重大原则，其科学性就在于它把当代中国马克思主义经济学的政治性，具体化为实现好、维护好、发展好最广大人民根本利益的理论和实践。

（三）根本原则：不断解放和发展生产力

马克思主义认为，生产力是生产中最活跃、最革命的因素，生产力的发展是人类社会发展的最终决定力量。以社会主义初级阶段经济关系为研究对象的中国特色社会主义政治经济学，是尊重经济社会发展客观规律，深化人类社会发展一般规律和生产力发展规律认识的结果。随着中国特色社会主义发展进入新时代，为更好地解放和发展生产力，就需要坚定不移地贯彻新发展理念，建设现代化经济体系，推动我国经济发展从高速增长阶段转向高质量发展阶段，为我国从经济大国走向经济强国、实现新时代中国特色社会主义新征程的宏伟目标打下坚实物质基础。习近平总书记深刻指出："全面建成小康社会，实现社会主义现代化，实现中华民族伟大复兴，最根本最紧迫的任务还是进一步解放和发展社会生产力。"[①] 党的十九大报告也强调，"解放和发展社会生产力，是社会主义的本质要求。我们要激发全社会创造力和发展活力，努力实现更高质量、更有效率、更加公平、更可持续的发展"[②]。可见，解放和发展生产力犹如一根红线贯穿于新时代中国特色社会主义政治经济学的始终。

（四）基础原则：坚持社会主义市场经济的改革方向

在改革开放的伟大实践中，我们党创造性地提出"社会主义也可以搞市场经济"，逐步实现了从高度集中的计划经济向社会主义市场经济

---

① 《习近平谈治国理政》，外文出版社，2014，第92页。
② 《中国共产党第十九次全国代表大会文件汇编》，人民出版社，2017，第28页。

的华丽转身。实践也表明，现阶段在经济建设过程中发挥市场机制的积极作用符合我国经济社会发展实际，也符合经济社会发展的客观规律。发展和完善社会主义市场经济，公有制的主体地位不能削弱，这是体现我国市场经济的"社会主义"属性，否则就会沦为市场原教旨主义，滑向彻底私有化的迷途。因而，中国特色社会主义政治经济学的研究应着力于使公有制与市场经济有机结合起来，努力发挥好这两方面的优势。当然，统一开放、竞争有序的现代市场经济体系的形成，离不开为数众多、富有活力的各种非公有制经济的积极参与。这就需要改进金融服务，拓宽融资渠道，降低融资成本，坚决取消对民间资本单独设置的附加条件和歧视性条款，切实营造权利平等、机会平等、规则平等的投资环境，从而不断促进民营企业的持续健康发展，充分激发各类市场主体活力，切实夯实我国市场经济活动的微观主体。

（五）价值原则：坚持按劳分配和实现共同富裕

劳动价值论是马克思主义政治经济学的基石，它揭示了价值的真正来源。对此，党的十九大报告指出，要"使人人都有通过辛勤劳动实现自身发展的机会"，要"坚持按劳分配原则"，要"鼓励勤劳守法致富"，要"坚持在经济增长的同时实现居民收入同步增长、在劳动生产率提高的同时实现劳动报酬同步提高"[①]。但另一方面，由于每个人的工作能力、家庭状况存在差异，因而存在事实的收入差距。加之我国在社会主义初级阶段还存在按生产要素分配等多种分配方式，使得社会成员间的收入差距不断扩大。这就必须按照"共同富裕"这一社会主义的本质要求，深入推进收入分配制度改革，从制度上防止两极分化的出现。习近平总书记指出，"消除贫困、改善民生、逐步实现共同富裕，是社会主义的本质要求，是我们党的重要使命"[②]。共同富裕作为社会主义制度区别于其他社会制度的一个根本特征，是我们党在带领全国人民发展

[①] 《中国共产党第十九次全国代表大会文件汇编》，人民出版社，2017，第 37~38 页。

[②] 《习近平谈治国理政》，外文出版社，2017，第 83 页。

生产力的过程中坚持客观性与价值性的统一。它的实现离不开生产力的高度发达，离不开人人参与、人人尽力、人人共享。坚持按劳分配和共同富裕重大原则，才能使经济社会发展成果惠及全体人民，体现新时代中国特色社会主义政治经济学的本质属性。

（六）重要原则：坚持并扩大对外开放

马克思主义政治经济学认为，人类社会最终将从各民族的历史走向世界历史。中国特色社会主义政治经济学中对外开放原则是根源于事实和发展过程的，是从我国基本国情和经济发展实践中提炼和总结的规律性成果。从创建经济特区到沿海开放城市，从"引进来"到"走出去"，从加入世界贸易组织到共建"一带一路"，整个实践发展历程既是马克思经济全球化思想中国化的具体体现，又是中国特色社会主义政治经济学开放观的创新过程。随着资源全球配置的纵深发展，世界各国越来越多地参与到全球产业分工之中，在此情形下，"中国将在更大范围、更宽领域、更深层次上提高开放型经济水平。中国的大门将继续对各国投资者开放"[1]。"人类命运共同体""一带一路""自由贸易区战略"等成为中国实施新一轮高水平对外开放的重大战略构想。"实践证明，过去 40 年中国经济发展是在开放条件下取得的，未来中国经济实现高质量发展也必须在更加开放条件下进行。"[2] 这深刻反映了对外开放已经深入到中国特色社会主义经济发展的实践之中，中国的经济发展、社会进步，中国对世界的贡献，都与实行对外开放分不开。只有坚持对外开放，中国特色社会主义经济才能得到真正发展；统筹国内国际两个大局，利用国内国际两个市场、两种资源，发展更高层次的开放型经济，积极参与全球经济治理才有可能。

---

① 《习近平关于社会主义经济建设论述摘编》，中央文献出版社，2017，第287 页。

② 习近平：《开放共创繁荣 创新引领未来——在博鳌亚洲论坛 2018 年年会开幕式上的主旨演讲》，《人民日报》2018 年 4 月 11 日。

六　坚持和发展中国特色社会主义政治经济学的基本路径

时代主题的发展变化，迫切要求我们不断推进理论创新。坚持和发展中国特色社会主义政治经济学，要立足于新时代中国特色社会主义经济建设的伟大实践，围绕建设社会主义现代化强国的重大理论及其实践问题，深刻揭示社会主义经济发展的内在规律，从而不断开拓马克思主义政治经济学中国化的新境界。

（一）指导思想：习近平新时代中国特色社会主义经济思想

党的十八大以来，以习近平同志为核心的党中央致力于坚持和发展中国特色社会主义，在应对中国经济经过多年高速发展进入"新常态"的现实过程中，把马克思主义政治经济学的基本原理和新时代中国特色社会主义经济发展变革的伟大实践相结合，不断提炼和总结我国经济发展实践的规律性成果，把实践经验上升为系统化的经济学说，形成了以"一个理念+七个坚持"为主要内涵的经济思想理论体系——习近平新时代中国特色社会主义经济思想。作为习近平新时代中国特色社会主义思想在经济建设方面的系统化思想理论和系列化重要论述，习近平新时代中国特色社会主义经济思想是基于中国经济发展现实问题的思考而形成的思想精华，也是马克思主义政治经济学中国化的最新理论成果，更是开启全面建设社会主义现代化国家新征程的行动指南。可以说，习近平新时代中国特色社会主义经济思想的提出，极大地拓展了中国特色社会主义政治经济学的研究视域，成为引领"强起来"阶段中国特色社会主义政治经济学理论创新和体系完善的核心指南。

（二）重要举措：进一步拓展中国特色社会主义政治经济学的研究对象范围

随着中国特色社会主义发展进入新时代，我国社会主要矛盾的变化，决定了把"着力发展，满足人民需要"作为中国特色社会主义政治经济学的主线①。因而，对于新时代中国特色社会主义政治经济学的发展来说，我国社会主要矛盾的变化意味着"新时代中国特色社会主义政治经济学要'与时俱进'，把研究范围从经济领域拓宽到社会领域，从生产力、生产关系、经济基础拓宽到上层建筑的各个领域"，不仅研究生产力、生产关系，而且研究经济制度和经济体制、经济运行、经济改革、经济发展、对外经济关系等，研究它们的相互关系及其在社会再生产中表现的规律性，"从而把中国特色社会主义政治经济学建设成为真正为中国特色社会主义发展提供理论基础的科学。新时代中国特色社会主义政治经济学要'敞开胸怀'，以中国特色社会主义生产方式及与之相适应的生产关系和交换关系为重点，与社会学、政治学、生态学等多学科交叉、融合，吸收相关学科的研究成果，不断丰富自己的研究内容和理论"②。

（三）创新机制：把体系创新与运用创新有机结合起来

推进"体系创新"，就是要在马克思主义政治经济学的基本理论与中国社会主义经济建设的具体实践之间架设一个桥梁纽带，推动形成当代中国马克思主义政治经济学的理论体系，创造具有中国特色的经济学说。与这种理论体系相适应，还需要不断完善当代中国马克思主义政治经济学的学科体系、学术体系、话语体系和教材体系，从而不断推动中国特色社会主义经济建设中的一些重大理论研究走向深入，以更好地指导新时代的经济发展问题。在注重体系创新的同时，还要与运用和创新有机结合起来。习近平总书记指出，各级党委和政府要学好用好政治经济学，自觉认识和更好地遵循经济发展规律。这里的"用好"就是要不断推进运用创新，不断创新马克思主义经济学基本原理的具体运用方式，这就需要坚持马克思主义的本源，把马克思主义政治经济学的基本原理和方法与新时代中国特色社会主义经济建设的具体实践相结合，注重运

---

① 逄锦聚：《新时代新课题与中国特色社会主义政治经济学的新使命》，《经济纵横》2018 年第 1 期。
② 张占斌：《为中国"强起来"贡献智慧》，《经济参考报》2018 年 5 月 16 日。

用马克思主义中国化的最新理论成果指导新时代的经济发展及经济学科的构建，使马克思主义政治经济学作为基础学科的关键地位不断得到巩固和加强。

（四）基本策略：对中国特色社会主义经济建设的重大历史经验进行总结

随着中国特色社会主义的发展进入新时代，中国特色社会主义政治经济学的构建也进入到一个新的阶段，在这一重大历史阶段，需要注重对一些重大历史经验的总结，并"把实践经验上升为系统化的经济学说"。一是要注重对改革开放40年来经验的总结，对我国在建设和发展社会主义市场经济过程中的一些重大理论和实践问题进行系统研究，并将其上升为系统化的经济学范式，为坚持和发展中国特色社会主义政治经济学提供重要支撑；二是要注重对新中国成立70年来我国社会主义经济建设经验的总结，进一步深化对中国发展道路的政治经济学解析，不断增强道路自信；三是进入新时代后，我们即将迎来中国共产党成立100周年，在这100年的发展历程中，我们党的历代领导人结合各自面临的历史任务，提出了适应不同历史阶段的经济思想，这些经济思想是马克思主义经济学中国化的重要组成部分，需要对建党100年来不同时期的经济思想加以概括总结，从而为坚持和发展中国特色社会主义政治经济学提供丰厚的历史养分。

（五）兼容并包：充分吸收并合理借鉴西方经济学的科学成分

坚持和发展中国特色社会主义政治经济学，在纵向上要做好追根溯源工作，在横向上则要处理好同其他经济学流派的关系，其中最为重要的是既要立足于建立在中国历史与文化基础上的中国现实，也要吸收借鉴西方主流经济学的理性基因，如西方主流经济学关于供给与需求的理论、对垄断与竞争的分析，以及实证方法、统计方法、数学分析方法的运用，对于中国特色社会主义经济的生产、交换和分配过程的完善显然有其借鉴价值。此外，不少西方经济学所揭露的西方工业化社会的种种弊端和缺陷，如资源枯竭、环境污染、生态失衡、分配不均、社会危机等问题，从反面告诫我们，在经济建设过程中必须采取措施，及时预防和消除这些弊端。总之，坚持和发展中国特色社会主义政治经济学，必须在坚持一分为二的基础上，实现对西方主流经济学进行借鉴和批判的辩证统一，从而建立"面向世界、面向未来的，民族的科学的大众的"中国特色社会主义政治经济学理论体系。

略论中国特色社会主义政治
经济学的重要作用[*]

蒋　茜

改革开放以来，面对如何建设社会主义、发展社会主义的历史性课题，我们党把马克思主义基本原理与中国实际相结合，开创形成了中国特色社会主义理论体系。中国特色社会主义政治经济学作为中国特色社会主义理论体系的重要组成部分，是中国特色社会主义经济建设实践经验的规律性总结，是当代中国马克思主义政治经济学的集中体现。从2014年起，习近平总书记多次阐述了中国特色社会主义政治经济学的相关重大问题，强调要学好用好政治经济学，要不断开拓当代中国马克思主义政治经济学新境界，要坚持中国特色社会主义政治经济学的重大原则。由此，"中国特色社会主义政治经济学"作为一个系统的理论范畴和学科体系被明确提出。在新的历史条件下，构建中国特色社会主义政治经济学不仅有利于更好地指导我国经济发展的实践，而且对于坚持和发展、丰富和深化中国特色社会主义理论体系具有十分重大的理论和现实意义。

一　中国特色社会主义政治经济学在中国特色
社会主义理论体系中的理论地位

中国特色社会主义政治经济学的理论源头是马克思主义政治经济学。

---

* 本文原载于《学习与探索》2017年第9期，收入本书时有改动。

马克思主义政治经济学是马克思主义的重要组成部分，在马克思主义理论体系中占有非常重要的基础地位，"是马克思理论最深刻、最全面、最详细的证明和运用"①。马克思一生最伟大的两大发现，即唯物史观和剩余价值理论都是建立在其政治经济学研究的基础之上。列宁指出："自从《资本论》问世以来，唯物主义历史观已经不是假设，而是科学地证明了的原理。"② 同时，政治经济学也是社会主义从空想转变为科学的理论基础，科学社会主义就是以此为起点和中心发展起来的。马克思通过分析资本主义生产关系的内在矛盾，揭示并论证了资本主义终将被社会主义代替的历史必然性，并从规律的层面探寻了共产主义社会的基本轮廓，从而创立了科学社会主义。在科学社会主义理论中，马克思恩格斯所提出的用以解决资本主义内在矛盾的方式手段就包含了社会主义经济理论的基本原则。例如，生产资料公有制理论、按劳分配或按需分配理论、人的自由全面发展、共同富裕理论、有计划的生产等等。这些基本理论为社会主义政治经济学的实践指明了方向，为社会主义建设提供了科学指南。正是因为如此，恩格斯指出无产阶级政党的"全部理论来自对政治经济学的研究"③。习近平总书记在中共中央政治局第二十八次集体学习时强调，"马克思主义政治经济学是马克思主义的重要组成部分，也是我们坚持和发展马克思主义的必修课"④。

中国特色社会主义理论体系作为当代中国的马克思主义，内含着马克思主义哲学、马克思主义政治经济学和科学社会主义的基本原理。基于马克思主义政治经济学的基础地位，中国特色社会主义政治经济学在中国特色社会主义理论体系中也具有非常重要的核心地位，体现为经济建设在中国特色社会主义建设中的特殊重要作用。可以从以下几个方面来看。

---

① 《列宁选集》第 2 卷，人民出版社，1972，第 588 页。
② 《列宁选集》第 1 卷，人民出版社，1995，第 10 页。
③ 《马克思恩格斯文集》第 2 卷，人民出版社，2009，第 596 页。
④ 《习近平在中共中央政治局第二十八次集体学习时强调 立足我国国情和我国发展实践 发展当代中国马克思主义政治经济学》，《人民日报》2015 年 11 月 25 日。

第一，中国特色社会主义的根本任务是发展生产力。生产力是社会发展的最终决定力量，没有源源不断的物质基础作为支撑，社会主义生产关系的优越性就根本发挥不出来，社会发展也终将停滞不前。习近平指出："全面建成小康社会，实现社会主义现代化，实现中华民族伟大复兴，最根本最紧迫的任务还是进一步解放和发展社会生产力。"[1] 坚持以经济建设为中心是党的基本路线和根本要求，在解放和发展生产力的基础上满足人民群众日益增长的物质文化需要，从而实现全社会的共同富裕，这是社会主义生产的根本目的。

第二，中国特色社会主义经济制度是中国特色社会主义的根基。经济基础决定上层建筑，中国特色社会主义经济制度包括以公有制为主体、多种所有制经济共同发展的社会主义初级阶段的基本经济制度，以按劳分配为主、多种分配方式并存的社会主义初级阶段的基本分配制度，社会主义市场经济体制，以及在此基础上形成的一系列具体的经济制度和体制机制，这是支撑中国特色社会主义蓬勃发展的重要支柱，从根本上决定着中国特色社会主义的政治、文化、社会管理等领域的全面发展。

第三，经济体制改革是全面深化改革的重点和主轴。全面深化改革是一项系统工程，各个领域的改革相互联系、融合发展，其中重大经济体制改革的进度决定着很多其他体制改革的进度，对其他方面改革具有重要影响和传导作用，具有牵一发而动全身的作用。

第四，中国特色社会主义的成功首先体现在经济领域。新中国成立60 多年特别是改革开放近 40 年来，我国经济实力、综合国力大幅提升，人民生活显著改善，国际地位空前提高，经济总量跃居世界第二，成功实现从低收入国家向中等收入国家的跨越，创造了经济发展的中国奇迹，这充分证明了中国特色社会主义经济发展道路的优越性。而作为对中国经济发展成果的规律性总结，中国特色社会主义政治经济学自然也成了中国特色社会主义理论体系的重点和核心，占据了非常重要的理论地位。

---

[1] 《十八大以来重要文献选编》（上），中央文献出版社，2014，第549页。

二 中国特色社会主义政治经济学对中国特色 社会主义理论体系的历史贡献

新中国成立后，以毛泽东为核心的中国共产党带领全国人民完成了社会主义改造，建立了社会主义基本制度，开启了中国社会主义建设道路的伟大探索。面对大规模的经济建设，毛泽东非常重视政治经济学的研究，认为"关于研究政治经济学问题……有很大的理论意义和现实意义"①。毛泽东反复研读了《苏联社会主义经济问题》，对于其中的理论观点进行了批判性的思考，并做出了详细的批注，他提出以苏联的经验教训为鉴戒，创造新理论，写出新著作，推动马克思列宁主义同中国实际进行第二次结合②。为此，毛泽东撰写了一系列经济理论文章，形成了众多充满真知灼见的理论观点，努力探索适合中国自己的社会主义建设道路，为我国建设独立的较为完整的工业体系和国民经济体系做出了巨大贡献。然而在中国这样的社会历史条件下建设社会主义，没有先例，探索之路并非一帆风顺，社会主义建设也经历了曲折和失误。

党的十一届三中全会之后，我们党总结了社会主义建设道路中的经验教训，坚持把马克思主义基本原理同改革开放新的实践结合起来，最终开辟了一条适合中国现代化发展的中国特色社会主义道路，先后形成了包括邓小平理论、"三个代表"重要思想以及科学发展观等重大战略思想在内的中国特色社会主义理论体系。回顾改革开放后社会主义发展的实践历程，可以看到，经济建设是实践探索的起点，也是实践发展的中心。我们知道，1978 年改革的第一步就是从农村试点推行家庭联产承包责任制开始，1984 年城市的改革也是以经济体制改革拉开了序幕。1992 年邓小平的南方谈话标志着改革进入一个新的阶段，其中经济论述是核心。以江泽民为核心的中国共产党人坚持拓展中国特色社会主义道

---

① 《毛泽东年谱（一九四九——一九七六）》第 3 卷，中央文献出版社，2013，第551 页。

② 参见习近平《在纪念毛泽东同志诞辰 120 周年座谈会上的讲话》，人民出版社，2013。

路，提出了"三个代表"重要思想，其中把始终代表中国先进生产力的发展要求纳入中国共产党先进性的衡量标准，突出了生产力的代表性，为我们党领导带领人民开创中国特色社会主义建设的新局面提供了理论指导。进入 21 世纪之后，中国特色社会主义的实践发展进入一个新阶段，科学发展观的提出为中国实现什么样的发展、怎样发展指明了方向，也为经济发展提出了新的要求。实践是理论创新的源泉，经济实践推动着经济理论的不断创新，在中国特色社会主义理论体系的形成与发展过程中，困扰社会主义发展的很多关键性问题正是由中国特色社会主义政治经济学解答的。具体来说，主要包括以下几点。

1. 社会主义的本质

建设社会主义首先需要从理论上回答"到底什么是社会主义"这个问题。在对这个问题的不断追问中，邓小平深刻地意识到，"空讲社会主义不行，人民不相信"①。"社会主义制度优越性的根本表现，就是能够允许社会生产力以旧社会所没有的速度迅速发展，使人民不断增长的物质文化生活需要能够逐步得到满足。"② 秉承着解放思想、实事求是的理论精神，邓小平对社会主义本质做出了深刻系统的表述："社会主义的本质，是解放生产力，发展生产力，消灭剥削，消除两极分化，最终达到共同富裕。"③ 包含着生产力与生产关系相互统一、最终目标与实现方式相互统一的社会主义本质规定，是对唯物史观基本原理的坚持与创新。在此基础上提出的发展是第一要务、以人民为中心、共享发展理念等等都是对社会主义本质的不断深化和发展。

2. 社会主义初级阶段理论

与马克思恩格斯的设想有所不同，我国的社会主义建设是在经济文化落后的背景下开始的，制度跨越了，生产力不能跨越，这就决定了我国在进入社会主义之后，需要经历一段很长的历史时期进行社会化大生产，实现工业化、现代化，巩固和完善社会主义制度，这是不可逾越的

① 《邓小平文选》第 2 卷，人民出版社，1994，第 314 页。
② 《邓小平文选》第 2 卷，人民出版社，1994，第 128 页。
③ 《邓小平文选》第 3 卷，人民出版社，1993，第 373 页。

历史阶段。基于此,处于并将长期处于社会主义初级阶段是对我国基本国情的科学判断,也是中国特色社会主义探索的总依据和立足点。从社会主义初级阶段出发,我们明确了社会主义初级阶段的主要矛盾是落后的生产力与人民日益增长的物质文化需求之间的矛盾;明确了在社会主义初级阶段解决主要矛盾的根本途径是大力发展生产力;明确了社会主义初级阶段的基本路线是以经济建设为中心,坚持四项基本原则,坚持改革开放;明确了社会主义初级阶段"三步走"的经济发展战略等一系列重大基本问题。

3. 社会主义初级阶段基本经济制度

改革开放后,我们党对社会主义初级阶段的所有制结构进行了调整,打破了纯而又纯的单一公有制格局,国家从限制非公有制发展转向了鼓励。1997年党的十五大报告中,第一次明确提出了社会主义初级阶段基本经济制度并做出了重要阐释:公有制为主体、多种所有制经济共同发展,是我国社会主义初级阶段的一项基本经济制度。这一制度的确立,是由社会主义性质和初级阶段国情决定的①。因此,坚持完善社会主义基本经济制度,就是要毫不动摇地巩固和发展公有制经济,毫不动摇地鼓励、支持和引导非公有制经济的发展,把坚持公有制为主体与促进非公有制发展统一到社会主义现代化的进程之中。与此同时,我们党积极探索了基本经济制度的实现形式,混合所有制形式的提出有力地促进了公有制经济与私有制经济的有机结合、取长补短、共同发展。

4. 社会主义与市场经济的结合

随着改革开放实践进程的推进,我们党对市场机制的认识逐渐深化,从思想上打破了计划经济等于社会主义的传统社会主义思维模式。实际上,生产资料所有制是生产关系的核心,决定着一个社会的根本属性。由此,社会主义与资本主义最根本的区别并不在于是否采用市场或者计划,而是在于资本主义是以生产资料私有制为主,社会主义是以生产资料公有制为主。邓小平从理论上论证了社会主义制度中实现市场经济的合理性与必要性,为社会主义市场经济体制的建立解决了理论困惑。

---

① 参见《十五大以来重要文献选编》(上),人民出版社,2000,第20页。

1992 年，党的十四大报告正式把建立社会主义市场经济体制作为经济体制改革目标。实践表明，社会主义基本制度与市场经济相结合，一方面尊重了市场的经济规律，发挥了市场经济的优势；另一方面又注重国家调节的重要作用，克服了市场经济本身的自发性、盲目性、滞后性等消极因素，充分发挥了社会主义制度的优越性。两者相辅相成，共同推动了中国经济的飞速发展。

5. 社会主义的对外开放

邓小平指出："对外开放具有重要意义，任何一个国家要发展，孤立起来，闭关自守是不可能的，不加强国际交往，不引进发达国家的先进经验、先进科学技术和资金，是不可能的。"[①] 社会主义的发展需要建立在全球性的普遍联系和交往之上，这是社会主义发展的必然趋势和内在要求，也是实现现代化的必要条件。1980 年，深圳、珠海、汕头、厦门四个经济特区的确立正式打开了中国对外开放的大门。进入 20 世纪90 年代，党中央提出积极主动参与到经济全球化的进程中，对外开放的范围进一步扩大，程度进一步提升，从空间和范围上几乎涵盖了全国各地和国民经济众多领域。随着 2001 年我国成功加入世界贸易组织，开始更加全面深入地融入全球经济合作与竞争，在"引进来"和"走出去"的战略中，迎来了对外开放的新格局，充分发挥了自身的后发优势，也为世界经济做出了重要贡献。

6. 实现科学的发展

在经济实践走向深入的同时，以高投入、高消耗、高污染为特征的粗放型经济增长方式弊端已经显现，人与环境资源之间的关系变得紧张，深层次的社会问题浮出水面。以胡锦涛同志为总书记的党中央从哲学层面系统地思考了未来中国的发展，提出了科学发展观，即"第一要义是发展，核心是以人为本，基本要求是全面协调可持续，根本方法是统筹兼顾"[②]。在科学发展观的指导下，形成了一系列具体的方针政策，包括：

---

① 《邓小平文选》第 3 卷，人民出版社，1993，第 117 页。

② 《中国共产党第十七次全国代表大会文件汇编》，人民出版社，2007，第14 页。

加快转变经济发展方式；把提高效率同促进社会公平结合起来；统筹城乡发展、区域发展、经济社会发展、人与自然和谐发展、国内发展和对外开放，统筹中央和地方关系，统筹局部利益和整体利益、当前利益和长远利益，统筹国内国际两个大局，充分调动各方面的积极性；等等。科学的发展引导了中国特色社会主义经济发展更加注重质与量的同步，并在经济发展的基础上追求人与自然、人与人之间的和谐发展，努力实现政治、经济、文化、社会、生态等各方面的全面发展。

7. 经济发展的新常态

2008年金融危机之后，世界经济持续低迷，中国经济也面临着深度转型，面对错综复杂的国际国内形势，党的十八大以来以习近平同志为核心的党中央审时度势，做出了中国经济进入新常态的战略判断。新常态是在社会主义初级阶段下我国经济发展到当代所必然出现的客观状态，表现为经济速度、经济结构、发展动力都发生了重要变化，中国经济面临着新的机遇与挑战。在适应新常态、把握新常态、引领新常态的经济发展大逻辑下，党中央提出了一系列重大战略思想和理论观点，包括：关于坚持完善基本经济制度的理论；关于坚持完善社会主义市场经济体制，使市场在资源配置中起决定性作用和更好发挥政府作用的理论；关于坚持完善基本分配制度的理论；四个全面的战略布局；创新、协调、绿色、开放、共享的五大发展理念；构建开放型经济新体制；深化供给侧结构性改革；加快实施创新驱动发展战略；坚持推动城乡一体化发展；推进"一带一路"建设；构建人类命运共同体；等等。这些理论涵盖了中国特色社会主义的经济制度、经济运行、经济发展、对外开放等各个层面，也体现了我们党对经济发展规律的认识已经越来越成熟。

综上所述，从历史的形成来看，中国特色社会主义理论体系的创立始于经济领域的理论突破，中国特色社会主义实践与理论的每一步重大发展，都与中国特色社会主义政治经济学的理论发展密切相关。正是源于经济的牵引作用，中国特色社会主义政治经济学支撑并推动了中国特色社会主义理论体系的形成与发展，对中国特色社会主义理论体系做出了巨大的历史贡献。

三　完善中国特色社会主义理论体系迫切需要加快 构建中国特色社会主义政治经济学

改革开放近 40 年，我国已经初步形成了较为完整的中国特色社会主义理论体系。理论体系虽已建立，但并不成熟完善。在新的历史阶段中，丰富和发展中国特色社会主义理论体系需要做的是进一步把理论研究推向深入和细化，加强对各个部分的理论挖掘与创新，使之更加学理化、系统化。2016 年 5 月 17 日，习近平总书记在哲学社会科学工作座谈会上的重要讲话中，提出了要加快构建中国哲学社会科学的历史任务，要积极推进具有支撑作用的学科的理论建设。当前，之所以高度重视中国特色社会主义政治经济学的理论构建，不仅源于其重要的理论地位以及历史贡献，更是基于现实的迫切需要。

应当看到，在中国特色社会主义理论体系中，虽然中国特色社会主义政治经济学的理论成果非常丰硕，但与生机勃勃、波澜壮阔的经济实践进程相比，与时代的需求相比，我国经济学理论供给还明显不足，经济理论滞后很多。

其一，理论成果的学理性阐释不够。实践经验要上升为一门科学，必须经过深度的学理性阐释，转化为一系列概念、范畴，形成有逻辑的理论分析推演，才能真正被人信服，也才能更好地指导实践。为此，我们广大的理论工作者做出了重要努力。但是，很多基本的理论问题仍然有待进行深度挖掘。例如，在中国特色社会主义基本经济制度中，公有制主体性的具体内涵是什么？国有经济的主导作用应该如何体现？发展混合所有制经济的客观依据和具体要求又是什么？又如，在社会主义市场经济体制中，公有制与市场经济如何更好地结合？怎样实现国家调控与市场调节的有效结合？再如，如何看待中国经济发展经验的特殊性与一般性？再比如，经济新常态的发展规律是什么？完善中国特色社会主义理论体系，这些基本理论问题还需要进行深入研究。

其二，直面现实问题的理论创新亟须加强。问题是时代的声音，立足于我国实践、以问题为导向是理论创新的起点和动力来源。改革开放以来，中国经济体制改革遵循的是渐进式改革的道路，经历了由易到难、由单一到全面的历史进程。当前，我国已经进入了新常态的历史发展阶段，进入了发展关键期、改革攻坚期、矛盾凸显期，各种新老问题叠加产生、层出不穷。在经济下行的压力下，如何把握保持一定的增长速度与优化结构之间的关系？在资源、环境约束力逐渐加大的情况下，如何寻找新的动力源，从依靠资源和低成本劳动力等要素投入转向创新驱动？在结构性产能过剩的状况下，如何着力改善供给结构，提升有效供给能力，大力发展实体经济，实现制造大国向制造强国的跨越？在经济全球化日益深入的趋势下，如何把握好国家经济融入世界与独立自主之间的关系？在全面建成小康社会的目标要求下，如何解决财富收入差距拉大的问题？如何保障经济发展成果为全体人民共享？这些重大现实问题迫切地需要做出理论回答。与此同时，我们的经济理论在回应现实问题方面，比较侧重于宏观领域的层面，而对于经济运行等中观领域、微观领域的现实问题关注较少。而这些具体现实问题往往与人民生活最为贴近，如果理论观照不够，一些重大的经济政策就很难落地，而理论对于实践的现实解释力、指导力就会越来越薄弱。

其三，理论成果比较零散、碎片化，亟须建立中国自己的经济学话语体系。中国经济的实践成就举世瞩目，如何概括和阐释所取得的经济成就直接决定着未来经济的发展方向。一些人试图用西方经济学理论和框架来归纳总结中国经济的发展道路，习惯用西方经济学的话语体系来解读中国的经济问题，甚至认为经济学就只是西方经济学，以至于在经济学的某些教学研究中，把西方经济学当作经济学的国际化唯一标准，并视为中国经济学的发展方向。当然，我们需要承认，西方经济学在市场经济运行和发展等方面形成了很多优秀的理论成果，存在着反映社会化大生产一般规律的一面。但西方经济学从根本上保障的是资本主义制度，遵循的是以资本为中心的发展方向，这就决定了社会主义经济发展不能以西方经济学作为指导思想。而马克思主义政治经济学为我们赋予了科学的世界观和方法论，对于经济问题的研究，不是就经济而论经济，而是在生产力与生产关系的相互作用中，在经济基础与上层建筑的相互作用中，去探寻中国特色社会主义经济的运动发展规律。只有坚持马克思主义政治经济学的指导地位，才能透过纷乱复杂的经济现象看清问题的本质，才能保证中国经济发展不会偏离以人民为中心的发展方向。因此，既立足本国实际，又要开门搞研究，辩证地认识、合理地借鉴、洋为中用是我们对待西方经济学，包括其他国外经济学理论应有的态度。

实践已经证明，简单的拿来主义在丰富多彩的实践面前是行不通的。我们在经济领域所取得的重大理论成果，既不同于西方经济学，也不同于传统的社会主义经济理论，而是运用马克思主义政治经济学立场、观点、方法与中国实际相结合的理论产物，是经过实践检验并推动中国经济发展的独创性理论成果。然而，值得我们重视和反思的是，当前为什么还会出现"有理说不出，说了传不开，传了叫不响"的情况呢？归根结底在于中国自己的经济学话语体系太弱。实际上，话语权之争的背后也是意识形态的较量，一个经济大国如果缺失了自己的经济话语体系，用别人的话语体系阐述自己的故事，终将在未来的发展中迷失其中。

基于此，坚持和完善中国特色社会主义，实现"两个一百年"的奋斗目标和中华民族的伟大复兴离不开中国自己的经济学理论。为了更好地总结过去的经济实践成就，直面当前重大现实问题，把握未来经济发展方向，从战略的高度建立起与我国经济实践发展相匹配的经济学说体系正当其时。党的十八大以来，以习近平同志为核心的党中央明确提出了中国特色社会主义政治经济学这一理论范畴，并指出："坚持和发展中国特色社会主义政治经济学，要以马克思主义政治经济学为指导，总结和提炼我国改革开放和社会主义现代化建设的伟大实践经验，同时借鉴西方经济学的有益成分。中国特色社会主义政治经济学只能在实践中丰富和发展，又要经受实践的检验，进而指导实践。要加强研究和探索，加强对规律性认识的总结，不断完善中国特色社会主义政治经济学理论体系，推进充分体现中国特色、中国风格、中国气派的经济学科建设。"① 中国特色社会主义政治经济学的提出为中国经济学理论发展竖起了一面旗帜、开辟了正确道路、指明了发展方向。当前，中国已经

---

① 《坚定信心增强定力 坚定不移推进供给侧结构性改革》，《人民日报》2016年7月9日。

有足够的理论自信和理论自觉讲好中国自己的故事，也有必要向世界发出中国的声音。越是民族的越是世界的，构建中国特色社会主义政治经济学不仅在于更好地坚持和发展中国特色社会主义，也将为世界经济和全球治理、为人类文明的未来发展贡献中国智慧，这是历史赋予的庄严使命。

以哲学把握经济的基本方式[*]

韩庆祥

　　研究"经济哲学"的一个原点，就是阐释"经济哲学"这一基本概念，这是经济哲学研究的学理前提。我国经济哲学研究始于对"经济哲学"这个原点进行的学理理解。以此为基础，我国学者开启了经济哲学研究的历程。其中，一些学者对我国的经济哲学研究作出了学术贡献。主要体现在经济哲学研究在不断地反思经济活动的"合理性"，自觉用哲学方式来把握经济。在这种反思中，经济哲学致力于超越经济活动的"局限性"，矫正经济活动的"偏执性"，引领我国经济活动的正确方向。其中有六次较为重要的反思：一是在商品经济活动中，追问"道德是否滑坡了？"；二是在市场经济活动中，追问"人文精神是否缺失了？"；三是在经济快速增长的过程中，追问"人们在价值观上是否迷失了？"；四是在资本逻辑的运作中，追问"人性是否出现了扭曲？""人的价值是否遭到了漠视？"；五是在财富增长和积累的进程中，追问"公平正义的制度安排是否缺位了？"；六是在追求经济快速增长和发展中，追问"发展是否付出了沉重代价？"。在这六次反思中，哲学尤其是经济哲学发挥了"猫头鹰"的功能，也发挥着"雄鸡"的作用，还发挥着"啄木鸟"的力量。

　　中国特色社会主义进入新时代，需要对我国经济活动、经济问题进行总体反思。这种反思首先要回到经济哲学研究的原点，依据马克思主

　　* 国家社科基金重大项目"改革开放以来中国特色社会主义的发展逻辑研究"（17ZDA002）的阶段性成果。本文原载于《哲学研究》2020年第11期，收入本书时有改动。

义经典文本，对"经济哲学"给出全面深入的理解。

总体来讲，理解"经济哲学"有五个维度，分别从本体论、认识论、辩证法、价值观、人学切入，具有环环相扣的逻辑关系。这五个维度，实际上也是哲学把握经济的基本方式。

一 对经济活动的本体论理解：追问劳动的本质

这是第一个维度，实质是追问经济活动的本体——劳动的本质。

生产劳动，是经济活动与经济哲学的基石和基础，离开生产劳动，就无法从根本上理解和把握经济活动与经济哲学，所以，在《1844年经济学哲学手稿》《德意志意识形态》《政治经济学批判大纲》《资本论》等文献中，马克思把生产劳动看作一切经济活动的基础和前提，又把经济活动作为理解一切经济问题的基础和前提。

马克思的《1844年经济学哲学手稿》，是对经济活动给以本体论理解的一个典型样本。其中，马克思从哲学上批判国民经济学，认为国民经济学只看到劳动的经济学意义，把劳动的本质看作"生产财富"的劳动。在国民经济学看来，生产劳动的真正目的是带来多少利息，每年总共积攒多少钱，它不知道处于劳动关系之外的人，不把工人当人看，它认为劳动就是追求利润的最大化。在李嘉图看来，人是微不足道的，而产品则是一切①。对劳动本质的这种经济学理解，本质上是一种功利主义经济学。在《1844年经济学哲学手稿》中，马克思批判这种对劳动本质的功利主义理解。他指出："国民经济学按其本质来说是发财致富的科学。"② 马克思从"人"的维度来理解和把握劳动，认为劳动的本质，就是使人的本质力量得到充分发挥，就是人的自我产生过程③。这种理解，本质上是在构建一种人本主义经济学。进一步来说，国民经济学只关心劳动创造财富，而马克思则更加关注当时的劳动如何被异化的内在

---

① 《马克思恩格斯全集》第3卷，人民出版社，2002，第248页。
② 《马克思恩格斯文集》第1卷，人民出版社，2009，第786页。
③ 参见《马克思恩格斯全集》第3卷，人民出版社，2002，第320页。

机理。所谓"异化劳动"，本质上就是工人劳动所创造的财富被资本家占有，成为与自己对立的力量，工人本身为此作出巨大牺牲。正如马克思所讲的，工人生产的财富越多他就越贫穷，物的世界的增值同人的世界的贬值成正比①。工人劳动被异化的深层原因究竟是什么？马克思给出的答案是：人和人的关系异化了。他进一步指出，这种人和人关系异化之根源，就是私有财产制度。"私有财产表现为外化劳动的根据和原因"，同时"它是外化劳动的后果"。"后来，这种关系就变成相互作用的关系。"② 这里的私有财产制度，实质上就是财产、财富的所有制度和分配制度。这种财产、财富的所有制度和分配制度维护了资本家的利益，却剥夺和牺牲了劳动工人的利益。马克思从当时他所接受的人本主义出发，对劳动的本质给出不同于国民经济学的新的哲学理解。显然，国民经济学和马克思的经济学都是基于对劳动本质的本体论追问。不过，国民经济学家是自发的，而马克思是自觉的；国民经济学家只从经济学意义上理解劳动的本质，把劳动只看作一种创造物质财富的经济活动，而马克思则从人本主义哲学上理解劳动的本质，把劳动理解为人的本质力量的充分发挥和人的自我实现。对劳动的本质理解不同，经济学研究的路向和路径也就不同：一个是功利主义经济学，另一个是人本主义经济学。

因此，当面对经济活动、经济问题与经济学时，首先要追问经济活动的本体之维——对劳动本质的理解。改革开放之初，我国一些地方往往把经济建设仅看作"项目经济"，又把项目经济仅看作"金钱经济"。这种理解是对经济建设的本质在认知上出现了偏差。在这种把追求经济项目、GDP 增长当作唯一目标的进程中，从事经济哲学研究的学者强调，不能把经济增长和经济发展仅理解为 GDP 的增长，还要关注经济增长和经济发展中的"公平正义""人的价值"。后来，中央也提出了"以人为本的科学发展观"。党的十八大以来，习近平同志又提出以人民为中心的发展思想。这些，都体现了对我国经济活

① 参见《马克思恩格斯选集》第 1 卷，人民出版社，1995，第 40、50 页。
② 《马克思恩格斯选集》第 1 卷，人民出版社，1995，第 50 页。

动、经济发展、经济问题之本质的哲学反思和追问，具有重要的学术价值和实践意义。

二　对经济活动的认识论分析：追问经济
问题的哲学之道

这是第二个维度，实质是从具体到抽象，自觉从哲学之"道"的层面来认识和理解经济活动、经济问题，或者自觉理解和把握经济活动、经济问题中的哲学之"道"。追问经济活动的本体离不开人的认识，需要借助人的认识来进行，因为认识是达到对事物本质的认识。

马克思主义哲学认识论的核心观点，就是强调人的认识是在实践基础上达到对事物之本质的认识。要达到这一目的，一般要经过两个阶段：一是从感性认识上升到理性认识，这是第一次飞跃；二是从理性认识回到实践，这是第二次飞跃。感性认识所认识的是事物的现象，理性认识则是认识事物的本质。黑格尔认为，人的认识过程要经过"感性"—"知性"—"理性"三个阶段。这里讲的"理性"也就是达到对事物之本质的认识。列宁所讲的辩证法是研究自在（Ansich）之物、本质的，也有类似的意思。中华传统文化讲"道""术""行"，这里所讲的"道"，主要指的是对事物现象背后的本质理念的认识和理解。这就启示我们：对事物和对象的认识，首先是对其现象的认识，最后要达到对事物、对象之本质的认识，这种认识的成果就是"道"。对经济活动、经济问题同样如此，即要从"感性"—"知性"—"理性"三个层面来理解，尤其要从理性层面来揭示经济活动、经济问题中的哲学之道，或者说，要认识和理解经济活动、经济问题之道，就必须进入哲学层次，从具象到抽象。经济活动、经济问题中的"道"，主要讲的是反映经济活动、经济问题之"本质"的哲学理念、哲学思想。认识、理解经济活动、经济问题的哲学之道至关重要，它有助于我们从哲学上理解和把握经济活动、经济问题的本质、规律。

《资本论》就是从理性层面揭示经济活动、经济问题的哲学之道的典型样本。在《资本论》中，马克思是沿着从具体到抽象的思维逻辑，先从具体的感性层面——资本主义社会最普遍、最平凡的事实即商品——入手，来分析资本主义社会内部的基本矛盾。其致思走向，就是通过抽象，一步步深入到理性层面，来揭示劳动工人所创造的剩余价值被资本家占有和剥削的秘密；再进一步通过对生产资料私人占有与生产社会化的矛盾、无产阶级和资产阶级的矛盾的辩证分析，揭示出"由物的依赖走向自由个性"的历史必然性和道义必要性；基于这一历史必然性，马克思批判并超越了资本占有劳动并控制社会的逻辑，提出了以"促进每个人自由全面发展"为核心理念的哲学之道。

一些人谈论经济活动、经济问题，多停留在"感性"认识上，较注重"术"和"行"的层面，很少进入"理性"认识或"道"的层面，因而往往看到的是经济活动、经济问题的现象，而看不到经济活动、经济问题背后的哲学之道，所以，往往抓不住问题的本质。

我们试从哲学之"道"层面，对近年国内马克思主义理论中的前沿问题加以哲学分析。

先看社会主义市场经济。把社会主义制度和市场经济有机结合起来，已被党的十九届四中全会列入我国现阶段的基本经济制度。以往，一些人着重于从经济学角度认识和理解市场经济，认为市场经济就是追求经济利益和利润最大化，因而，往往把"利益"看作市场经济之"道"。对市场经济的这种认识和理解是产生功利主义、拜金主义的认识论根源，也是实践上使市场经济"剑走偏锋"的认识论根源。其实，"利益"并非市场经济的真正之"道"。要真正认识和理解市场经济之"道"，必须进入哲学层面。如果从哲学层面来认识和理解市场经济之"道"，那么，市场经济就是追求"利益—能力—理性—自立"四者的有机统一：应当承认，从事经济活动的人首先追求的是"经济利益"，这是原初动因，不然，就不会有他们所从事的经济活动。那么，我们要追问：获取经济利益"合法性"或"合理性"的根据是什么？当然，应当是从事经济活动的人最大限度地发挥其能力，作出相应的业绩或贡献，"凭能绩立足"，此可谓"能力发挥最大化"。我们再进一步追问：怎样才能保证从事经济活动的人最大限度地发挥其能力？这就必须有一种能体现公平正义的制度安排，只有这样的制度安排，才能真正保证从事经济活动的人最大限度地发挥其能力，这种制度安排，必须基于人的理性的高度自觉，缺乏高度的理性自觉，便不可能有这样的制度安排，此可谓"理性最大化"。从事经济活动的人在体现公平正义的制度安排中最大限度地发挥其能力，作出相应的业绩或贡献，从而获取经济利益和经济利润的最大化，这在实质上意味着从事经济活动的人要凭其能力和业绩而自立，此可谓"自立的最大化"。"能力"可以对应于"权力"，"理性"可以对应于"非理性"，"自立"可以对应于"依附"。这样，从上述具有因果逻辑关系的哲学层面来完整认识和理解市场经济之"道"，就超越了对市场经济的狭隘经济学理解，也超越了对"利益"的偏狭追求，能把市场经济提升到哲学境界，而这种境界，会把市场经济引入"正途"，会使市场经济的积极因素充分发挥出来，也会避免人们对市场经济的误读和误解。更何况当今我们谈论的是"社会主义"的市场经济。

再看分配制度。分配是马克思主义政治经济学的一个核心问题，它涉及人的根本利益。如果仅限于经济学视域的理解，分配自然首要指向的是经济领域基于"效率"的分配，而获得这种经济效率的根据，自然是从事经济活动的人的能力和贡献。这实际上就是经济学家所讲的第一次分配，它体现的是"实然"意义上的基于"市场"中的能力和业绩的"应得性"，即比例对等或相对平等，亦即哲学理念上的"公平"。这种认识和理解之积极意义，就是力戒懒惰，鼓励勤劳，反对平均主义，使"蛋糕"越做越大。同时也要认识到，人们之间的能力乃至业绩的差异是客观存在的，如果仅仅按照能力和业绩进行分配，就必然拉开人们之间在收入上的差距。这样，即使一些人再努力，但由于先天禀赋差异与后天能力、业绩的有限，其收入也追不上能力、业绩较大的人。久而久之，人们之间的收入差距会越拉越大，甚至出现贫富悬殊，一旦超过临界点，就会导致社会不稳定。这样，按照能力和业绩进行的所谓第一次"市场"意义的分配应有其边界。这时，就必须超越对分配仅仅作经济学或"市场"意义上的狭隘认识和理解，进而从哲学所讲的"正义"层面来认识和理解分配，这种分配实际上就是人们所讲的第二次分配。这种分配主要是在政治领域进行的，因而在这种分配中，政府必须出场。就是说，政府要基于哲学理念上的"正义"原则，运用公共权力和公共政策，通过财政和税收等手段，对人们之间过大的收入差距进行合理调节。显然，上述所讲的第一次分配实质上是解决经济效率问题，体现的是"公平"，它有助于"做大蛋糕"，促进经济发展；而第二次分配实质上是致力于解决社会稳定问题，体现的是"正义"，它有利于"分好蛋糕"，使经济社会发展具有稳定性和可持续性。众所周知，政府也不是万能的，政府治理也具有一定的历史局限和缺陷。政府注重从"政治"领域解决"正义"意义上的分配问题，却不能完全解决社会领域的"道义"调节问题。于是，还必须进一步超越对分配的政治领域中的认识和理解，进而再从哲学理念所讲的"道义"层面并在社会领域来认识和理解分配，这就是人们常讲的第三次分配。在这种分配中，整个社会都是对过大收入差距进行调节的主体，它由个人和非政府组织及其他组织（如慈善机构等）构成，以道义为指针，采用募捐、救助、基金等人道手段自觉进行社会调节，它体现的是人道原则，其目的主要在于救助社会弱势群体。简要归纳一下上述所讲的"三次分配"：第一次分配的主体是市场，主要在经济领域，主要是根据能力和业绩进行分配，体现的是效率优先原则，它确保分配的效率性（对等性公平带来效率），目的在于"做大蛋糕"，促进经济发展；第二次分配的主体是政府，主要在政治领域，体现的是"正义"原则，确保分配的正义性，目的在于"分好蛋糕"，促进经济、政治和社会的稳定；第三次分配的主体是社会，主要在社会领域，体现的是人道原则，确保分配的道义性，目的在于促进社会和谐。显然，支撑这三次分配的"哲学之道"或"哲学理念"，分别是"公平"、"正义"和"道义"，三者共同构成哲学意义上的所谓整体性的"分配结构"。

最后看当代中国经济快速发展的奇迹。党的十九届四中全会首次对中国奇迹作出精辟概括，即"经济快速发展奇迹和社会长期稳定奇迹"。对经济快速发展奇迹既可以作经济学阐释，也可以作哲学理解，这就是揭示我国经济快速发展奇迹背后的"哲理"——哲学之道。其实，哲学的理解更具根本性、深刻性，它是从"道"的层面进行的。从"道理"来看，中国经济快速发展奇迹是全国各族人民共同"奋斗"出来的。从"学理"来看，中国经济快速发展奇迹背后有其道路逻辑和制度密码。学理基于道理，哲理基于学理而又高于学理。从"哲理"来看，创造中国经济快速发展奇迹的哲学之道，可以理解为在中国共产党领导下的"权力""资本""劳动"三大根本要素之合力的结果。这三个要素具有严格的界定。"权力"，这里仅指中国共产党集中统一领导的力量，具体体现为中国共产党运用"权力"，动员、组织和集中国家资源和力量办大事。当代中国经济快速发展奇迹的密码，首要在政治领域。要理解当代中国经济快速发展奇迹，首先要理解中国共产党，只有理解中国共产党，才能真正理解当代中国经济快速发展的奇迹。"资本"，既指我们党所讲的"资本投资"或"投资驱动"，又指"资本"可以把许多生产要素聚合起来，激发它们推动经济快速发展的活力，也指市场配置资源的力量。显然，这里所谓的"资本"，主要是"国家掌握和驾驭的资本"，当然也包括被国家允许、鼓励和引导的民营经济中的"资本"。要言之，我们所讲的"资本"，从根本上是在中国共产党领导下，在社会主义制度框架内运作，被合理引导的、为中国特色社会主义和社会主义现代化建设发挥积极作用的"资本"，而不是马克思当年所批判的那种具有"吃人本性"的"资本"。"劳动"，指的是中国特色社会主义事业的建设者，具体来说是指从事整个社会财富创造的中国广大劳动人民群众及其人民主体力量。正是这三大根本要素（"权力""资本""劳动"）或三大力量（"党的集中统一领导力量""市场配置力量""人民主体力量"）之合力，既能实现我国经济赶超发展和跨越式发展的所谓经济快速发展，同时又能保持我国自身的独立性。这就是当代中国经济快速发展奇迹的"哲理"，就是当代中国经济快速发展奇迹的"哲学之道"，就是对当代中国经济快速发展奇迹的哲学理解。当然，对"资本"逻辑不加以合理限制和管制，不把领导干部手中的"权力"关进制度的"笼子"里，"劳动"价值得不到应有的尊重，"权力"向"资本"寻租，政商关系不"正当"，是许多问题产生的根源。

因而，认识和理解经济活动、经济问题，也要注重从具体到抽象，自觉从哲学层面理解和把握其哲学之"道"，即经济活动、经济问题背后深层的哲学理念、哲学思想。

三　对经济活动的辩证法阐释：经济
问题的哲学分析

这是第三个维度。实质是用哲学讲经济，用辩证方法分析经济问题，对经济问题进行哲学"批判"。这种"批判"，不是政治学意义上的"推翻"，而是哲学意义上的"辨析"。无论是理解和把握经济活动的本体，还是理解和把握经济活动、经济问题中的哲学之"道"，都需要借助辩证方法。列宁曾讲过，辩证法也就是马克思主义的认识论。

《德意志意识形态》《共产党宣言》《资本论》，是用辩证方法分析经济问题的典型样本。这种用辩证方法分析经济问题之重大成果，就是实现了哲学变革、经济学变革和政治学变革。

在《德意志意识形态》中，马克思恩格斯通过对经济问题的哲学分析，创立了唯物史观，从而实现了"哲学变革"。马克思恩格斯首先集中面对的，是经济学的一个基本概念——"物质生产劳动"。在马克思恩格斯看来，历史首先是人类活动参与其中的历史，研究人类历史，其前提和出发点是关注现实的个人①。现实的个人就是有生命的个人，这种有生命的个人具有肉体组织的需要，这种需要主要就是"吃喝住穿"，即对物质生活资料的需要；满足人的物质生活资料的需要，这叫作"生活"。人和动物根本不同，人必须也只有通过物质生产劳动这种方式，才能获取物质生活资料，进而才能满足人的肉体组织的需要。所以，人首先要"生活"，然后才去从事"生产"（这可以看作经济学问题）②。由此，马克思恩格斯进一步去研究人的物质生产劳动，开始运用辩证方法来分析研究物质生产劳动中的两个矛盾着的根本方面。一是生产过程中人和自然所发生的根本关系，他们用"生产力"这一核心概念进行分析；二是在生产过程中人和人所发生的根本关系，他们开始用"交往形式"后来用"生产关系"这一核心概念进行分析。接着，马克思恩格斯

---

① 参见《马克思恩格斯选集》第 1 卷，人民出版社，1995，第 67~74 页。
② 参见《马克思恩格斯选集》第 1 卷，人民出版社，1995，第 67~74 页。

又进一步运用历史辩证法及其矛盾分析方法，去研究物质生产劳动过程中这两个根本方面，即生产力和生产关系的内在矛盾运动及其历史发展过程，结果从中揭示并发现了人类历史发展的一般规律，从而创立了唯物史观，进而实现了"哲学变革"（这可以看作哲学分析）。这里，马克思恩格斯是通过对经济问题（肉体组织的需要—吃喝住穿—物质生活资料—物质生产劳动）进行哲学上的辩证分析，从而创立唯物史观的。

在《资本论》中，马克思通过对经济问题作哲学上的辩证分析，创立了剩余价值学说，实现了"经济学变革"。马克思从德国古典哲学继承下来的首要是辩证法。在这个意义上，他称自己曾是黑格尔的学生。然而，马克思又力求把黑格尔"头脚倒置"的辩证法颠倒过来，将其改造成为唯物辩证法。唯物辩证法是马克思哲学方法论体系中最为核心的方法。他运用唯物辩证法分析人类历史发展的内在矛盾——社会基本矛盾，揭示了人类历史发展的一般规律，创立了唯物史观。他又运用唯物辩证法分析研究资本主义社会的基本矛盾，揭示了资本主义社会形态的特殊运动规律，从而创立了剩余价值学说。剩余价值学说，是马克思运用唯物辩证法，在揭示劳动与资本的矛盾关系时提出的一种学说，因而只有借助唯物辩证法，并在劳动与资本的矛盾关系中，才能得到真正理解。列宁认为，马克思"遗留下《资本论》的逻辑"①。这一"逻辑"，当然包括唯物史观，但首要是唯物辩证法，用大家熟知的话来说，就是"矛盾分析方法"。正如恩格斯所说，"马克思对于政治经济学的批判就是以这个方法做基础的"②。马克思之所以运用唯物辩证法来研究资本主义生产方式，主要是因为《资本论》所致力于揭示的是其基本经济事实背后的内在本质联系即矛盾关系，而唯物辩证法就是研究事物内部的本质联系或内在矛盾关系。在《资本论》中，马克思运用唯物辩证法分析资本主义社会的基本矛盾，分析资本主义社会形态的特殊运动规律，主要体现在分析一系列经济范畴的矛盾二重性及其矛盾运动上，这是从分

① 《列宁专题文集——论辩证唯物主义和历史唯物主义》，人民出版社，2009，第 145 页。
② 《马克思恩格斯文集》第 2 卷，人民出版社，2009，第 603 页。

析资本主义社会所存在的一个基本经济事实——商品开始的，或者说，马克思首先从资本主义社会最简单、最基本、最普遍、最平凡的事实即商品开始，逐步揭示出资本主义社会的一切矛盾，这是逻辑起点。列宁陈述马克思的思想说，商品是资产阶级社会的"细胞"，它包含着资产阶级社会的"一切矛盾的萌芽"，包含着资本主义尚未展开的一切主要矛盾①。商品，显然是经济学范畴，属于经济问题。然而，马克思运用唯物辩证法的矛盾分析方法，首先揭示出商品本身的内在矛盾，即使用价值和价值的矛盾；接着，从使用价值和价值的矛盾中，揭示出具体劳动和抽象劳动的矛盾；然后，再从具体劳动和抽象劳动的矛盾中，进一步深入揭示出私人劳动和社会劳动的矛盾；再接着，又进一步从私人劳动和社会劳动的矛盾中，揭示出生产资料私人占有和生产社会化的矛盾；之后，力求从物和物的关系背后揭示出人和人的关系，即无产阶级（工人）和资产阶级（资本家）的矛盾关系。马克思试图从分析劳动和资本的矛盾入手，来分析无产阶级（工人）和资产阶级（资本家）的矛盾。沿着劳动和资本的矛盾这一逻辑，马克思分别从劳动和资本两个方面来揭示剩余价值的来源及其产生的秘密：从劳动方面说，资本主义生产过程的实质是劳动过程与价值增殖过程的统一，作为劳动过程，工人的具体劳动转移生产资料的价值，作为价值增殖过程，工人的抽象劳动既创造劳动力自身的价值，也为资本家创造剩余价值；从资本方面说，马克思把资本区分为不变资本和可变资本，正是在对不变资本和可变资本在价值增殖过程中不同作用的分析中，进一步揭示了剩余价值的真正来源。显然，马克思通过对上述一系列矛盾关系的辩证分析，创立了"剩余价值学说"，揭示了工人的劳动被资本占有、工人创造的剩余价值被资本家剥夺的秘密。所以，他号召全世界无产者联合起来，消灭私有制，解放无产阶级，进而解放全人类，最终实现每个人自由而全面发展。总之，上述所谓的"逻辑"，就是马克思运用唯物辩证法的矛盾分析方法，从分析和揭示经济学中最基本的事实和细胞——"商品"开始，一步一步地揭示

① 参见《列宁专题文集——论辩证唯物主义和历史唯物主义》，人民出版社，2009，第150页。

出剩余价值的来源或产生的秘密，从而创立了剩余价值学说，创立了以劳动人民为本的马克思主义政治经济学，实现了"经济学变革"。

在《共产党宣言》中，马克思恩格斯通过对经济问题的辩证分析，创立了科学社会主义学说，从而实现了"政治学变革"。这是通过分析"资本和雇佣劳动的关系"来实现的。"资本"是经济学范畴，蕴含的是经济问题。资本和雇佣劳动是一种辩证关系。马克思恩格斯指出：资产阶级生存和统治的根本条件，是财富在私人手里的积累，是资本的形成和增殖；资本的生存条件是雇佣劳动。雇佣劳动完全是建立在工人的自相竞争之上的，这种自相竞争，是工人在找工作中的自相竞争，现代的工人只有当他们找到工作的时候才能生存，而且只有当他们的劳动增殖资本的时候才能找到工作①。这些都是私有制造成的。然而，随着资产阶级即资本的发展，无产阶级即现代的工人阶级也在同一程度上得到发展，因为资产阶级无意中造成而又无力抵抗的工业进步，使工人通过结社而达到的革命联合代替了他们由于竞争而造成的分散状态。于是，随着大工业的发展，资产阶级赖以生产和占有产品的基础本身也就从它的脚下被挖掉了。它首先生产的是它自身的掘墓人，就是说，资产阶级不仅锻造了置自身于死地的武器，同时它还产生了将要运用这种武器的人——现代的个人，即无产者②。因此，共产主义的特征，就是首先必须对所有权和资产阶级生产关系实行暴力的干涉，即消灭旧的生产关系，废除资产阶级所有制。当然，它并不剥夺任何人占有社会产品的机会，只剥夺利用这种占有关系去奴役他人劳动的机会。由此，无产阶级要运用自己的政治统治，一步一步地夺取资产阶级的全部资本，把一切生产资料集中在国家手里，即集中在已组织成为统治阶级的无产阶级手里，并且尽可能更快地增加生产力的总量。资产阶级的灭亡和无产阶级的胜利同样是不可避免的③。这里，劳动是生产力中的决定因素。因为在一般意义上，我们所说的生产力，主要包含劳动对象、劳动工具、劳动者，

---

① 参见《马克思恩格斯选集》第1卷，人民出版社，1995，第279页。
② 参见《马克思恩格斯选集》第1卷，人民出版社，1995，第278~279页。
③ 参见《马克思恩格斯选集》第1卷，人民出版社，1995，第284页。

其中劳动者是劳动生产力中最活跃、最革命的因素。马克思在《资本论》第一卷中就提出了劳动生产力概念："劳动生产力，即由于生产条件发展程度的不同，等量的劳动在同样时间内会提供较多或较少的产品量。"① 他又指出："劳动生产力是由多种情况决定的，其中包括：工人的平均熟练程度，科学的发展水平和它在工艺上应用的程度，生产过程的社会结合，生产资料的规模和效能，以及自然条件。"② 这里的资本，代表的是一种生产关系。他认为："资本也是一种社会生产关系。这是资产阶级的生产关系，是资产阶级社会的生产关系。"③ "资本不是物，而是一定的、社会的、属于一定历史社会形态的生产关系，它体现在一个物上，并赋予这个物以特有的社会性质。"④ 马克思恩格斯运用唯物辩证法的矛盾分析方法，对"资本占有劳动并控制社会的逻辑"这一当时资本主义社会存在的"总问题"进行了深入的分析：首先分析了雇佣劳动对资本的依附关系和资本对雇佣劳动的依存关系；接着，进一步分析资本和劳动、资产阶级和无产阶级之间的"彼此推进"与相互作用、相互矛盾（即相互对立、彼此斗争）的关系；再接着，运用历史尺度和价值尺度相统一的辩证法，又进一步分析并揭示了资本和雇佣劳动关系的历史必然性和历史局限性，最终得出"全世界无产者，联合起来""消灭私有制""资本主义必然灭亡、社会主义必然胜利""每个人的自由发展是一切人的自由发展的条件"等结论。这里，马克思恩格斯运用唯物辩证法及唯物史观，分析和揭示了资本主义社会的现实逻辑，创立了科学社会主义，实现了"政治学变革"。

因此，当面对经济活动、经济问题时，也要注重对其作哲学分析和"批判"。新时代中国特色社会主义建设的一个基本事实，就是要经常处理其发展过程中必然遭遇的一系列基本矛盾关系，诸如"社会主义制度和市场经济""政府和市场""效率和公平""劳动和资本""又快又好""跨越式发展和循序渐进""经济全球化和独立自主""经济发展和环境

---

① 《马克思恩格斯文集》第 5 卷，人民出版社，2009，第 594 页。
② 《马克思恩格斯文集》第 5 卷，人民出版社，2009，第 53 页。
③ 《马克思恩格斯选集》第 1 卷，人民出版社，1995，第 345 页。
④ 《马克思恩格斯选集》第 2 卷，人民出版社，1995，第 577 页。

保护"等。能否正确处理这些矛盾关系，事关新时代中国特色社会主义建设事业的成败。要正确处理这些矛盾关系，就必须运用辩证方法。善于运用辩证分析正确驾驭和处理好这些关系，中国特色社会主义建设就容易走向成功，否则，就会遭遇曲折。

四 对经济活动的价值观解读：经济问题的价值评价

这是第四个维度。实质是注重把握经济活动、经济问题中的事实尺度和价值尺度、实证和规范之间的辩证关系，注重对经济问题作出正确的价值评价。把握经济活动的本体，理解经济活动、经济问题中的哲学之"道"，对经济活动进行辩证分析，总体上属于对经济活动"事实"维度的理解；"价值"与"事实"相对应，在对经济活动的"事实"维度给以理解时，还应对经济活动作价值评价。

《1844年经济学哲学手稿》《共产党宣言》是对经济问题作出价值评价的典型样本。

马克思在《1844年经济学哲学手稿》中指出，国民经济学只讲经济事实，也只对经济事实作实证分析，不作价值评价。它思考劳动、私有财产和资本，都是基于对经济事实的描述。它们的研究只对经济活动、经济事实、经济问题作事实判断而不作价值判断，只作实证性分析而不作规范性研究，对经济活动、经济事实、经济问题作价值评价，在它那里是缺失的。马克思指出，"私有财产是一个事实，国民经济学对此没有说明理由，但是，这个事实是国民经济学的基础"①，"整个国民经济学便建立在一个没有必然性的事实的基础上"②。马克思在《1844年经济学哲学手稿》中，既尊重经济活动、经济事实、经济问题的"本性"，这遵循的是事实尺度；同时又对经济活动、经济事实、经济问题作出价值评价，给出价值导向，这注重的是价值尺度。从价值评价来看，他认

---

① 《马克思恩格斯文集》第1卷，人民出版社，2009，第783页。
② 《马克思恩格斯选集》第1卷，人民出版社，2009，第783页。

为，在资本主义社会，工人的劳动被异化了，这是有悖于人的本质和人性的劳动，它不是对人的本质的确证，反而使人的本质丧失，使人性受到压抑，得不到充分发挥①；私有财产使人成为"占有"或"拥有"者，使人变得愚蠢而片面，使人成为利己主义者②；资本使工人的劳动仅仅成为其谋生的手段，而不是使人的能力得到充分发挥。正是基于对经济活动、经济事实、经济问题既作事实判断，又作价值评价，所以，马克思得出结论：共产主义是私有财产即人的自我异化的积极的扬弃，因而是通过人并且为了人而对人的本质的真正占有；因此，它是人向人自身、向社会的（即人的）人的复归，这种复归是完全的、自觉的而且保存了以往发展的全部财富的③。

在《共产党宣言》中，马克思恩格斯同样运用历史尺度和价值尺度辩证统一地分析批判资本主义社会。他们从历史尺度看待资本和资本主义社会，对此作出了中肯评价，认为资产阶级在它的不到一百年的阶级统治中所创造的生产力，比过去一切世代创造的全部生产力还要多，还要大④；然而，他们话锋一转，又从价值尺度批判资本和资本主义社会，认为在资产阶级社会，资本具有独立性和个性，而资本却占有劳动，使活动着的个人失去独立性和个性⑤。由此，马克思恩格斯得出结论：要通过无产阶级革命消灭私有制，解放无产阶级，进而解放全人类，促进每个人的自由发展⑥。

这里涉及一个深层次的理论问题，即对事物和对象的认识所达到的"知"，是否包含价值评价？或者什么叫作真正的"知"？在马克思主义哲学看来，任何事物和对象既具有原本的"事实"属性，也具有对人而言的"价值"属性，或者说既具有"自在规定"，也具有"关系规定"（即为人而存在的规定性）。在马克思的范畴和话语体系中，也都具有这

---

① 参见《马克思恩格斯全集》第3卷，人民出版社，2002，第270~271页。
② 参见《马克思恩格斯全集》第3卷，人民出版社，2002，第303页。
③ 参见《马克思恩格斯全集》第3卷，人民出版社，2002，第297、298页。
④ 参见《马克思恩格斯选集》第1卷，人民出版社，1995，第277页。
⑤ 参见《马克思恩格斯选集》第1卷，人民出版社，1995，第287页。
⑥ 参见《马克思恩格斯选集》第1卷，人民出版社，1995，第294页。

两种规定性，比如"货币""劳动""资本""财富"等，它们既是"自在性"范畴，具有自身的原本规定性，也是"价值观"范畴，具有对人而言的价值观意义上的规定性。因此，对任何事物和对象的认识，既是对其"客观实在性"的认识，也是对其"价值性"的认识，所谓"知"，就是对事物和对象之"客观实在性的知"和"价值性的知"的有机统一。换言之，只有坚持事实尺度和价值尺度、实证和规范相统一，才能达到对事物和对象真正完整的认识，达到真正完整的"知"。由此，借客观性而否认对事物和对象作价值评价，是片面的。当然，不把"价值评价"建立在"科学认知"上，也是片面的。

改革开放以来，许多人注重从经济谈经济，一讲经济就是GDP，就是项目经济，就是金钱经济，就是资本投资。这说明在经济活动中，价值评价相对缺位。这导致了人和自然关系的紧张，出现环境污染；导致人和社会关系的紧张，社会发展以牺牲某些个人的发展为代价；导致人和人的关系紧张，人们之间存在着不信任、不和谐；人自身的身心关系紧张，即身心不和谐，身体在享受现代化的物质成果，而不少人的心灵世界或精神世界却依然处于空虚、无序和焦虑的状态。随着我国经济社会的整体转型升级，我国哲学界逐渐具有一种超越精神，即以学术探索精神，以价值关怀，自觉主动去研究经济发展中的代价，研究"发展与代价"的关系，超越"资本"的逻辑，提出了经济发展要树立以人为本的价值取向；我们中国共产党人也具有哲学反思精神，从价值观高度，提出了以人为本的科学发展观和以人民为中心的发展思想，从而把我国的经济发展引向了正确航道。

可见，对经济活动、经济事实、经济问题，既要具有价值批判意识，也要具有高度的价值自觉，即作出价值评价，进行价值引导，使经济活动、经济发展沿着正确的方向前行。

五 对经济活动的人学追问：对人的本性、人的本质的理解

这是第五个维度。实质是把握从事经济活动的人的本性、人的本质。

把握经济活动的本体，理解经济活动、经济问题的哲学之"道"，对经济活动进行辩证分析和价值评价，主体都是"人"，最终也都是为了"人"，所以，对经济活动的人学追问，是经济哲学研究的出发点和落脚点。

在西方经济学研究的传统中，有一个人性假设问题。这种人性假设，核心是确定从事经济活动的人之本性，而不是人的本质。人的本质和人的本性是两个有联系但又有本质区别的概念。人的本性主要指所有自然人共同具有的原初本性，如"追求自我利益""趋利避害""自保"。人的本质则是指人之所以成为人的根据。前一个"人"指的是"自然人"，后一个"人"既指作为最高价值追求的"理想的人"，也指作为具有"类"属性（或类意识）的人、作为具有社会属性的人、作为具有自主创造个性的个人①。就作为人的修养和境界而言，人的本质显然高于人的本性。西方经济学具有自己的"人性假设"，这种"人性假设"中所谓的"人的本性"，核心是指"每个人追求其利益最大化"或"自我利益驱动"，西方经济学的理论体系就是建立在这种"人性假设"基础上的。它们由此认为，从事经济活动的人都是追求其利益最大化的人，对这样的"人"，不宜作价值判断。由此就产生了自由主义经济学、功利主义经济学及其诸多变种。

马克思主义政治经济学不作"人性假设"，而注重谈论从事经济活动的主体和前提。在马克思看来，在现实社会中，不存在"抽象的人"或抽象的"自然人"，人都是现实的人，这种现实的人是处在一定社会实践活动和社会关系中进而满足其需要的人，人的需要、社会实践活动、社会关系是什么样的，人就是什么样的。所以，首先要分析研究人的需要、人所从事的社会实践活动和所处的社会关系②。这就把西方经济学所讲的"人性假设"或抽象的自然本性给否定了。马克思的经济学研究与建构的政治经济学也是围绕"人"进行的，但他所讲的"人"是现实的，是具有需要并"从事实际活动的人"，是处在一定社会关系总和

① 参见《马克思恩格斯选集》第1卷，人民出版社，1995，第45页。
② 参见《马克思恩格斯选集》第1卷，人民出版社，1995，第67、68页。

中的人，是"以一定的方式进行生产活动的一定的个人"①。马克思是把"现实的人"作为经济学研究的出发点，因而对经济活动进行人学追问，就要分析研究经济活动中人的需要、人的实践活动、人的社会关系和人的个性。"出发点"与"人性假设"是两个截然不同的概念："人性假设"中的"人"是抽象的、固定不变的；而"出发点"中的"人"，是处在社会关系总和中的现实的、发展变化的人，如在《1844年经济学哲学手稿》《关于费尔巴哈的提纲》《德意志意识形态》《哲学的贫困》《共产党宣言》《资本论》中所讲的"人"，都是现实的人。正因如此，马克思的政治经济学都具有政治立场和价值导向，也具有浓浓的人文情怀，当然，更是建立在唯物史观基础之上的。

由此，把握经济活动还要确立一种科学的人学观，对从事经济活动与经济问题中的"人"给出科学和道义的解释，对经济活动、经济问题作出事实和价值相统一的科学判断。

"经济哲学"的本体论理解、辩证法阐释、认识论分析、价值观解读和人学追问之间，具有内在逻辑关系，构成理解"经济哲学"的完整图景，也构成以哲学方式把握经济的完整框架。生产劳动是经济活动与经济哲学的基石，离开生产劳动，就无法从根本上理解经济活动与经济哲学，所以在经典文献中，马克思都把生产劳动作为理解经济活动的前提，把生产劳动看作人的内在本质力量的充分发挥。这便引出对经济活动的本体论理解：追问劳动的本质。存在决定意识。既然对经济活动首先有一种本体论理解，接着就需要对经济活动进行认识论分析，从哲学上进一步追问经济活动、经济问题中的哲学之道，从哲学之"道"来理解经济活动、经济问题，这便有了对经济活动的认识论分析。任何事物和对象都是一种矛盾性存在，对任何事物和对象的认识也是一种辩证认识过程，从哲学上理解经济活动，所看到的是经济活动也具有辩证的性质。由此，便有对经济活动的辩证阐释，对经济问题进行哲学分析，其实质，就是用唯物辩证法的矛盾方法分析经济活动和经济问题。从哲学上讲，对经济活动、经济问题不仅要从客观存在上加以理解，注重其

---

① 参见《马克思恩格斯选集》第1卷，人民出版社，1995，第67~73页。

"事实尺度"，而且逻辑上也要对经济活动、经济问题进行价值评价，注重"价值尺度"，这就从逻辑上进一步提出要对经济活动、经济问题作价值观解读，其实质，就是要把握经济活动、经济问题中的事实尺度和价值尺度、实证和规范之间的关系。人是从事一切经济活动的主体，理解经济活动和经济问题最终都是为了人，所以，在经济活动和经济问题表象的背后，在经济学与经济哲学研究中，都有一个对"人"的理解问题，这就是对经济活动、经济问题的人学追问，其实质，就是要把握从事经济活动的人的本性和人的本质。对经济哲学上述五种理解之内在逻辑关系，就这样呈现出来了。

第二编　资本与劳动关系

从危机应对看资本逻辑的弹性及其限度[*]

张 严

自 1825 年英国发生第一次经济危机以来，经济危机就与资本主义如影随形。就目前来看，尽管经历了多次大规模、深层次的经济危机，资本主义仍然"幸存"了下来。资本主义一次次从危机中"幸存"的根本原因在于，其有一套相对完善的自我调整机制，其核心是资本逻辑的弹性。自 20 世纪初以来，资本主义世界经历了三次大的经济危机，分别是1929~1933 年的"大萧条"危机、20 世纪七八十年代的"滞胀"危机、2008 年开始的国际金融危机。资本主义对这三次大危机的应对，突出反映了资本逻辑的弹性。

一　资本逻辑的弹性及其根源

资本主义社会是一个处在不断变革中的社会。马克思恩格斯指出，"生产的不断变革，一切社会状况不停的动荡，永远的不安定和变动，这就是资产阶级时代不同于过去一切时代的地方"[①]。资本是资本主义社会中居支配地位的社会生产关系，资本所呈现出的反映资本主义客观现实活动的内在联系、运行轨迹、发展趋势，就是资本逻辑。资本主义不断的变动和调整，表明了资本主义制度实现形式的多样化，也表明了资

---

* 国家社科基金一般项目"德国古典哲学与法兰克福学派现代性批判的思想谱系研究"（15BZX023）的阶段性成果。本文原载于《社会科学》2017 年第 10 期，收入本书时有改动。

① 《马克思恩格斯文集》第 2 卷，人民出版社，2009，第 34 页。

本逻辑的内在弹性，即在外部作用下资本逻辑能在一定范围内自行发生变化但又能保持其核心机制（基于剩余价值的资本增殖）不变的性质①。用生物学的术语来说，这种性质也可以说是资本逻辑主动适应外部环境、根据外部变化及时进行调整以延续和传播自身"基因"的能力，它主要包括三种能力。

（一）扩张能力

不断向外扩张是资本增殖的内在要求，也是竞争压力之下的一种客观性强制力量。通过扩张，资本逻辑得以向外复制和传播自身，并把越来越多的外部资源吸纳到资本主义生产方式和资本系统中，以获得更大的生存和发展空间。沃勒斯坦认为，"一旦资本主义作为一个体系得以巩固起来而且不会有倒退，那么，资本主义运作的内在逻辑即追求利润最大化就会迫使它继续不断地扩张"②。资本逻辑的扩张是资本主义社会经济发展的根本动力来源，甚至也是对抗危机的一种方式。

（二）收缩能力

扩张是资本主义历史的基调，但资本逻辑的扩张道路并非畅通无阻，当扩张遇到挫折时，例如遇到世界经济危机这样的重大危机时，资本主义体系可能会选择"以退为进"，适当进行资本逻辑的收缩，实施战略性退却，通过妥协和让渡部分非核心利益来维护自身的核心利益以渡过难关，并为之后的扩张打下基础。因此收缩与扩张本身都不是绝对的，在收缩中增长着扩张的动能，在扩张中积累着收缩的动因。

（三）动态应变能力

资本逻辑具有应对危机与机遇并存的复杂局面的动态应变能力，以

---

① 以往研究一般用资本主义的自我调节来表述这些变动和调整，但自我调节并不能涵盖诸如全球化这样的变化，究其实，后者这样的自发变化与资本主义国家政策的自觉调整具有同样的根源，它们的背后都是资本逻辑的作用。

② 转引自安东尼·吉登斯：《民族-国家与暴力》，胡宗泽、赵力涛译，生活·读书·新知三联书店，1998，第200页。

对外部变化作出及时的响应。其应对的对象，既可能是内部的压力，又可能是外部的刺激或扰动；既可能是不利的因素，又可能是有利的因素；既可能是宏观变局，又可能是微观变动；既可能是短期的突发事件，又可能是长期的演化趋势①。

资本逻辑的扩张能力、收缩能力和动态应变能力在空间、时间、结构和运行机制这四个维度上发挥作用，使得资本逻辑表现出如下四种弹性。

（一）空间弹性

资本逻辑的空间弹性表现为资本逻辑在空间上的扩张或收缩，特别是在空间上的扩张。马克思指出，"资本的趋势是（1）不断扩大流通范围；（2）在一切地点把生产变成由资本推动的生产"②。与空间上的扩张相伴随的是流通的加快，即用于穿越空间的时间的压缩："资本一方面要力求摧毁交往即交换的一切地方限制，征服整个地球作为它的市场，另一方面，它又力求用时间去消灭空间，就是说，把商品从一个地方转移到另一个地方所花费的时间缩减到最低限度。"③ 也就是说，空间上的扩张实际上要不断突破两层限制：一是物理空间的边界，二是耗费在物理空间上的流通时间。对这两层限制的突破，扩大了资本的生存空间，提高了资本的流动和积累速度，增强了资本的活力。这种扩张主要包括两方面。一是资本逻辑在地理上的扩张。这种扩张自资本主义一诞生就开始了。资本主义的历史就是资本逻辑的地理扩张的历史。二是资本逻辑对人类生活世界的"殖民"。资本逻辑在实体意义上的地理空间中扩张的同时，也在抽象意义上的"空间"中扩张，把此前不具备资本属性的东西纳入资本的范畴，使之处于资本逻辑的掌控之中，即"资本化"。通过这种"殖民"，资本渗透到了人类生活世界的每个角落。当然，也不排除在扩张的外部条件相对恶化时，资本逻辑会进行空间上的收缩，如在当前一些西方国家出现的"逆全球化"。

---

① 参见邱耕田《刺激应变原理与当代中国的发展》，《天津社会科学》2016 年第 1 期。
② 《马克思恩格斯文集》第 8 卷，人民出版社，2009，第 89 页。
③ 《马克思恩格斯文集》第 8 卷，人民出版社，2009，第 169 页。

（二）时间弹性

资本逻辑的时间弹性主要表现在两个方面。一是对时间的压缩，例如马克思所说的"用时间消灭空间"，就是通过对流通时间的压缩和加快周转来实现的。二是在时间上向未来扩张。资本逻辑向未来扩张最重要的工具是信用。在时间意义上，信用是一种凭借过去的积累（包括有形的和无形的）把未来可能的收益或价值在当下兑现的资格。通过对信用的运用，资本逻辑能够把生产（通过期货等）、交换（通过各种金融衍生品、汇票等）、消费（通过按揭、信用卡、国债等）、分配（通过股票、期权等）从未来拉回到现在来"变现"，这样就把可能在未来实现的剩余价值或收益在当下变成现实，刺激消费需求与投资需求，把当下的危机延迟到未来，从而缓解眼前的危机。马克思认为，"信用制度加速了生产力的物质上的发展和世界市场的形成"①。在马克思看来，信用制度可谓资本主义的"巅峰之作"："一方面，它本身是资本主义生产方式固有的形式，另一方面，它又是促使资本主义生产方式发展到它所能达到的最高和最后形式的动力。"② 资本主义对信用的纯熟运用，构造了虚拟经济世界。如果说流通的加快是用时间来消灭空间，那么金融资本、虚拟资本就是用信用来消灭时间。而虚拟资本那种似乎仅凭自身就能无限高速增殖乃至"无中生有"的表象，赋予其魔法般的神秘特性，因而虚拟资本作为垄断资本的最高形式，作为"资本的资本"，居于资本主义世界的金字塔尖和资本拜物教的顶点，受到了最高的膜拜，并周期性地引发狂热的投机，正如马克思所说的那样："一切资本主义生产方式的国家，都周期地患一种狂想病，企图不用生产过程作中介而赚到钱。"③

（三）结构弹性

资本逻辑的结构弹性是资本逻辑在所有制、企业组织、分配结构上

---

① 《马克思恩格斯文集》第7卷，人民出版社，2009，第500页。
② 《马克思恩格斯文集》第7卷，人民出版社，2009，第685页。
③ 《马克思恩格斯文集》第6卷，人民出版社，2009，第67~68页。

的相对灵活性。在不改变资本统治地位的前提下，在所有制上，资本逻辑"退"可以国有化、股权分散化，"进"可以私有化；在企业组织结构上，"退"可以让劳动者参与管理，"进"可以业务完全外包、临时雇佣劳动者；在分配结构上，"退"可以推行高福利、高累进税，"进"可以推行紧缩财政、削减福利。

（四）运行机制弹性

资本逻辑的运行机制弹性表现在资本逻辑对国家干预的可容忍性。接受国家干预，意味着资本逻辑放弃部分自主权，允许国家在经济运行中对自身进行约束，而不像自由竞争资本主义时代那样能够自行其是。在全球化时代，资本主义国家内部的经济运行不但受到国家调节性的干预，而且还受到国际垄断资本同盟的国际干预。

资本逻辑的弹性在如下三个层面起作用。一是宏观层面，即国际和国家层面。国家是资本逻辑实现其弹性的主要依托，是自觉实施自我调节的主体。二是中观层面，即垄断资本集团层面。以世界财团为代表的垄断资本集团在当今资本主义体系中发挥着越来越重要的作用，成为决定资本逻辑调整动向的重要力量。三是微观层面，即企业层面。企业生产方式、积累方式、组织结构等方面的很多自发性变革体现了资本逻辑的弹性。值得注意的是，并非企业内部的调整都是资本逻辑弹性在起作用，如企业的管理优化、重组、运营模式变化等，就基本不涉及资本逻辑的弹性。

资本逻辑的弹性主要源于以下四个方面。一是资本形态的可变性。资本天生就具有形态的可变性，例如，其"经典"形式产业资本，就包括货币资本、生产资本、商品资本三种形态。出于自身增殖的渴求，资本不会固定于某种特定形态，而是在不同形态中不断转换，并不断"开发"出新的形态，如金融资本、人力资本、文化资本、数字资本等，直到穷尽一切可能的形态为止。二是资本的竞争性。在竞争中，无论是单个私人资本，还是垄断资本集团，乃至国家垄断资本，都会采取一切可能的手段来降低成本，扩大利润来源，缩短资本周转周期，提升自身竞争力。因而，从总体来看资本主义就可能出现各种形式、不同层次的自我调整。三是资本的流动性。如同水往低处流一样，资本在获利动机的驱使下会自行流动到"成本洼地"或"利润高地"，这使得资本能够不断突破空间、时间的限制，开拓新的疆域。四是资本关系的开放性。资本关系是开放的，没有什么固定的外部限制，这样资本逻辑能够不断地从外界吸取养分，甚至通过向外界"学习"和"借鉴"来完善资本主义。

二　资本主义三次大危机中资本逻辑弹性的表现

资本逻辑的弹性使资本主义具备了自我调整的能力，从而使其能够在危机到来时进行紧急应对，在危机缓解时进行事后修补和远期变革，并在整个过程中保持资本主义核心制度的稳定。英国《泰晤士报》副主编阿纳托莱·卡列茨基指出，资本主义不断遭遇危机，但是最终都能化险为夷，因为资本主义总是以弯曲而不是断裂的方式来应对内外压力。[①]资本主义的"可弯曲性"，就是资本逻辑弹性的体现。资本主义对 20 世纪初以来三次大的经济危机的应对，突出反映了资本逻辑的收缩能力、扩张能力与动态应变能力。

（一）"大萧条"危机后资本逻辑的收缩

1929~1933 年的"大萧条"危机反映了生产无限扩大的趋势与劳动者有支付能力的需求相对缩小的矛盾。全面危机造成的残酷现实，宣告了此前被西方经济学主流奉为圭臬的萨伊"供给自动创造需求""市场自动出清"论断的破产。面对危机，为了避免遭受毁灭性打击，发达资本主义被迫"刹车"，让之前高歌猛进的资本"减速"，或者说，通过资本逻辑的收缩和回撤，来缓和劳资冲突，扩大有效需求，维护社会再生产的条件，以保证资本主义制度的存续。这种收缩是通过国家权力（政府）与垄断资本的直接结合来进行的，而这种结合的结果，就是国家垄断资本主义。"大萧条"危机后资本逻辑的收缩，反映在资本主义国家

---

① 　徐崇温：《国际金融危机与当代资本主义》，重庆出版社，2015，第 417 页。

政策上，就是从自由放任资本主义全面转向偏重于需求管理的国家垄断资本主义。

1. 所有制上的收缩

资本逻辑在所有制上的收缩反映了其所有制结构弹性。在"大萧条"危机之后，国有企业成为资本主义企业的一种重要形式，例如在"二战"期间美国政府就创办了1600多个国有企业。此外，在资本主义企业所有制形式上发生的所有权与经营权的分离、员工持股、法人持股等变化，推进了股权社会化，使资本更具有社会性质，在一定程度上缓和了生产社会化与生产资料的私人占有之间的矛盾。

2. 国家调控机制

资本主义对国家调控的接纳体现了其运行机制的弹性。危机过程中，美国总统罗斯福设计了带有浓厚计划色彩的新政，并进一步引入了国家调控机制，实施了凯恩斯主义，国家作为"总资本家"使用类计划手段全面干预经济，从全面危机中拯救了资本主义。"二战"以后西方广泛兴起的国家垄断资本主义，力图通过国有经济、财政和货币调节、行政立法等手段，弥补市场机制的失灵，平抑经济周期。此外，发达资本主义国家还广泛采用利率、汇率、存准率、税收及相关的干预经济法令等经济、金融杠杆来强力调控经济，通过"政府介入"缓解了企业内部生产的有组织性与整个社会生产的"无政府状态"之间的矛盾，在一定程度上减小了经济波动的幅度。在金融资本兴起之后，银行特别是中央银行成为国家与资本结合的重要枢纽，成为国家进行宏观调控的重要工具，反过来，金融资本也日益渗透到国家决策过程中，甚至派出代表直接担任政府要员，力图操纵和影响政府政策。

3. 员工参与管理制度

员工参与管理制度表明了资本逻辑在企业组织结构上的弹性。"大萧条"危机后，特别是"二战"以后，发达资本主义国家实行了多种形式的员工参与企业决策和管理的制度，推动"管理民主化"，并通过工会制度、"工资共决制度"、劳资协商制度等，协调劳资关系，提升了工人的地位，在很大程度上缓和了劳资冲突。

4. 福利制度

福利制度展现了资本逻辑在分配结构上的弹性。福利制度可以说是资本主义对"大萧条"危机的症结——需求不足——的一种远期回应，是资本主义"需求调节"体系的重要组成部分，也是资本主义发展到一定阶段上对其分配关系的调整。"二战"以后在发达资本主义国家普遍建立起来的福利制度，重视社会有效需求和社会就业，通过高额累进的个人所得税、财产税、遗产税等财税手段缩小收入差距，通过医疗保险、养老保险、失业救济、家庭特别救济等社会福利形式在全社会实施底线生活保障，承担起诸如健康、教育和社会安全等领域的公共责任。不可否认，作为资本逻辑收缩和战后阶级妥协产物的福利制度，平衡了社会收入，有效平抑了社会收入和贫富差距，缓解了劳动与资本之间的尖锐对立，提高了劳动力的供给，增加了商品生产的需求，维护了社会再生产的外部条件，为资本主义的运行创造了一个相对稳定的环境，为剩余价值的实现、为资本主义的发展和自我调整开拓了空间。

（二）"滞胀"危机后资本逻辑的扩张

20世纪七八十年代"滞胀"危机的直接原因在于，资本主义福利国家在运行若干年后变得低效，开支剧增，赤字高涨，国家不得不以超发货币来弥补，由此形成恶性通货膨胀，加上20世纪70年代的石油危机，导致生产成本居高不下，利润率普遍下降，资本不愿投入到实体经济和实际生产中，造成了经济停滞、通货膨胀和失业并存的现象，而凯恩斯主义对此既无法解释也束手无策，于是自由放任主义以新自由主义的面目粉墨登场，重新占据主流地位并主导了发达资本主义国家的政策制定和经济运行，并在此后作为"华盛顿共识"输出到全世界。从根本上来说，"滞胀"危机表明资本主义的剩余价值生产缺乏动力，也表明资本主义在特定空间和时间内达到了其限度。为了解决剩余价值生产的停滞问题，应对"滞胀"危机，发达资本主义国家宏观政策从以调节需求为主转向以调节供给为主，主要通过货币政策来实施国家干预。相应地，资本从"总体守势"转为"总体攻势"，"大萧条"危机后持续了几十年的资本逻辑的收缩逆转为扩张，一方面在所有制、劳资关系、收入分配等方面重新变得强硬，不断收复"失地"，另一方面在空间和时间上加速扩张，即不断突破原有的空间和时间界限，将自身体系和生产方式扩展到外部空间，甚至向未来拓展，力图通过这种扩张，一方面给剩余价值的生产注入动力，另一方面为缓解生产无限扩大的趋势与劳动者有支付能力的需求相对缩小的矛盾打下基础。

列斐伏尔在《资本主义的幸存》一书中指出，资本逻辑的空间扩张是为资本主义"续命"的重要法宝："资本主义没有灭亡就是因为资本主义生产方式在空间上的无限扩张性和自我突破性，资本主义发现自己有能力淡化自己一个世纪以来的内部种种矛盾的手段：占有空间并生产空间。"① 无独有偶，哈维也认为，"资本主义唯有透过扩张，才能逃离自身的矛盾。扩张同时是（社会需求和需要，人口总量等等的）强化及地理延伸。资本主义要存活，就要存在或创造积累的新空间"②。而全球化，正是 20 世纪 80 年代以后资本逻辑的地理扩张最主要的表现。此轮全球化的结果，是资本主义的世界体系。为什么全球化在 20 世纪 80 年代以后得到长足的发展？这里固然有 20 世纪下半叶的科技革命等的影响，但是也不可忽视"滞胀"危机的影响，正是这场危机，迫使很多资本主义企业走出国门，成立跨国公司，在全球范围内发掘原材料供应地、产品生产地以降低成本，开拓消费品市场以获取更大、更稳定的利润来源，在获得更为广阔的市场、更为廉价丰富的外部资源（如人力资源和初级产品）的同时，也获得了释放外部化成本（如生态成本）的新的空间。总的来说，资本逻辑拥有了新的作用空间和缓冲地带③。伴随着地理上的扩张，资本逻辑在抽象空间上的扩张也在加速进行。例如，房地

---

① H. Lefebvre, *The Survival of Capitalism*, trans. by Frank Bryant, London：Allison & Busby, 1976, pp. 70-71.

② 大卫·哈维：《资本的空间：批判地理学刍论》，王志弘、王玥民译，群学出版有限公司，2010，第 374 页。

③ 参见胡键《从个体的资本到世界联系的体系——关于马克思恩格斯世界体系理论的研究》，《社会科学》2013 年第 10 期。

产业就是社会空间资本化的结果①，人力资源产业是人力资源资本化的结果，文化产业是文化资本化的结果，社交媒体产业是社会交往资本化的结果，碳交易等是生态环境资本化的结果，大数据产业是数据信息资本化的结果，相应地就有地产资本、人力资本、文化资本、社交资本②、生态资本、数字资本等。在未来，资本逻辑甚至可能进一步侵入人类自身，有可能会出现人类自身生产的资本化、人类情感的资本化等。

"滞胀"危机后，资本逻辑在时间上大力向未来拓展，金融资本和虚拟经济高速发展，透支消费盛行。以透支消费为例，分期付款、贷款消费、信用卡购物、次级房贷等借贷方式使得消费者能够预支未来收入，提前实现消费愿望。对整个资本主义体系来说，一方面，资本主义消费方式向未来的扩张暂时弥补了收入与消费之间的缺口，掩盖了生产扩大与有效需求不足的矛盾，在一定程度上避免了资本主义生产过剩危机在当下的爆发。另一方面，消费主义使大众通过消费达到个体欲望的满足，进而对社会现状普遍认同。对此，马尔库塞指出："把人变成贪婪的消费机器是现代西方社会得以发展的真正秘密所在。"③ 实际上，发达资本主义国家的国债也是透支消费的一种形式，不过是国家先"消费"（不同于消费者的"末端消费"的"前端消费"）了，然后再凭借国家信用来借钱。不可否认，在金融和虚拟经济高度发达的资本主义国家，发生"大萧条"危机那样的传统经济危机和"滞胀"危机的风险大大降低了：第一，资本运行效率提高了，过剩资本更容易找到去处，从而阻碍了资本贬值；第二，在一定程度上逃脱了产业资本在竞争条件下平均利润率下降的"魔咒"；第三，由于减少了实物商品在本国的生产，降低了商品生产过程中的劳资纠纷等风险，同时缓解了本国商品生产过剩的危机。即便存在过剩，通过前述的消费主义也能大部分消化。

---

① 参见张鸿雁《空间正义：空间剩余价值与房地产市场理论重构——新城市社会学的视角》，《社会科学》2017年第1期。
② 例如推特、脸书等公司的业务模式并非提供什么有形的产品，而是借助互联网为人们提供交往平台和交往服务，因此这类资本可称为社交资本。
③ 赫伯特·马尔库塞：《爱欲与文明——对弗洛伊德思想的哲学探讨》，黄勇、薛民译，上海译文出版社，1987，第112页。

（三）国际金融危机后资本逻辑的动态应变

"滞胀"危机后，在资本逻辑的大力扩张之下，资本主义似乎已从危机中走出并恢复了活力，直到 2007 年美国的次贷危机。这次危机所引发的 2008 年国际金融危机，再次沉重打击了资本主义世界体系。直到目前，整个资本主义世界仍未走出此次危机的阴影。不过，在此次危机面前，资本逻辑也并非黔驴技穷，而是吸取了此前应对危机的经验教训，采取多种手段综合应对瞬息万变、错综复杂的局面，着重体现了动态应变能力。在国家政策层面，区别于之前的需求管理为主和供给管理为主，发达资本主义国家对此次危机的应对是需求与供给并重的综合调节。

1. 危机和压力的隐性转移

转嫁和输出危机是发达资本主义应对危机的常用手段，在此次危机之后，危机的转移相对于此前表现得更加隐蔽。一是向本国人民转嫁危机。在自由资本主义时期，解雇工人、降低工人工资和福利待遇，是资本家最常用的度过危机的方式，这种显性的危机转移容易激起工人的反抗。在当代，危机的损失更多地由资本主义国家来隐性转嫁给人民大众。例如，在此次危机发生后，美国通过临时国有化等方式，用广大纳税人的钱救助濒临破产的金融机构，让普通民众为金融家疯狂投机导致的泡沫破灭买单。二是向外部输出危机。不同于"二战"前的日本和德国通过战争的方式向外输出国内危机，当代资本主义的危机转嫁更多采取的是隐蔽的金融方式。在此次危机发生后，凭借美元处于"世界货币"的地位，美国开动印钞机大印美元，把危机输出到全世界。发达资本主义输出的危机不只是经济危机，还有生态危机等。直到目前，一些发达资本主义国家仍在以资源再利用的名义向发展中国家倾倒垃圾，将生态危机转移给这些国家。

2. 收缩与扩张的平衡

在此次危机发生后，发达资本主义不再单一地运用资本逻辑的收缩或扩张方式，而是同时运用这两种方式：在有的领域进行收缩，如推行"逆全球化""再工业化""去金融化"；而在有的领域进一步扩张，如放松此次危机后曾一度收紧的金融管制，进一步解除对资本介入政治的限制（如 2014 年美国取消政治献金的上限）。同时，发达资本主义力求控制收缩与扩张的力度，维持收缩与扩张、需求与供给的平衡。

3. 弹性积累

弹性积累是资本主义最新的生产组织形式，是"后福特主义"积累方式的代表，被称为"组织化资本主义的终结"。弹性积累主要包括两个层面。一是弹性雇佣，包括：合同弹性，不强调劳动者与企业的长期稳定的雇佣关系；薪资弹性，根据雇员的个人情况而不是由工会与企业进行集体协商，来确定雇员薪资，并且薪资在雇员之间相互保密；时间弹性，不一定是 8 小时工作制，可以是部分工时或弹性工时。二是弹性生产。生产根据市场快速变化的需求或订单随时进行调整，通过小批量生产尽可能减少库存，降低滞销风险和仓储成本。弹性积累在以下三个方面有利于资本主义规避风险：一是在某种意义上实现了"灵活生产"、"动态生产"和"按需生产"，在一定程度上克服了生产的盲目无序状态；二是使得劳动者处于更加分散和无组织的状态，无法团结起来与资方进行谈判和斗争；三是降低了可变成本。弹性雇佣制度下，资方可以将工作进行广泛的地区分工和外包，某些服务业甚至可以进行国际外包，在雇员工资上的投入可以更少，并且由于机构的精简和扁平化的管理，管理成本也大大降低。

4. 科技敏感性

在历史上，资本主义对科学技术的发展就体现出了较强的敏感性。科学技术曾经为资本主义的发展立下了汗马功劳，同时也是资本主义抵御危机的重要依靠力量。今天，资本主义对科学技术的发展越发敏感。例如，当代发达资本主义积极通过风险投资等为科技创新提供条件，并且广泛运用前沿科技来强化自身，如越来越多地运用人工智能来提升生产率、减少人力成本，运用大数据技术来把握大众行为、心理和消费需求，而人工智能与大数据技术的结合，则有可能将新一轮科技创新带向新的高度。

资本逻辑的收缩能力、扩张能力与动态应变能力的作用，重点对应的是需求调节、供给调节和综合调节，三者构成了辩证法的正、反、合，并分别对应着资本主义的制动机制、动力机制和平衡机制，它们共同构成了抑制巨大周期波动、稳定资本主义运行的负反馈机制。制动机制、动力机制和平衡机制广泛存在于自然界和人类社会中。这三种机制既是社会历史发展内在规律的具体体现，也是制度规范、体制运行、政策措施的内在作用机理。动力机制释放着社会发展的能量，制动机制保证社会运行在合理范围之内，平衡机制力求使动力机制和制动机制之间达到优化、协调、配合，并对外界的扰动做出合理反应①。三种机制共同构成的负反馈机制，则使得系统能够不断通过"自我否定"来纠正发展过程中的偏差，防止失控，保持系统的总体稳定。

三 资本逻辑弹性的限度

资本主义体系作为一个开放的有弹性的系统，能够在一定范围内进行自我调节，保持系统的有序状态和基本稳定，而资本主义对危机的响应，就是一个从"失稳"到"回稳"、释放压力、减小震荡的过程，也是一个根据"输出"来反向调节"输入"的负反馈的过程。但是，资本逻辑的弹性也是有限的，三种弹性能力都有其各自的限度。

1. 资本逻辑收缩的限度

资本逻辑在所有制上收缩以不损害资本主义私有制为限，在资本主义运行机制上的收缩以不干扰资本增殖机制为限，在企业组织结构上的收缩以不妨碍资本对企业的控制为限，在分配上的收缩以不影响到资本的长期平均利润率为限。总之，不能触动资本统治集团的核心利益，改变资本主义的核心制度。"滞胀"危机在一定程度上展现了资本逻辑收缩的限度。危机后在发达资本主义国家兴起的新自由主义和私有化浪潮，就是资本逻辑收缩到一定程度以致触及资本统治集团核心利益而引发的反弹。正如罗斯福于 1936 年 10 月 23 日在广播演讲中所说的："在美国，没有人比我更加坚信私有企业、私有财产和私人利润制度。"恩格斯也指出，"无论转化为股份公司和托拉斯，还是转化为国家财产，都没有

---

① 参见邱耕田、唐爱军《论社会发展的三种机制》，《北京大学学报》（哲学社会科学版）2016 年第 6 期。

消除生产力的资本属性……现代国家，不管它的形式如何，本质上都是资本主义的机器，资本家的国家，理想的总资本家"①。

2. 资本逻辑扩张的限度

资本逻辑在空间上扩张的限度是地球的物理空间（包括资源和生态的承载能力）和人类全部的生活世界。哈维认为："如果资本主义生产方式在每个方面、每个领域和世界一切地方都占主宰地位，那么就很少或没有空间留给进一步的积累（人口成长和新社会需求与需要的创造，就是仅有的选项）。"②

资本逻辑在时间上扩张的限度是特定时期实体经济通过杠杆所能支撑的虚拟经济的上限，或者说，是使用价值通过杠杆所能支撑的交换价值的上限。超过这个上限，资本逻辑的时间弹性就将失效。连新自由主义代表人物哈耶克都认为："经济危机是维持一个弹性的货币和信贷体系（其持续扩张是经济发展的前提）所必须付出的代价。"③ 反过来说，资本主义货币和信贷体系的持续扩张，必然导向经济危机，即便它不表现为经济危机的"标准形式"。金融危机就是经济危机被压制住而以扭曲的形式表现出来的经济危机。2008 年国际金融危机，就是资本逻辑在时间上扩张达到特定限度导致金融泡沫破灭的结果。监管缺失下金融衍生品的无序与疯狂，在虚拟经济中重现了在实体经济中一定程度上被抑制的生产无政府状态。资本逻辑在金融资本、虚拟资本中展现得如此淋漓尽致，以至于产业资本都要受到金融资本、虚拟资本的"欺诈"和"盘剥"，而劳动者阶层本来就深受贫富差距扩大之苦，在股市和房地产崩盘时更是血本无归，受到"二次剥削"，乃至流离失所。这也是"占领华尔街"运动把矛头直指金融资本家的重要原因。马克思认为，"这种剥夺在资本主义制度本身内，以对立的形态表现出来，即社会财

---

① 《马克思恩格斯选集》第 3 卷，人民出版社，1995，第 753 页。

② 大卫·哈维：《资本的空间：批判地理学刍论》，王志弘、王玥民译，群学出版有限公司，2010，第 374 页。

③ 转引自赫苏斯·韦尔塔·德索托《货币、银行信贷与经济周期》，葛亚非、刘芳等译，电子工业出版社，2012，第 375 页。

产为少数人所占有；而信用使这少数人越来越具有纯粹冒险家的性质"①。金融泡沫集中体现了资本唯利是图的贪婪本性，这种贪婪使得金融资本、虚拟资本无视使用价值对交换价值的约束，当信用无法再支撑起虚构的未来和高入云霄的交换价值时，泡沫就瞬间破灭了。马克思指出："如果说信用制度表现为生产过剩和商业过度投机的主要杠杆，那只是因为按性质来说具有弹性的再生产过程，在这里被强化到了极限……信用加速了这种矛盾的暴力的爆发，即危机，因而促进了旧生产方式解体的各要素。"②

3. 资本逻辑动态应变的限度

资本逻辑动态应变的弹性限度在 2008 年国际金融危机的应对结果中有所体现：对危机的转移以不激起国内和国外的普遍反抗为界；扩张与收缩的平衡既不能超出扩张和收缩能力的各自限度，又不能触动现有大资本利益集团的利益③；弹性积累以社会化大生产对非组织化生产的可接受程度为界；对科学技术的运用以资本有机构成达到极限为界④。

以上资本逻辑弹性的各种限度，基本上不超出马克思所指出的资本主义生产的四个界限的范围："（1）必要劳动是活劳动能力的交换价值的界限；（2）剩余价值是剩余劳动和生产力发展的界限；（3）货币是生产的界限；（4）使用价值的生产受交换价值的限制。"⑤ 而资本逻辑弹性的总限度，就是资本本身。马克思一针见血地指出："资本不可遏止地追求的普遍性，在资本本身的性质上遇到了限制，这些限制在资本发展到一定阶段时，会使人们认识到资本本身就是这种趋势的最大限制。"⑥

---

① 《马克思恩格斯文集》第 7 卷，人民出版社，2009，第 498 页。
② 《马克思恩格斯文集》第 7 卷，人民出版社，2009，第 499~500 页。
③ 例如，美国近年的"去金融化"和"再工业化"由于受到金融资本集团的阻碍而举步维艰。
④ 工业机器人和人工智能在资本主义生产中日趋广泛的运用，将进一步提高固定成本比例，降低可变成本比例，因而不可避免地造成资本有机构成的提高。按照剩余价值理论，当资本有机构成趋近 100% 时，剩余价值率将趋近于 0。
⑤ 《马克思恩格斯文集》第 8 卷，人民出版社，2009，第 97 页。
⑥ 《马克思恩格斯文集》第 8 卷，人民出版社，2009，第 91 页。

"资本主义生产的真正限制是资本自身。"① 资本具有把生产不断推向社会化的趋势，这是资本的"普遍性渴求"，但同时资本的本性又是追逐利润、无休止地实现自身增殖、尽可能地把利润占为己有，因此资本本身就是一个矛盾，这个矛盾展现在外部，就是资本主义的基本矛盾，即生产社会化与生产资料的私人占有之间的矛盾。这个矛盾是资本的宿命，它将导致资本自身的终结，"这种趋势是资本所具有的，但同时又是同资本这种狭隘的生产形式相矛盾的，因而把资本推向解体"②。资本主义越发展，这个矛盾就会越突出，资本逻辑弹性就越接近其总限度："资本的发展程度越高，它就越是成为生产的界限，从而也越是成为消费的界限，至于使资本成为生产和交往的棘手的界限的其他矛盾就不用谈了。"③

在这个限度之下，资本逻辑弹性对资本主义的每一次拯救，都是"戴着镣铐跳舞"，并没有解除生产社会化与生产资料的私人占有之间的矛盾。即便在危机没有爆发时，资本构成提高、平均利润率下降、资本贬值等"永恒"难题也困扰着资本主义，它们"时而主要在空间上并行地发生作用，时而主要在时间上相继地发生作用，各种互相对抗的因素之间的冲突周期性地在危机中表现出来。危机永远只是现有矛盾的暂时的暴力的解决，永远只是使已经破坏的平衡得到瞬间恢复的暴力的爆发"④。资本逻辑的弹性帮助资本主义一再克服原有的限制，以此来抵御危机并发展自身，但正如马克思所指出的，"资本主义生产总是竭力克服它所固有的这些限制，但是它用来克服这些限制的手段，只是使这些限制以更大的规模重新出现在它面前"⑤。并且，资本逻辑的弹性无法克服最终的限制，即资本自身，这是资本主义的"刚性内核"。因为一旦突破这个限制，资本主义就不是资本主义了。就如同列车不能离开轨道一样，列车一旦离开轨道，一切对于列车运行的调节方式都将失去意义。资本就是这条轨道。但另一方面，资本逻辑的弹性运动又使得资本主义

---

① 《马克思恩格斯文集》第 7 卷，人民出版社，2009，第 278 页。
② 《马克思恩格斯文集》第 8 卷，人民出版社，2009，第 169~170 页。
③ 《马克思恩格斯文集》第 8 卷，人民出版社，2009，第 97 页。
④ 《马克思恩格斯文集》第 7 卷，人民出版社，2009，第 277 页。
⑤ 《马克思恩格斯文集》第 7 卷，人民出版社，2009，第 278 页。

不断逼近这个最后限制，弹性也会越来越小乃至趋近于零。资本逻辑全部弹性失效之时，就是资本主义体系解体的时刻："资本的垄断成了与这种垄断一起并在这种垄断之下繁盛起来的生产方式的桎梏。生产资料的集中和劳动的社会化，达到了同它们的资本主义外壳不能相容的地步。这个外壳就要炸毁了。"①

当然，也不能完全排除这种偶然的可能，即在资本主义尚未发挥其全部生产力之时，由于生态灾难、全面战争等原因毁灭了生存空间，沿着资本轨道行进的资本主义列车在未来的某个时刻掉下悬崖，落入万劫不复的深渊。但是，在这条轨道上的行进过程也孕育着另外一种可能，即转到另一条轨道的可能。这另一条轨道就是社会主义。资本主义发展到其最高阶段，就为过渡到社会主义作了最充分的准备，也就是说，社会主义的轨道业已铺就，它通向的是未来的大同世界。卢森堡指出，"在自己的生命史中，资本主义本身是一个矛盾，它的积累运动带来了冲突的解决，但同时，也加重了冲突。到了一定的发展阶段，除了实现社会主义之外，没有其他的出路"②。在此之前，只要资本主义的生产力尚未完全发挥出来，资本逻辑的弹性就会起作用，资本主义就不会退出历史舞台。在资本逻辑的弹性运动中，资本主义的生产力螺旋式上升，其危机也螺旋式升级。资本逻辑的弹性在表面上缓解危机的同时，又为更深层次的危机埋下了隐患，在危机的螺旋式升级中压缩了资本主义的回旋余地，把资本主义进一步推向其自身的历史极限。

---

① 《马克思恩格斯文集》第 5 卷，人民出版社，2009，第 874 页。
② 卢森堡：《资本积累论》，彭尘舜、吴纪先译，生活·读书·新知三联书店，1959，第 376 页。

马克思主义政治经济学如何分析劳资关系[*]

蒋 茜

　　随着资本主义制度的确立，劳资关系①逐渐成为社会生产关系的重要组成部分，是市场经济的核心问题。此后，关于劳资关系问题的一系列研究，就成为社会科学关注的重大问题。当前，资本主义劳资关系发生了深刻的变化，社会主义市场经济中劳资关系问题也日益突出，在新的历史条件下，如何深刻理解和把握劳资关系的变化和本质非常重要。习近平同志强调，面对极其复杂的国内外经济形势，面对纷繁多样的经济现象，学习马克思主义政治经济学基本原理和方法论，有利于掌握科学的经济分析方法。本文主要从马克思主义政治经济学的视角，来探寻劳资关系的理论内涵，通过梳理马克思主义劳资关系的基本理论和内在逻辑，试图构建起一个分析劳资关系的理论框架。

一 研究劳资关系的不同视角

　　当代西方理论界对劳资关系的研究开始向细化方向发展，并形成了劳资关系领域比较有代表性的理论学派②，如新保守主义学派、管理主

---

　　* 国家社科基金青年项目"当代资本主义劳资关系与国家调节研究"（14CKS015）的阶段性成果。本文原载于《人文杂志》2016 年第 11 期，收入本书时有改动。

① 劳资关系在不同的国家有着不同的称谓，如劳动关系、劳工关系、劳使关系、雇佣关系等等。本文主要考察的是劳动与资本之间的相互关系，因此选用劳资关系作为一个通用的概念。

② 程延园编著《劳动关系》，中国人民大学出版社，2007，第 32 页。

义学派、新制度学派、自由改革主义学派、激进学派。当代西方各个理论学派对劳资关系的探索,有不少成果值得学习借鉴,但其局限性也非常明显。他们的研究更多只是停留在某一个视角、某一层面或把劳资关系当成单纯的生产要素来研究,抽象掉隐藏在背后的社会关系,或重视劳资关系的生产过程,或重视劳资关系的分配过程,或重视劳资关系的交易过程,缺乏完整系统的理论分析。最根本的一点是不能明确区别出劳资关系的一般性与特殊性,把资本主义劳资关系与一般的劳资关系混淆起来。无论是新保守主义、管理主义学派、新制度学派还是自由改革主义派的分析,归根结底几乎都是沿用古典经济学的个人主义方法论。个人主义方法认为个人先于制度而存在,运用在劳资关系领域就被视为雇主与雇员之间结合成的一种契约关系,或者幻化为制度内的一种工作规则。例如,弗兰德斯指出:"劳动关系系统就是规则的系统。劳动关系的研究可以被描述为对工作规则的制度研究。"① 美国学者伊兰伯格和史密斯的《现代劳动经济学》教材中,提出劳资关系"是委托人(雇主)与代理人(雇员)之间的一种契约关系"②。可以说,这种思路在当代西方普遍存在,在国内研究中也甚为明显。

较之西方主流劳资关系分析理论,马克思主义政治经济学对劳资关系的研究从根本上突破了西方学者的局限,在系统性和深刻性上表现出巨大的优越性。劳资关系作为马克思主义政治经济学的核心,其理论思想在马克思主义政治经济学的集大成之作《资本论》中得到系统的阐释。恩格斯曾经指出:"资本和劳动的关系,是我们全部社会体系所依以旋转的轴心,这种关系在这里第一次作了科学的说明。"③ 在《资本论》中,马克思深刻地揭示了资本主义劳资关系的本质及其发展规律,全面阐述了劳资关系的内在逻辑。因此,全面深刻地认识劳动与资本的关系,需要以马克思主义政治经济学为理论基础。

---

① 转引自理查德·海曼《劳资关系:一种马克思主义的分析框架》,黑启明等译,中国劳动社会保障出版社,2008,第7页。

② 罗纳德·G. 伊兰伯格、罗伯特·S. 史密斯:《现代劳动经济学》,刘昕译,中国人民大学出版社,2007,第349页。

③ 《马克思恩格斯全集》第16卷,人民出版社,1964,第263页。

二　认识劳资关系的两个维度

马克思主义政治经济学对劳资关系的研究以历史唯物主义和辩证唯物主义方法论为基础，这一方法论的原则决定了对劳资关系的研究，需要在生产力与生产关系的相互统一和矛盾运动中，用历史的、辩证的视角来探寻。那么，究竟什么是劳资关系？如何分析劳资关系呢？

马克思把劳动二重性作为理解政治经济学的枢纽，这一点，对于理解劳资问题也同样适用。就生产商品的劳动而言，一方面，它是生产要素互相结合生产使用价值的劳动过程，这体现了人与自然之间的物质关系；另一方面，它又是生产要素社会关系的相互结合，体现了人与人之间的社会经济关系。因此，劳动与资本从表面上看是一种商品关系，服从于价值规律，但是，它又不同于一般的商品关系，而是发展到一定历史阶段出现的社会生产关系。所以，马克思主义政治经济学对劳资关系的分析是从两个维度出发的。

1. 从一般性资源配置的维度来看劳资关系

劳动与资本在生产中的资源配置，体现了一定的生产力水平，属于劳动过程中的一般性资源配置。这种抽象的一般性人力与物力的合理配置，是不同国家或者不同社会阶段中所共同探讨的经济问题，体现了劳资关系的一般技术性。在资本主义企业中，资本和劳动的关系除了占有剩余价值和进行剥削之外，还存在着计划、组织、协调和监督等任何社会生产都需要的一般工作，这些工作属于生产力的范畴。通常情况下来看，人们往往会因为马克思对劳资关系本质的揭示而忽视马克思对劳资关系一般性意义的关注，那是片面的。马克思认为生产的一切时代有某些共同的标志和共同的规定，寻找这些共同点从而确定下来，以免重复，这种抽象就是合理的，马克思把这称为生产一般，并将其纳入生产力的研究范畴。

2. 从社会制度的维度来看劳资关系

马克思认为如果仅仅研究抽象的生产要素，是不能深刻理解现实的、历史形态下的劳资关系的，因为生产要素毕竟是存在于社会制度之中的。所以，马克思主义政治经济学并不是要否定研究一般性资源配置的劳资关系，而是强调不能以孤立的、抽象的眼光，用超制度的、超历史的视角去研究。因为在任何形态下，劳动者和生产资料虽然都是生产的因素，但是，二者在彼此分离的情况下只能是可能性的生产因素。一旦要进行生产，就必须使它们结合起来。现实的结合，总是在一定的社会制度中和历史条件下进行的。因此，马克思把劳资关系纳入了生产关系的范畴进行研究，通过对资本主义生产过程的分析，看到了社会制度背后劳动与资本最深层次的内在关系，这体现了劳资关系的社会性。

因此，全面认识劳资关系需要把握以上两个维度：从一般性资源配置的角度来看劳资关系，体现了劳资关系的一般技术性；从社会制度的维度来看劳资关系，体现了劳资关系的社会性。这两个维度不是孤立存在的，而是一个整体，反映了生产力与生产关系的统一，绝不能把劳资关系的一般技术性与社会性割裂开来，而是需要把一般性的劳资关系研究建立在劳资关系的社会性之上。从这两个维度出发，对劳资关系的内涵可以做如下归纳：建立在一定生产力水平上的劳动力与生产资料两种生产要素在工作场所结合成了雇佣关系，这种雇佣关系建立在生产资料私有制基础上，反映生产关系最本质、最核心的经济关系，并最终以阶级关系表现出来。

三 构建劳资关系主要内容的五个方面

劳资关系的主要内容有哪些呢？马克思又是如何具体展开对劳资关系的理论分析的呢？劳资关系作为资本主义社会经济关系的核心，其内容建立在资本主义社会再生产的几个环节之上，并以生产资料所有制为基础而展开。具体来说，有以下几个方面。

1. 劳资关系是一种所有制关系

马克思主义政治经济学认为，生产资料的所有制形式即社会生产资料与劳动者结合的方式，是一个社会经济关系的基础。资本主义劳资关系，实际上是资本主义所有制关系的具体体现，只有从资本主义所有制这个基础出发，才能把握劳资关系的内在逻辑。实际上，马克思的《资本论》就是从资本主义所有制的本质出发，揭示了劳资关系的本质特征以及发展规律。在《资本论》中，马克思分析了货币转化资本的内在逻辑，基中关键之处就在于劳动者与生产资料的分离，劳动力成为商品，在此基础上形成了资本雇佣劳动的资本主义所有制关系。第一，劳动者必须有人身自由，有权支配自己，能把自己的劳动力当作商品出卖。第二，劳动力的所有者丧失了生产资料，既没有发挥自己劳动力的物质条件，也没有其他手段来维持生存，因而不得不靠出卖劳动力为生。第三，资本家占有生产资料并掌握着对生产过程的支配权，同时占有工人创造的剩余价值。以上三点，构成了资本主义所有制的本质特征，也构成了资本主义社会劳资关系的基础。

当然，所谓本质指的就是事物最根本的属性，它体现了资本主义所有制关系中的共性，但是，它的具体形式并不是一成不变的，而是随着资本主义生产力的发展而不断变化发展。例如，从最开始的私人资本所有制，到 20 世纪前后的私人股份所有制，再发展到后来的法人股份所有制。即使是在同一个历史发展阶段，不同资本主义国家的所有制结构也是不同的，这就呈现出所有制具体形式的多样性和特殊性。正是资本主义所有制的本质和具体形式，决定了资本主义劳资关系本质的统一性和具体形式的多样性。

2. 劳资关系是一种交易关系

资本主义劳资关系形成的逻辑起点是，资本家首先能够在劳动力市场中找到能够自由出卖的劳动力，并与劳动者达成一定协议或者签署契约，这是回到生产领域进行生产的前提。所以，劳资关系首先表现为一种交易关系。交易关系的内容，主要是劳动力市场中劳动力的买卖，而买卖能否顺利、有效地进行，涉及劳动力市场一系列具体内容。

那么，如何看待在劳动力市场中劳动与资本的这种交易关系呢？长期以来有一种非常流行的说法，认为雇佣劳动者与资本家在流通领域中的契约关系是平等互利的。例如，萨缪尔森就曾提出："在竞争的模型中资本雇佣劳动和劳动雇佣资本并无差别。"[①] 换句话说，他认为现实中

---

① P. Samuelson, "Wage and Interest: A Modern Dissection of Marxian Economic Models", *American Economic Review*, No. 12, 1957, p. 12.

之所以不是劳动雇佣资本，其根本原因在于资本比劳动稀缺，因为存在资本市场和劳动力市场的供求关系状况的差异，才形成了资本主义生产过程中资本家雇佣与控制工人的局面。弗里德曼也提出了在市场经济条件下"每一次交易都是严格自愿"的命题，来证明契约签订时的平等性。事实真是如此吗？

不可否认，在交易关系中，劳动与资本确实存在一定的平等空间。因为在资本主义条件下，工人获得了人身自由并拥有自身劳动力的所有权，劳动者有了一定"自由"选择资本家的权利，劳动者对资本的这种隶属也是有期限和有条件的，并且似乎只限于生产过程这一特定的场合。因此，在劳动与资本之间存在着一定空间的平等性，而正是这种有限的平等空间，让劳资之间有了展开博弈或斗争的可能性，也让在流通领域中契约的谈判、签署有了努力的空间。例如，工人可以通过组织工会与资本家展开斗争，通过集体谈判、三方协调机制的发展，合法地争取自己的利益。再如，通过劳动力市场的规范，可以让市场环境朝着比较公平、公正的方向发展完善。但是，这并不代表雇佣工人与资本家就真正拥有了平等的地位。

其一，在劳动力市场上劳动者虽然是独立的主体，但却独立得"一无所有"了，在这种状况之下，"劳动能力……不卖出去，就等于零"①。为了生存下去，工人就必须走进劳动力市场中，把自己的劳动力当作商品与资本家进行交换。而对于资本家来说，没有劳动者也可以获得物质资料，因为他们可以通过手中的生产资料自己生产，不至于使生存受到威胁。所以，在雇佣工人与资本家产生之时，二者的交易关系是不平等的。其二，从资本主义的再生产来看，由于资本主义生产过程总是再生产出劳动力与劳动条件的分离，因此，马克思指出，"工人在把自己出卖给资本家以前就已经属于资本了"②。其三，从现实情况看，全球化、信息化、金融化的发展，为资本的世界流动提供了很好的条件，相对于资本的灵活性而言，劳动力的流动受到了很大的限制。这体现在劳动力

① 马克思：《资本论》第1卷，人民出版社，1975，第197页。
② 马克思：《资本论》第1卷，人民出版社，1975，第634页。

市场中，资本明显比劳动力更加强势。所以说，流通领域中的交易关系，一方面表现为一种契约关系，另一方面这种契约关系背后也暗含了劳资双方之间的不平等性。

3. 劳资关系是一种生产关系

劳资双方在劳动力市场达成契约后，资本家带着购买的劳动力回到了生产领域中，而此时劳资关系表现为生产领域的生产关系。随着资本主义剩余价值的生产，劳动与资本之间最深层次的内在关系逐渐暴露。

资本主义生产过程显示出两个主要特点：首先，工人的劳动并不是自由的，而是在资本家的监督内；其次，产品是资本家的所有物，而不是作为直接生产者的工人的所有物。这两个特点清楚地表明了资本主义生产过程中劳资关系的基本特点，即劳动隶属于资本，资本控制劳动过程并且占有剩余产品。资本主义生产的发展，从劳资关系的角度看，是劳动对资本隶属逐步加深的过程。为了追求剩余价值，资本家想尽各种办法。一方面，通过延长工人的工作时间、加大工作强度，获得绝对剩余价值；另一方面，通过技术革新，提高劳动生产率，缩短必要劳动时间，相应地延长剩余劳动时间来获取剩余价值，这也成为之后剩余价值生产的主要方式。生产力的发展为资本家的剥削提供了手段，而与之相应的是资本对工人的控制越来越强，工人对资本的从属最终从形式上的隶属走向了实质上的隶属。资本积累及扩大再生产的结果是资产阶级财富的积累与无产阶级贫困的积累，并由此最终引发了无产阶级与资产阶级的对立和对抗。马克思通过对剩余价值的分析展现了资本主义制度下劳动与资本关系的本质。

4. 劳资关系是一种分配关系

劳资关系在分配中的主要内容是工资与利润的决定问题，主要观点是：①劳动力价值的决定是工资形成的基础。也就是说，剩余价值或利润是超过劳动力价值的部分，劳动力价值是利润与工资分割的基础。②虽然劳动力价值在一定时期是相对稳定的，但是绝不是固定不变的，而是随着生产力的发展、社会的进步和资本主义生产关系的发展逐步变化发展的，劳动力价值的决定存在一个历史和道德的因素。③工资作为劳动力的价格同时受劳动力供求的影响，至少从表面现象上讲，工资的决定过程并非一成不变，而是既受制于劳资双方讨价还价能力，也随着劳动力供求状况的变化而呈现出不断波动的趋势。④从根本上来说，工资与利润之间的对立运动，是资本与雇佣劳动之间的关系在分配领域的体现。资本一般来说处于主导地位，雇佣劳动处于从属地位，工资随着利润的变化而变化，但工资的增长，有一个必要前提是：不能损害一般利润率水平的增长与稳定。如果经济环境出现了变化，导致利润率的增长发生困难，削减工资通常是直接的后果①。按照资本积累的一般规律，资本主义分配关系的必然结果是，在劳动与资本之间的两极分化。

可见，在劳资分配问题上，马克思主义政治经济学与西方经济学是截然不同的。西方经济学的分配理论是以要素价值理论为基础的，认为劳动、资本、土地、企业家共同创造价值，并按照各自创造的价值取得了收入，因此，不同要素所有者的关系是平等互利、各得其所，不存在剥削。对于这种观点，马克思曾经给予了深刻的批判，指出其要害是混同了使用价值的生产与价值的生产、生产的一般与资本主义生产的特殊，赤裸裸地为资本主义剥削辩护。事实胜于雄辩。资本主义劳资分配关系是趋向于平等互利还是两极分化，历史事实已经给予了明确的回答。法国经济学家托马斯·皮凯蒂在《21世纪资本论》一书中，运用翔实的历史统计数据和实证方法客观证明了马克思的结论，资本收入增长快于劳动收入增长是一个客观趋势，因而财富分配的两极分化是资本主义的必然趋势，而财富分配不平等状况的缓和则是资本主义的偶然现象。近几十年来，世界的贫富差距正在日益扩大，而且据预测将会继续扩大下去②。

5. 劳资关系归根结底是一种阶级关系

从唯物史观出发，马克思认为生产关系归根结底是阶级关系，正如恩格斯所说："经济学所研究的不是物，而是人和人之间的关系，归根到底是阶级和阶级之间的关系；可是这些关系总是同物结合着，并且作

---

① 王生升：《马克思主义经济学的工资理论》，《政治经济学评论》2007 年第
1 期。

② 保罗·克鲁格曼：《美国怎么了？——一个自由主义者的良知》，刘波译，
中信出版社，2008，第 99 页。

为物出现。"① 资本主义劳资关系虽然是以劳动与资本之间的关系出现，但实际上体现的是劳动与资本背后的阶级关系。

划分阶级的客观标准是对生产资料的占有关系，生产资料所有制是生产关系的根本和基础，按照生产资料的占有来划分阶级，正是抓住了分析生产关系的核心。按照这样的划分标准，何为资产阶级？何为无产阶级呢？资产阶级指的是拥有生产资料并雇佣劳动为其生产的有产阶级。所谓无产阶级，就是雇佣劳动者阶级或者工人阶级，指的是由于不占有生产资料而被迫出卖劳动力的雇佣劳动者。这里附带说明的是，无产阶级是与资产阶级对应的称呼，是在不占有生产资料意义上的"无产"，而并不是生活资料或者收入意义上的称谓。随着当代资本主义社会的发展，阶级结构变得复杂，阶级内部出现了多样化的阶层，但按照生产资料占有来划分的资产阶级与无产阶级仍是当今资本主义社会最核心的两大阶级，其资本主义劳资关系的实质，从过去到现在，都是体现为无产阶级与资产阶级之间的关系。

综上所述，劳资关系的主要内容体现为五个方面：所有制基础、生产关系、分配关系、交易关系和阶级关系。劳资关系是资本主义所有制关系的具体体现，在劳动力市场、生产领域、分配领域分别表现为交易关系、生产关系和分配关系。交易关系是劳资关系形成的逻辑起点，而生产关系是核心，它揭示了劳动与资本最深层次的内在关系，决定着分配领域中工资与利润的分配关系，并最终以阶级关系表现出来。这五个方面的内容不是孤立的，而是一个逻辑整体，展现了劳资关系的内在逻辑，从而共同构建起马克思主义政治经济学关于劳资关系的一般性理论分析框架。

四　马克思主义劳资关系分析框架的当代意义

马克思主义政治经济学对劳资关系的理论分析，深刻体现了历史唯物主义思想方法。这种分析范式的优势，正是在于不是孤立地抽象研究劳资

① 《马克思恩格斯选集》第 2 卷，人民出版社，1995，第 44 页。

关系，而是把劳资关系放到了具体的社会制度中去研究，把劳资关系的一般性与社会性结合起来，研究现实中的劳资关系，并始终坚持生产力与生产关系相统一、社会再生产的四个环节相统一、生产资料所有制的基础地位、本质与现象相统一的原则，展现了马克思主义政治经济学独特的理论优势。马克思关于劳资关系的基本理论和分析脉络，提供了一个全面认识劳资关系的一般性理论框架，这一分析框架不仅可以分析资本主义劳资关系的变化发展，也可以运用到对社会主义劳动关系的分析中。

从劳动关系的根本性质来看，社会主义社会建立了以公有制为基础的经济制度，资本主义企业中存在的资本雇佣劳动的关系为社会主义企业中的新型劳动关系所代替。劳动者与生产资料从相互分离转变成了相互结合，劳动者成为生产资料的主人，消灭了资本对劳动的统治。从这个意义上来说，社会主义制度下的劳动关系与资本主义劳资关系相比，本质上是一种和谐的、非对抗性的关系，这就是它们之间最本质的不同。但是，由于我国处在社会主义初级阶段，在社会主义公有制下劳动者与生产资料的结合并不是自然而然的直接结合，而是一种间接的、有条件的结合，即要通过劳动力与企业的双向选择才能实现，也就是说，需要一个劳动力市场。因此，在社会主义公有制经济中，劳动力从根本上具有非商品的性质，但从现象上看却具有一定的商品性。这种特殊的双重属性正是社会主义经济中劳动关系的基本特征。一方面，企业劳动关系要体现社会主义公有制的本质，体现人们在生产过程中的平等性、民主性、直接性和按劳分配关系。另一方面，要体现企业和劳动力的自主性、独立性和市场性，需要遵循一般性的资源配置原则。同时，在非公有制经济中，也出现了资本主义企业类型的劳资关系，其劳资关系也面临着越来越多的矛盾和冲突。

以劳资关系五个方面的内容构建分析社会主义劳动关系的理论框架。第一，所有制基础。随着我国从单一公有制向以公有制为主体、多种所有制经济共同发展的转变，所有制结构越来越呈现多元化的趋势，从而引起劳动关系的复杂化。例如公有制经济中的劳动关系，混合所有制企业中的劳动关系，私营经济中的劳资关系，外资经济中的劳资关系，等等。因此，处理复杂化、多元化的劳动关系问题，构建和谐劳动关系，增强公有制的主体地位，发挥制度优势，优化所有制结构是根本。第二，交易关系。正如前面谈到的，公有制经济中的劳动者在现阶段表现为商品性，与非公有制经济中的劳动者一样，需要在劳动力市场中与企业自由选择。当前我国劳动力市场最突出的两个问题是，供给与需求的结构性矛盾，以及劳动力市场的制度性障碍。因此，劳动力能否有效交换的关键，在于劳动力市场的发展。例如，通过完善各项配套政策，健全统一规范的市场秩序，清除劳动力转移的障碍，消除劳动力市场分割，等等，减少劳动力流动的成本，不断增强劳动力的供需匹配，实现劳动力与企业的有效对接。第三，生产关系。在生产领域中的企业治理和管理方面，公有制企业需要破除管理方式僵化、行政色彩浓厚的经营模式，学习现代企业管理方式，发挥劳动者的积极性，增强企业活力。至于非公有制企业，劳动者的劳动保护是最大的问题，近年来我国出现的矿井塌方、瓦斯爆炸等恶性事故大多集中在乡镇企业、私人企业，必须加强对劳动者在非公有制企业工作中的保护力度。第四，分配关系。随着改革开放，在生产力高速增长的同时，收入分配问题开始突出。主要表现在不同区域、不同行业及城乡之间的劳动收入差距比较大，而由财产占有上的差别所形成的收入差距表现得更为突出和明显。这种来自财产占有差别的扩大与劳动资本利益的分化导致的贫富差距，如果不进行有力的调节，将严重影响到和谐劳动关系的建立。第五，阶级关系。劳资关系最终体现为阶级关系，而工会作为劳动者阶级的代表，在当前协调和稳定劳资关系中扮演重要的角色，但就我国工会的实际情况而言，长期以来工会角色定位模糊，导致工会脱离工人的现象普遍存在，尤其是在非公有制企业中，工会在组建及其维权作用发挥上困难重重，随着劳资问题的不断涌出，工会改革刻不容缓。

总的来说，随着所有制结构的多元化和社会主义市场经济的发展，我国劳动关系的五个方面也发生着深刻的变化。当前，如何科学认识社会主义劳动关系，以及如何系统构建社会主义和谐劳动关系，马克思的劳资关系理论为我们提供了一个完整系统的科学方法和理论框架。因此，分析劳资关系的问题，需以马克思主义政治经济学为理论指导。

马克思哲学视域下的资本逻辑及其批判*

王　巍

现代社会发展中出现的各种危机、冲突以至全球性问题，日益暴露出现代社会的内在矛盾和基本困境。这些矛盾与困境，呼唤我们对现代社会进行深入反思。现代社会的逻辑说到底是资本的逻辑。对于资本逻辑，不仅要在经济学层面予以必要的观照，更要在马克思哲学视域中加以深刻的理论透视。然而，在众多学术话语中，马克思的资本逻辑批判思想明显"缺席"。为了重新认识这一思想的重要地位，应在当代境遇中激活马克思的相关思想资源，同时以马克思哲学的视域和方法来审视和思考全球化资本主义时代的资本逻辑问题。

一　马克思哲学视域下资本逻辑的基本内涵

资本何以成为逻辑？在什么样的历史条件下，资本才能成为逻辑？应当说，马克思在其著述中，并未使用过"资本逻辑"这一概念，但这并不妨碍他有着关于"资本逻辑"的丰富而深刻的思想。"逻辑"一词有三种含义：一是思维的规律性；二是关于思维形式及其规律的科学，即逻辑学；三是客观规律性。"资本逻辑"所讲的"逻辑"是指第三种含义，即客观规律性。马克思哲学视域中的资本逻辑，简单地说，就是资本运动的内在规律和必然趋势，它以一种必然如此的方式贯穿于资本

---

* 国家社科基金青年项目"历史唯物主义视域下的资本逻辑批判研究"（13CZX011）的阶段性成果。本文原载于《理论视野》2014 年第 1 期，收入本书时有改动。

的发展过程之中，并通过一系列经济环节及其相互作用而得以具体体现。只要有资本存在，资本逻辑就必然发挥作用。资本逻辑主要是由资本自身的规定和本性决定的①。

首先，资本不是内涵单一的概念。一般来讲，资本有两种含义：一是作为生产要素的资本，二是作为社会关系的资本。马克思曾多次强调，资本不是物，而是一定的生产关系，但是资本又"体现在一个物上，并赋予这个物以独特的社会性质"②。这就说明：作为一种社会关系，资本的本性在于最大限度地追求价值增殖；资本虽然不是物，但又不能离开物，社会关系的力量正是借助于物的力量来实现和发展的。因而，在马克思的视域中，这两种含义的资本内在结合在一起：资本的本质是社会关系，载体则是生产要素；生产要素只有被纳入到社会关系之中才能成为资本。当然，马克思哲学视域下的资本逻辑，主要是指作为社会关系的资本运演的逻辑。

其次，资本逻辑不是逻辑单一的概念，它可以分为广义和狭义双重逻辑。狭义的资本逻辑是指资本自身的逻辑，即从商品逻辑到货币逻辑再到资本逻辑的递进发展过程以及"利用资本消灭资本"这一资本逻辑的形成、发展和扬弃的整个过程。这种逻辑最终导致"资本不可遏止地追求的普遍性，在资本本身的性质上遇到了限制，这些限制在资本发展到一定阶段时，会使人们认识到资本本身就是这种趋势的最大限制，因而驱使人们利用资本本身来消灭资本"③。广义的资本逻辑是指资本作用的逻辑，即资本逻辑以"普照的光"的形式对社会生活的其他领域发生作用："在一切社会形式中都有一种一定的生产决定其他一切生产的地位和影响，因而它的关系也决定其他一切关系的地位和影响。这是一种普照的光，它掩盖了一切其他色彩，改变着它们的特点。这是一种特殊的以太，它决定着它里面显露出来的一切存在的比重。"④ 资本的运行过

① 丰子义：《全球化与资本的双重逻辑》，《北京大学学报》（哲学社会科学版）2009 年第 3 期。
② 《马克思恩格斯全集》第 46 卷，人民出版社，2003，第 922 页。
③ 《马克思恩格斯全集》第 30 卷，人民出版社，1995，第 390~391 页。
④ 《马克思恩格斯全集》第 30 卷，人民出版社，1995，第 48 页。

程，使现实存在的一切人和物都卷入其中，资本逻辑就是要无限制地增殖和膨胀自己。"资本是资产阶级社会的支配一切的经济权力。它必须成为起点又成为终点"①，资本就是要"按照自己的面貌为自己创造出一个世界"②。

狭义的资本逻辑和广义的资本逻辑之间存在一种递进关系，实现这一递进关系的关键环节在于资本的主体化过程。资本的主体化是指资本向主体性资本发展的过程。马克思指出："在商品中，特别是在作为资本产品的商品中，已经包含着作为整个资本主义生产方式的特征的社会生产规定的物化和生产的物质基础的主体化。"③ 就此而言，"资本逻辑"实际上是一种主体性逻辑：资本既是活动的主体，又是这种活动过程本身。马克思曾多次指出"资本是主体"，其用意正在于指出在资本主义生产方式下，资本必然越出自身发展的狭义逻辑，而日益具有"主体化性质"，成为主体性资本，变成整个现代社会生产的运动"主体"，而不断展开其广义逻辑。

最后，资本逻辑产生的不是单一性作用，而是双重性作用。资本的双重含义必然导致资本的双重作用。一方面，资本具有借助于物的力量而产生创造文明的作用，"一方面创造出普遍的产业劳动，即剩余劳动，创造价值的劳动"，"另一方面也创造出一个普遍利用自然属性和人的属性的体系，创造出一个普遍有用性的体系"，"只有资本才创造出资产阶级社会，并创造出社会成员对自然界和社会联系本身的普遍占有。由此产生了资本的伟大的文明作用"④。另一方面，资本从社会关系中产生的追求价值增殖的作用又内在包含自我限制与矛盾："在资本的简单概念中必然自在地包含着资本的文明化趋势等等，这种趋势并非……只表现为外部的结果。同样必须指出，在资本的简单概念中已经潜在地包含着以后才暴露出来的那些矛盾。"⑤ 资本"摧毁一切阻碍发

① 《马克思恩格斯全集》第 30 卷，人民出版社，1995，第 49 页。
② 《马克思恩格斯选集》第 1 卷，人民出版社，1995，第 276 页。
③ 《马克思恩格斯全集》第 46 卷，人民出版社，2003，第 996~997 页。
④ 《马克思恩格斯全集》第 30 卷，人民出版社，1995，第 389~390 页。
⑤ 《马克思恩格斯全集》第 30 卷，人民出版社，1995，第 395 页。

展生产力、扩大需要、使生产多样化、利用和交换自然力量和精神力量的限制"①。

二 马克思哲学视域下资本逻辑的总体布局

社会的构成和运行是复杂的，因而作为控制社会的资本逻辑的表现形式也是多样的。资本逻辑是一个总体性范畴。从宏观来看，可以从维度和领域两个方面来把握资本逻辑的不同表现形式。

从维度上说，资本逻辑可以从横向和纵向两个维度来把握：其横向维度表现为世界历史的发展和全球化的推进对资本空间逻辑的影响，其纵向维度表现为社会形态的演进。现代社会诞生以来，资本逻辑展现了创造世界历史的巨大威力。在纵向上，它推动了社会由传统向现代、由落后到先进的迅速发展；在横向上，它将狭隘、分散、地域性的民族历史联系起来，连接成统一的，各民族相互依存、相互制约、有机联系的世界历史。在这一过程中，资本的空间逻辑得以不断发展。所谓资本的空间逻辑，用马克思的话来说便是："资本一方面要力求摧毁交往即交换的一切地方限制，征服整个地球作为它的市场，另一方面，它又力求用时间去消灭空间，就是说，把商品从一个地方转移到另一个地方所花费的时间缩减到最低限度。"② 这便是资本空间化和空间资本化的过程。资本的空间逻辑表现为资本的增殖本性所导致的资本的"脱域性"（disembeding），它指的是时空的固定边界被打破，时空的不断延伸和变动，这正反映了资本扩张的空间特征。资本逻辑的"脱域性"对全球化的发展有重大影响，引发了国际资本的产生和资本的全球流动。

资本逻辑的纵向维度表现为社会形态的演进。不论是"三形态"还是"五形态"的划分，社会形态的演进都与资本和资本逻辑紧密相关。在"三形态"理论中，第一大形态向第二大形态的演进便是资本逻辑的形成和发展过程，第二大形态正是资本逻辑全面展开和作用的社会，第

---

① 《马克思恩格斯全集》第30卷，人民出版社，1995，第390页。
② 《马克思恩格斯全集》第30卷，人民出版社，1995，第538页。

二大形态向第三大形态的演变是资本逻辑的自我扬弃即"利用资本"来"消灭资本"的过程。在"五形态"理论中,马克思也是围绕资本逻辑占统治的社会即资本主义社会的生成、演化和超越来展开论述。

从领域上说,资本逻辑的内在本性决定了它得以贯彻和展开,就必须超越单一的经济领域局限,冲破一切阻碍资本增殖的社会控制和社会障碍。资本逻辑的扩展使得资本力图实现对社会生活的全面控制,表现在对政治、文化、社会和哲学诸领域的全面渗透与控制。具体来看,资本逻辑在政治领域表现为权力的逻辑,在文化领域表现为拜物教的逻辑,在社会领域表现为对社会生活的殖民逻辑,在哲学领域表现为"抽象成为统治"的理性形而上学。

第一,资本的权力逻辑。资本逻辑的拓展必须要求得到政治权力的庇护。因而,追求权力并得到政治权力的保护,便成为资本逻辑必不可少的重要条件。

一方面,资本逻辑以经济权力、社会权力作为其存在形态。资本作为生产关系,表现为一种现实的社会权力,即对劳动进行支配的经济权力:"资本是对劳动及其产品的支配权力。"① 由于"资本是资产阶级社会的支配一切的经济权力"②,这种经济权力便构成了一切社会权力的基础,从而将资本逻辑从经济领域延伸到政治、文化等其他社会领域,形成了社会各种类型的权力支配形式。现代社会的国家机器正是经济权力与政治权力既斗争又纠缠的产物,资本与权力通过交换、结合而日益形成了国家垄断关系。

另一方面,资本逻辑具有"人格化"的存在形态。资本的人格化就是资本家或资产阶级。作为资本家,其最本质的特征在于拥有资本赋予他的对工人的支配权力,用雇佣劳动的形式实现对工人的奴役和剥削。马克思指出:"劳动并不向来就是雇佣劳动,即自由劳动。"③ 在资本主义条件下,雇佣劳动得以形成的条件是,工人的劳动力成了商品。工人

① 《马克思恩格斯全集》第 3 卷,人民出版社,2002,第 238 页。
② 《马克思恩格斯全集》第 30 卷,人民出版社,1995,第 49 页。
③ 《马克思恩格斯选集》第 1 卷,人民出版社,1995,第 336 页。

逐日将自己的劳动力卖给生产资料的所有者即资本家，换得工资，维持自身生存；资本家将购买的劳动力与生产资料相结合，生产出剩余价值来谋取利润。这样，就形成了资本奴役劳动的权力结构。雇佣劳动在现代社会的起源和发展中起着基础性的作用。可以说，现代社会的全部权力都是在资本权力的基础上形成和发展起来的。

第二，资本的拜物教逻辑。拜物教是马克思揭露和批判资本主义的一个重要范畴。他通过揭示资本主义社会过程中发生的拜物教现象，表明商品、货币和资本不是物，而是社会关系。因此，无产阶级要想获得解放和自由，只有打碎拜物教意识形态对观念的束缚，才能真正从总体上超越资本主义社会。资产阶级经济学就是拜物教的理论表现。经济学家通过抽象得出的非历史性概念是拜物教的产物，它将物受特定的社会关系支配而获得的特定社会属性看作自然属性，并使之永恒化："经济学家们把人们的社会生产关系和受这些关系支配的物所获得的规定性看作物的自然属性，这种粗俗的唯物主义，是一种同样粗俗的唯心主义，甚至是一种拜物教，它把社会关系作为物的内在规定归之于物，从而使物神秘化。"① 受到资本拜物教逻辑的支配，经济家普遍犯有认识论上的经验主义和形而上学的错误：无视资本价值增殖过程的主要产物即资本家和工人及其阶级关系的产生，而仅仅看到作为"物"的产品。仅仅把资本看作具体的"物"而没有看作生产关系和经济权力，便掩盖了资本逻辑的本质。拜物教基础上的各种资产阶级意识形态，反过来构成了资本的自我意识和自我辩护，形成了资本拜物教逻辑的意识形态结构。

第三，资本逻辑对社会生活的殖民逻辑。在整个社会生活领域，资本逻辑成为"普照的光"，全面贯穿于社会生活之中，外化为经济、政治、社会和文化等多个层面的存在形态。作为现代社会的生产关系，资本逻辑的运动范围不仅局限在经济领域，而是以分工—劳资—市场关系为中介，从经济领域广泛渗透到上层建筑和其他领域之中，并进一步扩展到全球范围的政治、经济、文化活动之中。

首先，在最直观的层面上，资本逻辑表现为具体的实物形态，即生

---

① 《马克思恩格斯全集》第31卷，人民出版社，1998，第85页。

产资料以及商品和货币等。现代社会本身就直接表现为商品这一实物形态的大量堆积与广泛流动。其次，资本逻辑还体现于生产劳动过程中。无论是工人的生产活动还是消费活动，即工人的整个生活都服从于资本自我增殖的逻辑。资本在劳动过程中不但具体化为生产工具和原料，人格化为处于支配和监管地位的资本家，还尤其体现在工人活劳动中。活劳动不过是资本通过交换而取得的生产要素和手段，服从于资本逻辑的宰制。最后，资本逻辑还体现在社会关系中。资本作为"现代生产关系"①，作为生产关系的现代形式，构成了现代社会关系的基础。并且，资本作为自为存在的交换价值，直接主宰交往关系，并日益渗透到政治关系、伦理关系和情感关系等其他社会领域，使得人的社会价值越来越普遍地换算为商品的交换价值，服从于资本的增殖逻辑。

第四，资本逻辑表现为"抽象成为统治"的理性形而上学。马克思对理性形而上学的批判同他对资本逻辑的批判是紧密结合的。原因在于，理性形而上学和资本逻辑有着"抽象成为统治"的共同特征，都表现为形式化、合理化、抽象化和量化统治等特点。

应当说，只有在现代性推动下产生的理性形而上学（亦称现代形而上学），才表现为"抽象成为统治"的特点。在西方哲学史上，传统形而上学都是以纯粹概念的形式在观念领域里发生作用。1500 年前后，现代性开始彰显并不断发展。所谓现代性，即现代世界的本质、原则、根据，换言之，就是使得现代世界成为现代世界的本质规定性。现代性最初伴随着现代经济生产方式和近代自然科学而发展起来。随着生产的扩大化，现代经济必然表现为科学的生产性应用，科学的生产性应用则意味着资本和现代形而上学联手构成现代世界的基本支柱。因而，借助于科学的力量，形式化、合理化的理性形而上学转化为量化、标准化和同一化的资本生产，成为支撑资本实现"量化统治"的工具；同时，倚仗资本逻辑所产生的强大物质生产力，理性形而上学的"抽象"成为统治外在世界的绝对原点。

因而，资本的理性形而上学本质和理性形而上学的资本本质是共生

---

① 《马克思恩格斯全集》第 30 卷，人民出版社，1995，第 237 页。

一体的关系。一方面，资本的形而上学本质表现在资本既是占统治地位的物质力量，也是占统治地位的精神力量。正如马克思所说："统治阶级的思想在每一时代都是占统治地位的思想。这就是说，一个阶级是社会上占统治地位的物质力量，同时也是社会上占统治地位的精神力量。支配着物质生产资料的阶级，同时也支配着精神生产的资料……占统治地位的思想不过是占统治地位的物质关系在观念上的表现，不过是以思想的形式表现出来的占统治地位的物质关系。"① 另一方面，理性形而上学的资本本质则体现在，所有意识形态及其形式都服从和服务于资本逻辑，成为资本实现不断再生产的观念支撑。正如马克思曾指出的那样："宗教、家庭、国家、法、道德、科学、艺术等等，都不过是生产的一些特殊的方式，并且受生产的普遍规律的支配。"②

三 马克思哲学视域下资本逻辑批判的当代意义

对资本逻辑的批判是与资本主义发展的历史形态相联系的。从自由竞争资本主义、垄断资本主义再到福特制和后福特制资本主义的历史发展中，资本的具体形态也在不断变化。这些变化同资本主义危机紧密结合。资本形态嬗变使马克思资本逻辑批判思想的当代意义得以不断凸显。只有在马克思哲学视域下观照资本逻辑，才能深入理解现代资本主义社会形态的变化过程，才能真正地进入到现代资本主义社会的意识结构与文化理念之中，从而揭示出资本逻辑的运行过程及其意识形态效应。

在全球化资本主义和当代中国的语境中，很多学者一味肯定资本的殖民性和资本统治的不断胜利，在批判思路中仅仅指出资本逻辑对人的"物化"和"异化"的影响，却并不试图指明这一过程本身存在的危机和矛盾。这种思路与马克思同时代的资产阶级经济学家的思路有很多类似之处。如果说在1973年之前，西方学者比较多地看到资本的殖民性而没有揭示资本的内在危机，那么这是有着具体的社会历史原因的，因为

---

① 《马克思恩格斯选集》第1卷，人民出版社，1995，第98页。
② 《马克思恩格斯全集》第3卷，人民出版社，2002，第298页。

当时资本主义的现实发展的确表现为资本的不断增长和胜利，这也是整个福特制资本主义时期的总体性特征。但随着1973年、1979年两次石油危机的发生，后福特制资本主义研究资本逻辑的话语和主题已经转到"危机"（或者说"矛盾"）的概念中。在这种语境下，当代国外马克思主义的一些学者依然坚持着资本的不断胜利，这使得人们不由自主地猜想这些所谓的"左翼"思想家们只是为了保持自己的左派形象，而并非为了准确理解全球化资本主义的新变化、新内涵及其生发的现实理论意义。

可以说，是否继续坚持并发展用"资本逻辑"去批判性地分析全球化资本主义的理论思路，是全球化资本主义时期对资本逻辑的批判能否达到本质性维度的"内在批判"的决定性因素。这里以鲍德里亚和西美尔这两位思想家为例，来具体分析坚持这一批判思路的重要意义。在《消费社会》和《生产之镜》等著作中，鲍德里亚认为商品化模式已经发展到使用价值和交换价值为符号价值所代替的程度，他重新界定商品主要是作为一种符号来消费与显现的。在他看来，政治经济学与生产的时代已经终结，我们生活在一个物质形态已经消失的新的社会，这里只有符号、影像与代码，生产逻辑（在资本主义时代表现为资本逻辑）已经为符号的逻辑所替代。西美尔《货币哲学》的基本理论旨趣在于反思和批判现代性和资本逻辑对人类社会生活的影响，但有学者对这种批判提出了尖锐批评："西美尔的基本问题是货币经济的审美—文化批判，则与马克思的基本问题毫不相干。"① 应该说，这种批判是有一定道理的。从根本原因上讲，西美尔在谈论货币的时候，只是在"货币作为货币"的层面上来展开对货币逻辑的批判，而没有在"货币作为资本"的层面上指出货币逻辑背后的本质是资本逻辑，因而他无法真正有效阐明货币所带来的社会后果与当代资本主义的准确关系。以鲍德里亚和西美尔为代表的一些西方学者抛开以资本逻辑为核心的内在批判而局限于文化观念的外在批判，这就注定了他们的批判必然不能深入到历史性的、

① 弗雷司庇：《论西美尔的〈货币哲学〉》，西美尔《金钱、性别、现代生活风格》，顾仁明译，学林出版社，2000，第241页。

本质性的维度。马克思说过："个人现在受抽象统治，而他们以前是互相依赖的。但是，抽象或观念，无非是那些统治个人的物质关系的理论表现。关系当然只能表现在观念中，因此哲学家们认为新时代的特征就是新时代受观念统治，从而把推翻这种观念统治同创造自由个性看成一回事。"① 观念是物质生产关系的理论表现，前者与后者之间是外在表现与内在根据的关系，文化观念只是资本逻辑在文化领域的表现形式。西美尔等人只抓住了资本逻辑的一种表现形式来批判资本主义整体，因而这种批判注定只能是在外围敲打。

值得关注的是，当代国外马克思主义学者中依然有人坚持从资本逻辑出发来批判所谓"消费社会""晚期资本主义""全球化资本主义"的立场和观点。戴维·哈维、詹姆逊、法国调节学派等就是代表。针对"全球化资本主义"，戴维·哈维认为，这"绝不新颖，它的最新观点肯定在历史唯物主义探索的掌握之中"②。詹姆逊则认为："我的核心观点是，今日的资本主义并未发生根本性的变化，这些变化并未超出伯恩斯坦时代人们所想象的范围。"③ 再如，在鲍德里亚《生产之镜》出版的1973年，同为法国思想家的米歇尔·阿格里塔出版了《资本主义调节理论》一书，指出后福特制是当代资本主义经济发展的新阶段和新形态，如果说福特制资本主义的基本特征是大规模生产与大规模消费对应发展，那么后福特制的特征就是弹性生产与个性化消费相对应。尤为重要的是，他指出了后福特制的核心依然是"资本逻辑"，其造成的全球生产能力过剩和资本主义基本矛盾的深化，孕育着新的经济危机。可以说，2008年来的全球金融经济危机在一定程度上证明了阿格里塔理论的现实意义。

总之，面对全球化资本主义，浪漫主义式的批判是没有理论高度的批判，实证主义式的认同是没有理论立场的认同，犬儒主义式的逃避是

---

① 《马克思恩格斯全集》第30卷，人民出版社，1995，第114页。
② 戴维·哈维：《后现代的状况——对文化变迁之缘起的探究》，阎嘉译，商务印书馆，2003，第420页。
③ 弗里德里克·詹姆逊：《论现实存在的马克思主义》，俞可平译，载俞可平主编《全球化时代的"马克思主义"——九十年代国外马克思主义新论选编》，中央编译出版社，1998，第71页。

没有理论勇气的逃避。唯有马克思哲学视域下的资本逻辑批判范式深入到社会现实的本质性维度中，通过对资本逻辑进行有原则高度的批判而不断生发其当代意义。"消费社会"和全球化资本主义依然是以资本作为基本原则和根本逻辑的，因而马克思的批判性分析在当代没有过时，反而不断彰显其重要的当代意义。领会到这一点，对我们理解"消费社会"和全球化资本主义的相关问题具有深刻的方法论意义。

过度竞争是利润率长期下降的根源吗?*
——基于马克思主义视角的检视

周钊宇　胡　钧

一　引　言

马克思在《资本论》第三卷第三篇完成了对产业资本生产总过程的考察，得出了随着资本主义积累的进行，社会平均资本有机构成的提高，一般利润率趋向下降的结论。马克思利润率趋向下降规律阐明了"利润率，资本主义生产的刺激，积累的条件和动力，会受到生产本身发展的威胁"①的趋势，所以它一直是资本主义秩序的捍卫者不断批判和修正的目标，也是左翼学者内部争论不休的重要研究主题。20世纪60年代末，西方发达资本主义国家战后经济繁荣的消失伴随着利润率的长期下降，与之相对应，围绕马克思利润率趋向下降规律的争论由资本技术构成提高—资本有机构成提高—利润率下降能否在理论上得到论证转向谁才是利润率长期下降的根源。② 利润挤压论基于资本家和工人间纵向的阶级关系，认为这是由劳动力短缺或劳工力量增强引起的，工资对利润的挤压是利润率长期下降的根源。布伦纳对此批判

---

* 本文受到中国人民大学境内外联合培养研究生项目的资助。本文原载于《教学与研究》2021年第3期，收入本书时有改动。

① 马克思:《资本论》第3卷，人民出版社，2004，第288页。
② 克拉克:《经济危机理论：马克思的视角》，杨健生译，北京师范大学出版社，2011，第66页。

道，从中期看工资对利润的挤压创造了自己被消灭的条件，因此利润挤压论无法解释利润率为何长期下降①。他基于资本间横向的竞争关系，指出利润率长期下降的根源在于"资本主义之间强化的、平行的竞争"②，提出了过度竞争论③。

过度竞争论一经提出就引起了理论界的热议。《新左派评论》的编辑等称赞过度竞争论是马克思利润率趋向下降规律的当代表现，是运用马克思主义遗产处理危机问题的有力示范④。迈克·莱博维茨（Michael A. Lebowitz）等认为过度竞争论是对马克思主义的严重背叛⑤。托尼·史密斯（Tony Smith）等则指出过度竞争论与马克思利润率趋向下降规律可以兼容，它为马克思在资本一般层面上论述的利润率趋向下降规律提供了微观基础⑥。围绕过度竞争论展开的争论，一方面反映了它巨大的理论影响力，另一方面也折射出国外左翼学者内部关于马克思利润率趋向下降规律认识的深刻分歧。因此，十分有必要基于马克思主义的视角对过度竞争论进行检视，深入剖析它的逻辑肇始和理论构架，以澄清资

---

① 罗伯特·布伦纳：《全球动荡的经济学》，郑吉伟译，中国人民大学出版社，2012，第16~19页。

② 罗伯特·布伦纳：《全球动荡的经济学》，郑吉伟译，中国人民大学出版社，2012，第6页。

③ 有关布伦纳过度竞争论的主要观点，还可参见罗伯特·布伦纳《繁荣与泡沫——全球视角中的美国经济》，王生升译，经济科学出版社，2003。

④ 参见 Ajit Zacharias, "Competition and Profitability: A Critique of Robert Brenner", *Review of Radical Political Economics*, 2002, 34 (1), pp. 19-34；郑吉伟《布伦纳与〈全球动荡的经济学〉——"资本主义利润率趋于下降规律"的当代表述》，《中国社会科学报》2011年10月25日。

⑤ Michael A. Lebowitz, "In Brenner, Everything Is Reversed", *Historical Materialism*, 1999, 4 (1), pp. 119-129；Ben Fine, Costas Lapavitsas, Dimitris Milonakis, "Addressing the World Economy: Two Steps Back", *Capital & Class*, 1999, 23 (1), pp. 47-90.

⑥ Tony Smith, "Brenner and Crisis Theory: Issues in Systematic and Historical Dialectics", *Historical Materialism*, 1999, 5 (1), pp. 145-178；齐昊：《马克思主义是怎样解释金融危机的——围绕布伦纳的争论》，《政治经济学评论》2010年第3期。

本主义利润率长期下降的真正根源。

过度竞争论大体上可以分为四个紧密联系的部分。第一，马克思利润率趋向下降规律是马尔萨斯主义，基于资本有机构成提高的视角来解释资本主义利润率趋向下降是错误的。第二，资本间的竞争是资本积累的核心，应当将其作为解释资本主义利润率趋向下降的出发点。第三，资本间的过度竞争引起部门内利润率下降。第四，部门内利润率下降引起一般利润率下降。其中，前两部分构成过度竞争论的逻辑肇始，后两部分构成过度竞争论的理论框架。本文从以上四个部分对过度竞争论进行检视。

二　马克思利润率趋向下降规律是马尔萨斯主义吗？

马克思利润率趋向下降规律指出，社会劳动生产率的水平"表现为一个工人在一定时间内，以同样的劳动力强度使之转化为产品的生产资料的相对量"①，"一旦资本主义制度的一般基础奠定下来……社会劳动生产率的发展成为积累的最强有力的杠杆"②，因此随着资本积累的进行，社会劳动生产率不断提高，使得"劳动的量比它所推动的生产资料的量相对减少"③，即，资本技术构成提高及反映在其价值形式上的资本有机构成提高。资本有机构成提高"产生的直接结果是：在劳动剥削程度不变甚至提高的情况下，剩余价值率会表现为一个不断下降的一般利润率"④。

布伦纳认为马克思利润率趋向下降规律具有马尔萨斯主义的特征。布伦纳指出，在马克思利润率趋向下降规律中，资本有机构成（资本—劳动比率）的提高伴随着劳动生产率（产出—劳动比率）的提高和资本生产率（产出—资本比率）的下降。然而，资本有机构成（资本—劳动比率）的提高意味着劳动生产率（产出—劳动比率）的提高无法抵消资

---

① 马克思：《资本论》第 1 卷，人民出版社，2004，第 718 页。
② 马克思：《资本论》第 1 卷，人民出版社，2004，第 717 页。
③ 马克思：《资本论》第 1 卷，人民出版社，2004，第 718 页。
④ 马克思：《资本论》第 3 卷，人民出版社，2004，第 237 页。

本生产率（产出—资本比率）的下降，即，劳动和资本的综合生产率下降了，"在技术变革之后，对于任何给定的产出，它现在比以前需要更多的资本和劳动的综合投入"①。据此，布伦纳指责道，马克思没有意识到劳动生产率的提高是通过引起资本生产率更大程度的下降而产生的，没有意识到新技术的生产率比旧技术低；因此，在马克思的理论中，不是资本有机构成的提高，而是综合生产率的下降，降低了利润率②。"令人不可思议的是，该理论也具有马尔萨斯主义的特征，因为它也将利润率下降看作是生产率下降的结果。"③ 至此，布伦纳完全否定了马克思从资本有机构成提高的视角解释利润率趋向下降的理论，为其过度竞争论的提出埋下了伏笔。

事实上，布伦纳对马克思利润率趋向下降规律的指责是错误的，具体表现为以下四个方面。

第一，资本生产率和综合生产率概念的理论基础是错误的。资本生产率和综合生产率概念的理论基础是经济增长的要素贡献论④。根据这一理论，总产品归于所有生产要素的贡献，各生产要素的贡献可以用其边际产品来衡量，因此可以将产出—资本比率视为平均的资本生产率，将劳动生产率和资本生产率的均值视为综合生产率。这一理论完全抽象掉了社会生产关系，将在社会生产关系制约下的劳动过程视为仅仅在技术条件制约下的投入产出过程，把劳动者的协同劳动视为原子式的个人孤立行为。然而，生产活动总是处于一定的社会生产关系之中，包括劳

---

① Robert Brenner, "Competition and Profitability: A Replyto Ajit Zacharias", *Review of Radical Political Economics*, 2002, 34（1）, pp. 35-44.

② Robert Brenner, "Competition and Profitability: A Replyto Ajit Zacharias", *Review of Radical Political Economics*, 2002, 34（1）, pp. 35-44.

③ 罗伯特·布伦纳：《全球动荡的经济学》，郑吉伟译，中国人民大学出版社，2012，第 12 页。

④ 魏旭、高冠中：《西方主流经济学全要素生产率理论的实践检视与方法论反思——一个马克思主义政治经济学的分析框架》，《毛泽东邓小平理论研究》2017 年第 7 期。经济增长的要素贡献论建立在萨伊的三位一体公式上，对三位一体公式的批判，参见马克思《资本论》第 3 卷，人民出版社，2004，第 921~942 页。

动的社会性质和社会内部劳动分工两个层面的社会生产关系始终是生产力发展水平的重要制约因素。正如《共产党宣言》所指出的，与封建社会相比，"资产阶级在它的不到一百年的阶级统治中所创造的生产力，比过去一切世代创造的全部生产力还要多，还要大"[1]。经济增长的要素贡献论未把社会生产关系考虑在内，仅仅将经济增长的贡献简单地归因于孤立的生产要素，这显然是错误的。

第二，资本生产率和综合生产率的概念是错误的，产出—劳动比率表示的劳动生产率本身就反映了以劳动者为主导、包括生产资料在内的所有要素的综合作用。首先，资本生产率和综合生产率两个概念忽视了劳动者的主观能动性，隐含地将劳动者贬低为在生产过程中可以与生产资料相互替代的生产要素。事实上，劳动过程"是人以自身的活动来中介、调整和控制人和自然之间的物质变换的过程"[2]，劳动者是生产力诸要素中的主导因素，生产资料的创造发明和功效发挥均受到劳动者的制约，"它们（机器——引者注）是人类劳动的产物，是变成了人类意志驾驭自然的器官或人类在自然界活动的器官的自然物质。它们是人类的手创造出来的人类头脑的器官；是物化的知识力量"[3]。其次，这两个概念还强行将劳动者和生产资料对经济增长的贡献相分离，殊不知两者具有不可分割性，生产资料离开劳动者根本无法发挥其作用，所以产出—资本比率反映的绝不仅仅是资本这一个要素的生产率，综合生产率也绝不能用产出—劳动比率和产出—资本比率的均值来衡量。正因如此，马克思指出，劳动生产率由"工人的平均熟练程度，科学的发展水平和它在工艺上应用的程度，生产过程的社会结合，生产资料的规模和效能，以及自然条件"[4] 等因素共同决定。产出—劳动比率表示的劳动生产率本身就反映了以劳动者为主导、包括生产资料在内的所有要素的综合作用。

第三，布伦纳的观点——马克思利润率趋向下降规律隐含的技术进

---

[1] 《马克思恩格斯选集》第 1 卷，人民出版社，2012，第 405 页。

[2] 马克思：《资本论》第 1 卷，人民出版社，2004，第 207~208 页。

[3] 《马克思恩格斯全集》第 46 卷（下），人民出版社，1980，第 219 页。

[4] 马克思：《资本论》第 1 卷，人民出版社，2004，第 53 页。

步特征是生产单位产品需要比以前更多的资本和劳动的综合投入——是错误的。根据以上说明可知，布伦纳根据错误的概念得出了错误的结论。事实上，马克思认为引起劳动生产率提高的技术进步具有耗费固定资本和节约活劳动的内在倾向，其最终结果是商品中包含的劳动总量减少和商品价值降低，"劳动生产率的提高正是在于：活劳动的份额减少，过去劳动的份额增加，但结果是商品中包含的劳动总量减少；因而，所减少的活劳动大于所增加的过去劳动……劳动生产力提高的特征正好是：不变资本的固定部分大大增加，因而其中由于损耗而转移到商品中的价值部分也大大增加。一种新的生产方法要证明自己实际上提高了生产率，就必须使固定资本由于损耗而转移到单个商品中的追加价值部分小于因活劳动的减少而节约的价值部分，总之，它必须减少商品的价值"①。用主流经济学的术语来说就是，技术进步会导致平均固定成本上升，平均可变成本和平均成本下降。因此，布伦纳对马克思利润率趋向下降规律的指责完全是无稽之谈。

第四，马克思利润率趋向下降规律以劳动生产率的增长为理论背景，绝非马尔萨斯主义。马尔萨斯的利润限制原理认为，随着劣等土地投入使用，劳动生产率下降引起利润率下降，资本主义最终将面临使用价值生产相对减少的固有自然限制②。相反，马克思利润率趋向下降规律以劳动生产率的增长为理论背景，认为"一般利润率日益下降的趋势，只是劳动的社会生产力的日益发展在资本主义生产方式下所特有的表现"③。马克思关注的是资本主义生产方式的内在限制——剩余价值生产相对于总资本趋向减少，这种内在限制正是在劳动生产率提高的背景下表现为利润率不断下降的趋势，即，"劳动生产力的发展使利润率的下降成为一个规律"④。因此，马克思利润率趋向下降规律绝非马尔萨斯主义。

---

① 马克思：《资本论》第 3 卷，人民出版社，2004，第 290 页。
② 参见马尔萨斯《政治经济学原理》，厦门大学经济系翻译组译，商务印书馆，1962，第 226~230 页。
③ 马克思：《资本论》第 3 卷，人民出版社，2004，第 237 页。
④ 马克思：《资本论》第 3 卷，人民出版社，2004，第 287 页。

三 竞争是资本积累的核心，进而是解释利润率
下降趋势的出发点吗？

雇佣劳动关系和资本间的竞争是资本主义生产关系的两个基本维度①。布伦纳认为在这两个维度中，资本间的竞争在资本积累过程中起核心作用，"在社会财产关系没有使生产者受到竞争的经济中，即使雇佣劳动是普遍的，资本积累规律也不会成立；在社会财产关系使生产者受到竞争的经济中，即使没有雇佣劳动，资本积累也会占上风"②。基于这种判断，布伦纳将资本间的竞争作为解释利润率下降趋势的出发点，"在最基本层面，我阐述一个能够解释利润率下降趋势的机制。这个机制将资本主义生产中的无政府状态和竞争作为起点"③。布伦纳认为，如果不考虑实现问题，技术进步的结果是利润率和利润量的上升。在竞争的现实世界中，单个生产者唯一的生存道路是进行技术创新以增强竞争力，但当所有生产者都这样做的时候，就会引起生产过剩，压低商品价格。利润率下降的根源不在于工资提高对利润的挤压，而在于资本间过度竞争导致的价格下降。

马克思的观点正好与之相反，认为资本和雇佣劳动的关系"决定着这种生产方式的全部性质"④。在此基础上，马克思界定了竞争的实质，他认为资本是而且只能是作为许多资本而存在，它的内在本性以许多资本彼此间相互作用的形式表现，所以竞争"不过是资本的内在本性，是

① 孟捷、向悦文：《竞争与制度：马克思主义经济学的相关分析》，《中国人民大学学报》2012年第6期。

② Robert Brenner, "Competition and Class: A Reply to Foster and McNally", *Monthly Review*, 1999, 51 (7), pp.24-44.

③ 罗伯特·布伦纳：《全球动荡的经济学》，郑吉伟译，中国人民大学出版社，2012，序言，第2页。

④ 马克思：《资本论》第3卷，人民出版社，2004，第996页。资本与雇佣劳动之间的阶级关系，进而阶级斗争是资本间竞争关系的前提。参见 Werner Bonefeld, "Notes on Competition, Capitalist Crises, and Class", *Historical Materialism*, 1999, 5 (1), pp.5-28.

作为许多资本彼此间的相互作用而表现出来并得到实现的资本的本质规定，不过是作为外在必然性表现出来的内在趋势"①。基于这一判断，马克思阐明了竞争的作用。一方面，商品所有者互相对立产生的竞争与压力使得资本主义经济的内在规律作为外在的强制规律支配着每一个资本家，各种偏离在资本间的竞争中得以相互抵消，竞争成为资本主义经济内在规律贯彻自己的手段，"包含在资本本性里面的东西，只有通过竞争才作为外在的必然性现实地暴露出来，而竞争无非是许多资本把资本的内在规定互相强加给对方并强加给自己。因此，任何一个资产阶级经济范畴，即使是最初步的范畴——例如价值规定——要成为实际的东西，都不能不通过自由竞争"②。另一方面，竞争的作用限制在资本主义经济内在规律执行者的角色上，不能用它来解释这些规律，"竞争，这个资产阶级经济的重要推动力，不能创立资产阶级经济的规律，而是这些规律的执行者。所以，无限制的竞争不是经济规律的真实性的前提，而是结果——是经济规律的必然性得到实现的表现形式……竞争不能说明这些规律，它使人们看到这些规律，但是它并不产生这些规律"③。

在马克思这里，竞争是资产阶级经济规律的执行者，而非创立者，因此"单纯用竞争来解释这些规律，那就是承认不懂得这些规律"④。布伦纳反其道而行之，把竞争作为解释利润率下降趋势的出发点，这就导致了两个后果。

第一，混淆了资本主义生产的内在规律与资本的外部运动，将单个资本家意识中的动机视为经济规律本身，进而颠倒了利润率下降与竞争的关系。正如马克思所言："因为在竞争中一切都以假象出现，也就是以颠倒的形式表现出来……庸俗经济学家所做的实际上只是把那些受竞争束缚的资本家的奇特观念，翻译成表面上更理论化、更一般化的语言，

---

① 《马克思恩格斯全集》第 46 卷（上），人民出版社，1979，第 397~398 页。
② 《马克思恩格斯全集》第 46 卷（下），人民出版社，1980，第 160 页。
③ 《马克思恩格斯全集》第 46 卷（下），人民出版社，1980，第 47 页。
④ 《马克思恩格斯全集》第 46 卷（下），人民出版社，1980，第 271 页。

并且煞费苦心地论证这些观念是正确的。"① 首先，资本间的竞争无法决定一般利润率的大小。资本家间的竞争以同一个生产部门或不同的生产部门有不同的利润率为前提，竞争的结果只能使同一个生产部门内的生产者以相等的价格出售他们的商品，并使不同生产部门内的生产者按照获得一般利润率的价格出售商品。因此，一般利润率"是在互相竞争的资本家势均力敌的时候出现的。竞争可以造成这种均势，但不能造成在这种均势下出现的利润率"②。其次，一般利润率下降加剧了资本间的竞争。一般利润率的下降由资本有机构成的提高所引起，对于社会总资本和地位已经巩固的大资本家，这种下降可以"由利润量的增加得到补偿"；但是对于新的、不具备这种补偿条件的、独立执行职能的追加资本，则必须通过竞争去"争得这种条件"③。因此，"是利润率的下降引起资本之间的竞争斗争"④，而不是存在于竞争当事人的意识中，并被布伦纳以颠倒的形式理论化的关系——竞争引起了一般利润率的下降。

第二，过度竞争论以日益激烈的竞争为前提，却无法揭示竞争的基础，忽视了资本主义经济由自由竞争向垄断的阶段性转变。剖析资本的内在本性是对竞争进行科学分析的前提，布伦纳将本应作为被解释变量的竞争视为解释利润率长期下降的出发点，这使得他无法揭示竞争的基础，只能把注意力集中在资本间具体的竞争策略层面。布伦纳认为，固定资本具有沉没性，面对采用新技术的新企业的竞争，具有高成本的老企业的最佳选择是进行额外资本投资以捍卫市场，而非退出和向新的领域配置资本，所以资本主义企业以及国家间的竞争只会愈加激烈。据此，布伦纳否定垄断的存在，认为垄断资本的思想只是"在 20 世纪 50 年代美国经济的非常暂时的和具体的方面体现出来"⑤，随着国际范围内资本

---

① 马克思：《资本论》第 3 卷，人民出版社，2004，第 256 页。
② 马克思：《资本论》第 3 卷，人民出版社，2004，第 979 页。
③ 马克思：《资本论》第 3 卷，人民出版社，2004，第 285 页。
④ 马克思：《资本论》第 3 卷，人民出版社，2004，第 285 页。
⑤ 罗伯特·布伦纳：《全球动荡的经济学》，郑吉伟译，中国人民大学出版社，2012，第 53 页。

流动性的增加，"垄断很难维持超过暂时的局面"①。然而，固定资本的作用不是一成不变的，必须结合资本主义的阶段性特征来分析。在自由竞争阶段，固定资本的沉没性会加速资本的积累，激化企业间的竞争；但是当达到一定程度时，它又会迫使企业间进行共谋，以规避因过快的技术进步引起的贬值的危险，奠定资本主义由自由竞争向垄断阶段性转变的基础②。实际上，随着国际竞争的展开，资本的聚集和集中程度不论在美国还是在国际都大大增长，垄断已经成为不可忽视的重要现象③。布伦纳认为1965~1973年是解释西方发达资本主义国家经济从繁荣到衰退的关键时期。然而，作为布伦纳分析重点的美国制造业，在这一时期加权平均的四企业集中率由1947年的35.3%，1958年的37.0%，1963年的38.9%，提高到1972年的39.2%④。被布伦纳作为国际过度竞争标杆的美国汽车行业，确实在20世纪70年代受到来自日本和德国汽车制造商的冲击；但是经过短暂的磨合，汽车行业的国际竞争最终没有被价格竞争加强，而是被并购联合形成的全球寡头减弱：前五家跨国公司制造出了世界上几乎一半的汽车，最大的十家公司制造出了世界上70%的汽车。⑤

四 过度竞争能使部门内利润率下降吗？

现实中资本间的竞争是如何引起部门内利润率的下降呢？布伦纳指

---

① Robert Brenner, "Competition and Class: A Reply to Foster and McNally", *Monthly Review*, 1999, 51 (7), pp. 24-44.

② 孟捷、向悦文：《克罗蒂和布伦纳的破坏性竞争理论比较研究》，《经济纵横》2013年第5期。

③ 约翰·贝拉米·福斯特就布伦纳对垄断现象的忽视提出了批评，参见John Bellamy Foster, "Is Overcompetition the Problem?", *Monthly Review*, 1999, 51 (2), pp. 28-37。

④ 高峰：《关于马克思主义竞争理论的几个问题》，《中国人民大学学报》2012年第6期。

⑤ 约翰·贝拉米·福斯特、罗伯特·麦克切斯尼、贾米尔·约恩纳：《21世纪资本主义的垄断和竞争（上）》，金建译，《国外理论动态》2011年第9期。

出，某项新技术如果能够使企业在当前初始价格下具有较高的利润率就会被采用，采用新技术后的新企业具有较低的成本，它的竞争策略是将商品价格降低到使自己的利润率保持在与以前一样的水平。那些最不具有成本优势的老企业将被迫放弃生产；那些在新的价格水平下能够至少获得流动资本平均回报率的、高成本的老企业则选择继续坚守它们的市场份额，同时承受利润率下降的压力。此时，低成本企业的利润率保持在原来的水平，高成本企业的利润率被迫降低，结果部门内利润率下降。即，资本间的过度竞争引起部门产品生产过剩，市场上的供需失衡使得高成本的生产者无法将价格加成到维持其原来利润率的水平，由此导致部门内利润率下降[①]。

利润率可以用公式（1）来表示，其中 r 为利润率，Pt 为利润总量，C 为固定资本存量。Y 为总产出，公式（1）的分子分母同除以 Y，可得公式（2），其中 pt 为单位利润，i 为单位固定成本。因为单位利润为单位价格与单位成本之差，因此又可将利润率用公式（3）表示，其中 p 为单位价格，o 为单位成本，故给定技术水平下的单位价格与利润率呈线性关系。图 1 展示了现有技术以及三种新技术的价格—利润率曲线：AA、BB、CC 和 DD。现有技术的初始价格为 P_0，对应的利润率为 r_0。布伦纳理论中采用新技术的新企业的价格—利润率曲线可以用 BB 来表示，其在初始价格 P_0 时具有较高的利润率 r_1。然后它将价格降低到 P_1，此时它的利润率将下降到原来的 r_0，而采用现有技术的老企业的利润率将下降到更低的水平 r_2，因此部门内利润率下降。

$$r = \frac{Pt}{C} \tag{1}$$

$$r = \frac{Pt/Y}{C/Y} = \frac{pt}{i} \tag{2}$$

$$r = \frac{p-o}{i} = -\frac{o}{i} + \frac{1}{i}p \tag{3}$$

---

① 罗伯特·布伦纳：《全球动荡的经济学》，郑吉伟译，中国人民大学出版社，2012，第 26~27 页。

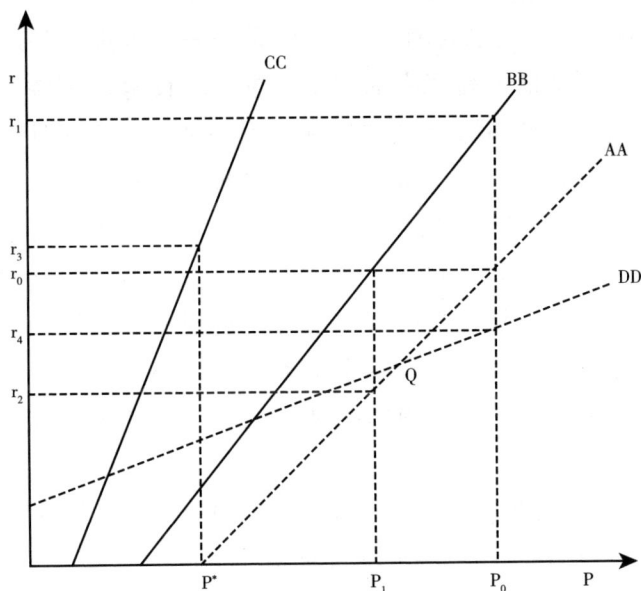

图 1　价格—利润率曲线

　　通过梳理布伦纳的论证逻辑，可以发现其中存在两处错误。

　　第一，从过度竞争到部门内利润率下降的推导存在逻辑谬误。首先，按照布伦纳有关企业竞争策略和技术进步特征的逻辑，价格—利润率曲线 CC 也可以被采用①。价格—利润率曲线 CC 表示的是采用新技术的新企业处于垄断地位，它能够把价格降低到 P^* 以下，此时老企业不得不全部停产退出，部门内平均利润率 r_3 将高于初始利润率 r_0。布伦纳之所以忽略了价格—利润率曲线 CC，直接原因在于他否认现实经济中存在垄断现象，认为资本家无法参与掠夺性定价，根本原因在于他所采用的以竞争为分析起点的方法。其次，布伦纳不能说明既然采用新技术 BB 的企业能够在初始价格 P_0 下具有较高的利润率，那它为什么要将价格降至 P_1 以获得原来的利润率 r_0？实际上，如果不考虑垄断因素，采用新技术

---

①　Ajit Zacharias，"Competition and Profitability：A Critique of Robert Brenner"，*Review of Radical Political Economics*，2002，34（1），pp. 19-34.

的新企业的价格—利润率曲线应当是 DD，而非 BB[①]。价格—利润率曲线 BB 隐含的是在上文已经被证伪的假设——技术进步的特征是综合生产率的提高，价格—利润率曲线 DD 隐含的技术进步特征是单位产出的劳动力成本下降和固定成本增加。因为新技术 DD 具有较高的单位固定成本，因此其在初始价格 P_0 下的初始利润率 r_4 不必大于 r_0；但当价格低于 AA 与 DD 交点 Q 的价格时，其利润率会高于老企业的利润率，且随着老企业的退出，部门内利润率会低于初始利润率 r_0。这一方面解释了采用新技术的资本家为何有降低价格以抢占市场份额的动力，契合马克思理论中资本家主动削减价格的特征；另一方面说明了是技术进步及其在部门内的扩散，而非过度竞争导致了利润率的下降。

第二，布伦纳忽视了在资本主义垄断阶段企业间竞争策略的多样性。在布伦纳的分析中，价格竞争是企业间竞争的唯一手段。然而，随着资本主义由自由竞争阶段迈入垄断阶段，单纯的价格竞争被较大抑制了，企业间的竞争策略呈现出多样性。从微观层面看，寡头间的协商定价发挥着越来越重要的作用，产量调整而不是价格竞争成为企业间竞争的主要手段。研究表明，在 1961~1975 年，相对于价格下降，产能利用率的下降在导致利润率下降方面起着更关键的作用[②]。从宏观层面看，布局全球价值链和利用对外直接投资进行全球劳工套利在企业进行国际竞争的策略库中的地位愈加凸显。事实上，战后国际经济的重要特征就是，跨国公司作用的不断增强，生产国际化的日益普遍和单纯依赖价格竞争出口模式的逐步衰落。以 iPhone 手机生产为例，其设计研发在美国，零部件生产在德国、日本和韩国等国家，组装在中国。2010 年从中国进口到美国的每部 iPhone 4 的零售价为 549 美元，其中用于支付中国从事部分零部件生产和组装的工人工资只有 10 美元，仅占销售价格的 1.8%，

---

① Anwar Shaikh, "Explaining the Global Economic Crisis", *Historical Materialism*, 1999, 5 (1), pp. 103-144.

② Anwar Shaikh, "Explaining the Global Economic Crisis", *Historical Materialism*, 1999, 5 (1), pp. 103-144.

毛利润高达 324 美元，占销售价格的 59%①。除了利用技术优势占据全球价值链顶端以攫取巨大的经济利润，发达资本主义国家还纷纷加大对外直接投资力度，将那些不发达国家中工资低且受剥削程度高的工人纳入全球资本主义剥削体系，以获取丰厚的回报。如图 2 所示，2007 年世界劳动力有 31.44 亿人，与 1980 年的 19.30 亿人相比，增长了 63%，其中的 73% 在发展中国家，仅中国和印度就占了 40%②。布伦纳没有把以上几种对利润率影响巨大的竞争策略纳入理论框架，却把分析的焦点放在已被较大抑制的价格竞争上，这不得不严重地损害了过度竞争论的理论自洽性。

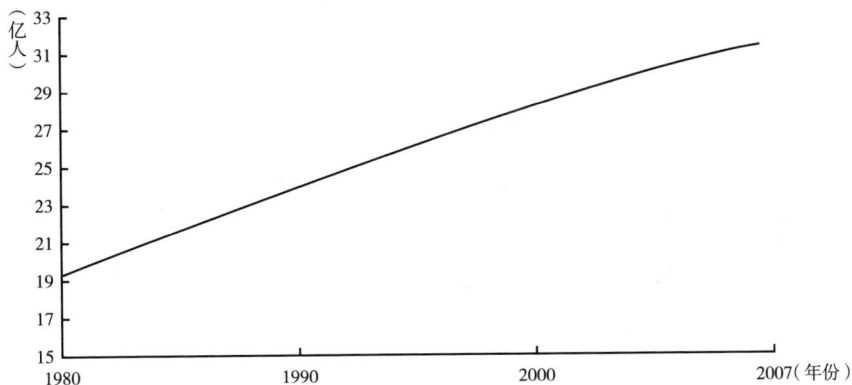

图 2　全球劳动力数量（1980~2007 年）

资料来源：Ajit K. Ghose, Nomaan Maji, Christoph Ernst, *The Global Employment Challenge*, International Labour Organisation, 2008, p. 9。

五　部门内利润率下降能够引发一般利润率下降吗？

在论述过度竞争会导致部门内利润率下降之后，布伦纳论证了从部

---

① 因坦·苏万迪、R. J. 约恩纳、J. B. 福斯特：《全球商品链与新帝国主义》，李英东译，《国外理论动态》2019 年第 10 期。

② J. B. 福斯特、R. W. 麦克切斯尼、R. J. 约恩纳：《全球劳动后备军与新帝国主义》，张慧鹏译，《国外理论动态》2012 年第 6 期。

门内利润率下降到一般利润率下降的过程。竞争是一般利润率下降根源的观点可以追溯到亚当·斯密。亚当·斯密认为，"在同一行业中，如有许多富商投下了资本，他们的相互竞争，自然倾向于减低这一行业的利润；同一社会各种行业的资本，如果全部同样增加了，那末同样的竞争必对所有行业产生同样的结果"①。马克思对此予以批判，认为利润的实质是剩余价值，相对价格下降仅仅将剩余价值由一个资本家转移给了另一个资本家，剩余价值实体在总量上并没有发生变化，因此一般利润率也不会改变。布伦纳意识到了这一批判，并试图通过将竞争对实际工资的影响理论化来克服这一难题。

布伦纳指出，在其他条件不变的情况下，某部门产品的价格下降会引起那些需要购买该部门产品作为投入品的其他部门的成本下降。如果其他部门的资本家从价格下降中得到了所有的好处，而工人没有从中得到任何好处，那么其他部门资本家利润率的提高将抵消该部门利润率的下降，整体利润率水平仍保持不变。然而，布伦纳认为阻止工人从产品价格下降引起的实际工资上升中获得好处的条件并不存在，"假定这个领域的产出是'典型的'——就是说，它在整个经济中与消费的相同比例被消耗，相应地，在消费品的消费和资本品的消耗之间进行分配——从价格下降所得到的好处大致和劳动力与资本之间已经建立起来的收入分配即利润分配相一致"②。价格下降，部门受到的损失由该部门的资本家承担，同一价格下降过程的好处却没有全部由其他部门的资本家获得，工人从因价格下降引起的实际工资提高中分得了一杯羹，因此整体经济利润率下降③。

然而，克服难题的方法又给过度竞争论带来了新的问题。

第一，它使得过度竞争论从斯密主义转向李嘉图主义。在论证从部

---

① 亚当·斯密：《国民财富的性质和原因的研究》（上），郭大力、王亚南译，商务印书馆，1972，第80~81页。

② 罗伯特·布伦纳：《全球动荡的经济学》，郑吉伟译，中国人民大学出版社，2012，第30页。

③ 罗伯特·布伦纳：《全球动荡的经济学》，郑吉伟译，中国人民大学出版社，2012，第30页。

门内利润率下降到一般利润率下降之前，布伦纳十分排斥强调工资对利润的挤压是利润率下降根源的李嘉图主义，认为"它很难阐明这种已经导致长期衰退的利润率长期下降"①，工人阶级反抗的增多"是利润率问题的结果而不是其起因，是对雇主为了恢复其回报率而进行攻击行为的回应"②。但是在这个论证环节之后，过度竞争论就从斯密主义转向李嘉图主义，与利润挤压论一道都将实际工资提高对利润的挤压作为理论基石。两者的区别仅仅在于：前者基于资本间的横向竞争关系，强调实际工资的提高是由资本间的竞争，进而产品价格的下降引起的；后者基于资本与劳动间的纵向阶级关系，强调实际工资的提高是由劳动力短缺或劳工力量增强引起的。尽管布伦纳试图与利润挤压论保持距离，指出"降低总利润率的实际工资的增长，并不意味着劳工力量的增长和阶级平衡的改变。它仅仅要求资本不能阻止劳动力享受利润率下降所在行业价格下降带来的一些好处……鉴于盈利能力下降行业外的资本家绝不会受到实际工资增长的伤害，而实际工资增长是工人从伴随着盈利能力下降的价格下降中获得的，因此，资本家没有被迫压低这些工资"③。然而，正如阿瓦·谢克（Anwar Shaikh）所指出的，"由于这种工资上涨是雇主的成本增加，因此工人必须有足够的力量在雇主的压力面前实现这一目标。尽管布伦纳没有这么说，但他的论点在很大程度上依赖于工人的力量"④。

第二，理论框架依赖实际工资增长对利润的挤压，对从繁荣到衰退的经验分析却将之否定。布伦纳强调，1965～1973年，随着贸易壁垒的减少，美国制造业受到来自日本和德国出口商日益增加的竞争压力，导

---

① 罗伯特·布伦纳：《全球动荡的经济学》，郑吉伟译，中国人民大学出版社，2012，第 17 页。

② 罗伯特·布伦纳：《全球动荡的经济学》，郑吉伟译，中国人民大学出版社，2012，第 104 页。

③ Robert Brenner, "Competition and Profitability: A Reply to Ajit Zacharias", *Review of Radical Political Economics*, 2002, 34 (1), pp. 35-44.

④ Anwar Shaikh, "Explaining the Global Economic Crisis", *Historical Materialism*, 1999, 5 (1), pp. 103-144.

致美国制造业和私人实体经济部门的利润率大幅下降；对在理论框架中处于关键地位的、由竞争引起的实际工资增长，他却只字未提①。实际上，根据布伦纳的论述，实际工资在这一时期不仅没有过度上涨，反而相对于生产率下降了：1965～1973年私人实体经济实际工资增长平均每年下降2.3%，劳动生产率平均每年增长2.7%；制造业实际工资增长平均每年下降1.9%，劳动生产率平均每年增长3.3%②。这意味着继在理论框架中由斯密主义转向李嘉图主义之后，过度竞争论最终在经验分析上又回到了斯密主义。理论上依赖实际工资过度上涨与实际工资并未过度上涨的经验证据间形成了一道不可逾越的鸿沟。

第三，过度竞争论无法对美国整个战后经济周期给出逻辑一致的解释。过度竞争论在理论框架中依赖实际工资增长对利润的挤压，对美国1965～1973年从繁荣到衰退的经验分析又完全基于资本间的竞争，这种逻辑上的混乱不可避免地影响了布伦纳对美国战后经济周期的解释。具体而言，布伦纳一方面认为过度竞争是美国1965～1973年从繁荣到衰退的原因，另一方面对20世纪50年代的停滞和1958～1965年的繁荣给出了不同的解释。他首先将美国20世纪50年代的停滞归因于强大的劳工力量对利润的挤压，"如果说工人在战后时期的任何时候所采取的行动对利润形成挤压的话，那么它确实在20世纪50年代的制造业中发生过"③。在此基础上，他将1958～1965年的繁荣归因于资本家对"工人及其组织发动了有力的、全面的进攻，实现了阶级力量平衡和管理—劳动关系的根本变化"④。他认为这对美国利润率的复苏"至关重要"，正是"工资增长的下降为利润率上升开辟

---

① 罗伯特·布伦纳：《全球动荡的经济学》，郑吉伟译，中国人民大学出版社，2012，第105～118页。

② 罗伯特·布伦纳：《全球动荡的经济学》，郑吉伟译，中国人民大学出版社，2012，第107～108页。

③ 罗伯特·布伦纳：《全球动荡的经济学》，郑吉伟译，中国人民大学出版社，2012，第55页。

④ 罗伯特·布伦纳：《全球动荡的经济学》，郑吉伟译，中国人民大学出版社，2012，第60页。

了道路"①。可见，布伦纳对战后美国经济周期的解释是经验主义的，解释变量随着待解释的经济周期的改变而改变。换句话说，过度竞争论无法对美国整个战后经济周期给出逻辑一致的解释。从马克思主义的观点看，尽管实际利润率的短期波动受到许多因素的影响，但其长期波动却有着内在的规律。布伦纳则专注于利润率的短期波动，忽视了它的长期趋势。事实上，被布伦纳视为毫不相关的两个经济周期——1958~1965年的繁荣和1965~1973年的从繁荣到衰退，都包含在1948~1982年的长周期中，1965~1973年美国盈利能力的下降是一个持续的长期趋势、1958~1965年周期性上升的正常逆转以及这个特定时期的特定因素共同作用的结果②。

六 余论：从劳动价值论到利润率趋向下降规律

首先，资本间的过度竞争不是利润率长期下降的根源，过度竞争论背离了马克思主义。通过以上检视可知，尽管过度竞争论正确地驳斥了在左翼学者内部颇有影响力的利润挤压论，但是它同样没能找到利润率长期下降的真正原因，而是错误地将利润率的长期下降归结于资本间的过度竞争，将人们的精力转移到如何对新自由主义进行改革以解决资本主义国家间无序竞争的问题上。然而，资本间的过度竞争无法说明利润率的长期下降，相反，利润率的下降会加剧资本间的竞争。尽管过度竞争论在对资本主义国家长期衰退的分析中，使用了部分马克思危机理论的术语，但是这些术语间的逻辑联系却是非马克思主义的，其理论框架是依赖李嘉图主义的斯密主义，经验分析则是彻底的斯密主义。

其次，过度竞争论错误的总根源在于放弃了劳动价值论。正如约翰·威克斯（John Weeks）所指出的，纵观《全球动荡的经济学》，布伦

---

① 罗伯特·布伦纳：《全球动荡的经济学》，郑吉伟译，中国人民大学出版社，2012，第63页。

② Anwar Shaikh, "Explaining the Global Economic Crisis", *Historical Materialism*, 1999, 5 (1), pp. 103–144.

纳"一次也没有提到劳动价值论"①。一方面，劳动价值论的缺失，使得布伦纳无法正确理解利润率趋向下降规律，否定了马克思从资本有机构成提高的视角解释资本主义利润率趋向下降的科学方法；只能把竞争作为分析的出发点，颠倒了利润率下降与竞争间的关系，忽视了资本主义经济由自由竞争向垄断的阶段性转变，以及在垄断阶段资本间竞争策略的多样性。另一方面，劳动价值论的缺失，使得过度竞争论只得与利润挤压论一道局限在分配层面寻找利润率下降的原因，在理论上将一般利润率下降归因于由资本间过度竞争引起的实际工资的提高。

再次，利润率长期下降的实质是剩余价值生产相对于总资本趋向减少，利润率趋向下降规律是其理论表述。活劳动是创造价值的唯一源泉。雇佣工人创造的新价值，一部分被资本家作为预付资本付给工人，另一部分则作为剩余价值被资本家无偿占有。资本家将无偿占有的剩余价值资本化进行扩大再生产，以占有更多的剩余价值。在扩大再生产中，个别资本家为了获得超额剩余价值利用劳动节约型技术进步，减少生产商品所需的个别劳动时间。随着其他资本家的模仿，技术在部门内推广，生产商品的社会必要劳动时间减少，资本主义生产力得以发展。这种资本主义生产力的发展表现在两个方面：一方面"表现在投在工资上的资本部分同总资本相比的相对微小上"，即，资本有机构成提高，削弱了唯一能够生产剩余价值的活劳动的作用；另一方面"表现在剩余劳动的增加，即再生产劳动力所必需的必要劳动时间的缩短上"②，即剩余价值率提高。资本有机构成提高和剩余价值率提高对利润率按相反的方向发挥作用，但依靠提高剩余价值率来补偿因活劳动减少引起的剩余价值量的减少，有某些不可逾越的界限，且通过提高劳动生产率来进一步提高剩余价值率会变得越来越困难，因此最终结果是剩余价值量相对于总资本趋向减少，即，利润率趋向下降③。

---

① John Weeks, "Surfing the Troubled Waters of 'Global Turbulence': A Comment", *Historical Materialism*, 1999, 5 (1), pp. 211-230.

② 马克思：《资本论》第 3 卷，人民出版社，2004，第 275 页。

③ 参见马克思《资本论》第 3 卷，人民出版社，2004，第 276 页；《马克思恩格斯全集》第 46 卷（上），人民出版社，1979，第 305 页。

　　最后，利润率趋向下降规律根植于资本的内在矛盾之中——依赖于对活劳动的剥削，但剥削方式又竭力将它降到最低限度。利润率趋向下降规律根植于资本的内在矛盾之中，这种矛盾不是横向的资本间竞争矛盾，而是在更深层次上的，内含于劳动价值论层面的矛盾，"资本本身是处于过程中的矛盾，因为它竭力把劳动时间缩减到最低限度，另一方面又使劳动时间成为财富的唯一尺度和源泉……一方面，资本调动科学和自然界的一切力量，同样也调动社会结合和社会交往的力量，以便使财富的创造不取决于（相对地）耗费在这种创造上的劳动时间。另一方面，资本想用劳动时间去衡量这样造出来的巨大的社会力量，并把这些力量限制在为了把已经创造的价值作为价值来保存所需要的限度之内"①。因此，资本主义的利润率下降趋势反映了资本本身的内在限制，无法通过实施资本管制或超国家经济计划等限制竞争的措施得到解决。

---

① 《马克思恩格斯全集》第 46 卷（下），人民出版社，1980，第 219 页。

论《资本论》中马克思危机理论的
完整性与系统性[*]
—— "没有马克思的马克思主义" 危机理论批判

周钊宇 宋宪萍

一 引言

习近平总书记在纪念马克思诞辰 200 周年大会上的讲话中指出，"学习马克思，就要学习和实践马克思主义关于人类社会发展规律的思想。马克思科学揭示了人类社会最终走向共产主义的必然趋势"，"马克思主义奠定了共产党人坚定理想信念的理论基础"①。资本主义必然被科学社会主义替代的人类社会发展规律是由《共产党宣言》首次阐述的，而对它的最深刻论证则是由马克思危机理论完成的②。马克思危机理论把引发经济危机的一切直接原因都看作资本主义基本矛盾在各个层次和环节上的具体表现；认为经济危机实质是资本主义生产方式内部现有矛盾的暂时的暴力的解决，构成资本主义经济固有的、不可避免的组成部分。它表明资本主义生产力与生产关系的矛盾

---

* 国家社科基金重点项目 "马克思主义视阈下全球价值链中风险的社会放大及其防控研究" （18AJL003）、复旦大学望道经典研究项目的阶段性成果。本文原载于《经济纵横》2020 年第 11 期，收入本书时有改动。

① 《纪念马克思诞辰 200 周年大会在京举行》，《人民日报》2018 年 5 月 5 日。
② 胡钧、施九青：《〈共产党宣言〉〈资本论〉与新时代中国特色社会主义一脉相承——纪念马克思诞辰 200 周年》，《经济纵横》2018 年第 8 期。

不可能自行解决，反映了资本主义生产方式的历史性。只有真正理解马克思危机理论，才能更好地利用它来深刻把握资本主义经济危机的根源与本质，进而真正相信"两个必然"的正确性和科学社会主义的合理性。

面对 2008 年的国际金融危机及随之而来的全球经济大衰退，在西方国家，马克思主义危机理论的影响力显得微不足道。究其原因，既不是作为其根基的马克思危机理论已经过时或丧失了对现实的解释力，也不是外界环境的压制，更不是其他危机理论已经完美地解释了现实，而是西方马克思主义长期以来存在的"没有马克思的马克思主义"思潮①。他们通过自己的解读，声称"马克思的理论在逻辑上是站不住脚的、不一致的、不充分的"；这使得他们能够"将自己的理论伪装成马克思理论的改进版本，而非与之不同的理论"；最后，"用自己的理论取代马克思的理论，从而使马克思的理论消失"②。"没有马克思的马克思主义"危机理论正是这种思潮的产物。迈克·海因里希是"没有马克思的马克思主义"危机理论的代表性学者③。"没有马克思的马克思主义"危机理论建立在否认马克思危机理论的完整性和系统性的基础上，他们认为马克思危机理论非常零散，论述缺乏一致性且不详尽，本质上给出了大量内部互相矛盾的线索。以此为起点，他们从所谓的零散的、自相矛盾的马克思危机理论中选择某一点并加以延伸拓展，便形成了形形色色的、似乎源于马克思但又相互排斥的"没有马克思的马克思主义"危机理论。由于没有全面准确地理解马克思危机理论，他们便忽略了马克思危机理论的批判维度，丧失了对现实经济危机的解释力，进而使马克思主义危机理论陷入困境。因此，要科学发展马克思主义危机理论，就必须批判"没有马克思的马克思主义"危机理论

---

① A. Freeman, "Marxism without Marx: A Note Towards a Critique", *Capital & Class*, 2010（1）, pp. 84-97.

② A. Kliman et al., "The Unmaking of Marx's Capital: Heinrich's Attempt to Eliminate Marx's Crisis Theory", SSRN Working Papers Series, 2013.

③ A. Kliman et al., "The Unmaking of Marx's Capital: Heinrich's Attempt to Eliminate Marx's Crisis Theory", SSRN Working Papers Series, 2013.

的基石——所谓的马克思危机理论不完整、不系统的观点。本文试图全面检视并驳斥支撑所谓马克思危机理论不完整、不系统的论据，在理论层面对这一误解予以澄清，并从方法论层面指出产生这一误解的根源。

二 马克思危机理论的完整性

马克思的经济理论在不同时期具有不同的成熟度。与之相适应，马克思的经济学著作结构演变大致经历了"五篇计划"—"六册计划"—"四卷结构"三个阶段，且在每一个阶段，马克思都对写作计划进行了多次调整。马克思高度评价其经济学著作结构的科学性，称"在象我这样的著作中细节上的缺点是难免的。但是结构、整个的内部联系是德国科学的辉煌成就"①。然而隐藏在科学性背后的，是其结构的复杂性和设计过程的波折性，这给人们全面准确理解其危机理论造成了困难。否认马克思危机理论完整性的种种论调都与此有关，总结起来可以分为两种观点。第一种观点认为，危机理论在《世界市场》中才能专门地、集中地论述。大约在1857年8月，马克思在写《〈政治经济学批判〉导言》时，为他的经济学著作写了第一个计划，这个计划表明，他未来的经济学著作《政治经济学批判》应该分为五篇，其中第五篇为《世界市场和危机》②。到了1857年11月，在《货币章》写作完成前后，马克思为"五篇计划"写了第二个和第三个计划，其中对《世界市场和危机》篇进行说明，"世界市场构成末篇；在末篇中，生产以及它的每一个要素都表现为总体，但是同时一切矛盾都展开了。于是，世界市场又构成总体的前提和承担者。于是，危机就是普遍表示超越这个前提，并迫使采取新的历史形式"③。之后《世界市场和危机》篇在马克思的经济学著作计划中演变为了《世界市场》册。据此，有学者认为，"马克思要在这

① 《马克思恩格斯全集》第31卷，人民出版社，1972，第185页。
② 《马克思恩格斯全集》第46卷（上），人民出版社，1979，第46页。
③ 《马克思恩格斯全集》第46卷（上），人民出版社，1979，第178页。

最后的一册中，专门地和集中地论述危机问题，而且这一想法始终没有改变"①。还有学者认为，由于马克思没有完成整个写作计划，因此"'危机'仍然是《世界市场》册最后要集中概括的对象"②。第二种观点认为，对危机现实性的论述只有在考察了《竞争》和《信用》后才能进行。1858年2月，马克思在给拉萨尔的信中首次提出了"六册计划"，随后又对其进行了三次修改和补充③。根据马克思的设想，第一册《资本》包括《资本一般》《竞争》《信用》《股份资本》四篇。与这种设想紧密相关的是马克思在叙述方法上的资本一般与竞争二分法④。就危机理论而言，马克思打算在资本一般层面叙述危机的可能性，在竞争、信用等具体层面叙述危机的现实性。马克思在《1857—1858年经济学手稿》中指出："关于这一切实际发生时所经历的运动⑤，只有在考察了现实的资本即竞争等等之后，只有在考察了实际的现实条件之后，才能加以考察。这里还不涉及这个问题。"⑥ 马克思在《1861—1863年经济学手稿》中再次强调，"现实危机只能从资本主义生产的现实运动、竞争和信用中引出"⑦。因此，对危机理论的叙述，马克思作出安排，"在论资本的第一篇——在论直接生产过程的那一篇，并未增加危机的任何新的要素"，"对于再生产过程以及在这个过程中得到进一步发展的危机的萌芽，在论述再生产的这一部分只能作不充分的叙述，需要在《资本和利润》一章中加以补充"，补充后的结果是资本的总流通过程或总再生

---

① 汤在新主编《〈资本论〉续篇探索——关于马克思计划写的六册经济学著作》，中国金融出版社，1995，第536~537页。

② 刘明远：《"六册结构"视野中的马克思经济危机理论》，《政治经济学评论》2015年第2期。

③ 顾海良：《马克思经济思想的当代视界》，经济科学出版社，2005，第99~109页。

④ 米夏埃尔·亨利希：《存在马克思的危机理论吗？——进一步理解马克思〈政治经济学批判〉手稿中的"危机"概念》，夏静译，《马克思主义与现实》2009年第4期。

⑤ "关于这一切实际发生时所经历的运动"所指的就是危机。

⑥ 《马克思恩格斯全集》第46卷（上），人民出版社，1979，第442页。

⑦ 《马克思恩格斯全集》第26卷第2册，人民出版社，1973，第585页。

产过程"包含着得到进一步发展的危机的可能性，或者说，包含着得到进一步发展的危机的抽象形式"①。如果这里的"直接生产过程"、"再生产过程"和"资本的总流通过程"在内容上相当于《资本论》前三卷，那么《资本论》中应该不涉及危机的现实性。1862年马克思给库格曼的信似乎证实了这一假设，"它是第一册的续篇，将以《资本论》为标题单独出版"，"它只包括本来应构成第一篇第三章的内容，即《资本一般》"，"没有包括资本的竞争和信用"②。据此，有学者指出，"《资本论》层面上的危机理论仅仅属于危机理论的'一般形式'，这样的理论在马克思危机理论'总体'形式中仅仅属于危机的最一般的因素、条件、可能性，即危机的'要素形式'"③。还有学者表示："要是马克思活到把竞争和信用的分析做完，那么，在危机问题上他就会给我们一个透彻而系统的论述。但是，实际情况是，危机问题只好仍属未完成事业之列。"④

检视以上质疑可知，我们需要回答三个问题：第一，马克思为什么在最初的计划中把危机放到《世界市场》中专门地、集中地叙述？他最终改变了这一安排了吗？第二，《资本论》涉及危机的现实性吗？第三，信用在马克思的危机理论中处于怎样的地位？

（一）把危机放到《世界市场》中专门地、集中地论述，是马克思进行政治经济学批判前的预设，而非政治经济学批判的结果

1848～1858年，马克思把革命形势的到来和危机直接联系在一起，把危机视为最后的危机，认为"新的革命只有在新的危机之后才

---

① 《马克思恩格斯全集》第26卷第2册，人民出版社，1973，第585～586页。
② 《马克思恩格斯全集》第30卷，人民出版社，1975，第636页。
③ 刘明远：《"六册结构"视野中的马克思经济危机理论》，《政治经济学评论》2015年第2期。
④ 保罗·斯威齐：《资本主义发展论——马克思主义政治经济学原理》，陈观烈、秦亚男译，商务印书馆，2000，第152页。

有可能。但是新的革命的来临象新的危机的来临一样是不可避免的"①。危机与资本主义终结在理论层面的这种关系自然而然地要求将危机放到《世界市场》中专门地、集中地论述，马克思在为"五篇计划"所做的第三个计划中解释道："危机。以交换价值为基础的生产方式和社会形式的解体。"② 1857～1858 年资本主义世界终于爆发了马克思期待已久的经济危机，然而这场危机并没有在经济上和政治上引发马克思所期望的结果，革命运动也没有出现。马克思期望的落空，促使他开始对政治经济学进行批判，批判的成果之一就是，马克思抛弃了最终的经济崩溃论，也不再把革命与危机直接联系起来③。与这一理论成果相适应，从马克思为"五篇计划"所做的第四个计划开始，目录显示，危机已经不再出现在世界市场后面。代替危机与革命直接联系的是，马克思认为危机是资本主义经济矛盾的爆发和暂时解决，是资本主义生产方式暂时性的体现，因此，必须在阐明资本主义生产方式内部各个层面和阶段的矛盾后再叙述与之相对应的危机，而不能设置专门的章节进行讨论，"世界市场危机必须看作资产阶级经济一切矛盾的现实综合和强制平衡。因此，在这些危机中综合起来的各个因素，必然在资产阶级经济的每一个领域中出现并得到阐明。我们越是深入地研究这种经济，一方面，这个矛盾的越来越新的规定就必然被阐明，另一方面，这个矛盾的比较抽象的形式会再现并包含在它的比较具体的形式中这一点，也必然被说明"④。至此，作为马克思政治经济学批判理论归结点及指向科学社会主义理论桥梁的危机理论，从马克思经济学著作的结构框架上消失了，但作为一条暗线贯穿了《资本论》，隐藏在了从价值理论到一般利润率趋向下降规律的全部理论中。

---

① 《马克思恩格斯全集》第 7 卷，人民出版社，1959，第 514 页。
② 《马克思恩格斯全集》第 46 卷（上），人民出版社，1979，第 220 页。
③ M. Heinrich, Crisis Theory, "The Law of the Tendency of the Profit Rate to Fall, and Marx's Studies in the 1870s", *Monthly Review*, 2013（11），pp. 15-31.
④ 《马克思恩格斯全集》第 26 卷第 2 册，人民出版社，1973，第 582 页。

（二）《资本论》从内容上突破了马克思 1862 年"六册计划"中《资本一般》的范围，危机的可能性向现实性转化的论述在《资本论》中展开

按照马克思最初的界定，"资本一般"是"抓住了与所有其他财富形式或（社会）生产发展方式相区别的资本的特征的一种抽象"，"是每一种资本作为资本所共有的规定，或者说是使任何一定量的价值成为资本的那种规定"①。因此，在《资本一般》这一篇中，既不考察资本的特殊性——资本的积累和资本的竞争，也不考察资本的个别性——资本作为信用和资本作为股份资本。但是随着马克思在《1861—1863 年经济学手稿》写作过程中理论的发展，尤其是平均利润和生产价格理论的建立，资本一般的最初规定被突破了，竞争、信用等原本没有打算在《资本一般》中论述的内容，纳入到了《资本论》中②。资本一般的内涵扩大了，《资本论》的论述层次由原来的狭义资本一般扩大为最终的广义资本一般，超额剩余价值的消失，市场价值、一般利润率和生产价格的形成等内容都涉及了必要的资本间的竞争。这种理论上的变动给《资本论》及其中的危机理论带来了两点影响。第一，在内容上，《资本论》突破了马克思在 1862年给库格曼的信中计划的《资本一般》的范围，最后的篇幅与预期的大约 30 印张相比超出了 4 倍③。它不仅论述了危机的可能性，也讨论了危机的现实性。马克思认为，"危机的一般的、抽象的可能性，无非就是危机的最抽象的形式，没有内容，没有危机的内容丰富的起因"④。《资本论》中，直接生产过程中的相对生产过剩、流通过程的比例失调、总生产过程的利润率趋向下降规律显然不是危机的"可能性"，而是属于

---

① 《马克思恩格斯全集》第 46 卷（上），人民出版社，1979，第 444 页。

② 马健行、郭继严：《〈资本论〉创作史》，山东人民出版社，1983，第 340 页。

③ 维·索·维戈茨基：《卡尔·马克思的一个伟大发现的历史——论〈资本论〉的创作》，马健行、郭继严译，中国人民大学出版社，1979，第 122~123 页。

④ 《马克思恩格斯全集》第 26 卷第 2 册，人民出版社，1973，第 581 页。

"内容丰富的起因"的现实性。第二，《1861—1863 年经济学手稿》中计划的在狭义资本一般层面研究危机的"可能性"，在竞争、信用层面研究危机的"现实性"的危机理论结构，成了一纸空文①。取而代之的是，马克思在《1863—1865 年经济学手稿》中确立的，在广义资本一般层面上的单个资本和社会总资本的概念，危机的可能性向现实性转化的论述在马克思对"资本的生产过程"、"资本的流通过程"和"资本的总生产过程"的分析中进行。

（三）　马克思认为信用是影响危机的重要因素，但它既不能创造危机的可能性，也不是造成危机的根本原因

现代资本主义生产制度的"再生产过程的全部联系都是以信用为基础"②。在马克思的视域下，信用对危机的影响包括以下几个方面。首先，信用"促使每个生产领域不是按照这个领域的资本家自有资本的数额，而是按照他们生产的需要，去支配整个资本家阶级的资本"③，创造了资本主义生产过剩的条件。其次，信用"使货币形式上的回流不以实际回流的时间为转移"④，产生了虚假的需求。最后，信用还能"把资本主义生产的动力——用剥削他人劳动的办法来发财致富——发展成为最纯粹最巨大的赌博欺诈制度"⑤，2008 年爆发于金融领域的经济危机就是这一作用的生动注解。总的来说，信用打破了"建立在资本主义生产的对立性质基础上的资本增殖"的内在限制和束缚，表现为"生产过剩和商业过度投机的主要杠杆"，加速了资本主义经济"矛盾的暴力的爆发，即危机"⑥。但信用既不能创造危机的可能性，也不是造成危机的根

---

① 米夏埃尔·亨利希：《存在马克思的危机理论吗？——进一步理解马克思〈政治经济学批判〉手稿中的"危机"概念》，夏静译，《马克思主义与现实》2009 年第 4 期。

② 马克思：《资本论》第 3 卷，人民出版社，2004，第 555 页。

③ 《马克思恩格斯全集》第 26 卷第 2 册，人民出版社，1973，第 233~234 页。

④ 马克思：《资本论》第 3 卷，人民出版社，2004，第 507 页。

⑤ 马克思：《资本论》第 3 卷，人民出版社，2004，第 500 页。

⑥ 马克思：《资本论》第 3 卷，人民出版社，2004，第 499~500 页。

本原因。马克思在谈及危机两种形式的可能性的关系时指出，"在没有信用的情况下，在没有货币执行支付手段的职能的情况下，也可能发生危机。但是，在没有第一种可能性的情况下，即在没有买和卖彼此分离的情况下，却不可能出现第二种可能性"①，而且"如果说危机的发生是由于买和卖的彼此分离，那末，一旦货币执行支付手段的职能，危机就会发展为货币危机，在这种情况下，只要出现了危机的第一种形式，危机的这第二种形式就自然而然地要出现"，"在研究危机的条件时，过分注意从货币作为支付手段的发展中产生的危机的形式，是完全多余的"②。可见，危机的可能性根植于商品内部的矛盾，必然性根植于资本主义的基本矛盾，马克思并不认为信用对资本主义生产和积累过程引入了任何根本性的、新的决定因素③。夸大信用对危机的作用，拔高信用在马克思危机理论中的地位，与马克思批判的"把信用的膨胀和收缩，把工业周期各个时期更替的这种单纯的征状，看作是造成这种更替的原因"的资产阶级经济学一样，是"政治经济学的肤浅性"④ 的表现。

有鉴于此，质疑马克思危机理论具有完整性的观点，实质上是没有用历史的、发展的眼光看待马克思的危机理论和与之相适应的经济学著作结构框架，把马克思在某个阶段的想法或结论不加考证就当作最终的答案。正如维戈茨基所言，以历史的态度考察马克思的经济著作，"不把那些在他的理论进一步发展中已经消除或已经发生根本变化的思想和判断强加给他，确定每个时期的理论成熟程度是很重要的"⑤。马克思在1857年计划将危机放在《世界市场》之后论述，是其政治经济学批判前的预设，而非结果；1859年，他在理论上放弃了危机与革命直接联系的观点，转而认为危机需要在资本主义生产方式各个层面的矛盾之后进行

---

① 《马克思恩格斯全集》第 26 卷第 2 册，人民出版社，1973，第 587 页。
② 《马克思恩格斯全集》第 26 卷第 2 册，人民出版社，1973，第 587~588 页。
③ 陈岱孙：《从古典经济学派到马克思——若干主要学说发展论略》，商务印书馆，2014，第 276 页。
④ 马克思：《资本论》第 1 卷，人民出版社，2004，第 730 页。
⑤ 维·维戈茨基：《马克思经济理论在其不同发展阶段上的成熟标志》，姚颖编《马克思主义研究资料》第 17 卷，中央编译出版社，2014，第 3 页。

分析。至此，危机不仅从《世界市场》后消失了，而且从整个写作框架上消失了。马克思原计划在狭义资本一般层面论述危机的可能性，在竞争、信用等具体层面论述危机的现实性，由于在《1861—1863年经济学手稿》写作过程中理论的发展，狭义资本一般扩展为包含必要的竞争内容的广义资本一般。至此，《资本论》从内容上突破了马克思"六册计划"中《资本一般》的范围，危机的可能性向现实性转化的论述在《资本论》中展开。同时，马克思认为，信用是影响危机的重要因素，但它既不能创造危机的可能性，也不是造成危机的根本原因。

三　马克思危机理论的系统性

由于马克思没有在《资本论》中以专门的篇幅对资本主义经济危机进行论述，而且有关经济危机的论点散见于《资本论》的众多章节中，一些学者便认为，马克思没有创立一种系统的危机理论。如，有学者认为，"马克思并没有对危机理论作出系统、详尽的阐述。在不同的时期中，马克思似乎将危机同利润率下降趋势、生产过剩趋势、消费不足、比例失调和相对于劳动力的过度积累联系起来，但没有明确赞同其中的某一种理论"①。还有学者认为，"马克思并没有提出一个成系统的危机理论，我们所能见到的是散见于马克思著作中的涉及到危机的片段性和间接性论述。……马克思曾经从不同的视角论及资本主义危机，……而马克思并没有对这些不同视角之间的内在逻辑联系做一个必要的梳理和整合"②。理论的发展和现实的进程似乎证实了这一观点。从理论上看，在马克思之后，许多学者以其经济学著作中的危机论述为基础，对其危机理论作出了不同的解说，形成了三种泾渭分明的危机理论，即比例失调论、消费不足论和利润率下降论。杜冈从马克思的再生产图式出发，

---

① 克拉克：《经济危机理论：马克思的视角》，杨健生译，北京师范大学出版社，2011，第5页。
② 林金忠：《马克思主义危机理论札记》，李文溥主编《马克思主义经济学的一个当代研究——当代马克思主义经济理论国际研讨会论文选》，经济科学出版社，2008，第171页。

指出只要各个生产部门间的比例关系保持适当，产品就能顺利实现，危机的原因是由市场的无政府状态导致的生产部门间的比例失调①。希法亭强调，比例失调的根源是固定资本，因为它的存在降低了资本主义对经济波动反应的灵活性②。卢森堡则认为，问题的关键在于说明资本主义积累的动力来源——增长的消费需求，而它只能来自资本主义体系的外部③。斯威齐进一步将消费不足论与垄断资本主义理论相结合，指出只有国家和资本家的非生产性开支才能维系资本主义的生存④。格罗斯曼则认为危机的根源要到生产过程中寻找，他在鲍威尔再生产图式的基础上恢复了利润率趋向下降规律在危机理论中的核心地位⑤。从现实中看，20世纪初比例失调论居于危机理论的正统地位。到了30年代，大萧条席卷了资本主义世界，消费不足论成为正统。70年代，面对资本主义世界的滞胀问题，利润率下降论又取代了消费不足论。

然而，这种试图抛开资本主义生产过程、流通过程和生产总过程来独立地和纯粹地构建危机理论，认为只有设置专门的章节进行讨论才算系统的论述的观点是错误的。事实上，随着对资本主义生产方式的分析而逐步展开与之相适应的危机观点，正是马克思主义危机理论的特点及其系统性的表现。首先，这是由危机本身的性质决定的。危机是"资产阶级经济一切矛盾的现实综合和强制平衡"，分析危机的前提是从抽象到具体阐明"在资产阶级经济的每一个领域中出现"的各个矛盾⑥。因此，危机只能从资本主义矛盾逐渐展开的过程中不断引出自己的规定。

---

① М.И. 杜冈-巴拉诺夫斯基：《政治经济学原理》（下），赵维良等译，商务印书馆，1989，第674~682页。

② 鲁道夫·希法亭：《金融资本》，李琼译，华夏出版社，2010，第284~294页。

③ 卢森堡：《资本积累论》，彭尘舜、吴纪先译，生活·读书·新知三联书店，1959，第101页。

④ 保罗·斯威齐：《资本主义发展论——马克思主义政治经济学原理》，陈观烈、秦亚男译，商务印书馆，2000，中译本前言。

⑤ 方敏、蒋澈：《格罗斯曼的崩溃与危机理论》，《政治经济学评论》2015年第5期。

⑥ 《马克思恩格斯全集》第26卷第2册，人民出版社，1973，第582页。

其次，这是由危机理论在马克思经济学理论中的地位决定的。《资本论》所要研究的是资本主义生产方式及与它相适应的生产关系和交换关系。作为马克思政治经济学理论的归结点，危机理论是资本主义生产方式总的理论的一个不可分割的部分，其中的每一重要论点都说明了危机理论的各个方面和阶段，而这些方面和阶段又是和马克思经济学说的各个方面和阶段的发展相适应的①。因此，在叙述方法上危机理论只能同资本主义生产方式的展开而一起展开。

马克思在《资本论》中才完成了包括危机理论在内的经济理论，且《资本论》是自《共产党宣言》以来，马克思首次在分析资本主义积累历史趋势的语境中，而非在政治经济学批判的语境中讨论危机②。因此，基于《资本论》的文本梳理马克思的危机观点，才能够帮助我们更好地理解其危机理论的系统性。

（一）商品关系一般蕴含着资本主义经济危机的可能性

商品是资产阶级社会的细胞，包含着资本主义社会一切矛盾的胚芽，蕴含着资本主义经济危机的可能性。马克思对资本主义生产方式的研究是从分析商品开始的，这里的商品是抽去了资本主义关系的商品关系一般。在商品交换中，使用价值和价值之间的矛盾表现为对参与交换的双方来说，交换过程需要既是换取本人所需商品的个人的过程，又是实现自己商品价值的一般社会的过程。同时，满足这两个条件就要求商品价值有一个独立的形式，即货币作为固定充当一般等价物的商品从商品中独立出来。随着货币的产生，直接的产品交换转变为打破个人和地方限制的、使整整一系列不受当事人控制的天然的社会联系发展起来了的商品流通。在商品流通中，卖和买"这二者之间的直接的同一性，分裂成卖和买这二者之间的对立"，当这种对立达到一定程度时，"统一就要强

---

① 陈岱孙：《从古典经济学派到马克思——若干主要学说发展论略》，商务印书馆，2014，第 276 页。

② 克拉克：《经济危机理论：马克思的视角》，杨健生译，北京师范大学出版社，2011，第 276 页。

制地通过危机显示出来"①。此外，随着商品流通的发展，商品的让渡与价值的实现在时间上分离成为可能，货币取得了支付手段的职能。货币支付手段的职能"包含着一个直接的矛盾"：当各项支付互相抵消时，货币只需在观念上执行价值尺度的职能；而当支付链断裂时，货币的"纯粹观念形态"则必须变成"坚硬的货币"，否则就会发生危机②。

（二）商品关系一般转化为资本主义生产关系，奠定了危机从可能性向现实性转化的基础

在商品关系一般中，危机仅仅以可能性的形式存在。"这种可能性要发展为现实，必须有整整一系列的关系，从简单商品流通的观点来看，这些关系还根本不存在。"③ 这些关系根植于资本主义生产过程的矛盾之中。随着劳动力转化为商品，货币转化为资本，商品关系一般完成了向资本主义生产关系的转化。劳动力转化为商品，使得原来的货币占有者成为资本家，劳动力占有者成为工人。货币转化为资本，使得商品生产所有权转化为资本主义占有，无休止地占有抽象财富成为生产目的和动机。在此基础上，马克思指出，资本主义经济危机的实质是相对生产过剩危机，"一切现实的危机的最后原因，总是群众的贫穷和他们的消费受到限制，而与此相对比的是，资本主义生产竭力发展生产力，好像只有社会的绝对的消费能力才是生产力发展的界限"④。其后，马克思通过对资本的直接的生产过程、流通过程和总生产过程的分析展开了危机从可能性向现实性转化的论述。这样，马克思就第一次将经济危机置于资本的视角之下，以资本固有的矛盾为出发点，剖析经济危机的实质与根源，突破了由亚当·斯密提出的，由大卫·李嘉图发展到科学极限的，局限在商品关系一般条件下分析经济危机的古典范式。

① 马克思：《资本论》第1卷，人民出版社，2004，第135页。
② 马克思：《资本论》第1卷，人民出版社，2004，第161~162页。
③ 马克思：《资本论》第1卷，人民出版社，2004，第135~136页。
④ 马克思：《资本论》第3卷，人民出版社，2004，第548页。

（三）相对生产过剩趋势在资本的直接生产过程中的根基与条件

《资本论》第一卷第五章至第二十三章通过剖析资本的直接生产过程，揭示了相对生产过剩趋势的根基与条件。资本主义生产关系构成了相对生产过剩危机的根基。在资本主义社会，资本家把劳动力当作雇佣工人来生产，通过不付等价物而占有他人已经对象化的劳动的一部分，不断再换取更大量的他人的活劳动；而工人则作为有自我意识的生产工具，不断地把客观财富当作剥削他的权力来生产，同时个人消费被限制在劳动力再生产的必要范围内。这种对抗性的生产关系及由之决定的分配关系，随着资本积累的进行，劳动生产力的提高，使得在资本家一极是"财富的积累"，在雇佣工人一极是"贫困、劳动折磨、受奴役、无知、粗野和道德堕落的积累"①。由于社会消费力取决于"以对抗性的分配关系为基础的消费力"②，而非绝对的生产力和消费力，因此在资本主义生产力快速扩张的背景下，资本主义对抗性的生产关系及由之决定的分配关系就构成了相对生产过剩危机的根基。资本主义生产力的快速扩张为相对生产过剩危机的爆发提供了条件。资本主义生产关系的确立，打破了封建社会对生产力的束缚，促进了生产力的快速发展。为了追逐更多的剩余价值，个别资本家率先改进生产方法；其他资本家争相模仿，使得社会生产力得到普遍提高。具体而言，资本主义生产先后采取简单协作、工场手工业和机器大工业三种生产形式。劳动生产力的提高本可以作为更好地满足劳动者生活需要的手段，但是由于资本主义对抗性的分配关系的限制，它反而成了相对生产过剩危机的条件，"一旦与大工业相适应的一般生产条件形成起来，这种生产方式就获得一种弹性，一种突然地跳跃式地扩展的能力，只有原料和销售市场才是它的限制"③。需要指出的是，马克思侧重从消费资料的角度分析相对生产过剩，并不

---

① 马克思：《资本论》第1卷，人民出版社，2004，第743~744页。
② 马克思：《资本论》第3卷，人民出版社，2004，第273页。
③ 马克思：《资本论》第1卷，人民出版社，2004，第519页。

是他忽略了生产资料生产的相对过剩，而是在他看来，消费资料的相对过剩以生产资料的相对过剩为基础，且生产的一切最终都要归于个人消费。不变资本"最终要受个人消费的限制，因为不变资本的生产，从来不是为了不变资本本身而进行的，而只是因为那些生产个人消费品的生产部门需要更多的不变资本"①。

（四）相对生产过剩趋势在资本流通过程中的进一步发展

《资本论》第二卷研究资本的流通过程，揭示资本流通顺利进行所需的条件。如果这些条件不能满足，就会引发经济危机。其中，第一篇阐明了单个资本在它的循环中所采取的不同形式和这个循环本身的各种形式，揭示了要使资本循环保持连续性，资本必须作为整体同时地、在空间上并列地处在它的各个不同阶段上，不断地依次由一个阶段过渡到另一个阶段，由一种职能形式过渡到另一种职能形式。第二篇阐明了单个资本的不同组成部分怎样在不同的时间以不同的方式完成各种形式的循环，揭示了要使生产资本不断地执行职能，固定资本和流动资本必须按照周转的条件，不断地以货币资本的形式预付和更新。各个单个资本循环的互相交错、互为条件，构成了社会资本的运动。不同于个别资本，社会资本以自己的运动结果创造出这一运动的条件。第三篇考察了社会总资本在再生产过程中的价值实现问题和物质补偿问题，揭示了两大部类及其内部各个部门的再生产必须保持一定的比例。然而，根植于资本的、为追逐利润而无限度发展生产力的趋势在各个生产部门间的不平衡分布，会使资本流通顺利进行的条件不断受到破坏，平衡本身成为"一种偶然现象"，相对生产过剩趋势在资本流通过程中得到进一步发展②。其中，固定资本的大规模更新是周期性危机的物质基础，危机是下一次固定资本大规模更新的起点。此外，比例失调是相对生产过剩趋势在资本流通过程中取得的表现形式，它可能是诱发经济危机的直接原因，但绝不是经济危机的实质或根源。马克思指出，"交换不会改变价值增殖

---

① 马克思：《资本论》第 3 卷，人民出版社，2004，第 340 页。
② 马克思：《资本论》第 2 卷，人民出版社，2004，第 557 页。

的内在条件，但是会把这些条件暴露在外部，赋予它们彼此独立的形式，从而使得它们的统一性只作为内在必然性而存在，因此这种必然性会在危机中通过暴力表现出来"①。

（五）相对生产过剩危机在资本生产总过程中的直接依据

资本主义生产是为了获得剩余价值，利润率成为资本主义生产的原动力。马克思在《资本论》第三卷第三篇通过对产业资本生产总过程的考察得出："资本主义生产，随着可变资本同不变资本相比的日益相对减少，使总资本的有机构成不断提高，由此产生的直接结果是：在劳动剥削程度不变甚至提高的情况下，剩余价值率会表现为一个不断下降的一般利润率。"② 一般利润率趋向下降阐明了"利润率，资本主义生产的刺激，积累的条件和动力，会受到生产本身发展的威胁"的趋势，这种趋势是劳动的社会生产力的日益发展在资本主义生产方式下所特有的表现③。一般利润率趋向下降，就迫使资本家通过扩大投资以增大利润绝对量的方式来弥补，这就将资本主义生产力发展的趋势推到极限。然而，"生产力越发展，它就越和消费关系的狭隘基础发生冲突"④。也就是说，"在资本主义生产方式内发展着的、与人口相比惊人巨大的生产力"，"同这个惊人巨大的生产力为之服务的、与财富的增长相比变得越来越狭小的基础相矛盾，同这个不断膨胀的资本的价值增殖的条件相矛盾。危机就是这样发生的"⑤。

质疑马克思危机理论具有系统性的观点，实质上是没有真正理解危机本身的性质和危机理论在马克思经济学理论中的地位，进而孤立地把马克思危机理论的某一个方面的论述看作马克思危机理论唯一或最主要的内容。危机只能从资本主义矛盾逐渐展开的过程中不断引出自己的规定，只能同资本主义生产方式的展开一起展开。作为其结果，马克思的

---

① 《马克思恩格斯全集》第46卷（上），人民出版社，1979，第442页。
② 马克思：《资本论》第3卷，人民出版社，2004，第237页。
③ 马克思：《资本论》第3卷，人民出版社，2004，第288页。
④ 马克思：《资本论》第3卷，人民出版社，2004，第273页。
⑤ 马克思：《资本论》第3卷，人民出版社，2004，第296页。

危机观点必然隐含地镶嵌在《资本论》中，并且这种镶嵌不是无序的，而是集中在资本主义生产方式某个层面或阶段矛盾被揭示之后的地方，起到了理论归结点的作用。马克思通过对商品关系一般、资本主义生产关系的形成、资本的直接的生产过程、流通过程和总生产过程五个环节的分析，系统地论述了危机从可能性向现实性的转化。

四　结论

继承和发展马克思危机理论的前提是全面准确地理解，而非误解和否定。诚如恩格斯所言，"我们最需要的不是干巴巴的几条结论，而是研究。结论要是没有使它得以成为结论的发展，就毫不足取"①。《资本论》第一卷出版150多年来，资本主义经济发生了许多新变化，职能资本让位于金融资本，自由竞争变为垄断竞争和国家干预，信用由生产领域步入消费领域。与之相适应，经济危机直接表现为金融体系的崩溃，而非传统的相对生产过剩。毫无疑问，马克思的危机理论也需要与时俱进，也需要根据资本主义生产方式的新变化和新特点进行发展创新。然而，"没有马克思的马克思主义"在误解马克思危机理论完整性和系统性的基础上，对马克思的危机理论进行了否定；打着继承和发展马克思危机理论的旗号，对马克思危机理论进行任意解构，形成了"没有马克思的马克思主义"危机理论，丧失了对经济危机的解释力和对政策制定的影响力。本文全面检视并驳斥了支撑所谓马克思危机理论不完整和不系统的论据，在理论层面对这一误解予以澄清，并从方法论层面指出了产生这一误解的根源。

马克思危机理论的完整性和系统性与其开放性并不矛盾。马克思主义危机理论分为两个层面：第一，资本主义经济危机的实质、根源与必然性；第二，由资本主义经济危机根源到具体经济危机的逻辑联系和生成路径。毫无疑问，从第一个层面看，马克思危机理论是完整的和系统的。我们不应该苛求马克思为百年后的当代经济危机提供第二个层面的

① 《马克思恩格斯全集》第1卷，人民出版社，1956，第642页。

理论，因为这正是我们应该做的工作——将马克思的危机理论作为下一轮逻辑圆圈的起点，根据当代资本主义的新变化和新特点，揭示资本主义生产方式内部矛盾展开、发展与激化的过程，阐明经济危机表面上的直接原因与根本必然性之间的深层联系。

劳动演变与基本经济制度的历史生成[*]
——基于马克思劳动过程理论的分析

毕照卿

党的十九届四中全会将我国的基本经济制度概括为："公有制为主体、多种所有制经济共同发展，按劳分配为主体、多种分配方式并存，社会主义市场经济体制。"[①] 党的十九届五中全会就"坚持和完善社会主义基本经济制度"作出了重要战略部署，提出了深化改革方面的系列措施[②]。恩格斯指出："一定历史时代和一定地区内的人们生活于其下的社会制度……受劳动的发展阶段的制约。"[③] 劳动演变是理解社会制度历史发展的重要视角。马克思通过对资本主义经济关系的批判构建了劳动过程理论，揭示了资本主义社会下劳动异化现象背后的内在逻辑；通过对共产主义社会劳动过程的设想，构建了未来社会经济建设的若干原则。虽然马克思所分析的资本主义社会与当代资本主义有着一定差别，同样，马克思所设想的未来社会并不等于当今的社会主义社会，但是，马克思揭示未来社会基本经济制度的劳动向度，以及劳动过程现实的历史发展，对于经济制度的建设，特别是对

[*] 2021 年度中共中央党校（国家行政学院）青年科研项目"平台经济中异化劳动新形式研究"（2021QN030）的阶段性成果。本文原载于《社会主义研究》2021 年第 6 期，收入本书时有改动。

[①] 《中共中央关于坚持和完善中国特色社会主义制度 推进国家治理体系和治理能力现代化若干重大问题的决定》，人民出版社，2019，第 18 页。

[②] 参见《中共中央关于制定国民经济和社会发展第十四个五年规划和二〇三五年远景目标的建议》，人民出版社，2020，第 17~20 页。

[③] 《马克思恩格斯文集》第 4 卷，人民出版社，2009，第 16 页。

中国特色社会主义基本经济制度的建设与完善，仍然具有重要的现实意义。

一　劳动特殊与经济制度的内在关联

劳动在不同的社会关系中具有不同表现形式：奴隶社会中，奴隶的劳动产物为奴隶主所全盘占有；封建社会中，农奴通过以实物、金钱或者劳务的方式向土地领主交纳租金，即土地领主通过地租的方式占有农奴的劳动；资本主义社会中，资本逻辑主导了整个劳动过程，造就了以雇佣劳动为表现形式的异化劳动。马克思通过对劳动历史演变的回顾指出，理解劳动的现实形态必须从劳动过程的一般与特殊相结合的角度。

从一般性角度而言，"撇开每一种特定的社会的形式来加以考察"[1]，劳动过程一般是一切人类社会所共有的。在马克思看来，劳动一般表现为"是人以自身的活动来中介、调整和控制人和自然之间的物质变换的过程"[2]。作为人和自然之间物质交换的中介，劳动过程是人类生活的永恒的自然条件。劳动过程一般可以分解为三个简单要素：有目的的劳动、劳动对象和劳动资料。

从特殊性角度而言，劳动演变的特殊性可以从两个方面理解。一方面是技术性的劳动方式，即在不同历史发展阶段的劳动使用不同技术水平的劳动工具。马克思指出："随着新生产力的获得，人们改变自己的生产方式，随着生产方式即谋生的方式的改变，人们也就会改变自己的一切社会关系。手推磨产生的是封建主的社会，蒸汽磨产生的是工业资本家的社会。"[3] 不同的劳动工具构成了研究劳动过程客观的物质基础，由此产生了技术性的劳动方式。然而，技术性的劳动方式并非政治经济学关注的重点。马克思强调："正如对商品的使用价值本身的考察属于商品学一样，对实际的劳动过程的考察属于工艺学。"[4] 工艺学主要针对

---

① 《马克思恩格斯文集》第 5 卷，人民出版社，2009，第 207 页。
② 《马克思恩格斯文集》第 5 卷，人民出版社，2009，第 207~208 页。
③ 《马克思恩格斯文集》第 1 卷，人民出版社，2009，第 602 页。
④ 《马克思恩格斯全集》第 32 卷，人民出版社，1998，第 60~61 页。

的是劳动过程的技术要素，尤其是体现在生产资料之中的技术构成，反映的是生产要素的技术结合方式。更重要的是，技术水平并不构成判断社会关系的决定性因素，使用相同的生产技术仍然可以处于不同的社会组织形式。生产使用价值的工艺水平等技术因素并非马克思分析劳动过程的关键环节，马克思更为看重的是在不同科学技术水平之上形成的生产关系，强调的是生产关系的历史特殊性。另一方面是社会性的劳动方式，即在不同历史发展阶段的劳动始终处于特殊的生产关系中。生产关系的历史特殊性，反映了劳动资料归属、劳动者在生产中的地位与关系、劳动产品如何分配这三大根本问题，在社会中表现为生产资料所有制、经济体制、分配制度这三个基本经济制度。由此，生产关系与经济制度成为劳动分析的关键因素。

其一，劳动过程的实现前提在于生产资料所有制。马克思指出，人在历史中作为所有者出现，意味着劳动者占有了一定的生产条件，并把生产条件作为自身存在和进行劳动的前提。可见，生产资料所有制是劳动过程进行的条件，决定了劳动者的劳动过程与生产资料的结合方式，进而深刻影响了劳动过程的性质。同时，生产资料所有制伴随着生产发展呈现出历史的、变化的特征，表现为劳动过程与生产资料的结合方式发展的产物。其二，劳动过程的现实状况表现为劳动组织方式。一定历史条件下，劳动过程表现为基于一定技术方式上的劳动分工与组织方式，突出了劳动过程与生产资料的社会结合方式。劳动过程的具体情况由社会内部的分工方式与企业内部的组织方式构成，即宏观的经济运行方式与微观的劳动组织方式。在此意义上，"所谓劳动组织方式，包括劳动的分工和协作，劳动的计量和监督，以及劳动的规划与协调等，它涉及劳动过程中人与人的关系，具有生产关系的制度功能"①。其三，劳动过程的结果引发了产物的分配问题。劳动过程完成后，劳动结果将在各类生产所有者之间进行分配，不仅是简单的劳动补偿，还表现为一定的社会规律。同时，劳动产物的分配事关劳动过程的再进行。马克思指出，

---

① 荣兆梓：《社会主义基本经济制度新概括的学理逻辑研究》，《经济学家》2020 年第 4 期。

劳动产品不仅是劳动过程的结果，还是劳动过程的条件，这是因为劳动产品再进入劳动过程中即表现为生产资料。

通过对劳动演变的特殊性分析可知，所有制、分工与组织、产物分配分别对应了劳动过程实现的前提、劳动过程本身、劳动过程的结果，即分析劳动演变特殊性的三个基本问题，构成了与社会基本经济制度连接的内在部分，成为马克思进行资本主义批判与共产主义设想的逻辑支撑。

二　异化劳动与资本主义经济关系批判

考察资本主义社会下的劳动状况离不开对资本主义生产的分析。资本主义生产可以进一步明确为商品生产过程的资本主义形式，凸显的是由商品生产过程到资本主义商品生产过程转变中产生的新的规定。由此，分析劳动过程在资本主义社会下的特殊性质，首先必须理解和把握资本主义生产过程的本质。

首先，商品生产过程是劳动过程和价值形成过程的统一。商品生产过程体现为劳动过程的进一步发展，即此时的劳动不仅生产使用价值，还不断生产着价值，表现为劳动过程和价值形成过程的统一。商品生产过程得到的商品，仅仅包含着一定的价值，不存在剩余价值的问题，即劳动者掌握了全部的价值。商品生产过程在资本主义产生之前便已存在，是资本主义商品生产过程形成的前提。其次，市场中劳动力商品的出现，成为从商品生产过程到资本主义商品生产过程转变的关键。劳动力作为商品出现在市场，是资本主义发展的关键因素。这是因为劳动力商品凭借其在价值方面的特殊性，也就是在流通领域的价值和在生产领域价值的不对称性，使得生产过程发生了重要改变，即产生了剩余价值。由此，价值形成过程转变为价值增殖过程。最后，资本主义商品生产过程呈现出两个方面重要特征。一是从生产目的看，资本主义商品生产过程以最大限度获取剩余价值为目的。资本的使命就是实现价值的增加，剩余价值的生产即资本主义生产的内在动力与最终导向。二是从生产结果看，资本主义商品生产过程得到了含有剩余价值的商品。通过使用和榨取劳动力商品，商品内在含有超出劳动力商品价值部分的剩余价值，即被资本家无偿占有的价值。

资本主义生产过程下，劳动必然被异化。资本主义生产过程凸显了作为无酬劳动物化过程的价值增殖的新特性。价值增殖过程的新特性直接改变了劳动过程的形式，规定了资本主义条件下劳动过程的整个性质。由此出发，马克思通过对资本主义劳动过程的新特性的分析，指出了背后蕴含的制度本质及特征。

第一，从劳动过程的实现前提看，资本主义私有制使得劳动过程与生产资料相分离，为支配和占有劳动过程奠定客观基础。马克思通过回顾私有制的发展历程指出，资本主义私有制的确立与社会生产发展以及生产规模的扩大紧密相连，即"个人的分散的生产资料转化为社会的积聚的生产资料，从而多数人的小财产转化为少数人的大财产，广大人民群众被剥夺土地、生活资料、劳动工具，——人民群众遭受的这种可怕的残酷的剥夺，形成资本的前史"①。资本主义私有制的确立打破了广大劳动者与生产资料、生活资料的直接联系，使得劳动过程与生产资料直接对立。马克思指出，货币和商品最初并不是资本，而是经历了转化为资本的过程。这种转化是有条件的，也就是为了实现价值增殖的所有者与劳动力出卖者的接触。这意味着，资本家占有了生产资料和生活资料，从而使得劳动者必须通过出卖自己的劳动力才能换取部分生活资料，进而与生产资料接触。正是在资本主义生产资料私有制的支配性统治下，"自由"的劳动者在市场中由各类资料所支配，逐渐转化为雇佣工人。劳动者的劳动过程成为资本的附属品，造就了劳动过程对资本的从属。

资本主义私有制放大了私人劳动与社会劳动之间的矛盾，激化了生产社会化和生产资料资本主义私人占有之间的矛盾。私人劳动与社会劳动的矛盾在商品经济下便已存在，但在资本主义私有制下进一步扩大。这是因为，资本主义生产实现了对商品生产在时间和空间维度上的极大拓展。在此情况下，生产私有制条件下的劳动及劳动产品与满足社会需要的社会总劳动之间的鸿沟更加明显。不仅如此，社会整体的生产不断

---

① 《马克思恩格斯文集》第 5 卷，人民出版社，2009，第 873 页。

发展，尤其是社会分工的持续扩展，加速了生产的社会化进程。在此情况下，生产资料私人占有性质与生产社会化趋势之间的矛盾更加突出。要言之，当社会生产发展到一定地步时，生产资料的私有制将不能与劳动发展的最新阶段相适应，即不能促进劳动产品的社会转换以及实现劳动过程与生产资料的充分结合。

第二，从劳动过程的现实状况看，资本主义劳动过程表现为市场经济下形成的劳动分工与组织。宏观而言，资本主义劳动过程凸显的是资本与劳动的从属关系。马克思指出，资本主义劳动过程经历了从形式从属到实际从属的转变。与绝对剩余价值的生产相对应的是劳动对资本的形式从属，此时的劳动过程同过去几乎完全一致，但现在成为从属于资本的劳动过程，表现为在资本家监督和管理下完成的劳动。与相对剩余价值生产相对应的是劳动对资本的实际从属。在此情况下，劳动过程会发生重要改变，而这是由于科学和机器在劳动过程中广泛应用，特别是资本主义分工与组织对劳动生产率的促进和生产规模的扩大。

微观而言，考察劳动过程的性质应从劳动过程中分工与组织的两个方面具体理解，前者体现的是社会范围内资源配置方式，后者凸显的是生产单位（企业）内部劳动力的结合方式。由此，资本主义劳动过程对资本的实际从属，体现为在产业之中的分工以及从工场手工业到机器大工业的劳动组织形式与人的异己性。一方面，马克思从"与私有制是相等的表达方式"的分工刻画了异化形成过程，揭示了分工的"异己力量"，指出伴随着社会生产的发展，分工亦在社会和个人层面上展开，形成了全面性的系统分工。这种分工由于不是出于自愿，因而表现为压迫着人类的异己的、异化的分工。另一方面，马克思分析了从简单协作到手工工厂，再到以机器大工业为基础的工厂制度的历史演变。马克思指出，机器等科学技术的应用推动了机器协作体系的出现，导致了劳动组织向机器大工业过渡。马克思从生产单位内部劳动力的结合方式批判了资本主义的机器大工业，指出资本主义劳动过程被肢解为局部劳动的事实。马克思强调，固定资本的机器的改进和使用，使得工人成为自动的机器体系中"有意识的肢体"，从而丧失了对劳动过程的支配。在此情况下，劳动监督的充分实现使得劳动过程与劳动者彻底对立。由此可见，劳动组织的具体形式与生产力水平，尤其是科学技术的进步密切相关，体现在不同科技发展水平之上形成的劳动组织。

第三，从劳动过程的结果看，资产阶级凭借着生产资料所有权占有了劳动产品。一方面，生产资料的私有制奠定了商品生产所有权规律转变为资本主义占有规律的客观基础。商品生产所有权规律表现为，以劳动或价值规律为基础发生的基于等价交换原则的商品交换规律。这意味着在资本主义市场交换之中，资本家让渡了货币，劳动者出卖了自己的劳动力，买卖双方形式上是平等的，都符合客观的价值规律。但是，在资本主义社会中，商品生产所有权规律转变为资本主义占有规律。资本主义占有规律凸显的是，通过资本主义生产关系的作用，资本家实现了对价值和剩余价值的全部占有，达到了无偿获取剩余价值的目的。实现这种转换的关键正是在于劳动者和生产资料的分离，即资本主义生产资料私有制的直接作用。在此情况下，资本家凭借着生产资料的所有权以及对劳动力的使用权，完全占有了通过劳动过程而得的全部价值。更重要的是，资本家并没有支付劳动力商品的价值等价物，即无偿占有了超过劳动力价值部分的剩余价值。在这个意义上，马克思指出："所有权对于资本家来说，表现为占有他人无酬劳动或它的产品的权利，而对于工人来说，则表现为不能占有自己的产品。"[①]

另一方面，生产力的持续发展和群众消费的有限性之间的矛盾更加突出。马克思指出，资本主义生产不断追求着剩余价值，客观上延长了劳动时间或者借助科学技术不断缩短必要劳动时间。在追逐超额剩余价值的过程中，相对剩余价值的生产成为重要实现途径，而这客观上使得生产得到的商品愈加便宜。商品的廉价化意味着工人的劳动力再生产成本持续下降，也就是工资的降低，而工资水平直接限制了工人的消费能力，由此导致了生产相对过剩，也就是实际上的消费不足。在此情况下，资本与劳动者分裂为两级，无产阶级贫困问题愈加突出。要言之，劳动产品完全为资本家所占有，社会生产的极大扩张与工人消费需求持续萎缩并行，为生产相对过剩的经济危机埋下了隐患。

---

① 《马克思恩格斯文集》第 5 卷，人民出版社，2009，第 674 页。

综上而言，马克思得出了资本主义社会下劳动必然被异化的结论。具体而言，马克思指出了资本主义劳动过程三个特性及其制度表现：一是"资本主义私有制"使得劳动过程与生产资料分离乃至对立的现实，二是"资本主义市场经济体制"下劳动过程的分工与组织的异己性更加凸显，三是"资本主义分配制度"作用下劳动过程的结果全部为资产阶级所占有。由此，马克思以对资本主义劳动过程的特性分析为路径，揭示了资本主义生产关系以及经济制度与异化劳动生产的内在关联。

三　自由劳动与未来社会经济建设基本原则

基于对资本主义社会中劳动异化的深刻体会，马克思希冀未来社会中的劳动呈现出自由自觉的状态，指出"自由王国只是在必要性和外在目的规定要做的劳动终止的地方才开始"①，并以劳动过程批判与理论建构初步构建了未来社会基本经济制度建设的原则。

第一，从劳动过程的实现前提看，生产资料共同占有的个人所有制使得劳动过程与生产资料实现了真正的结合。在对未来社会所有制形式设想时，马克思在《资本论》第一卷"原始积累"部分最后作出了经典阐述："在资本主义时代的成就的基础上，也就是说，在协作和对土地及靠劳动本身生产的生产资料的共同占有的基础上，重新建立个人所有制。"② 在这里，如何理解未来社会的"个人所有制"成为理解社会主义所有制原则的核心问题。从马克思对资本主义劳动过程理论批判出发，可以得出构建未来社会所有制的两点结论。

一是生产资料公有制与生产社会化的要求相一致。马克思指出，未来社会所有制是"否定的否定"，既否定了资本主义所有制，又否定了基于小生产的劳动私有制。这是因为，社会化大生产的发展，尤其是在科学技术进步的不断推动下，劳动过程的分工与协作不断拓展着生产的边界，使得生产力必然要求突破私有制的狭隘界限。现实的生产发展也

---

① 《马克思恩格斯文集》第 7 卷，人民出版社，2009，第 928 页。
② 《马克思恩格斯文集》第 5 卷，人民出版社，2009，第 874 页。

印证了这一趋势，生产发展不仅日益社会化，而且形成了世界范围内密切配合的产业链和价值链。可见，生产发展的趋势在于为扬弃私有制，从而为实现生产资料的共同占有奠定基础。

二是生产资料公有制将实现劳动者与生产资料的直接结合。未来社会的所有制不仅意味着生产资料的社会所有，更重要的是强调了劳动过程与生产资料的直接结合。马克思在《资本论》第一卷法文版中以"重新建立劳动者的个人所有制"① 更新了原先使用的"重新建立个人所有制"。可以看出，马克思极为强调所有制与劳动者的关系，认为生产资料虽然为社会所共同占有，却仍然是属于劳动者的生产资料，表现为社会中每个人都能够平等地享有生产资料的所有权。正如马克思指出的那样，"资本家对这种劳动的异己的所有制，只有通过他的所有制改造为非孤立的单个人的所有制，也就是改造为联合起来的、社会的个人的所有制，才可能被消灭"②。这里的劳动者绝非劳动者个体，而是经过基于生产大规模发展以及社会化训练后的劳动者整体，体现的是高度社会化、深刻联合起来的劳动者所形成的劳动者联合体。以此方式，未来社会将实现基于劳动者联合劳动的所有制形式，表现为在公有制基础上所达到的劳动者整体对生产资料的占有和使用，从而实现真正意义上符合社会化发展趋势的劳动者与生产资料的结合。

第二，从劳动过程的现实状况看，实现了以劳动时间为测度的社会有计划的调节。首先，从历史发展而言，未来社会消除了资本主义社会分工的异己性。未来社会劳动过程的重要特征表现为对分工范围的消解，以及对任何特殊的活动范围的消除，从而"可以在任何部门内发展，社会调节着整个生产，因而使我有可能随自己的兴趣今天干这事，明天干那事，上午打猎，下午捕鱼，傍晚从事畜牧，晚饭后从事批判"③。其次，未来社会消解了以获取剩余价值为目的的资本主义劳动组织，实现了以生产自由时间为目的的劳动。在马克思看来，固定资本的发展，特

① 《马克思恩格斯全集》第 43 卷，人民出版社，2016，第 827 页。
② 《马克思恩格斯全集》第 37 卷，人民出版社，2019，第 300 页。
③ 《马克思恩格斯文集》第 1 卷，人民出版社，2009，第 537 页。

别是机器的自动化发展与进步，将会带来劳动时间的节约，即通过机器实现对人的劳动的替代和解放。一旦群众的剩余劳动不再是社会财富发展的条件时，也就是社会必要劳动时间降到最低限度的时候，社会中的每个人将会获得充分的劳动时间，并在此意义上实现劳动自由。要言之，共产主义社会中的劳动过程不再以获取剩余价值为目的，而是为了创造多数人的自由时间，发展为实现符合社会全部需要而进行的劳动。最后，未来社会将实现生产和社会劳动有计划的调节和控制。异己的分工与组织消解后，社会中单个人的劳动过程，也就是个别的劳动将会被扬弃，进而成为社会性质的劳动。社会劳动的形成也意味着，劳动的社会条件实现整合并充分发挥职能。在此基础上，未来社会的经济过程将由社会需要直接调节和控制，实现社会范围内有计划的调节和控制。由此，未来社会的生产将按比例进行，并且劳动力和生产资料的结合"直接由社会根据其需要使用于各个不同的行业"①，即在社会范围内实现劳动力和生产资料的充分结合。这也意味着，未来社会中的个人能够自由使用各类劳动资料，从事自由自觉的劳动，实现劳动时间和自由时间的真正统一。

第三，从劳动过程的结果看，未来社会的分配能实现真正意义上的公平分配。在劳动前提和劳动过程的共同作用下，作为劳动所得的劳动产品的分配与消费，实际上已经由所有制前提和生产方式所决定了："消费资料的任何一种分配，都不过是生产条件本身分配的结果；而生产条件的分配，则表现生产方式本身的性质。"② 基于公有制的重要前提，马克思畅想了未来社会的劳动产品分配方式发展的两个阶段。第一阶段是刚从资本主义社会脱胎而来的共产主义社会，其分配方式表现为"按劳分配"。在此阶段，个人的劳动作为总劳动的组成部分，决定了劳动产品直接归属于社会，因而无须进行交换。集体劳动所得的社会总产品理应被适当扣除，而后进入个人分配。个人将根据他给予社会的劳动量，领回与耗费相等劳动量的消费资料，实现对自己劳动成果的等量占

---

① 《马克思恩格斯全集》第 35 卷，人民出版社，2013，第 126 页。
② 《马克思恩格斯文集》第 3 卷，人民出版社，2009，第 436 页。

有。此时的消费资料的分配，表现为商品等价物的交换，即一定量的劳动同另一种形式的同量劳动的交换过程。要言之，实现了社会总产品的集体劳动之后，剩余价值的剥削将不复存在，每个人都将会实现劳动报酬与劳动付出相等同的劳动过程。

第二阶段是在共产主义社会第一阶段之上的高级阶段，其分配方式表现为"按需分配"。马克思指出，在共产主义社会第一阶段中，生产者实现的平等权利虽然与提供的劳动成比例，但是这种平等仍然是以单一尺度——劳动量来计算，而这忽略了不同人的特殊状况，同时也默认了个人的天然特权。马克思认为，在共产主义高级阶段，异己性分工、脑力劳动和体力劳动的对立已经消失，劳动将不再是谋生手段，而是成为生活的第一需要。在此情况下，自由自觉的劳动将会推动生产力的进一步发展，从而为社会创造更加丰富的物质财富。最终，基于个人解放与生产力发展的辩证统一所达到的"各尽所能"，将会使得社会劳动产品最终实现"按需分配"，从而完全超越资产阶级权利的狭隘界限，扬弃资本主义生产方式所能够容纳的最大物质生产结果。

总结而言，劳动前提、劳动组织、劳动结果辩证统一，三者的紧密结合展现出了以自由联合劳动为基础的未来社会应然形态，构筑了未来社会经济建设原则的重要内核：只有在"生产资料公有制"，尤其是基于生产资料共同占有的个人所有制下，才能真正实现"计划经济体制"，激发广大劳动者创造性的劳动能力，实现劳动产物的极大丰富，为劳动产物更加平等与公平的"分配制度"奠定客观物质基础，"从而使劳动会成为吸引人的劳动，成为个人的自我实现"[①]。

四 结论与启示

通过马克思的分析，可以得出关于基本经济制度生成与劳动过程的内在关联，深化对于社会主义初级阶段基本经济制度生成历史必然性的理解，并为推动新时代背景下社会主义基本经济制度的进一步完善提供

---

① 《马克思恩格斯文集》第8卷，人民出版社，2009，第174页。

理论参考。

第一，劳动发展阶段是构建社会基本经济制度的基础。首先，基本经济制度是各类社会经济关系中最基础的制度规定。马克思在《资本论》第三卷中，从生产方式的角度探讨了资本主义基本经济制度，指出基本经济制度具有历史规定性，在特定历史中表现为三个方面的规定：生产资料所有制、分配关系、经济体制。按照大卫·哈维的理解，马克思所使用的"生产方式"的概念具有三种用法。其中，《资本论》中主要使用的方式是将其理解为"指劳动过程在资本主义阶级关系当中特有的形式"①。基本经济制度的三个方面的规定性与劳动过程直接相连，直接反映了劳动过程在什么性质的所有制下进行、劳动过程的结果如何分配、劳动过程如何进行等问题。可见，劳动过程成为考察基本经济制度的微观基础，形成了劳动过程—生产方式—基本经济制度的理论路径。其次，劳动演变与社会基本经济制度生成辩证统一。正如马克思所指出的那样，"劳动过程的每个一定的历史形式，都会进一步发展这个过程的物质基础和社会形式"②。考察劳动的演变，尤其是劳动过程在不同历史发展阶段的特征，构成了理解和把握社会基本经济制度的客观现实。最后，从资本主义到共产主义社会基本经济制度的发展，表现为从自发到自觉的历史生成过程。马克思对资本主义经济关系的批判，实际上展示了资本主义基本经济制度的自发形成过程，即伴随着资本主义生产方式的发展所形成的系列制度。但是，社会主义社会的经济建设将实现真正意义上的历史自觉，"社会化的人，联合起来的生产者，将合理地调节他们和自然之间的物质变换，把它置于他们的共同控制之下"③。换言之，"自由人联合体"的基本经济制度深刻体现了社会化的人作为历史主体的积极作用，即依据劳动过程最新发展状况建立基本经济制度，并以基本经济制度促进自由自觉的劳动实现。

第二，中国特色社会主义初级阶段基本经济制度的生成凸显了对当

---

① 大卫·哈维：《资本的限度》，张寅译，中信出版集团，2017，第77页。
② 《马克思恩格斯文集》第7卷，人民出版社，2009，第1000页。
③ 《马克思恩格斯文集》第7卷，人民出版社，2009，第928页。

前劳动发展阶段的充分考量。党的十九届四中全会指出，我国社会主义初级阶段的经济制度"既体现了社会主义制度优越性，又同我国社会主义初级阶段社会生产力发展水平相适应，是党和人民的伟大创造"①。我国社会主义初级阶段的基本经济制度与基于劳动演变的生产力发展阶段紧密相连。其一，"公有制为主体、多种所有制经济共同发展"既发挥了公有制对劳动发展的促进作用，又探索适合劳动发展阶段的所有制形式和结构。多种所有制共同发展正是体现了对所有制的形式和结构的探索，即历史地、具体地分析社会历史发展阶段的劳动水平。具体而言，"社会占有和积累的生产资料还无法满足全体劳动者的劳动需要，一部分劳动者还要依靠其他所有制经济进行生产"②，这决定了多种所有制经济是最符合我国当前生产力发展与劳动状况的经济制度。其二，"按劳分配为主体、多种分配方式并存"鲜明体现了劳动产品的分配"决不能超出社会的经济结构以及由经济结构制约的社会的文化发展"③。这是因为，分配关系就其本质而言完全取决于生产的结构。由此，必须从社会生产方式变革、社会的经济结构，以及由经济结构决定形成的文化把握劳动产品分配关系。事实证明，我国实行的按劳分配为主体、多种分配方式并存的制度安排，是社会主义初级阶段能够最大限度"使一切社会成员尽可能全面地发展、保持和施展自己能力的那种分配方式"④。其三，"社会主义市场经济体制"促使劳动过程与生产资料高效结合。经济运行体制，也就是经济体制，"指的是一定社会组织内部资源配置的机制、方式和结构的总和，是对一定社会经济运行模式的概括"⑤，涉及宏观上生产资料的配置，微观上生产要素与劳动过程相结合的问题。中

---

① 《中共中央关于坚持和完善中国特色社会主义制度 推进国家治理体系和治理能力现代化若干重大问题的决定》，人民出版社，2019，第18页。
② 方敏：《基本经济制度是所有制关系、分配关系、交换关系的有机统一》，《政治经济学评论》2020年第2期。
③ 《马克思恩格斯文集》第3卷，人民出版社，2009，第435页。
④ 《马克思恩格斯文集》第9卷，人民出版社，2009，第209页。
⑤ 顾海良：《基本经济制度新概括与中国特色社会主义政治经济学新发展》，《毛泽东邓小平理论研究》2020年第1期。

国特色社会主义市场经济体制在两个方面实现了重大创新。一是突破了传统社会主义对计划的定义，拓展了社会主义计划的内涵与外延。中国共产党在领导经济体制改革时，区分了纵向上通过自上而下的行政命令配置资源、推动经济活动的"指令性计划"与横向上促进经济协调发展的计划，突出了"指导性计划"的重要作用，并由此逐渐形成了以市场经济为基础的计划调节，即国家通过计划以市场为中介实现对经济活动的干预。二是创造性地引入了价值规律，破解了市场经济与资本主义的捆绑关系，发挥价值规律在社会主义初级阶段高效促进劳动过程与生产资料相结合的重要作用。改革开放以来，中国共产党人继承发展马克思关于经济体制的理论，在经济体制改革方面作出了重要探索。邓小平剥离了市场与计划的制度属性，强调了二者皆为经济手段，凸显了它们在调动资源以及促进经济发展方面的重要作用，由此实现了中国特色社会主义政治经济学的新发展。

第三，在朝向未来的劳动中构建与完善基本经济制度。当下的社会主义与马克思所描绘的未来社会的基本经济制度虽然仍然有一定距离，却真正体现了从自发到自觉的历史进程。"所谓'社会主义社会'不是一种一成不变的东西，而应当和任何其他社会制度一样，把它看成是经常变化和改革的社会。"① 社会主义制度优越性正是体现在能够自觉地构建与生产力发展相一致的各项制度，以制度革新实现解放和发展生产力。在此意义上，马克思对未来社会经济制度的揭示对于当今制度的完善仍然具有启示作用。其一，坚持公有制的主体地位，探索公有制的实现形式。马克思对私有制的批判已经揭示，生产资料公有制与社会化大生产的发展趋势相适应，也为劳动过程的发展构筑新型经济制度支撑，以及为解放和发展生产力开辟道路。不仅如此，正如习近平总书记指出的，"任何想把公有制经济否定掉或者想把非公有制经济否定掉的观点，都是不符合最广大人民根本利益的，都是不符合我国改革发展要求的，因此也都是错误的"②。公有制作为与未来社会生产力发展相一致的所有制

① 《马克思恩格斯文集》第 10 卷，人民出版社，2009，第 588 页。
② 《十八大以来重要文献选编》（下），中央文献出版社，2018，第 247 页。

形式，同时也是与人民利益相一致，因而是社会主义经济制度必须坚持的原则。其二，在按劳分配制度改革中促进共同富裕。马克思已经指出，资本主义分配必然导致"分裂为两级"，即广大劳动人民的贫困是不可避免的趋势。与此形成对比的是，按劳分配体现了鲜明的社会主义属性，是与社会主义劳动过程发展相一致的分配原则。这是因为，劳动是收入分配的基本依据，体现了劳动过程在生产中的重要作用。劳动分配还是实现个人利益最大化与全体人民共同富裕相统一的重要基础，即实现了个体与群体利益的最大程度结合。习近平总书记指出："要坚持以人民为中心的发展思想，把增进人民福祉、促进人的全面发展、朝着共同富裕方向稳步前进作为经济发展的出发点和落脚点。"[1] 在分配制度改革中扎实推动共同富裕，使全体人民共享现代化成果，是中国式现代化道路的重要特征，也是社会主义发展的必由之路。其三，探索经济体制的历史形式。马克思通过对劳动组织发展历程的描述，揭示了劳动组织的演变与科学技术发展密切联系，突出的是机器发展对组织变革的重要意义。然而，技术的特殊性并不构成决定性因素，关键在于如何利用科学技术发展下的生产资料最新发展成果。当前社会，平台、组织的出现深刻改变了劳动组织形式，背后体现的是互联网、大数据、云计算等科技发展对劳动过程的改变。虽然平台经济在一定程度上加剧了劳动者的劳动过程的紧张程度，但是必须承认的是，这些经济组织极大地提高了劳动生产率以及资源配置效率。由此，必须探索适合当前生产发展阶段、构建社会经济运行过程最适当的资源配置方式，使得劳动过程能够以最合适的分工与组织方式推动生产力发展。

---

① 《十八大以来重要文献选编》（下），中央文献出版社，2018，第4页。

第三编　经济思想史

马克思与凯恩斯在垄断资本时代的历史性相遇[*]

——对垄断资本学派凯恩斯渊源的考察

张雪琴

1966 年，巴兰和斯威齐的《垄断资本：论美国的经济和社会秩序》（以下简称《垄断资本》）一书出版，标志着作为当代西方马克思主义经济学重要流派之一的垄断资本学派的正式创立。在垄断资本学派走向马克思的旅途中，凯恩斯是该学派思想发展中的关键人物。正是在此过程中，马克思与凯恩斯在资本主义发展的新阶段相遇了，并且通过垄断资本学派的相关理论系统呈现了两者的历史性相遇。这一方面证明了马克思在方法论上的正确性和在理论上的前瞻性，另一方面也进一步丰富了马克思主义理论。本文通过对垄断资本学派思想渊源的考察，从凯恩斯对该学派思想形成产生影响的角度进行梳理与分析，呈现了该学派立足于马克思，批判性吸收凯恩斯的思想精华，进一步丰富和深化了马克思主义理论的思想演进过程。

一 凯恩斯革命与关于经济停滞的辩论

凯恩斯（1883~1946）无疑是 20 世纪最著名且最富争议的经济学家

* 国家社会科学基金青年项目"国外左翼学者关于当代资本主义金融化与经济停滞理论研究"（17CKS029）的阶段性成果。本文原载于《学习与探索》2018 年第 2 期，收入本书时有改动。

之一，他不仅是批判者，也是社会改革的参与者，对 20 世纪上半叶英国的公共生活起着极为重要的作用。斯威齐曾经用"典型的诚实但短视的资产阶级经济学家"来形容凯恩斯。在斯威齐看来，一方面，"凯恩斯是自从大卫·李嘉图以来最伟大的经济学家，并且他的学派揭示了资本主义经济的运转状况。根据凯恩斯的理论贡献，马克思的很多思想可以得到更好的阐释"；另一方面，凯恩斯的主要缺点在于"不愿将经济视为社会整体的内在组成部分，不能认识到资本主义所具有的历史性特征，从而无法理解我们现在面临的灾难不是一个可怕的混乱，而是已经失去创造性的社会体制的不可避免的产物"①。

（一）凯恩斯革命

从 18 世纪末到 20 世纪初，资本主义飞速发展，资本积累迅速增加，与此同时，作为资本主义经济规律总结的政治经济学经历了从古典政治经济学到资产阶级庸俗经济学的转变。资本积累似乎可以不受限制，消费越少，储蓄越多，能够被用于生产的资源即投资就越多，只是偶尔会因为资金性障碍和供需不协调有所间断。因此，经济学家们提出资本主义发展的正常状态是积累和增长，衰退和萧条不过是资本主义暂时修复和自我调整的内在机制。阿尔弗雷德·马歇尔在《经济学原理》中就曾指出，关键的问题在于储蓄，而非对资本的需求，积累率主要取决于供给。

马歇尔的观点与 20 世纪 20 年代的经济发展大致吻合，不过在《经济学原理》第八版出版之际，资本主义已进入垄断资本主义阶段。当时世界上最发达的国家是美国，它在"一战"后呈现出繁荣的迷人景象，不过好景旋即被大萧条打破。在大萧条发生之前，对于美国等垄断资本主义国家而言，投资与金融的不平衡只是暂时的。在通货紧缩和价格调整之后，投资重新恢复，正是在此基础上，资产阶级庸俗经济学家将对投资不受限制的需求视为理所当然，这后来被作为西方主流经济学家的新古典经济学家奉为圭臬。然而，这时的繁荣已具有与自由竞争资本主

---

① Paul M. Sweezy, "John Maynard Keynes", *Science and Society*, Vol. 10, No. 4, Fall, 1946, pp. 398–405.

义阶段所不同的特征：消费信贷迅速增长和产能利用率逐渐下滑并存。这表明支撑 20 年代繁荣的投资不可持续，过度积累和经济停滞已取代积累和增长成了资本主义运行的常态。

正是在此背景下，凯恩斯《就业、利息和货币通论》（以下简称《通论》）于 1936 年出版，标志着资产阶级经济学家开始直面积累过程崩溃的事实，承认经济不会自动修复，从而为重新考虑投资理论奠定了基础。凯恩斯认为，在资本主义制度下，积累（储蓄和投资）本身存在若干缺陷。对于资本主义经济制度的正常运转而言，剩余必须投资新的产能。然而在现代资本主义制度下，投资完全是一桩冒险事业，决定现有产出水平的投资决策完全视未来若干年甚至上百年的预期利润而定。"不确定性"的存在、厂房和设备中积累的生产能力过剩、市场对消费品的需求已接近饱和以及外部扩张受限等因素均可能导致投资不足。投资的减少会导致就业、收入以及支出减少，且可能使"企业成为投机漩涡中漂浮着的泡沫"。这必然对整个经济环境产生负面影响，导致经济下滑和新增投资的进一步下滑，形成恶性循环。

波兰著名经济学家、马克思主义者卡莱茨基，于 1933 年在关于商业周期、工资以及失业问题的分析中，独立提出且详细分析了凯恩斯所谈及的问题，并将垄断程度纳入经济动态模型。在逝世前，他就投资问题谈道："为何一旦资本主义在扩大再生产的轨道上偏离之后就不能在长期简单再生产中找到位置呢？事实上，只要我们不能解决对投资决策起决定作用的因素是什么这一困难，我们就会对上述情形的发生有所担忧。马克思没有明确提出这一理论，现代经济学也没有解决这一问题。有些人试图在周期性波动理论中这么做。然而，投资决策的决定性因素涉及……长期趋势，这比'纯经济周期'的情形要困难得多……对我而言，有一件事情是清楚的：涉及资本设备的有效使用的国民收入的长期增长并不那么显而易见。"[1] 显然，卡莱茨基的发现构成了凯恩斯革命的重要组成部分，可以说卡莱茨基和凯恩斯共同发起了这场经济学范式

---

[1] Michal Kalecki, "The Marxian Equations of Reproduction and Modern Economics", *Social Science Information*, December 1968, pp. 73-79.

革命。

概而言之，罗斯福恰恰是摒弃了 20 世纪 20 年代以前的经济学范式，通过新政推动美国经济复苏。如果说凯恩斯革命以及罗斯福新政从理论和实践的维度生动地诠释了经济学范式革命的必要，并且给出了诊治大萧条的具体办法，那么，当经济衰退在美国再次上演时，这场实践和理论上的重大革命进一步通过关于经济停滞的辩论呈现了马克思和凯恩斯的历史性相遇。

（二）关于经济停滞的一场辩论

在走出大萧条仅仅四年后，美国再次发生了经济衰退，到 1938 年，美国的失业率已经上升至 19%，并且在 1939 年仍然高达 17%。经济停滞的严峻现实已经不容否认，关于经济停滞的重大辩论由此产生。其中最著名的两位人物就是阿尔文·汉森和约瑟夫·熊彼特。1938 年，凯恩斯的追随者汉森以《完全复苏抑或停滞》为题，拉开了这场重大辩论的序幕。1939 年，熊彼特在其重要著作《商业周期循环理论》一书的第二卷以"为何停滞"为节标题对此问题做了进一步回应。

汉森认为，资本主义的常态并不必然是增长和积累，而是有可能数十年乃至永远处于经济增长低迷、失业率上升和产能过剩的困境。因此，汉森的分析立足于解释垄断资本主义阶段出现的投资不足，他认为这是由下述三个因素所致：地理扩张结束，人口增长率下降，以及在垄断资本主义阶段，新技术的投入尽管提高了资本使用率，但降低了资本利用率，从而不能实现完全的产能利用率。汉森认为，正是上述因素限制了新增资本的投资需求，从而在储蓄过剩倾向与投资不足倾向的相互作用下，经济体系的运行根深蒂固地存在着经济停滞的病症。

熊彼特极为贴切地将汉森对经济停滞的解释概括为"关于投资机会日趋枯竭的理论"。为了反对汉森的观点，熊彼特把问题从探究 20 世纪 30 年代经济停滞的根源，转为探讨为何始于 1933 年的周期性上升在如此短暂的时间内就结束了，并从类型学的角度对经济周期加以研究。他认为 20 世纪 30 年代正处于持续时间较长的朱格拉周期，并将根源归结为新政的执行人员的反商业精神所导致的反商业气氛，从而将 1937 年的衰退冠以"关于停滞的新政理论"。在熊彼特看来，新政同资本主义正常运转可以兼容，但是新政的执行会打击企业家信心，影响他们对未来的预期，从而阻碍投资①。

汉森和熊彼特之争已经成为经济思想史上关于停滞问题的经典争论。与此同时，罗斯福总统也曾任命"国家临时经济委员会"考察为何停滞会再次出现以及应该采取何种举措。按理说，这本应在整个社会掀起一股研究经济停滞的热潮，进一步反思凯恩斯革命所具有的重大启示，然而这一切并没有发生。1938 年，战争的阴霾遍布欧洲，希特勒于该年 3 月出兵强占奥地利，并于 9 月签署《慕尼黑协定》，规定捷克斯洛伐克割让苏台德地区给德国，随后战争全面爆发，人们的视线完全从大萧条转移至战时准备。

令人匪夷所思的是，在"二战"结束后，关于停滞问题的讨论近乎销声匿迹。1952 年，奥地利经济学家约瑟夫·斯坦德尔极富洞察力的著作《美国资本主义的成熟与停滞》问世，西方主流经济学家们却视而不见②。1954 年，汉森在对斯坦德尔新书的评论中颇有预见地指出，"除非政府采取强有力的手腕，否则美国经济将面临严重问题，甚至有可能在未来数十年不断下滑。这事实上将是停滞的一种表现"③。然而，这些关于停滞问题的讨论似乎再也无法得到来自西方主流经济学的任何回应。不过凯恩斯并没有被遗忘，西方主流经济学篡改了他的理论，却将他与马克思历史性相遇所呈现的经济学范式革命的火苗，连同他的追随者对凯恩斯革命的诠释，都拦在西方主流经济学的庙堂之外。

---

① Joseph A. Schumpeter, *Business Cycles: A Theoretical, Historical, and Statistical Analysis of the Capitalist Process*, Volume 2, New York and London: McGraw-Hill Book Company, 1939, pp. 1032-1050.

② Josef Steindl, *Maturity and Stagnation in American Capitalism*, New York: Monthly Review Press, 1952.

③ Alvin H. Hansen, "Growth or Stagnation in the American Economy", *The Review of Economics and Statistics*, Vol. 36, No. 4, Nov. 1954, pp. 409-414.

二 凯恩斯革命的两重意义：停滞金融化悖论

尽管大萧条点燃的经济学范式革命的火苗在西方主流经济学领域熄灭了，然而，火种已播下，薪火已在与西方主流经济学相对立的异端经济学领域熊熊燃烧，映照出马克思与凯恩斯在垄断资本时代的历史性相遇。"二战"之后，在斯坦德尔和卡莱茨基这些先驱者的探索下，作为西方异端经济学重要流派之一的垄断资本学派接过了这次相遇所点燃的火炬，并据此提出了垄断金融资本理论。

（一）经济停滞

《垄断资本》出版后不久，20 世纪 70 年代的危机以"滞胀"的形式袭来，以美国为代表的发达资本主义经济体经济增长日趋缓慢。垄断资本学派回到了汉森与熊彼特关于停滞问题的争论，他们认为由于垄断程度的提高，以及收入分配的两极化，强烈的储蓄倾向和疲软的投资倾向所滋生的停滞问题不可避免。同时，他们提出下述三种因素是 70 年代对抗经济停滞的重要力量：①政府支出和财政赤字的增加；②70 年代以来，以住宅抵押贷款为主的消费债务攀升；③经济体中金融部门日趋膨胀。

既然停滞是垄断资本主义的常态，那么如何解释 1940～1970 年 30 年间停滞近乎消失的事实呢？垄断资本学派在对此问题的回答中，将立足点放在了投资问题上，比较了大萧条时期和黄金年代这两个时间段中投资所具有的不同特征，初步意识到需要"关于投资决定的专门理论"。他们认为，这两个时间段在投资问题上的根本区别在于战争以推动投资的方式扭转了世界经济形势，使得原本陷入投资不足困境的垄断资本主义得以恢复。在斯威齐看来，下述五个因素是拉动投资的关键性力量：①战时抑制的需求；②战争所摧毁的对住房、汽车以及家电等物品服务的潜在需求；③美国霸权地位的确立有助于国际贸易的扩张；④诸如电子技术和喷气式飞机等军事技术转为民用；⑤军备工业的发展。

同汉森一样，垄断资本学派批判了熊彼特认为新政的执行会打击企业家信心的看法，认为潜藏在垄断资本主义运行方式之中的悲观和谨慎并没有立刻消失，反倒越来越明显。正是在这里，垄断资本学派超越了汉森，批评了后者将停滞视为永久性状态的观点，提出黄金年代繁荣的根源在于通过战争撬动了钢铁、汽车、能源、造船以及重化工等现代资本主义社会基础工业的投资繁荣。但是，投资繁荣所创造的不断扩张的产能并不能摆脱产能过剩，并且后者恰恰是投资过程内在矛盾的产物。基于此，垄断资本学派认为，强烈的投资冲动在孕育投资丰裕的同时也抑制了未来的投资，这既是战后长期繁荣的秘密，也是 20 世纪 70 年代停滞重现的根源。概而言之，巴兰和斯威齐在理解垄断资本主义运行的过程中，将马克思与凯恩斯—汉森/卡莱茨基—斯坦德尔有机结合了起来，提出了以停滞为内核的垄断资本理论。

（二）金融化

在《垄断资本》一书出版 25 年后，斯威齐认为，《垄断资本》的分析与现实相一致，不过他也为该书没有对"最近 25 年里，美国和全球资本主义经济中出现的急剧扩张且日趋复杂化的金融部门及其对'实体经济结构'所产生的影响"① 做出解释而深感自责。事实上，自 20 世纪 70 年代以来，垄断资本学派已经注意到金融部门日趋膨胀，并据此提出金融上层建筑的概念，强调以金融与生产二分法取代实体货币二分法，逐步形成了以"金融化"为内核的金融资本理论，并同以停滞为内核的垄断资本理论结合，形成了垄断金融资本理论。这一理论的提出，恰恰得益于凯恩斯关于投资对未来资本积累不利影响的分析，呈现了马克思与凯恩斯的历史性相遇。

凯恩斯对于投资和未来资本积累关系的考察涉及了资本主义经济中金融矛盾的本质。1929 年，凯恩斯在对股灾的回应中首次提出此问题，并在对大萧条的总结中指出："我们的资本财富是由许多不同的资产所构成的，

① Paul M. Sweezy, "Monopoly Capital after Twenty-Five Years", *Monthly Review*, Vol. 43, Issue 7, December 1991.

如房屋、存货商品、制造或运输中的产品等等。然而，这些资产的名义主人，为了拥有这些资产需要不断地借入货币。在相应程度上，财富的实际所有者的所有权，不是体现在实物资产上，而是体现在货币上。这种'融资'相当程度通过银行系统得以实现。银行作为存贷双方的担保人，一方是借出资金的贷款者，一方是借入资金购买实物资产的借款者。在实际资产和财务所有者间的货币面纱是现代社会的典型特征。"①

在凯恩斯看来，现代公司与现代金融密不可分，后者包括证券市场和信用贷款等，且越来越重要。凯恩斯认为，股票市场从根本上是投资人通过持有股票债券等更具流动性的纸式凭证获取财富，以降低生产性投资的风险。这就使得资本主义越来越具有两面性，并会表现在两种不同的价格结构上，即实际产出价格与金融资产价格，且彼此独立运行，明斯基正是在此基础上提出了著名的"金融不稳定性理论"。因此，如果公司的长期资产变为投资者的短期财务承诺，那么经济中会有越来越多的抵押品被用于投机，金融资产价值日益膨胀且超过实际产出价值，从而在经济中产生越来越大的波动和不稳定。

对于凯恩斯而言，现代金融结构诱发了市场对生产性资产的周期性游离，并且存在由于投机泡沫不可避免的破灭从而使得整个系统趋于不稳定的可能。凯恩斯曾经指出，"如果投机者像企业的洪流中漂浮着的泡沫一样，他未必会造成祸害。但是，当企业成为投机漩涡中的泡沫时，形势就是严重的。当一国资本的积累变为赌博场中的副产品时，积累工作多半是干不好的"②。因此，凯恩斯通过对投机与经济停滞关系的探讨，强调了投资对未来资本积累的不利影响。

在此基础上，垄断资本学派提出对于资本积累过程而言，金融不是作为适可而止的助手，而是已经逐渐转变为雄心勃勃的推手，从而为考察资本积累的二重性奠定了基础。他们指出，生产领域的投资机会日趋枯竭，加之对资产价格不断上涨的信念，使得资本为不断积累的剩余寻

---

① 《凯恩斯文集》（下），李春荣、崔人元主持编译，中国社会科学出版社，2013，第 178 页。

② 约翰·梅纳德·凯恩斯《就业、利息和货币通论》（重译本），高鸿业译，商务印书馆，2011，第 163 页。

求有利可图的投机渠道，投机性金融一跃而成为经济增长的第二引擎，由此滋生了一种长期的金融外爆。不过，在他们看来，金融外爆、军事支出以及销售努力等刺激经济增长的因素都有内在的限制，最终无法抵消资本主义根深蒂固的停滞趋势。据此，垄断资本学派提出了垄断金融资本理论，他们认为在垄断资本主义阶段，经济停滞与金融化形成了一种"两难"性质的共生关系：经济发展无法离开金融化，然而经济发展最终无法忍受金融化。

三 对凯恩斯革命的反思：卡莱茨基与垄断资本学派

西方主流经济学将凯恩斯视为"经济周期药方"的兜售者，浇灭了凯恩斯革命在西方主流经济学领域迸发的革命焰火，不过凯恩斯革命所引发的思考并没有结束，其中就涉及对凯恩斯与卡莱茨基之间关系的探讨。比如，莫里斯·多布、青年斯威齐以及后凯恩斯主义经济学家通常将卡莱茨基视为凯恩斯左派①。卡莱茨基是凯恩斯左派吗？青年斯威齐后来又发生了什么样的转变呢？笔者试图从垄断资本学派凯恩斯思想渊源的角度就这两个问题进行回答，呈现马克思和凯恩斯在垄断资本时代历史性相遇的重要意义。

（一）卡莱茨基是凯恩斯左派吗

对卡莱茨基与凯恩斯之间关系的说明，离不开卡莱茨基晚年对凯恩斯革命所做的反思，这场反思进一步再现了马克思与凯恩斯在垄断资本时代的相遇，其中一个关键人物是卡莱茨基的忠实追随者塔德马什·科瓦里克②。20世纪60年代初，科瓦里克受邀为卡莱茨基65岁生日写传记并对其进行专访。这将卡莱茨基带回到20世纪初希法亭、卢森堡与杜冈-巴拉诺夫斯基关于资本主义再生产的激烈辩论。

① John King, *A History of Post-Keynesian Economics since 1936*, Cheltenham: Edward Elgar, 2002, pp. 49-53.

② Jan Toporowski, "Tadeusz Kowalik and the Accumulation of Capital", *Monthly Review*, Volume 64, Issue 8, January 2013.

30 年后，当卡莱茨基再次回顾这场辩论时，他挣脱了旁观者的身份，正确地认识到卢森堡和杜冈都将总需求视为资本主义的关键，两者错在认为可以在资本主义具体现实中找到解决该问题的办法，比如卢森堡认为可以通过非资本主义市场解决上述问题，而杜冈认为可以通过转向资本更为密集型的生产加以解决。1968 年，科瓦里克与卡莱茨基共同发表了《对"重大"改革的观察》，试图在早期马克思主义者对资本主义能否在不诉诸法西斯主义或战争以维持充分就业的框架下，理解凯恩斯革命在经济政策上的意义。概而言之，卡莱茨基强调资本权力本能地对完全就业加以抵制，认为 1937~1938 年的衰退反映了政府在干预和退却之间的徘徊。

斯威齐在 20 世纪 80 年代对卡莱茨基和凯恩斯有过这样一番比较，他认为凯恩斯的论述集中在从宏观层面考察垄断与停滞之间的关系，西方主流经济学在 20 世纪 30 年代也已开始思考寡头和垄断竞争，不过相比于凯恩斯，它们的垄断理论主要是从微观层面考察单个企业和厂商具体行为方式的变化，而"卡莱茨基是第一个将宏观与微观协调起来的经济学家"，并且斯坦德尔在卡莱茨基的基础上继续发展了这一思想[1]。科瓦里克与卡莱茨基在 60 年代对凯恩斯革命的反思实质上是对凯恩斯革命的超越，将问题的关键置于总需求与资本主义再生产间的关系上，回到了马克思所关注的资本积累这一核心问题，是马克思与凯恩斯在垄断资本时代相遇的具体呈现。此外，卡莱茨基对问题的分析和处理表明，他早于凯恩斯探究总需求与资本积累的关系，并且将宏观与微观进行了结合，用"凯恩斯左派"形容卡莱茨基并不恰当。

（二）从消费不足到过度积累

1963 年，卢森堡的《资本积累论》在波兰出版，这为科瓦里克同其他马克思主义者展开关于资本积累理论的辩论奠定了基础。1967 年，科瓦里克的《罗莎·卢森堡的资本积累论和帝国主义论》完稿，该书以俄

---

① Paul M. Sweezy, "The Crisis of American Capitalism", *Monthly Review*, October 1980.

国民粹派对俄国为何不会发展资本主义这一问题的提出为分析起点，强调了卢森堡资本积累理论的重要作用，将20世纪政治经济学的根源追溯至马克思在《资本论》第二卷中关于资本主义再生产图式的讨论，从而为创立强调国家作用的凯恩斯主义/卡莱茨基主义政治经济学奠定了基础①。通过对罗莎·卢森堡资本积累理论的梳理，科瓦里克坚持了卡莱茨基在《经济波动理论》中对卢森堡的看法。卡莱茨基认为，"卢森堡的理论作为一个整体无法被全盘接受，但是她在凯恩斯《通论》出版之前就已明确提出需要通过投资或出口平衡储蓄过剩"②。不过，有意思的是，1938年，兰格曾指出，"少数消费不足主义理论家曾经认为储蓄阻碍了投资，其中最著名的要算罗莎·卢森堡"③。在《资本主义发展论——马克思主义政治经济学原理》中，斯威齐也将卢森堡封为"消费不足主义女王"，并且继承了卢森堡对杜冈的反对意见，认为投资并不必然带来增长④。

科瓦里克认为，这些学者之所以将卢森堡视为消费不足主义者，关键在于他们将她的分析局限于简单再生产，因此不存在资本存量，也不可能实现经济增长，从而会出现储蓄增加导致消费不足的危机。斯威齐就曾表示在积累或者增长的情形下，工人的额外消费有助于实现剩余价值⑤。科瓦里克认为，卢森堡力图提出资本主义发展理论，因此将她的分析局限于简单再生产是错误的。值得注意的是，对于消费不足主义存在很多不同的理解，熊彼特就曾将有效需求或不开支理论作为消费不足主义的一种形式，许多马克思主义者倾向于将任何类型的需求限制都纳

① Jan Toporowski，"Tadeusz Kowalik and the Accumulation of Capital"，*Monthly Review*，Volume 64，Issue 8，January 2013.

② Jerzy Osiatynski，Collected Works of Michal Kalecki，Vol. 1：*Capitlaism，Business Cycles and Full Employment*，Oxford：Clarendon Press，1990，p. 255.

③ Oskar Lange，"The Rate of Interest and the Optimum Propensity to Consume"，*Economica*，Volume 5，No. 17，February 1938，pp. 12-32.

④ 保罗·斯威齐：《资本主义发展论——马克思主义政治经济学原理》，陈观烈、秦亚男译，商务印书馆，1997，第191页。

⑤ 保罗·斯威齐：《资本主义发展论——马克思主义政治经济学原理》，陈观烈、秦亚男译，商务印书馆，1997，第201页。

入消费不足主义①。然而，这样的解释会混淆消费和生产的辩证关系，毕竟生产消费与投资密切相关。不过，斯威齐在 1951 年发表的关于卢森堡《资本积累论》英文版的书评表明，在 50 年代之前，他尚未改变他的观点。②

20 世纪 40 年代早期，斯威齐出版了《资本主义发展论——马克思主义政治经济学原理》，试图对 20 世纪中期资本主义现状展开分析。有意思的是，尽管卡莱茨基在美国已经家喻户晓，然而该书仅提到了凯恩斯，对卡莱茨基却未曾提及。1946 年，斯威齐和巴兰同卡莱茨基在纽约相遇，定期进行讨论，直到 1955 年卡莱茨基返回波兰。这段经历完全转变了斯威齐对卡莱茨基的看法，也是斯威齐思想转变的重要阶段。正是在这里，斯威齐受到了来自卡莱茨基和科瓦里克的挑战，转变了他对于卢森堡消费不足主义危机的看法，并将他对危机的分析概括为"过度积累理论"。这一概念显然是受卡莱茨基以及斯坦德尔的影响③，并在他回应埃佛塞·多马对他初始论点的批判中首次提出④。在《垄断资本》一

① Joseph Schumpter, *History of Economic Analysis*, New York：Oxford University Press, 1954, p. 740.

② 斯威齐表示"卢森堡的书以卓越的成就引人注目……尽管由于存在大量的分析性错误最终使得中心论点归于无效。卢森堡考察了简单再生产（这时积累已被排除了）条件下的积累困难，然后搬来了非资本主义环境作为救兵以摆脱自我导致的混乱"。参见 Paul M. Sweezy, *The Present of History*：*Essays and Reviews on Capitalism and Socialism*, New York and London：Monthly Review Press, pp. 291-294。

③ 在《美国资本主义的成熟与停滞》一书中，斯坦德尔明确提出将经济中的投资不足作为剩余价值实现的主要困难，而非消费不足。在该书"卡尔·马克思与资本积累"一章，斯坦德尔引证马克思清楚表明资本主义经济中工资所带来的低消费是低投资的结果而不是原因，回到了马克思在《资本论》第一卷中提出的工资是由积累量所决定的观点。参见 Josef Steindl, *Maturity and Stagnation in American Capitalism*, New York：Monthly Review Press, 1952, pp. 243-246。

④ Dana Cloud, "The Cases of Margo Ramlal Nankoe, William, Nagesh Rao, and Lorettta", http：//mrzine. monthlyreview. org/2009/cloud290409. html；David Horowitz, "Susie Day, Identity, Class, and Bite Me", http：//mrzine. monthlyreview. org/2006/day300506. html.

书中，巴兰和斯威齐放弃了工人的消费影响剩余价值实现的观点，也不再提及卢森堡和消费不足主义，并且在该书导言的脚注中，指出"本书是我们以前的著作（即《资本主义发展论——马克思主义政治经济学原理》）的直接继续。它也应当被理解为反映了我们对自己以前的著作的不满意"①。对于巴兰和斯威齐而言，剩余实现仍然是整个问题的核心，但是这一问题以资本过度积累危机的形式呈现。上述转变有助于垄断资本学派通过卡莱茨基和斯坦德尔，把凯恩斯革命与 20 世纪初期关于资本主义再生产问题的讨论结合起来，深化了该学派对于危机问题的分析，在一定程度上剥离了该学派所具有的消费不足主义色彩，将分析的中心立足于剩余价值生产和剩余价值实现资本主义生产方式所具有的核心矛盾上，更为积极地挖掘凯恩斯革命所具有的重大意义，呈现了马克思与凯恩斯在垄断资本时代的历史性相遇。

四 垄断资本时代的"古典政治经济学"与马克思

垄断资本学派以对 20 世纪上半叶垄断资本主义的认识为起点，大萧条以及 20 世纪波澜壮阔的社会主义运动构成了垄断资本学派理论分析的基本图景。该学派大量吸收了凯恩斯关于经济停滞和投资及其对未来资本积累不利影响的相关论述，提出了以停滞金融化为内核的垄断金融资本理论，呈现了马克思与凯恩斯在垄断资本时代的历史性相遇。

1966 年，《垄断资本》出版后不久，曾被美国马克思主义学界视为极有潜力的青年马克思主义学者后来却沦为犹太复国主义极右翼主义者的大卫·霍洛维茨盛赞该书，认为《垄断资本》的优点在于抛弃了劳动价值论和剩余价值论，并用从凯恩斯等 20 世纪伟大思想家那里继承的概念范畴取而代之②。这实质上是抹杀了马克思与凯恩斯历史性相遇，试

---

① 保罗·巴兰、保罗·斯威齐：《垄断资本：论美国的经济和社会秩序》，南开大学政治经济学系译，商务印书馆，1977。

② David Horowitz, "Analyzing The Surplus", *Monthly Review*, Vol. 18, No. 8, January 1967, pp. 49-59.

图以凯恩斯取代马克思。霍洛维茨的上述评价令斯威齐非常尴尬。斯威齐认为造成这种误解的原因可能在于经济剩余这样的概念，因此对没有将马克思剩余价值概念坚持到底十分后悔。霍洛维茨对巴兰和斯威齐《垄断资本》的误解将我们指向了如下值得注意的地方：第一，如何理解垄断资本学派的凯恩斯渊源；第二，如何看待垄断资本主义阶段的经济学家。

马克思在批判性吸收古典政治经济学的基础上对资本主义基本运行规律做出了科学分析，为改造世界提供了可能。垄断资本学派充分吸收了资本主义新阶段经济学家的思想，同古典政治经济学家一样，这些经济学家存在着不可避免的局限性，但是在对垄断资本主义的分析上，为马克思主义者提供了批判性学习的材料。霍洛维茨的看法显然是错误的，垄断资本学派并非从凯恩斯等大思想家那里承袭概念。相反，他们在秉持马克思的根本立场、观点和方法的基础上，将其运用于对20世纪垄断资本主义现实运行的分析，批判性吸收了凯恩斯等人的相关概念，呈现了马克思与凯恩斯在垄断资本时代的历史性相遇。

马克思在《资本论》中指出："资产阶级在法国和英国夺得了政权。从那时起，阶级斗争在实践方面和理论方面采取了日益鲜明的和带有威胁性的形式。它敲响了科学的资产阶级经济学的丧钟。现在问题不再是这个或那个原理是否正确，而是它对资本有利还是有害，方便还是不方便……不偏不倚的科学探讨让位于辩护士的坏心恶意。"① 这里，马克思批判的是处于自由竞争资本主义阶段末期，继续为自由竞争资本主义统治秩序辩护的经济学家。如果不加分析地引用马克思的这一论断，就会忽视经济学家们在资本主义发展的新阶段提出的重要理论洞见。2012年，《每月评论》刊载了《一些理论启示》，该文是巴兰1962年写就的草稿，巴兰在该文中指出马克思在1872年的评论"可能过于草率并且打击面过大"②。

---

① 马克思：《资本论》第1卷，人民出版社，2004，第17页。

② Paul A. Baran, Paul M. Sweezy, "Some Theoretical Implications", *Monthly Review*, Volume 64, Issue 3, July-August 2012.

　　因此，可以根据资本主义的历史演进过程将古典政治经济学划分为两个时期，以对应资本主义发展的两个阶段。具体而言，古典政治经济学的第一个时期发生在自由竞争资本主义阶段，即传统意义上的古典政治经济学；第二个时期发生在 19 世纪末从自由竞争资本主义阶段转向垄断资本主义阶段之际，不妨称为"垄断资本时代的古典政治经济学"。在自由竞争资本主义阶段的下降时期，资产阶级庸俗经济学取代传统意义的古典政治经济学，占据了统治性地位，其科学性日益下降，沦为辩护学。与之类似，从 20 世纪 70 年代开始，新自由主义经济学登场，而这对应了晚期资本主义，或者按照垄断资本学派的命名，即"国际垄断金融资本主义时期"。

　　1963 年，斯威齐提出"恐怕资产阶级经济学已经不可避免地走向了马克思称之为'辩护士的坏心恶意'的状态"，并且认为凯恩斯可能是最后一个资产阶级经济学尚存一点科学性的伟大代表。巴兰也预见到了新自由主义经济学的登场，他在《一些理论启示》中一针见血地指出，"为垄断资本主义所根深蒂固的不合理性进行辩护的欲望已经导致了一种新的拜物教，这甚至超过了自由竞争资本主义时期的经济思想"①。20 世纪 70 年代，新自由主义经济学在主流经济学界获得了统治地位，但却愈益无法解释现实社会问题，同资本主义经济停滞相似，西方主流经济学也趋于停滞，资产阶级经济学危机再次上演。正如《每月评论》的编辑所言："无论是保罗·克鲁格曼还是迈克尔·斯宾塞以及其他的著名西方主流经济学家，都不能像 20 世纪 30 年代凯恩斯革命那样，对既有的经济学理论进行深刻认真的反思。"②

　　概而言之，马克思与凯恩斯在垄断资本时代的历史性相遇，意味着我们应该批判性吸收资产阶级古典政治经济学的相关思想，取其精华，去其糟粕。有学者在对垄断竞争理论的研究中，坚持马克思主义方法论，

① Paul A. Baran, Paul M. Sweezy, "Some Theoretical Implications", *Monthly Review*, Volume 64, Issue 03, July-August 2012.
② John Bellamy Foster, etc., "Notes from the Editors", *Monthly Review*, Volume 64, Issue 3, July-August 2012.

批判性吸收了"资产阶级学院派经济学家对垄断问题的研究"①，强调"马克思主义学派要发展和丰富垄断资本理论，不充分利用学院派的研究成果是难以想象的"②。因此，不应将马克思与资产阶级古典政治经济学完全对立，这有可能会导致马克思主义"宗派化"，无益于对现实问题的科学探讨。同时，古典政治经济学所具有的科学性并非仅存于资本主义萌芽时期，应该认识到资本主义发展有其阶段性，这是建构经济学理论的源头活水，否认这一点就有可能导致对资产阶级经济学理论的虚无主义倾向，无益于马克思主义政治经济学的进一步发展。

---

① 张雪琴：《马克思与凯恩斯在垄断资本时代的历史性相遇——对垄断资本学派凯恩斯渊源的考察》，《学习与探索》2018 年第 2 期。

② 高峰：《发达资本主义经济中的垄断与竞争——垄断资本理论研究》，南开大学出版社，1997，第 7 页。

垄断资本学派论当代经济金融化[*]

张雪琴

　　自 20 世纪 70 年代以来，以经济停滞和金融爆炸为典型特征的金融资本的再度崛起以及资本积累的金融化已成为垄断资本主义发展过程中的典型现象。然而到目前为止，学界尚未对金融化的内涵达成完全一致的共识。理解当代资本主义金融化，需要回到对异端经济学产生过重大影响的西方马克思主义经济学重要流派——垄断资本学派。

　　垄断资本学派由巴兰和斯威齐在卡莱茨基和斯坦德尔两位先驱开拓性工作的基础上创立。1966 年两人合著的《垄断资本：论美国的经济和社会秩序》（以下简称《垄断资本》）出版，标志着垄断资本理论的正式提出。垄断资本理论是关于发达资本主义经济停滞的理论。巴兰和斯威齐以美国为样本，以垄断资本主义条件下剩余价值的产生和实现为中心论题，研究了垄断资本主义条件下剩余价值的增长趋势以及剩余价值实现的困难，并得出了两个重要结论：第一，在缺乏强有力的抵消因素的前提下，垄断资本主义经济的正常状态是停滞；第二，垄断资本主义阶段的历史事实是停滞趋势与其抵消因素之间相互作用的结果。在他们看来，如果不存在诸如企业的销售努力、政府的民用支出和军事支出等抵消力量，垄断资本主义制度早已自行崩溃，因此理解这些抵消力量的性质和含义至关重要。随着战后繁荣在 1974~1975 年的终结以及 20 世纪 80 年代金融爆炸的出现，垄断资本学派开始将金融视为抵抗经济停滞的重要力量。在此基础上，他们将金融化定义为"经济重心从生产转向金融"，提出了"垄断金

---

* 本文原载于《马克思主义与现实》2021 年第 1 期，收入本书时有改动。

融资本"的概念，剖析了"资本积累的金融化"，并将这种金融化视为垄断资本主义阶段的一个新时期——"垄断金融资本主义时期"①。

由于垄断资本学派的金融化理论从提出到确立经历了比较长的时间，研究人员众多且存在代际更替等问题，不同时期不同研究人员的思想散落于相关论文和著作中，为研究者系统、准确地理解其金融化理论造成了一定困难。这也成为到目前为止学界对垄断资本学派的金融化理论做系统性梳理的文献尚不多见的一个重要原因。本文在充分利用垄断资本学派不同时期发表的文本的基础上，阐述了该学派以生产与金融相互分离为内核的"垄断金融资本"概念的提出及其形成条件，以在尽可能还原垄断资本学派金融化理论的基础上对其贡献加以适当评价。

一 金融化的两个阶段与垄断资本学派

股份公司和现代资本市场的发展为金融化提供了最早的制度前提。股份公司作为筹集巨额资金的有效手段越来越为大型工商企业所采用。随着公司法人制度日渐成为巨型垄断公司占据支配地位的企业产权形式，资本主义也从自由竞争阶段过渡到了垄断阶段。股份公司的出现意味着两种资本形态的出现，即马克思所说的现实资本和虚拟资本的差别。这种差别为生产性资本积累和金融资本积累提供了最早的制度前提，并为此后各类金融资产的自主发展奠定了基础。希法亭敏锐地观察到了资本主义发展进入新阶段的具体历史，并总结了垄断企业的出现所导致的积累方式的重大转变，将金融资本定义为"由银行支配而由工业家运用的资本"。值得注意的是，尽管希法亭曾指出，"'现代'资本主义的特点是集中过程，这些过程一方面表现为由于卡特尔和托拉斯的形成而'扬弃自由竞争'，另一方面表现为银行资本和产业资本之间越来越密切的

---

① John Bellamy Foster, Fred Magdoff, "Monopoly-Finance Capital", in *The Great Financial Crisis*, Monthly Review Press, 2009, p. 69.

关系"①，但是在《金融资本——资本主义最新发展的研究》（以下简称
《金融资本》）中他用了半数以上的篇幅详细考察第二个方面，只在第三篇
简略分析了第一个方面，因此，他的整个分析是以第二个方面为主，这就使
得他提出的金融资本概念存在重大疏漏。正如列宁所指出的，尽管希法亭已
意识到垄断组织的重要性，但他并未阐明金融资本产生的根源在于生产的集
中和垄断，并忽视了金融资本的寄生性。基于此，列宁提出，需要将"生产
的集中；从集中生长起来的垄断；银行和工业日益融合或者说长合在一起"
视为"金融资本"产生的历史基础和实质内涵②。

因此，根据希法亭和列宁的阐述，金融资本有两层含义：第一，这
一概念强调了资本主义从自由竞争阶段向垄断阶段的过渡是同人格化为
金融寡头的金融资本的统治地位密切相关的；第二，希法亭和列宁的
"金融资本"主要反映的是德国当时的历史经验。希法亭和列宁关于金
融资本的第一层含义实质上强调了垄断同信用的关系，以信用等手段实
现资本集中以及由此带来的企业产权制度变革，是垄断金融资本出现的
制度条件。马克思指出，"信用制度是资本主义的私人企业逐渐转化为
资本主义的股份公司的主要基础"③。现代公司法人制度实现了出资者人
格和公司人格的分离，原生的出资者资本所有权转变为两种派生的资本所
有权，即由公司法人所拥有的生产性资本所有权和由股东所拥有的金融资
本所有权。整个经济从而被划分为生产和金融两个领域，这就为生产性资
本积累和金融资本积累的分离提供了制度前提。因此，希法亭、列宁和垄
断资本学派都认识到了应将生产与金融的二分视为垄断资本主义时代区别
于自由竞争资本主义时代的关键特征。不同之处在于：希法亭和列宁侧重
于考察生产性资本和金融资本的融合生长，垄断资本学派着重研究了生产
性资本与金融资本的相互分离。基于此，笔者以生产与金融的相互关系为
参照，将金融资本的两次崛起分为金融化的两个阶段，其中生产与金融的

---

① 希法亭：《金融资本——资本主义最新发展的研究》，福民等译，商务印书
馆，1997，第1页。
② 《列宁选集》第2卷，人民出版社，2012，第613页。
③ 《马克思恩格斯文集》第7卷，人民出版社，2009，第499页。

相互融合是金融化第一阶段的典型特征，生产与金融的相互分离是金融化第二阶段的典型特征。希法亭和列宁正是从工业资本和银行资本融合生长的角度提出了金融资本的概念，界定了金融化第一阶段的实质内涵。他们关于金融资本的界定由于主要来自德国当时的历史经验，因而更为强调生产性资本同银行资本的融合以及银行资本在此融合中的优势地位①。

有趣的是，1941年斯威齐曾撰文分析金融势力在美国的减弱，并据此批评了希法亭关于金融资本的定义，提出"银行资本的统治，是资本主义发展史中的一个短暂的阶段，它大致上是和竞争资本主义向垄断资本主义的过渡同时发生的"。正是基于此，斯威齐对希法亭金融资本概念中"银行家统治的含义"存有异议，并认为"更好的做法是，把这个词完全抛弃不用，而以'垄断资本'来代替它"②。用"垄断资本"取代"金融资本"，的确可以清楚地阐明垄断的实质，弥补《金融资本》在垄断问题分析上存在的疏漏。也正是在此意义上，斯威齐表示"列宁的理论就肯定不会招致希法亭理论所受过的批评"③。然而，斯威齐的上述做法过于侧重列宁对生产集中和垄断的强调，而割裂了列宁对金融资本产生的"历史基础"和"实质内涵"的辩证把握，忽视了金融资本概念所包含的超越特殊历史语境的一般化含义。因此，尽管早在1956年写给巴兰的信中，斯威齐就曾提出应将金融整合进垄断资本理论，但是直到20世纪60年代中期为止，垄断资本学派对生产与金融关系的理解，尚且停留在希法亭和列宁所提出的以生产和金融相互融合为典型特征的金融化第一阶段，并且过于强调生产集中和垄断，从而将金融资本的控制仅仅视为"资本主义发展史中的一个短暂的阶段"④。

---

① 参见希法亭《金融资本——资本主义最新发展的研究》，福民等译，商务印书馆，1997，第252页。

② Paul M. Sweey, "The Decline of the Investment Banker", *The Antioch Review*, Vol. 67, No. 2, 2009.

③ 保罗·斯威齐：《资本主义发展论——马克思主义政治经济学原理》，陈观烈、秦亚男译，商务印书馆，2006，第333~335页。

④ 参见保罗·斯威齐、哈里·马格多夫《美国资本主义的动向》，郑瑄、张文译，商务印书馆，1975，第90~91、93~98页。

二 垄断资本学派对当代经济金融化的确认与
"停滞—金融化"理论假说的提出

1973~1975 年经济危机的爆发标志着第二次世界大战之后 "黄金年代" 的结束。危机发生后，资本主义国家纷纷出现通货膨胀、生产下滑以及债务猛增所导致的金融不稳定性增加等现象。事实上，自 20 世纪 60 年代中期开始，美国在二战后建立的霸权资本主义体系的矛盾便日趋激化。垄断资本学派最早注意到并系统跟进了资本主义的新动向，总结了美国资本主义出现的四大变化，确认了美国资本主义的金融化转向，并在此基础上提出了 "停滞—金融化" 理论假说。

第一，美国国内资本投资和企业清偿能力显著下降。一方面，哈里·马格多夫分析发现，美国国内资本投资日渐减少。据他估算，1947~1957 年，美国固定资本的总投资占国民生产总值的 10.3%，这一比重在 1958~1964 年下降到了 8.6%①。另一方面，马格多夫和斯威齐在比较 1969~1970 年的经济衰退与二战后的几次经济衰退时发现，此次衰退同之前相比，不仅在整个衰退时期物价都持续上涨，更为特别之处在于企业的破产，这不仅仅表现在企业破产数量及其所涉及的应偿债务量的增加，问题的关键在于二战后首次出现了大量巨型公司被迫破产或面临破产的威胁。据他们估算，非金融公司清偿能力比重从 1946 年的 73.4% 下降到 1969 年的 19.3%，并且清偿能力比重的下降对资产超过 1 亿美元的巨型公司而言尤为明显②。这是二战后发生的一个关键变化，标志着公司抵抗破产的能力明显下降。

第二，美国日益依靠信用发展经济。一是表现为政府债务的增加。在 1957 年以前的 10 年间，美国各州和地方政府在其负债总额上平均每年增加约 30 亿美元；1957 年以后，平均每年增加近 60 亿美元的债务。

---

① 参见保罗·斯威齐、哈里·马格多夫《美国资本主义的动向》，郑瑄、张文译，商务印书馆，1975，第 13~15 页。

② Harry Magdoff, Paul M. Sweezy, "The Long-Run Decline in Corporate Liquidity", *Monthly Review*, September, 1970.

二是表现为消费者债务也日益增加。据估算，1969 年消费者债务占其可
支配收入的比重同 1946 年相比增加了 15 倍，而消费者收入只增加了不
到 4 倍①。其中，同非金融企业债务的增长状况相比，消费者信贷增长
得更快。在 1961~1970 年，新增净按揭贷款年均为 288 亿美元，其中用
于住房的按揭贷款年均为 187 亿美元；而在 1971~1973 年，新增净按揭
贷款年均为 558 亿美元，其中用于住房的按揭贷款年均为 344 亿美元②。
这表明，美国在 1957 年之后日益依靠信用发展经济。

　　第三，金融体系出现了巨大的不稳定。美国包括长期债券和按揭贷
款在内的长期债务从 1940 年的 490 亿美元增加至 1970 年的 3630 亿美元；
股权资本从 1940 年的 890 亿美元增加至 1970 年的 2010 亿美元；债务资
本占股权资本的比重从 1940 年的 55.1%增至 1970 年的 180.6%；商业银
行贷款平均增长率在 1965~1970 年为 9%，1971~1973 年为 15.2%，并
在 70 年代后持续增加。以上种种表现表明银行日益远离其作为货币保管
者的职能，而日益接近将存款全部贷出的界限。随着流动性下降，公司
归还银行贷款会面临很大困难，这可以从银行的流动性系数及其股权资
本状况中一览无余。这就使得债务外爆不可避免，"理解银行债务急剧
扩张所具有的投机性至关重要……商业银行以及依赖于不稳定的融资结
构的整个经济都已面临巨大风险"③。

　　第四，经济周期与债务扩张出现新模式。随着"黄金年代"的终
结，美国的经济周期和债务扩张呈现出一种不同于传统信用周期的新模
式。按照传统信用周期，信用扩张通常发生在经济从萧条或者衰退中恢
复并上升时，而在经济衰退时，信用往往会收缩。然而危机爆发后，

① Harry Magdoff, Paul M. Sweezy, "The Long-Run Decline in Corporate Liquidity", *Monthly Review*, September, 1970.

② Harry Magdoff, Paul M. Sweezy, "Debt and the Business Cycle", in *The Deepening Crisis of U. S. Capitalism*, Monthly Review Press, 1981, pp. 74−77; Harry Magdoff, Paul M. Sweezy, "Keynesian Chickens Come Home to Roost", in *The End of Prosperity*, Monthly Review Press, 1977, pp. 24−26.

③ Harry Magdoff, Paul M. Sweezy, "Banks: Skating on Thin Ice", in *The End of Prosperity*, Monthly Review Press, 1977, pp. 43−44, 47, 50−51.

"美国资本主义经济在近期出现了新情况。随着二战后特有的刺激力量的日趋枯竭以及随之而来的停滞重现，美国资本主义经济日益沉迷于债务所带来的刺激，信用在经济周期不同阶段的运行仍在继续，但是出现了一个显著的变化：信用无论是从一个经济周期的波谷到另一个周期的波谷，还是从一个经济周期的波峰到另一个经济周期的波峰，都在一路攀升。在衰退和复苏阶段，整个经济越来越取决于政府和私人机构更多信用的注入"①。

在垄断资本学派看来，投资的下滑、失业的增加、通货膨胀以及对信贷的依赖决定了 1973～1975 年的危机不是周期性的、临时性的危机，而是"同 20 世纪三四十年代相类似的、将会带来重大历史变化和转变的、更为深刻且长期的经济停滞"②。马格多夫和斯威齐从经济停滞图景出发，将信用系统、财政以及美国联邦储备体系视为这一时期对抗美国经济停滞的重要因素③。他们提出，"债务以及银行的过度扩张是为确保资本主义制度及其利润、暂时克服其矛盾以及支持帝国主义扩张和美国的战争所必要的"④，并明确表示，1973～1975 年危机后的经济复苏"一方面取决于政府债务，另一方面取决于消费者贷款的大量增加"，并提出了"消费信贷—购买力假说"⑤。这是他们基于经济停滞图景理解 20 世纪 70 年代以来资本主义经济运动规律的初步尝试。随着美国资本主义经济危机的日趋深化，斯威齐曾于 1980 年明确提出，需要回到马克思—

---

① Harry Magdoff, Paul M. Sweezy, "Debt and the Business Cycle", in *The Deepening Crisis of U. S. Capitalism*, pp. 70-71.

② Harry Magdoff, Paul M. Sweezy, "Debt and the Business Cycle", in *The Deepening Crisis of U. S. Capitalism*, p. 179.

③ Harry Magdoff, Paul M. Sweezy, "Keynesian Chickens Come Home to Roost", in *The End of Prosperity*, pp. 21-24.

④ Harry Magdoff, Paul M. Sweezy, "Keynesian Chickens Come Home to Roost", in *The End of Prosperity*, p. 35.

⑤ Harry Magdoff, Paul M. Sweezy, "Debt and the Business Cycle", in *The Deepening Crisis of U. S. Capitalism*, p. 79.

卡莱茨基—斯坦德尔的经济停滞理论①，这是垄断资本学派"停滞—金融化假说"提出的理论前提。1982 年，明斯基提出发达资本主义经济体的金融结构表现出一种内部缺陷，迫使资本主义经济在稳定状态和不稳定状态之间来回转换，从而使得整个经济容易出现大萧条时期所表现出来的债务紧缩，试图从理论上构造解释金融不稳定和债务爆炸的模型②。马格多夫和斯威齐在明斯基的文章发表仅两个月后，便迅速回应了明斯基。他们肯定了明斯基对资本主义不稳定性的分析，同时也指出他的金融不稳定性理论缺少对 20 世纪 60 年代中期就已经很明显、在 20 世纪 70 年代不断加强的停滞现象的充分认识，从而无法说明美国资本主义金融部门为何会发生如此重大的变化③。

上述分析表明，垄断资本学派在洞察了资本主义出现的四大新变化之后，已经意识到需要从停滞出发理解经济停滞与金融爆炸之间的关系，并将金融爆炸视为对抗金融停滞的重要手段，提出了"停滞—金融化"假说。对这一假说的论证事实上分为两个部分：马格多夫、斯威齐和福斯特等人从生产与金融相互分离的角度考察了垄断金融资本形成的"推力"；哈维关于阶级—垄断地租、都市化和金融化的分析在强调从剩余价值生产和剩余价值实现出发理解资本积累的基本矛盾的基础上，考察了垄断金融资本形成的"拉力"。笔者将前者称为狭义的垄断资本学派，将后者称为广义的垄断资本学派。

三 狭义的垄断资本学派与金融化形成的"推力"

狭义的垄断资本学派以经济停滞为图景，强调了凯恩斯—汉森/卡莱茨基—斯坦德尔所提出的"关于投资机会日趋枯竭的理论"。根据这一

---

① Harry Magdoff, Paul M. Sweezy, "The Crisis of American Capitalism", in *The Deepening Crisis of U. S. Capitalism*, p. 179.

② Hyman P. Minsky, "Can 'It' Happen Again? A Reprise", *Challenge*, July-August 1982.

③ Harry Magdoff, Paul M. Sweezy, "Financial Instability: Where Will It All End?" *Monthly Review*, November 1982.

理论，由于巨型公司的存在以及收入分配的极端不平等，发达资本主义经济体具有强大的储蓄能力；然而由于缺乏有利可图的投资机会，这一储蓄能力并不会转变为真正的资本并确保经济持续增长，只会导致更低的收入、大规模的失业以及长期萧条或停滞。1965 年后，美国的产能利用率和制造业就业率均呈下滑态势，这表明投资的刺激效应日趋减弱。此外，自 1973 年以来，美国投资严重受阻，尽管新兴产业部门投资有所增长，但尚不足以抵消投资的整体性下滑，这在 1983～1984 年美国经济复苏中尤为明显。马格多夫和斯威齐认为，此次复苏表明"投资增加的部门绝大部分与赚钱相关而非与制造产品相关，或者正如凡勃伦所指出的，出于金钱追求而非工业追求……这表明，除了与赚钱有关的部分部门外，目前这次复苏从根本上是缓慢的，并且反映了十多年以前开始的停滞的继续……这并不是偶然的，而是成熟资本主义经济体根深蒂固的特征"①。换言之，由于强烈的储蓄倾向和疲软的投资倾向，20 世纪 70 年代，停滞以"滞胀"的面貌再次游荡于发达资本主义经济体。

基于上述观点，马格多夫和斯威齐对阿尔弗雷德·卡恩所代表的新古典综合经济学的货币金融理论展开了批判。在卡恩看来，证券、房地产和公司并购等投机活动"不过是现有资产的买卖……完全不会使用实际资源"。马格多夫和斯威齐认为，"由于有超过 10% 的失业率以及超过30% 以上的生产能力闲置……现有资产的买卖虽然不需要使用实际资源（当然从事这些交易所花费的时间除外），但确实为原本可以转化为现实资本的货币资本提供了用武之地"。因此，他们提出，"适当的分析方法不是分割为实体领域与货币领域（所有领域都既是实体的又是货币的），而是分为生产部门和金融部门，从而人们可以合理地区分经济体的生产性基础与其金融上层建筑……的区别"②。

这是因为在自由竞争资本主义阶段，生产活动发生在个人企业或者合伙企业，货币只起着交换媒介的作用。为了集中资金以及规避风险，

---

① Harry Magdoff, Paul M. Sweezy, "The Strange Recovery of 1983–1984", in *Stagnation and Financial Explosion*, Monthly Review Press, 1987, p. 77.

② 哈里·马格多夫、保罗·斯威齐：《生产与金融》，张雪琴译，《清华政治经济学报》2014 年第 2 期。

众多投资者共同组建了公司，公司制由此产生。这就使得"拥有实际资产和拥有法律赋予的特殊权利之间的区别"凸显，导致资本主义经济结构发生了质变，从而，"各种类型和数量的公司证券的发行导致有组织的股票和债券市场、证券交易所、新形式的银行以及一种被凡勃伦称作能够迅速跃升至资本主义财富和权力等级之巅的金融舵手"① 的出现。希法亭和列宁正确认识到了自由竞争资本主义向垄断资本主义的转变同股份公司的发展相伴随，并且正确地将经济划分为生产部门和金融部门，垄断资本学派秉持了马克思—希法亭—列宁这一研究思路。

希法亭和列宁的金融资本更侧重于分析生产与金融的融合效应，然而 20 世纪 70 年代以来，生产与金融的分离出现了。"在 20 世纪，相对于生产性领域而言，金融部门不论是从绝对量上还是从相对量上都在快速增长。尤其是在战后长期繁荣阶段，伴随着投机活动的日益频繁，出现了名副其实的各种新型金融机构和金融工具大量增加的现象……越来越多的货币资本……并非直接转化为从对劳动力的生产性使用上攫取剩余价值的生产性资本"，而是"被用于购买生息的或者可分红的金融工具"，这就使得投资于各类金融资产的"货币资本会直接或者间接地有助于实际资本的形成"的基本假定不再成立②。

上述观点构成了马格多夫和斯威齐对希法亭—列宁的金融资本概念的关键性发展，笔者将他们所强调的生产与金融的相互分离视为金融化的第二阶段。

在狭义的垄断资本学派看来，对于成熟资本主义经济体而言，一方面，在生产部门中，由于需求停滞和产能闲置，投资只能维持在设备维修和更新上，有利可图的投资机会十分匮乏，从而经济停滞成为垄断资本主义的常态，在此条件下剩余价值生产和剩余价值实现的矛盾势必日趋尖锐；另一方面，由于货币资本可以"在金融部门内部保持货币资本循环的形式，推动金融市场的发展，使得金融部门有了自己的生命"，

---

① 哈里·马格多夫、保罗·斯威齐：《生产与金融》，张雪琴译，《清华政治经济学报》2014 年第 2 期。

② 哈里·马格多夫、保罗·斯威齐：《生产与金融》，张雪琴译，《清华政治经济学报》2014 年第 2 期。

因此只要金融资产的价格能够不断上涨，"弥漫于整个金融圈的投机心理"就会被点燃①。

因此，狭义的垄断资本学派用"垄断金融资本"取代希法亭和列宁的"金融资本"来表达以生产和金融的相互分离为典型表现的金融化的第二阶段。在他们看来，垄断金融资本表现为经济停滞和金融爆炸这一根深蒂固且不可逆转的经济僵局的共生现象，这就使得：第一，潜在经济停滞意味着资本主义越来越依赖于金融膨胀，以保持和扩大其货币资本；第二，金融上层建筑无法独立于生产性资本而实现扩张，从而投机泡沫的产生和破裂成为周期性现象；第三，金融化无法克服生产部门内部的停滞问题。因此，生产性部门的停滞使得资本积累主要取决于金融部门的增长，从而金融成为吸收过剩资本的重要力量，过剩资本正是在各种各样的金融资产中找到了"有利可图的投资渠道"。这就使得资本主义在20世纪70年代末80年代初发生了结构性变化，即由生产性资本主义转向了金融资本主义，并且"在资本主义目前的历史阶段……生产部门停滞和金融部门膨胀"②势必长期共存。

基于上述认识，斯威齐对他们在20世纪60年代提出的观点作了自我批评，认为《垄断资本》存在如下三大问题。第一，《垄断资本》假定巨型公司是拥有长远计划和具有高度稳定性的企业共同体，然而20世纪80年代并购和杠杆化浪潮使得大量货币资本集中到金融公司手中，金融公司借此买断巨型公司的股权并将大量债务留给它们。因此，巨型公司为了降低恶意收购带来的风险，将采取与金融公司相似的行动，这就动摇了《垄断资本》所构建的公司范式③。第二，《垄断资本》未能预测到20世纪七八十年代对垄断资本运动规律具有深远影响的金融爆炸。第三，《垄断资本》未能预见到总投资方向的重大转变。斯威齐和马格

---

① 哈里·马格多夫、保罗·斯威齐：《生产与金融》，张雪琴译，《清华政治经济学报》2014年第2期。

② 哈里·马格多夫、保罗·斯威齐：《生产与金融》，张雪琴译，《清华政治经济学报》2014年第2期。

③ Paul M. Sweezy, "Monopoly Capital after Twenty-five Years", *Monthly Review*, December 1991.

多夫发现，传统上经济复苏主要通过大量增加制造业、运输业以及公用事业部门对工厂和设备的投资，然而在此次复苏过程中，与金融、保险、房地产相关的泛金融部门投资大幅增加，传统投资反而增幅不大。斯威齐认为，出现上述问题的根源在于《垄断资本》一书关于资本积累的概念是片面且不完备的。他提出，资本积累不仅是增加资本品存量的过程，也是增加金融资产存量的过程，并且资本积累的这两个方面是相互联系的。正是忽视了资本积累的二重性特征，才导致他们当时对"黄金年代"结束后急剧扩张的金融部门缺乏关注，更没有作出解释。因此，只有在特别强调资本积累的实体层面和金融层面相互关系的更为精确的资本积累理论的基础上，理解垄断资本主义才有可能。

四　广义的垄断资本学派与金融化形成的"拉力"

以斯威齐等为代表的狭义的垄断资本学派对于金融如何对抗经济停滞的论述并不充分，这一工作在很大程度上是由以哈维等为代表的广义的垄断资本学派完成的。自 20 世纪 70 年代以来，哈维构建了马克思主义城市地租理论。通过将土地看作纯粹的金融资产，他提出了传统阶级概念之下"次生阶级"的概念，探讨了金融资本通过"阶级—垄断"权力攫取"阶级—垄断地租"，以及资本积累从"初级循环"转入"次级循环"的具体过程①。哈维的上述分析实际上是对垄断资本学派金融化理论的重大补充，初级循环和次级循环分别对应的是生产性资本积累和金融资本积累，进入次级循环实质上就是进入金融资本积累。哈维以都市化为例详细分析了金融资本积累的具体作用机制。

第一，同狭义的垄断资本学派类似，哈维也将垄断资本主义条件下经济剩余的不断增长与剩余价值吸收的困难视为资本积累面临的核心矛盾，提出垄断资本主义条件下的过度积累是资本转入次级循环的必要条件。在 2010 年出版的《资本之谜：人人需要知道的资本主义真相》中，

---

①　参见孟捷、龚剑《金融资本与"阶级—垄断地租"——哈维对资本主义都市化的制度分析》，《中国社会科学》2014 年第 8 期。

哈维就曾提出，"通过借贷的方式修建高速公路、完善基础设施，通过郊区化，利用第二次世界大战期间涌现出来的新型建筑技术，重建整个大都市区……摩西（纽约都市化改造的设计师——引者注）找到了利用过剩资本和剩余劳动赚取利润的方法"①。哈维的上述分析实质上是建立在狭义垄断资本学派所强调的资本积累由初级循环转向次级循环的"推力"的基础之上，不过他强调了过剩资本转入次级循环的"拉力"，即"阶级—垄断地租"在次级循环中的普遍生成。哈维曾指出，"巴尔的摩的材料提出了另一个令人惊讶的结论。在某一个次级市场上取得的'阶级—垄断地租'和另一个市场上实现的'阶级—垄断地租'，并不是相互独立的，可以在这里检测到某种强烈的乘数效应……如果'阶级—垄断地租'实现的乘数效应是普遍的，我们就可部分地解释，为何投资有可能从资本的初级循环不断地转移到次级循环"②。也就是说，通过乘数效应，最初在个别次级市场出现的"阶级—垄断地租"会逐步扩散到其他次级市场，直到最终在次级循环内普遍生成。正是在上述推力和拉力的共同作用下，资本积累由初级循环转向了次级循环，即由生产性资本积累转向了金融资本积累。

第二，哈维提出国家和金融机构是过剩资本进入次级循环的中介。哈维在对与营建环境相关的投资进行分析时发现，由于这类投资具有历时长、外部性大、沉没成本高等特点，"单个资本家倾向于在初级循环中过度积累，而在次级循环中投资不足"③，因此，金融机构和政府的支持是单个资本进入次级循环的必要条件。哈维由此指出，"使资本流入次级循环的一般条件是，存在一个有效的资本市场，以及一个愿意为营建环境的创造进行资助或保证其大规模长期规划的政府……我们必须把控制这个过程（货币和信用生产过程——引者注）的金融机构和政府，视作在初级循环与次级循环的关系中，开展治理和起中介作用的集体神

---

① 大卫·哈维：《资本之谜：人人需要知道的资本主义真相》，陈静译，电子工业出版社，2011，第165页。

② 转引自孟捷、龚剑《金融资本与"阶级—垄断地租"——哈维对资本主义都市化的制度分析》，《中国社会科学》2014年第8期。

③ David Harvey, *The Urbanization of Capital*, Basil Blackwell, 1985, p. 7.

经中枢……金融机构和政府及其政策的性质和形式，可以在阻碍或促进资本从初级循环流入次级循环，或流入次级循环的某些特殊领域……的过程中，起重要作用"①。在 20 世纪六七十年代，美国房地产市场上最主要的协调机制是由各州的地方储蓄和贷款协会、联邦储蓄和贷款协会、抵押银行、储蓄银行以及商业银行所构成的具有等级制特点并受国家监督的系列金融机构。这些制度形式对房地产市场上各类当事人产生了重大影响，并由此塑造了各种次级市场以及与之相应的消费阶级及其生活方式。

不过值得注意的是，哈维过于强调了资本次级循环的一般意义。事实上，次级循环即金融资本积累依赖于美国资本主义在整个国际经济格局中的霸权地位。狭义的垄断资本学派曾指出，金融化的实现还取决于人们对美国资本主义的信心，并且他们据此批判了金融全球化使得国家不再重要的观点。在他们看来，金融全球化是以美国为首的国际资本利益集团的产物，诸如国际货币基金组织、世界银行、世界贸易组织、经济合作与发展组织等并非"独立且超国界的"，而是深受以美国为首的帝国主义国家控制，并且这些组织制定的规则在很大程度上有利于美国资本主义②。

五　结语

垄断资本学派以经济停滞理论为基础，分析了以生产与金融的相互分离为典型特征的金融化的再度崛起。笔者认为，垄断资本学派的金融化理论具有下述两大特色。第一，他们坚持了马克思—希法亭—列宁将整个经济划分为生产部门和金融部门的分析方法，并对希法亭和列宁的金融资本概念作出了关键性发展，系统考察了以生产和金融的相互分离为典型特征的当代经济金融化。第二，该学派延续了从剩余价值生产和

---

① 转引自孟捷、龚剑《金融资本与"阶级—垄断地租"——哈维对资本主义都市化的制度分析》，《中国社会科学》2014 年第 8 期。

② John Bellamy Foster, "The Financialization of Capitalism", *Monthly Review*, Vol. 58, No. 11, 2007.

实现的矛盾出发阐释资本主义的危机和停滞趋势这一绵延已久的马克思—卡莱茨基—斯坦德尔分析传统，考察了当代经济金融化形成的"推力"与"拉力"。垄断资本学派"最早将金融市场的爆炸性增长与生产停滞结合起来加以研究"①，其金融化研究进路基于生产金融二分法，从资本积累基本矛盾的角度剖析了生产与金融的关系，从而对当代经济金融化作出了更为明确的界定。笔者认为根据垄断资本学派的金融化进路，或可将当代经济金融化定义如下。由于剩余价值生产和实现这一资本积累基本矛盾的存在，生产性资本积累不可避免地会陷入停滞，经济体中势必会出现大量急需在生产性资本积累领域之外谋求增殖的过剩资本，即狭义垄断资本学派所强调的当代经济金融化形成的"推力"；在国家和金融机构放松金融管制等中介作用下，制度—垄断租金在金融资本市场普遍地生成则是广义垄断资本学派所强调的当代经济金融化形成的"拉力"。正是在上述"推力"和"拉力"的共同作用下，资本积累从生产性资本积累转向了金融资本积累，导致了当代经济金融化。

不过值得注意的是，尽管垄断资本学派将卡莱茨基和斯坦德尔视为先驱，并且双方在理论上存在诸多共性，但是他们在构建经济停滞理论上存在着深刻的分歧。为了维护经济停滞图景，垄断资本学派不得不将投资的增长归结为外生性原因，从而刻意区分"划时代的革新"和"正常的技术革新"，并将前者视为"独特的历史事件"②。然而划时代的革新未必是纯外生的，将两类创新截然割裂也失之武断，毕竟正常创新往往是划时代创新所引发的，这就使得其危机理论不可避免地具有消费不足论的特点，也使得他们无法将金融化的两个阶段统一于一个更具一般性的理论框架。在笔者看来，希法亭和列宁的金融化第一阶段理论和垄断资本学派的金融化第二阶段理论归根结底反映了金融资本与生产性资

---

① 娜塔莎·范·德·茨旺：《理解金融化》，张雪琴译，《政治经济学报》2019年第2期。

② 参见高峰《发达资本主义经济中的垄断与竞争——垄断资本理论研究》，南开大学出版社，1996，第374~377页；孟捷《战后黄金年代的终结和1973—1975年结构性危机的根源——对西方马克思主义经济学各种解释的比较研究》，《世界经济文汇》2019年第5期。

本力量对比的变化，并且这一变化事实上服从于以技术革命为基础的长周期的演变，这种演变可以以相对剩余价值生产理论为参照加以说明。相对剩余价值生产以一场技术革命席卷整个社会生产部门为前提，由此开启了一个技术—经济范式的生命周期：当在这一周期中存在大量有利可图的投资机会时，生产和金融的相互融合是主要表现；而在技术生命周期的成熟阶段，随着有利可图的投资机会日趋枯竭，生产和金融会呈现出相互分离的趋势。不过，以佩蕾丝为代表的新熊彼特学派的长波模型将长波视为"以一种固定不变的内在机制为基础的长周期"，从而无法对金融与生产的分离和融合作出更为深入的说明①。更恰切的做法是将长波视为"资本主义发展的特定历史阶段"，并从"每个阶段的独一无二的历史因素中求得解释"。荷兰社会主义者范·盖尔德伦曾将1850~1876年和1898~1911年视为资本积累的"春潮"②。希法亭和列宁所提出的生产性资本和金融资本的融合是这一阶段资本积累的扩张的具体表现，以生产和金融的相互分离为主要特征的当代经济金融化则是黄金年代结束后长波下降期的表现形式。当代马克思主义经济学的发展与创造性综合或可为理解金融化提供一个更具一般性的分析框架。

---

① 参见卡萝塔·佩蕾丝《技术革命与金融资本——泡沫与黄金时代的动力学》，田方萌等译，中国人民大学出版社，2007，第21、25页。
② 参见范·盖尔德伦《春潮——对产业发展和价格运动的思考》，张梓彬、朱德志译，《政治经济学报》2019年第3期。

经济图景与理论构建：从熊彼特到
垄断资本学派*

张雪琴

1966 年，保罗·巴兰（Paul Baran）与保罗·斯威齐（Paul Sweezy）合著的《垄断资本：论美国的经济和社会秩序》一书出版，标志着作为当代西方马克思主义经济学重要流派并对美国激进政治经济学产生过重大影响的垄断资本学派正式创立①。该学派以经济停滞为图景，以巨型公司为分析起点，批判性吸收了约翰·梅纳德·凯恩斯（John Maynard Keynes）②

---

* 国家社科基金青年项目"国外左翼学者关于当代资本主义金融化与经济停滞理论研究"（17CKS029）的阶段性成果。本文原载于《教学与研究》2019 年第 8 期，收入本书时有改动。

① 商德文、杰姆斯·罗纳德·斯坦菲尔德和迈克尔·卡萝尔认为，马克思主义经济学于 20 世纪 50 年代在美国的进一步发展与巴兰和斯威齐的努力密不可分，顾海良等将巴兰和斯威齐及其所代表的学派视为"'激进的'社会主义者或'新马克思主义经济学家'"，并认为这是对 20 世纪马克思主义经济学发展起着重要影响的三大理论流派之一。参见商德文主编《马克思主义经济思想史》，北京大学出版社，1992，第 387 页；Stanfield, James Ronald and Michael Carroll, "The Monopoly Capital School and Original Institutiona list Economics", *Journal of Economic Issues*, 1997, 31（2），pp. 481–489；顾海良主编《百年论争——20 世纪西方学者马克思经济学研究述要》，经济科学出版社，2015，第Ⅲ页。

② 张雪琴：《马克思与凯恩斯在垄断资本时代的历史性相遇——对垄断资本学派凯恩斯渊源的考察》，《学习与探索》2018 年第 2 期。

和索尔斯坦·凡勃伦（Thorstein Bunde Veblen）① 的大量论述，构建了垄断资本理论。但是，该学派在很大程度上批判了约瑟夫·熊彼特（Joseph Alois Schumpeter）的思想。尽管在熊彼特逝世后，斯威齐曾不无遗憾地表示，"他走了，哈佛大学和经济学界再也不会出现如此伟大之人"②。并且，熊彼特对斯威齐的确"钟爱有加并赞赏不已"③。熊彼特曾在《经济分析史》中 13 次引用斯威齐的相关文章和著作④。据斯威齐的学生——美国马萨诸塞大学阿默斯特分校经济系教授罗伯特·波林（Robert Pollin）估计，熊彼特在《经济分析史》中对斯威齐的引用可能在对整个经济学家的引用中位居前 10~15 名⑤。出现如此巨大的反差究竟是何缘故呢？这一批判对垄断资本学派的理论构建又产生了何种影响？熊彼特在《经济分析史》中曾将经济理论的形成分为两个阶段，即图景和概念化图景的工具与手段⑥。熊彼特的"图景"大致等同于理论工作者所预设并试图在理论上求得解答的问题。这类问题的提炼并非完全源自经验事实，也浸透着意识形态的影响。基于此，本文试图从图景和理论模型建构的角度，考察熊彼特的理论困境以及垄断资本学派对熊彼特思想的拒斥，分析导致如此巨大反差的原因，并探讨垄断资本学派的拒斥对其理论构建所产生的影响。

一 熊彼特的经济图景与理论模型的困境

熊彼特（1883~1950）系 20 世纪社会科学领域的杰出代表，师从奥

① 张雪琴：《经济停滞与金融舵手——对垄断资本学派之凡勃伦思想渊源的考察》，《国外理论动态》2018 年第 7 期。
② John Bellamy Foster, "The Commitment of an Intellectual：Paul M. Sweezy (1910-2004) ", *Monthly Review*, 2004, 56 (5), pp. 5-39.
③ Robert Pollin, "Remembering Paul Sweezy：He Wasan Amazingly Great Man", *Counter Punch*, March 6-7, 2004, http：//www. counterpunch. org.
④ Joseph A. Schumpeter, *History of Economic Analysis*, Routledge, 2006, p. 1211.
⑤ John Bellamy Foster, "The Commitment of an Intellectual：Paul M. Sweezy (1910-2004) ", *Monthly Review*, 2004, 56 (5), pp. 5-39.
⑥ 约瑟夫·熊彼特：《经济分析史》第 1 卷，朱泱、孙鸿敞、李宏、陈锡龄译，商务印书馆，1991，第 73~79 页。

地利学派的重要代表庞巴维克，并将瓦尔拉斯视为最伟大的理论经济学家。有趣的是，熊彼特与奥地利社会民主党领袖奥托·鲍威尔和作为德国社会民主党人第二国际首领之一的鲁道夫·希法亭亦过从甚密。1932年，熊彼特迁居美国，任哈佛大学经济学教授，直至逝世。熊彼特赴美任教也在冥冥之中将他和作为垄断资本学派创始人之一的斯威齐联系了起来。纵观熊彼特的一生，马克思主义和非马克思主义仿若两条线，不断牵扯着这位20世纪声名煊赫的思想家。

熊彼特以资本主义内在稳定性作为基本经济图景，因此他选择建立在主观价值论基础上的瓦尔拉斯一般均衡理论作为基本分析工具，通过1908年出版的《理论经济学的本质和主要内容》，1910年撰写的《关于经济危机的性质》，以及1911年初版的《经济发展理论》，熊彼特系统性地提出了建立在静态理论基础之上的动态理论的基本分析框架①。1932年，熊彼特曾撰写《发展》一文献给柏林大学经济学教授埃米尔·莱德勒，由于手稿是孤本且藏在莱德勒的遗物中，因而熊彼特的这篇文章鲜为其研究者所注意。这篇文章表明，他的分析并没有超越上述三部曲所提出的基本理论框架，尽管他"试图在广阔的整体经济背景下重构经济发展"，不过这一观点也不过是对1911年初版思想的复述，尽管"这些想法在德文第二版被删除了"②。

熊彼特的动态模型建立在其静态模型的基础上，并将交换关系作为研究对象。在他的静态模型中，生产要素只有土地和劳动，故而产品价值只在土地所有者和劳动者之间进行分配。在他看来，经济体系的均衡意味着，"经济行为……在一定条件下，能在手头现有的手段与可能以最好的方式去满足的需要之间，建立均衡……价值体系是同经济均衡的

---

① 《经济发展理论》初版为德文版，于1911年在柏林出版，1912年英文版面世，1926年在柏林出版了德文第二版，并于1934年在马萨诸塞州出版了英译版，参见熊彼特档案，http：//www.schumpeter.info/。

② 马尔库斯·C. 贝克尔、汉斯·U. 埃布林格、乌尔里奇·海德克、T. 克纽德森：《熊彼特之经济发展理论、商业周期理论和民主理论间的缺环——评熊彼特的〈发展〉》，张吨军译，《南大商学评论》第6辑，南京大学出版社，2017。

位置相适应的，而这种经济均衡的组成部分，若要加以改变……就会使每一个人体验到他的境况不如从前。因此……只要给定的条件不变，这个行为的结果就将会保持不变"①。概而言之，熊彼特的静态模型是对一般均衡模型的拓展，他通过主观价值论解释了经济当事人所具有的适应性特征，从而决定了达到均衡状态时经济体所具有的稳定性。在熊彼特的静态模型中，"生产只能实现在生产计划中预先见到的价值，它是预先潜存于生产资料的价值之中的"，从而"生产不'创造'价值"②。因此，熊彼特的静态模型排除了剩余价值或者说其转化形式利润的存在，这也是他在《资本主义、社会主义与民主》中批评马克思剩余价值论的理论依据。毕竟在他看来，在完全竞争条件下，剩余价值的存在必然使资本家扩大再生产，而在完全竞争条件下，在仅有土地和劳动这两种生产要素的模型中，生产的扩大必然带来工资率的攀升，从而剩余价值将不复存在③。

在《关于经济危机的性质》一文中，熊彼特曾将奠定其动态分析基础的静态模型概括为下述九个命题：①经济过程分为静态范畴和动态范畴；②动态范畴构成了经济的内生演化；③经济演化的本质在于对静态均衡的干扰；④这将导致经济转向新的均衡；⑤从而使得发展结束、市场出清并将重建价值和价格体系；⑥以繁荣和萧条更迭为表现的经济周期因而出现；⑦在趋向静态均衡的过程中可能引发经济危机，并使得这一过程显得"不合常规"；⑧一些偶发性因素亦会对静态经济产生影响，并可能引发危机；⑨这些干扰因素并不具有共同性④。同瓦尔拉斯的一般均衡模型相比较，熊彼特的经济理论模型的关键区别在于将经济非均

---

① 约瑟夫·熊彼特：《经济发展理论——对利润、资本、信贷、利息和经济周期的考察》，何畏、易家详等译，商务印书馆，1990，第47~48页。
② 约瑟夫·熊彼特：《经济发展理论——对利润、资本、信贷、利息和经济周期的考察》，何畏、易家详等译，商务印书馆，1990，第35页。
③ 约瑟夫·熊彼特：《资本主义、社会主义与民主》，吴良健译，商务印书馆，1999，第75页。
④ 孟捷：《熊彼特的资本主义演化理论：一个再评价》，《中国人民大学学报》2003年第2期。

衡视为内生因素。因此，熊彼特力图发展的动态模型不过是试图修正和补充瓦尔拉斯的一般均衡模型，以从经济体系内部寻找打破均衡的力量。

在其静态模型中，熊彼特认为"需要是一切生产的终点"，因此"我们必须永远从需要的满足出发"，唯其如此，才能实现经济的静态均衡。不过在他的动态模型中，生产和需要的关系发生了颠倒，他提出，经济体系中的创新并不是按照"新的需要在消费者方面自发地产生，然后生产工具通过它们的压力转动起来"的方式发生的。在动态模型中，"一般是生产者发动经济的变化，而消费者只是在必要时受到生产者的启发；消费者好像是被教导去需要新的东西，或者在某些方面不同于，或甚至完全不是他所习惯使用的东西。因此，尽管可以容许甚至有必要把消费者的需要看作是循环流转理论中的一种独立的和确实是基本的力量，但是一当我们分析变化时，我们就必须立即采取不同的态度"①。

基于此，熊彼特将发展定义为"经济生活中并非从外部强加于它的，而是从内部自行发生的变化"②。并且，为了将发展引入其循环流转模型，熊彼特提出：①变化的原因是从经济环境中抽象出来的一种纯粹的社会类型（熊彼特用企业家或者创新者来描绘这一纯粹的社会类型）；②变化被嵌入循环流转的模型之中；③企业家或者创新者与循环流转中起作用的力量之间的相互作用成为熊彼特深入阐释的关键。在熊彼特看来，变化的原动力在于创新，并且创新以蜂聚的形式出现。他将创新界定为在经济生活领域做着与众不同的事情，用经济学术语来表示则是"执行新的组合"，这包括下述五种情况：①采用新产品或产品的新特性；②采用新生产方法；③开辟新市场；④获得新供应来源；⑤实现新的工业组织③。熊彼特用企业来界定新组合的实现，并且"把职能是实

---

① 约瑟夫·熊彼特：《经济发展理论——对利润、资本、信贷、利息和经济周期的考察》，何畏、易家详等译，商务印书馆，1990，第75页。

② 约瑟夫·熊彼特：《经济发展理论——对利润、资本、信贷、利息和经济周期的考察》，何畏、易家详等译，商务印书馆，1990，第70页。

③ 约瑟夫·熊彼特：《经济发展理论——对利润、资本、信贷、利息和经济周期的考察》，何畏、易家详等译，商务印书馆，1990，第73~74页。

现新组合的人们称为'企业家'"①。熊彼特强调需要以是否履行实现新组合的职能为标准对企业家进行界定，据此他认为：①企业家包括在经济交换中独立的生意人、经理、董事会成员以及控制大部分股权的所有者，这些人有助于新组合的实现；②企业家并不等同于厂商或者经理。因此，创新是被称为企业家这一特定类型的人们的职能。在熊彼特看来，企业家是可以被抽离出来进行详细调查分析的，从而人们没有理由怀疑循环流转的原动力，只要企业家具备鉴别创新机会的能力，企业家是不是创新的发现者或者发明者并不重要。最为重要的是，熊彼特认为企业家必须具备克服从事新的活动的心理上以及社会上的阻力，也就是说他必须具备领袖气质，并且志在实现新的组合。正是在将企业家引入创新的基础上，熊彼特提出了"创造性毁灭"，通过这一过程，创新将在整个经济中扩散。然而，熊彼特的分析存在下述两大缺陷。

第一，根据熊彼特的瓦尔拉斯一般均衡分析工具，在静态模型中，均衡意味着不存在过剩的经济资源，从而"新组合的实现只是意味着对经济体系中现有生产手段的供应作不同的使用"②。同时，由于在均衡条件下，新组合出现后，并没有与之对应的需求产生，因此熊彼特遇到了瓦尔拉斯一般均衡分析工具下固有的理论困境，即尽管他试图从经济内部寻找创新的可能，但是创新似乎不能从经济内部产生。为了解决这一矛盾，熊彼特诉诸"信用"，他提出"信用对于新的组合是首要的，同时它正是从新的组合夺路进入循环流转的……利用这个方法，想要实现新组合的人们可以在市场上对所需要的生产手段，比在循环流转中的生产者出更高的价钱"③。不过，即使这样，熊彼特还是无法在一般均衡模型中实现逻辑自洽，毕竟这一模型排除了出高价的可能。

---

① 约瑟夫·熊彼特：《经济发展理论——对利润、资本、信贷、利息和经济周期的考察》，何畏、易家详等译，商务印书馆，1990，第83页。

② 约瑟夫·熊彼特：《经济发展理论——对利润、资本、信贷、利息和经济周期的考察》，何畏、易家详等译，商务印书馆，1990，第78页。

③ 约瑟夫·熊彼特：《经济发展理论——对利润、资本、信贷、利息和经济周期的考察》，何畏、易家详等译，商务印书馆，1990，第82页。

　　第二，针对为何实现新组合是特别的过程和特别的职能这一问题，熊彼特从循环流转的角度，考察了单纯的经理和企业家行为模式的不同。他认为只有企业家在面临新的任务时，能够超出例行事务的范围。因此，"实现新组合是一个特殊的职能，是这一类型的人的特权"①。由此，熊彼特得出如下结论："企业家是一种特殊的类型，他们的行为是一个特殊的问题，是大量重要现象的动力。"② 熊彼特借用企业家的概念将经济变化的根源追溯至某一特定群体的个人品质和心理特征，从而将实现"新组合"的动力归结于企业家所独具的人格魅力，这反映了 20 世纪初非理性主义思潮的影响③。值得注意的是，自 1928 年以后，熊彼特也日渐意识到，由于垄断企业的出现，创新主要是巨型公司的职能，而非与特定个人相关④。在《资本主义、社会主义与民主》中，熊彼特甚至提出，"我们必须接受的是，大规模控制企业已成为那种进步的最强有力的机器，特别成为总产量长期扩展的机器"⑤。熊彼特的这一转变表明，他开始承认技术革新与作为垄断资本主义经济基本组织形式的大规模控制企业（即巨型企业）密切相关。不过遗憾的是，熊彼特并没有提供理解这类组织的分析框架，从而这类洞见最终没有被真正地概念化。

　　由此可见，尽管熊彼特将经济演化看作由经济制度产生的独特过程⑥，

---

① 约瑟夫·熊彼特：《经济发展理论——对利润、资本、信贷、利息和经济周期的考察》，何畏、易家详等译，商务印书馆，1990，第 93 页。
② 约瑟夫·熊彼特：《经济发展理论——对利润、资本、信贷、利息和经济周期的考察》，何畏、易家详等译，商务印书馆，1990，第 91 页。
③ 孟捷：《熊彼特的资本主义演化理论：一个再评价》，《中国人民大学学报》2003 年第 2 期。
④ Joseph Schumpeter, "The Instability of Capitalism", *The Economic Journal*, 1928, 38 (151), pp. 361-386.
⑤ 约瑟夫·熊彼特：《资本主义、社会主义与民主》，吴良健译，商务印书馆，1999，第 177 页。
⑥ 孟捷：《熊彼特的资本主义演化理论：一个再评价》，《中国人民大学学报》2003 年第 2 期；J. A. Schumpeter, "Preface to Japanese Edition of 'Theorie der Wirtschaftlichen Entwicklung'", in RV. Clemence Port Washington (ed.), *Essays on Ecnomic Topics*, Kennikat Press, 1951。

并在《发展》一文中以"内生性和不连续性这两个标准定义经济发展"①，也正是在此意义上，他坦言其理论"同马克思的陈述更加接近。因为根据马克思，有一种内部的经济发展，而不只是经济生活要与变化着的情况相适应"，并且不无谦卑地表示"我的结构只包括他的研究领域的一小部分"②，但是，由于受到资本主义内在稳定性这一经济图景的限制，因此在理论分析上尽管对马克思有所认同，然而在理论建构上更倾向于瓦尔拉斯一般均衡理论，无法真正分析创新所具有的内生性。也正是在此意义上，日本学者盐野谷佑一（Yuichi Shionoyal）批评熊彼特无法对创新"在经济学上进一步加以分析，因而它仍然是外生变量"，从而"创新不过沦为他的一种说辞"③。

二　垄断资本学派的经济图景及其对熊彼特的拒斥

1943 年，斯威齐在以《熊彼特的创新理论》为题庆祝熊彼特 60 岁生日的文章中指出，尽管熊彼特主要以经济周期专家闻名，不过与安格鲁—撒克逊经济学家所习以为常的以资本主义经济的正常运转作为研究对象不同，熊彼特更致力于考察资本主义的发展与变化④。有意思的是，1962 年，垄断资本学派的另一位创立者巴兰在《一些理论启示》这篇原本打算作为《垄断资本：论美国的经济和社会秩序》一书第十章的草稿中指出，面对以马歇尔、庇古、瓦尔拉斯以及庞巴维克为代表的一般均衡经济学范式在垄断资本主义时代所面临的经济学范式危机，"只有熊

---

① 马尔库斯・C. 贝克尔、汉斯・U. 埃布林格、乌尔里奇・海德克、T. 克纽德森：《熊彼特之经济发展理论、商业周期理论和民主理论间的缺环——评熊彼特的〈发展〉》，张吨军译，《南大商学评论》第 6 辑，南京大学出版社，2017。

② 约瑟夫・熊彼特：《经济发展理论——对利润、资本、信贷、利息和经济周期的考察》，何畏、易家详等译，商务印书馆，1990，第 70 页。

③ Yuichi Shionoya, *Schumpeter and the Ideal of Social Science*：*A Metatheoreticl Study*, Cambridge University Press, 1997, p. 79.

④ Paul M. Sweezy, *The Present as History*：*Essays and Reviews on Capitalism and Socialism*, Monthly Review Press, 1953, pp. 274-282.

彼特……看到了这一不祥之兆，并致力于将资产阶级经济学带回到为日益上升且不断扩张的垄断资本提供合法性基础"的新任务上。然而，"尽管熊彼特具有非凡的才干，但是他的影响在很长一段时间内都很有限。受孕于马歇尔、庇古、瓦尔拉斯以及庞巴维克思想的经济学家完全不能对垄断问题加以深入理解"①。

因此，与熊彼特以资本主义内在稳定性作为经济图景，竭力用瓦尔拉斯一般均衡理论概念化这一图景不同，垄断资本学派将经济停滞作为经济图景，充分吸收了马克思、凯恩斯和凡勃伦关于资本主义内在不稳定性的理论概念化上述图景，提出了垄断资本理论。正是基于此，垄断资本学派批判了熊彼特关于循环流转模型的基本假定。尽管他们没有否定熊彼特关于创新的概念，然而在熊彼特理论中近乎"说辞"的创新思想并没有在垄断资本理论构建中产生重大影响。这使得该学派在拒斥熊彼特的同时，亦将其关于资本主义过程的一些洞见一并抛弃。正是基于此，他们在研究技术创新与资本积累的关系时，将技术创新划分为两种类别，一是"划时代的革新"，二是"'正常的'技术革新"，并将前者视为外生的产物，而认为后者在垄断资本主义时代会"比在竞争的标准下慢一些"②。这一处理在维护垄断资本学派消费不足论的同时也削弱了垄断资本理论的整体解释力，从而表现为对马克思—卡莱茨基—斯坦德尔这一绵延已久的分析传统的某种偏离③。

针对熊彼特的循环流转模型，斯威齐曾提出三个关键性问题：①熊彼特的基本模型是否抽象掉了变化的原动力；②熊彼特的循环流转模型是否令人满意；③熊彼特对于企业家和变化之间关系的解释是否与资本主义经济的现实运动规律相符。据此，他批判了将熊彼特关于创新是变化的原动力的观点诠释为"变化的原因是变化"的流行误解。斯威齐认

---

① Paul A. Baran and Paul M. Sweezy, "Some Theoretical Implications", *Monthly Review*, 2012, 64 (3), pp. 24−59.

② 保罗·巴兰、保罗·斯威齐：《垄断资本：论美国的经济和社会秩序》，南开大学政治经济学系译，商务印书馆，1977，第91~93页。

③ 孟捷：《战后"黄金年代"的终结和1973~1975年结构性危机：对西方马克思主义经济学各派解释的比较分析》，《世界经济文汇》2019年第4期。

为上述误解会使人们完全忽视熊彼特所提出的创新的概念。在他看来，熊彼特是将创新与企业家联系在一起的，并且企业家被熊彼特视为具有独特品质的特定类型人群①。斯威齐认为，正确理解这一问题需要回到熊彼特对循环流转模型的分析，而不能认为抛开企业家，人们就能够根据事实本身消除经济中的变化，因为这仍将导向熊彼特所强调的企业家是变化的根源的结论。因此，只要遵循熊彼特的初始假定，上述结论必然正确。

在斯威齐看来，熊彼特关于循环流转的观点在很大程度上类似于瓦尔拉斯的一般均衡状态，或者说是马歇尔的长期均衡的概念。马歇尔的长期均衡的概念虽然是讨论某个特定的企业或者工业，但是这一模型本身是为了说明经济体系就整体而言处于均衡状态。斯威齐强调，在马歇尔和瓦尔拉斯看来，消费动机主导了经济主体，并且决定了资源在不同生产部门之间的分配。而熊彼特超越马歇尔和瓦尔拉斯之处在于，他否定在循环流转中，剩余以利息和利润的形式存在。熊彼特强调土地归私人所有，并且能够带来地租。但是由于熊彼特的模型中不存在利息和利润，因此，并不存在对土地进行估价的条件。所以熊彼特在其循环流转模型中暗中假定不存在土地交易，这也导致学界对该问题的解释存在错误。

斯威齐认为问题的关键不在于熊彼特的解释是否有误，而在于他解释剩余消失的内在假定存在问题，这是由熊彼特关于资本主义内在稳定的经济图景所预设的。在循环流转模型中，熊彼特假定整个社会由地主阶级和除地主以外的其他人所构成的阶级组成，并且假定每个人都拥有平等获取资本的权力。这就预先排除了资本家阶级，从而也排除了由劳动者所创造的归雇主所有的剩余。在熊彼特看来，一旦存在剩余，劳动者将变成雇主，从而竞争的压力最终会使剩余消失，全部收入只能在地主和劳动者之间分配。同时他还假定收入被全部用来消费，不存在储蓄和积累。据此，熊彼特在循环流转模型的基础上，构建了一个经济停滞

---

① Paul Sweezy, *The Presentas History*: *Essays and Reviews on Capitalism and Socialism*, Monthly Review Press, 1953, pp. 275-276, 278.

模型，并且通过正确地拒绝庞巴维克意义上的时间偏好，他将储蓄抽离了该模型，从而得出企业家是变化的根源的结论。因此，在逻辑推导上，熊彼特完全正确。斯威齐甚至提出，"熊彼特建立在他的基本假定基础上的关于经济变化机制的理论无懈可击"①。

不过，一旦从熊彼特的理论逻辑转向其假定，便可发现许多值得商榷的地方。斯威齐在熊彼特的模型中加入了资本家阶级，换言之，整个社会由地主、资本家和劳动者构成。由于地主不可能获得对整个生产资料的控制权，因此他们不可能变为资本家，作为剩余价值表现形式的利润或者利息将成为整个社会的逻辑必然。斯威齐由此得出了一个与熊彼特的循环流转模型相类似的经济停滞模型，并且这一模型更符合资本主义现实。通过将矛头指向熊彼特的基本假定，斯威齐提出了他对创新与资本积累间关系的看法。由于在熊彼特的循环流转模型中，只存在地主和劳动者，不存在土地交易市场，从而土地的所有者将会成为世袭贵族，财富并不是阶级晋升的准入许可。这时，劳动者收入的差异完全建立在生产效率差异的基础上，由于储蓄并不构成收入的来源，这就使得财富积累既不能够作为社会权势的象征，也不是收入的源泉，从而不具备任何吸引力。由此出发，必然将储蓄和积累作为循环流转的特殊因素排除在外，并将它们作为变化的产物，而非导致变化的原动力。一旦在循环流转模型中引入资本家阶级，储蓄和积累就不能被排除，资本主义现实经济的运动规律也能得到更清楚的呈现。在资本主义生产方式下，资本本身存在积累财富的强烈动机，因此将社会权力和权势作为世袭贵族的垄断特权的假定不再合理，因为利息和土地市场的存在，任何人只要有足够的钱就能够变成资产阶级。这就使得资产阶级跃升为统治阶级的主要部分，而其赖以建立的基础就在于对积累的财富的占有。由于这类财富是按照抽象的价值单位进行衡量的，这就使得上层阶级的相对地位能够被精确计算出来，从而完全改变了熊彼特模型中社会阶级流动的标准。在斯威齐的模型中，社会阶级的流动显然是按照财富积累的方式进行的，

---

① Paul Sweezy, *The Presentas History: Essays and Reviews on Capitalism and Socialism*, Monthly Review Press, 1953, pp. 275-276, 278.

并且不存在对财富数量的限制，无限的积累才是这一社会规定下的理性选择，从而，"在现在所考察的经济模型中，不仅存在能够用于积累的剩余，而且还存在着不断积累的动机"①。换言之，积累是创新的前提，创新归根结底是积累的重要手段和表现形式，而积累又是以剩余为前提的。

因此，斯威齐认为，熊彼特正好弄反了原因和结果：剩余和积累不是变化的产物，恰恰相反，它们是经济变化的原动力。第一，在不存在变化的条件下，由于没有剩余，积累自然无法进行，资本家的社会地位因此会受到重大挑战。第二，由于引入新方法的单个资本家会创造更多的剩余，并会比其追随者发展得更快，从而那些拒绝采用新方法或者改进现有方法的资本家就可能被淘汰，因此，在资本主义社会，资本家必须自我调整以适应变化，否则将面临丧失被赋予的一切社会权势和权力的危险。这就是马克思所说的，"资本主义生产的发展，使投入工业企业的资本有不断增长的必要，而竞争使资本主义生产方式的内在规律作为外在的强制规律支配着每一个资本家。竞争迫使他不断扩大自己的资本来维持自己的资本，而他扩大资本只能靠累进的积累"②。

在斯威齐的模型中，如果抽象掉变化的原动力，即资本积累，经济将会变得停滞。也正是在此意义上，斯威齐在1942年出版的重要著作中，以"资本主义发展论"命名，并将其作为对大萧条以来经济发展规律的认识的一个总结，宣示了与熊彼特的"经济发展理论"的"决裂"。在斯威齐的模型中，某种特殊的社会类型的人的品质不再是整个经济运行的驱动力，从而即使在他的模型中加入熊彼特意义上的"企业家"，经济停滞仍然不可避免。此后，在吸收卡莱茨基和斯坦德尔相关思想的基础上，巴兰和斯威齐在《垄断资本：论美国的经济和社会秩序》中基于经济停滞图景，以美国为样本，以经济剩余为中心范畴，

---

① Paul Sweezy, *The Present as History*: *Essays and Reviews on Capitalism and Socialism*, Monthly Review Press, 1953, pp. 279-280.

② 马克思：《资本论》第1卷，人民出版社，2004，第683页。

考察了垄断资本主义条件下剩余增长和剩余吸收之间的矛盾，并分析了以销售努力、政府支出和金融化为主要抵消力量的内在困境，构建了垄断资本理论①。

在垄断资本学派看来，熊彼特的模型很好地解释了自由竞争资本主义时期新企业和新财富的出现，然而在垄断资本主义时代，巨型公司以及建立在巨型公司基础之上的研发部门本身已经使得创新过程愈益制度化，熊彼特意义上的企业家日益难觅，依赖于企业家的意志和自发性活动作为解释理由也就越来越站不住脚。他们甚至提出，"熊彼特本人很可能会同意……他的理论更适合于竞争性资本主义而非托拉斯化的资本主义"②。尽管从1928年后，熊彼特越来越认识到资本集中即垄断的重要性，并对资本主义的垄断趋势表达出一种悲观的看法，他曾指出，"最有魅力的资产阶级目标，即建立工业王朝的目标，在大多数国家已成镜花水月……那些内部原因之一……为财产实体的蒸发……它终将毁坏资本主义的根基"③，但是正如前文所述，受限于资本主义经济内在稳定的经济图景，基于瓦尔拉斯一般均衡理论的理论建构注定无法将诸如垄断、创新等洞见统一于资本主义内生演化理论。

三　从熊彼特到垄断资本学派：在困境与拒斥之间

熊彼特以瓦尔拉斯一般均衡理论作为概念化资本主义内在稳定的经

---

① 在《垄断资本：论美国的经济和社会秩序》一书中，巴兰和斯威齐明确指出，卡莱茨基"不仅独立地发现了《通论》，而且还是第一个把他所称的'垄断程度'包括在他的综合的经济模型之中。在同一方向继续走出一大步的，是约瑟夫·斯坦德尔的《美国资本主义的成熟与停滞》（1952年）。任何熟悉卡莱茨基和斯坦德尔著作的人都很容易看出，本书作者得益于它们是非常之大的"。参见保罗·巴兰、保罗·斯威齐《垄断资本：论美国的经济和社会秩序》，南开大学政治经济学系译，商务印书馆，1977，第59页。

② Paul Sweezy, *The Present as History*：*Essays and Reviews on Capitalism and Socialism*, Monthly Review Press, 1953, p. 282.

③ 约瑟夫·熊彼特：《资本主义、社会主义与民主》，吴良健译，商务印书馆，1999，第243~244页。

济图景的基本工具，构建了经济发展理论，但却无法将他关于创新的洞见内生化。以斯威齐和巴兰为创立者的垄断资本学派深受 1929～1933 年经济大萧条和 1937～1938 年美国经济再次衰退的影响，故将经济停滞作为基本图景，构建了垄断资本理论。因此，当我们顺着思想史的逻辑仔细观察垄断资本学派的理论构建过程时会发现，在对待凯恩斯、凡勃伦以及熊彼特这三位 20 世纪声名煊赫的思想家时，垄断资本学派表现出了十分独特且极具反差的态度：他们大量吸收了凯恩斯和凡勃伦的相关论述，却近乎完全拒斥了熊彼特的思想。原因在于：凯恩斯和凡勃伦以资本主义内在不稳定为经济图景，从而表现出和马克思的某种亲缘性；熊彼特则是以资本主义内在稳定性为经济图景，受到垄断资本学派的拒斥也就在所难免。

我国著名经济学家、教育家樊弘先生在剑桥大学学习期间，曾深入比较马克思的《资本论》和凯恩斯的《就业、利息和货币通论》，并撰写了《凯恩斯和马克思关于资本积累、货币和利息理论的比较》一文，这是经济思想史上第一篇对凯恩斯和马克思加以比较的学术论文。在这篇文章中，樊弘"充分肯定了马克思的贡献，提出凯恩斯是以另一套术语讨论了马克思业已表达的观点"①。尽管凡勃伦曾于 1906 年在哈佛大学发表的题为《卡尔·马克思及其追随者的社会主义经济学》的演讲中明确反对马克思主义的某些理论②，不过正如伯纳德·罗森伯格（Bernard Rosenberg）所指出的，凡勃伦其实是具有独创性的马克思主义者。③ 因此，垄断资本学派在构建垄断资本理论的过程中，自然会充分吸收与经济停滞图景相关的这些重要思想家的观点，熊彼特的图景预设了他无法出现在垄断资本学派的理论构建之中。

早在 1909 年，希法亭就曾指出，"当熊彼特努力保卫边际效用理论

---

① 樊弘：《凯恩斯和马克思关于资本积累、货币和利息理论的比较》，张雪琴、王丹译，《政治经济学报》2018 年第 2 期。

② Thorstein Veblen, "The Socialist Economics of Karl Marx and His Followers", *The Quarterly Journal of Economics*, 1906, 20 (4), pp. 575-595.

③ Bernard Rosenberg, "Veblen and Marx", *Social Research*, 1948, 15 (1), pp. 99-117.

而最终把政治经济学归结为静态的学说时，是完全首尾一贯的。但是，政治经济学必然是动态的学说，必然是资本主义社会运动规律的学说。实际上，这样便很好地和极其尖锐地表述了同马克思主义的对立"①。张林教授、贾根良教授也批评了将凡勃伦和熊彼特均视为演化经济学思想源泉的态度，认为"熊彼特和凡勃伦分属两个对立的经济学阵营"，因此将熊彼特视为演化经济学的思想源泉并不恰当，甚至提出，"以熊彼特为源泉的演化经济学难以胜任经济学革命的策源地"②。著名演化经济学家霍奇逊亦曾从本体论、方法论和生物学隐喻三个标准出发，将"接纳新事象、反对还原论"作为界定思想史上一些经济学家是否为演化经济学家的根本依据。按照霍奇逊的判定，从本体论的标准来看，熊彼特和凡勃伦都能接纳新事象，且都采用了非生物学隐喻，但是熊彼特有方法论还原主义的特点，而凡勃伦是反对还原论的③。

因此，正是由于凯恩斯和凡勃伦对资本主义经济运行的分析与垄断资本学派的经济停滞图景相契合，因此凯恩斯关于经济停滞和投资及其对未来资本积累不利影响的相关论述，以及凡勃伦对垄断资本时代企业特征、竞争策略以及萧条和剩余吸收的分析才被吸纳进垄断资本理论。20世纪70年代之后，随着金融爆炸成为当代资本主义发展的崭新现象，垄断资本学派提出了停滞-金融化假说，并再次将凯恩斯和凡勃伦的相关论述视为论证这一假说的"源头活水"④。尽管斯威齐认为，"在资本主义经济中存在很多熊彼特所提出的那种类型的企业家，任何令人满意

---

① 希法亭：《金融资本——资本主义最新发展的研究》，福民等译，商务印书馆，1997，第446页。

② 张林：《熊彼特与凡勃伦：谁是演化经济学更恰当的源泉》，《演化与创新经济学评论》2011年第2期；贾根良：《演化经济学——经济学革命的策源地》，山西人民出版社，2004。

③ 参见孟捷《历史唯物论与马克思主义经济学》，社会科学文献出版社，2016，第134~136页。

④ 笔者曾在《马克思与凯恩斯在垄断资本时代的历史性相遇——对垄断资本学派凯恩斯渊源的考察》和《经济停滞与金融舵手——对垄断资本学派之凡勃伦思想渊源的考察》这两篇文章中考察了凯恩斯和凡勃伦对垄断资本学派金融化理论构建的影响。

的理论都必须给它们留一些位置"①，不过有意思的是，无论是巴兰、斯威齐还是垄断资本学派的传承者，对创新与资本积累的关系研究得并不深入。这在很大程度上归因于他们对于熊彼特的批判。

在《垄断资本：论美国的经济和社会秩序》中，巴兰和斯威齐明确提出熊彼特的创造性毁灭过程在垄断资本主义制度下不再适用，并将技术创新所带来的投资视为纯外生的产物，使垄断资本理论在对创新与资本积累间关系的分析上存在重大缺陷。在笔者看来，熊彼特虽然没有提出分析资本主义内生演化的理论框架，无法回答技术创新与资本主义经济组织之间的内在关联，从而无法将技术创新内生化，不过他的确留下了诸多洞见，比如对技术创新的强调以及创新蜂聚假说等，这为20世纪70年代后，以门施（G. Mensch）、杜因（Van Duijn）、弗里曼（Chris. Freeman）等学者为代表的新熊彼特学派长波理论的出现奠定了基础②。孟捷教授亦是在此基础上将创新置于资本积累的矛盾运动中予以考察的，揭示了重大产品创新以及与之相关的新兴产业的发展在解决资本积累矛盾上所具有的重大作用。

因此，完全拒斥熊彼特的思想并不利于垄断资本理论的构建。高峰教授曾提出，无论是一般的技术变化，还是划时代的发明以至重大技术创新，都不应该被视为经济系统之外纯粹的外生性因素，"巴兰和斯威齐把他们所谓的划时代的发明仅仅当成一种'外部刺激'，当成一种'没有包括在这个理论中'的力量，这显然是不正确的，并构成了他们理论的一个根本弱点"③。孟捷教授亦提出，"巴兰和斯威齐把技术革命

---

① Paul Sweezy, *The Present as History*：*Essays and Reviewson Capitalism and Socialism*, Monthly Review Press, 1953, p. 282.

② 对于熊彼特以及新熊彼特学派关于技术创新的分析可参见孟捷教授的如下论文及著作：《新熊彼特派和马克思主义长波理论述评》，《教学与研究》2011年第4期；《论马克思主义经济学的创造性转化》，《教学与研究》2002年第3期；《熊彼特的资本主义演化理论：一个再评价》，《中国人民大学学报》2003年第2期；《马克思主义经济学的创造性转化》，经济科学出版社，2001，第115~130页。

③ 高峰：《发达资本主义经济中的垄断与竞争——垄断资本理论研究》，南开大学出版社，1997，第377页。

完全归于外生的做法，在理论上显然是不恰当的"。在他看来，垄断资本学派将"划时代的创新"与"'正常的'技术革新"截然分立并认为彼此无关的做法过于武断。以弗里曼等为代表的新熊彼特派经济学家曾经将技术创新划分为"技术革命、技术体系的变革、重大创新以及渐进创新"四种类型，并系统考察了各种创新之间的关系，揭示了"'正常的'技术革新"大多由"技术革命、技术体系的变革所致"①。因此，垄断资本学派受其图景所限，完全拒斥了熊彼特，并对新熊彼特派经济学在此领域的贡献不加注意，从而弱化了垄断资本理论的解释力。以此观之，每一个时代的理论工作者在寻求问题的解答时，并非"赤手空拳"。正如熊彼特所言，"分析工作必然要有一种分析前的认识行为作前导，借以提供分析工作所需的素材"②，这种"认识行为"或曰"图景"既是经验观察的产物，也受到了意识形态的影响，熊彼特的"困境"和垄断资本学派的"拒斥"即是鲜活的例证。

---

① 孟捷：《战后"黄金年代"的终结和1973—1975年结构性危机：对西方马克思主义经济学各派解释的比较分析》，《世界经济文汇》2019年第4期。

② 约瑟夫·熊彼特：《经济分析史》第1卷，朱泱、孙鸿敞、李宏、陈锡龄译，商务印书馆，1991，第74页。

经济停滞与金融舵手*

——对垄断资本学派之凡勃伦思想渊源的考察

张雪琴

19 世纪末 20 世纪初，资本主义从自由竞争阶段过渡到了垄断阶段。美国经济学巨匠、制度经济学鼻祖索尔斯坦·凡勃伦（Thorstein B. Veblen）从垄断资本主义时代的微观基础出发，提出了"破坏—不在场所有权"理论，在一定程度上揭示了垄断资本主义时代的内在痼疾。垄断资本学派是当代西方马克思主义经济学的一个重要流派，该学派在批判性地继承凡勃伦思想的基础上，提炼出经济停滞和金融舵手等概念工具，提出了以"停滞—金融化"悖论为内核的国际垄断金融资本理论。他们认为，在资本积累的根本逻辑与具体的历史环境的相互作用下，当不存在外部刺激因素时，垄断资本主义经济将停滞不前；当存在有力的刺激因素时，垄断资本主义可能实现暂时的繁荣。随着垄断资本主义进入资本主义发展的新时期，较长时间持续存在的生产与金融的"双人舞"已成为该时期的典型特征。但是，这支"舞曲"注定会结束，舞步终止的根源在于垄断资本主义经济运行的内在痼疾。如何认识垄断资本主义时代的内在痼疾？从凡勃伦到垄断资本学派，对这一痼疾的理解又经历了怎样的批判性继承和发展？针对上述问题，本文从凡勃伦的"破坏—不在场所有权"理论出发，考察垄断资本学派与凡勃伦思想的渊源，并从经济思想史的角度分析该学派

* 国家社科基金青年项目"国外左翼学者关于当代资本主义金融化与经济停滞理论研究"（17CKS029）的阶段性成果。本文原载于《国外理论动态》2018年第 7 期，收入本书时有改动。

对凡勃伦思想的批判性继承和发展，以构建国际垄断金融资本理论所具有的经济思想史价值。

一　凡勃伦的"破坏—不在场所有权"理论

凡勃伦系美国激进制度经济学的鼻祖，同马克思类似，他也对资本积累的产业结构及其后果展开了批判。不过，与马克思不同，凡勃伦对资本积累的产业结构及其后果的分析更多以垄断资本主义的现实运行为观照，从作为垄断资本主义生产基础的微观企业出发，在一定程度上揭示了垄断资本主义社会的内在痼疾。

凡勃伦认为，在垄断资本主义条件下，价格竞争急剧下降，技术进步降低了制造业的生产成本，从而提高了制造业的利润边际。因此，同工人阶级、农民以及小业主相比，制造业公司资产所有者的收入大幅攀升，加之市场空间有限，投机泡沫一碰就破。20 年后，凯恩斯将此类现象描述为"企业成为投机漩涡中漂浮着的泡沫"[①]。

对凡勃伦而言，"大企业家是控制着社会赖以生存的命脉的……文明人类的长远利益是集中在大企业家和他的财富上面的"[②]。正是基于此，凡勃伦以现代企业作为分析起点，考察了制度所具有的"建设性"特征和"破坏性"特征。他认为，制度具有"建设性"特征的关键在于人类拥有手艺和技术。但是，在私有产权制度下，人类的技术和手艺却具有"破坏性"，从而呈现出掠夺性剥削的特征。对现代企业而言，工业技巧是有效使用各种工具，直到生命尽头，商业所具有的掠夺性本能则表现为以敌人所失为代价获取己之所得，从而导致生产能力趋于下降，并给人类社会带来灾难。因此，在垄断资本主义时代，问题的关键在于私有产权有可能导致人类制度的"建设性"趋势从属于"破坏性"趋势。

---

① 约翰·梅纳德·凯恩斯：《就业、利息和货币通论》，高鸿业译，商务印书馆，1999，第 162 页。
② 索尔斯坦·凡勃伦：《企业论》，蔡受百译，商务印书馆，1959，第 2 页。

据此，凡勃伦提出了"破坏"这一关键性概念。他认为，"破坏"与商业所具有的掠夺性本能密切相关，不过"破坏"的具体运行方式需要从不断演化的社会经济制度结构的角度加以分析。在资本主义尚处在自由竞争阶段的 19 世纪，出现了一批在技术和资金上对企业管理负有全责的雇主，凡勃伦称其为"产业舵手"，并指出他们的特点在于注重提高效率和降低成本，促进机械技术的不断发展，从而推动了生产力的进步。随着市场空间的不断扩张，产业舵手发现，市场似乎不受限制，不过最终，产业舵手将面临市场份额被不断蚕食的厄运，以至于只能通过限制产量来将价格控制在有利可图的水平，以免受破产倒闭之苦。企业在微观层面的结构性变化为 19 世纪末 20 世纪初资本主义从自由竞争阶段过渡到垄断阶段准备了条件。凡勃伦对现代企业内在运行结构的分析再现了马克思资本积累理论的微观维度，在一定程度上呈现了垄断资本主义运行规律的具体执行者所面临的根本困境。

对凡勃伦而言，技术进步是现代企业出现的重要条件。他强调："现代工业体系是一个各种操作的联结，它带有一种单纯的、广泛的、平衡的机械操作的许多特性。这种平衡在任何一点上发生了变动，则对于发生变动的许多分支操作的一个或许多所有人，将带来程度不一的利益（或损害）；同时对操作联结中许多关系比较淡薄的成员，也往往会发生得失的影响，因为平衡在这个关联中是微妙的，一点的变动常常可以传播得很远。变动甚至还具有累积性，因此同在联结中最初发生变动的那些成员并没有直接接触的有些工业部门，也可能受到严重影响，减弱它们的力量或加速它们的进程。"[1] 而这种"工业平衡的保持和若干工业操作在工作上、需求上的调节"是存在重大问题的，对于平衡的控制掌握在企业家手里。商人是作为产业交易的媒介出现的，其职责在于确保产业活动以获取金钱收益为目标，而非以共同体的最大福利为目标[2]。

因此，随着企业的发展，商业对企业的控制将会达到全新的水平，这时所有权明显地具有了"不在场性"（absentee variety），即商人专注

---

[1] 索尔斯坦·凡勃伦：《企业论》，蔡受百译，商务印书馆，1959，第 14 页。
[2] 索尔斯坦·凡勃伦：《企业论》，蔡受百译，商务印书馆，1959，第 11、13 页。

于金融层面的战略问题。凡勃伦用"商业大君"来描述商业对企业的控制。他指出，现代企业在生产方面的技术问题被抛给了工业专家或生产工程师，即自由竞争资本主义阶段的"产业舵手"。事实上，随着技术进步以及生产规模的扩大和复杂性的增强，"不在场所有者"与"生产工程师"之间的区分越来越必要。凡勃伦认为，工程师为生产过程更有效率的展开提供了技术知识，然而，工程师关于生产方法的理念只有在"商业大君"确信这些理念具有有利可图的可能性时才会得到认可，从而出现了"不在场所有者"凌驾于产业舵手之上的现象。凡勃伦进一步指出，诸如银行、证券交易所等是"不在场所有权"在 20 世纪初期的具体表现，并据此提出了"金融舵手"的概念。他认为，金融舵手能够迅速跃升至资本主义财富和权力的等级之巅，从而产业舵手会沦为金融舵手的奴隶①。

对凡勃伦而言，"破坏"指的是限制产出、增速和产量，通过控制价格以在现有产量的基础上攫取高额利润。从根本上讲，它表现为企业有意识地以损失效率为代价来确保利润最大化。而以全部产能或接近全部产能的速度生产会导致生产过剩，进而会对价格和利润产生不利影响，使经济陷入停滞。企业间的竞争和技术进步使得生产过剩成为必然。对"不在场所有者"而言，持续获得赢利的关键在于，将产出控制权加以集中，这就要求变革公司的组织形式。因此，企业往往会通过合谋或兼并等方式实现所有权的聚集，以形成足够大的生产单位，从而有意识地控制企业的生产能力，在一定程度上避免生产过剩以及接踵而至的萧条。正是基于此，凡勃伦将"破坏"视为商业管理的核心原则，"不在场所有权"需要公司的组织形式从根本上为这一目标服务。这是凡勃伦"破坏—不在场所有权"思想的基本内核②。由此出发，凡勃伦得出了三点推论。

---

① Thorstein B. Veblen, *Absentee Ownership: Business Enterprise in Recent Times: The Case of America*, New Brunswick and London: Transaction Publishers, 1997, pp. 82-83.

② Thorstein B. Veblen, *The Engineers and the Price System*, New York: Viking Press, 1934, pp. 37-39.

第一，垄断形成的微观条件在于企业所有权的聚集。凡勃伦认为，以价格战为主的竞争手段会使商业受损，从而削弱企业的投资。毕竟，企业不会在明知有风险时继续进行投资。因此，价格管理策略对利润最大化和降低商业风险必不可少。这一策略的实现取决于企业规模的扩张所带来的所有权聚集，即垄断企业的出现。随着经营规模的扩大，现代企业通过兼并和共谋用事实上的垄断取代了"割喉竞争"。

第二，垄断资本之间的竞争形式发生了根本性转变。凡勃伦认为，寡头垄断价格策略是将价格制定在能够带来最高盈利的水平。通过各种不同程度的合谋制定价格，公司的竞争性策略主要呈现为两种形式：①尽可能降低生产成本以提高利润边际①；②通过市场营销等手段增加市场份额②。

第三，尽管现代企业具有较高的生产率，但其在微观层面的变化有可能对资本积累产生不利的影响。一方面，凡勃伦肯定了垄断资本主义社会所带来的剩余增加和生产力进步，认为这使得人类社会免受产品不足之苦，甚至为浪费性和寄生性的收入预留了空间。另一方面，凡勃伦也意识到了垄断资本主义社会浪费现象的增多，并为其带来的社会危机感到担忧③。

二 从"破坏—不在场所有权"理论到"停滞—金融化"悖论

垄断资本学派从资本积累的角度，批判性地吸收了凡勃伦的"破

① Thorstein B. Veblen, *Absentee Ownership: Business Enterprise in Recent Times: The Case of America*, New Brunswick and London: Transaction Publishers, 1997, p. 287.

② Thorstein B. Veblen, *Absentee Ownership: Business Enterprise in Recent Times: The Case of America*, New Brunswick and London: Transaction Publishers, 1997, pp. 284-325.

③ 索尔斯坦·凡勃伦：《企业论》，蔡受百译，商务印书馆，1959，第35~36页，引用时个别译文有改动。

坏—不在场所有权"理论,考察了以"停滞—金融化"悖论为表现形式的垄断资本主义社会的内在痼疾。这一方面弥补了凡勃伦对资本主义批判的不彻底性,另一方面也吸收了其分析的合理内核,为构建国际垄断金融资本学说奠定了基础。

首先,该学派的创始人保罗·巴兰(Paul Alexander Baran)和保罗·斯威齐(Paul Marlor Sweezy)批判性地继承了凡勃伦"破坏—不在场所有权"理论的分析内核。1966 年,巴兰和斯威齐在《垄断资本:论美国的经济和社会秩序》(以下简称《垄断资本》)一书中详细讨论了"现代巨型公司"的具体运行方式。当时,制度学派经济学家阿道夫·伯利(A. A. Berle)和加德纳·米尔斯(Gardiner C. Means)认为,巨型公司的典型特征表现为公司的所有者转变为被动的股东,从而将企业的生产决策和经营扔给了公司管理层,并认为"对公司的控制势必发展成为一种纯粹的中立的技术统治",从而技术官僚阶层会将社会目标置于企业利润最大化目标之上①。与伯利和米尔斯不同,巴兰和斯威齐提出,经理阶层和股东在垄断资本主义时代会媾和为"协调一致的利益集团",共同"处于经济金字塔的顶峰"②。他们进一步认为,巨型公司是实现利润最大化并在最大限度上实现资本积累的有效工具,因为它比个人资本家的寿命更长,并且能够进行更为理性的计算。这两个关键性特征构成了巴兰和斯威齐构建垄断资本理论的出发点。

凡勃伦对于"破坏—不在场所有权"理论的研究表明,"不在场所有权"凌驾于产业舵手之上,实质是基于劳动过程的协调—控制活动的分离,因此,作为现代企业产业舵手的表现形式的公司管理层也就沦为"不在场所有者"的附庸。凡勃伦从垄断资本主义时代的微观角度出发,提出实现上述变革的关键在于通过合谋等形式扩大现代企业规模,以实现所有权的聚集。因此,"破坏—不在场所有权"使得公司所有者对利润最大化的追逐必然以控制价格等方式实现。不过,巴兰和斯威齐最初

---

① 保罗·巴兰、保罗·斯威齐:《垄断资本:论美国的经济和社会秩序》,南开大学政治经济学系译,商务印书馆,1977,第 26 页。

② 保罗·巴兰、保罗·斯威齐:《垄断资本:论美国的经济和社会秩序》,南开大学政治经济学系译,商务印书馆,1977,第 41 页。

显然忽视了凡勃伦的上述思想。他们在写作《垄断资本》之际，恰逢二战后美国制造企业在国内和国外进行大规模扩张，因此他们反对凡勃伦提出的"不在场所有权"凌驾于产业舵手之上的观点。在巴兰和斯威齐看来，凡勃伦笔下作为"不在场所有权"代表的"商业大君"与巨型公司不同，因而他们提出了"大君从公司偷盗，而经理为公司而偷盗"①的观点。因此，凡勃伦关于"不在场所有权"与产业舵手之间对立的思想被巴兰和斯威齐放弃了。尽管他们反对伯利和米尔斯关于现代公司的定义，但是，他们对于巨型公司的理解在很大程度上依然与西方主流经济学家保持着"暧昧不清"的关系。正是在这个意义上，巴兰和斯威齐将凡勃伦视为"关于商业企业的古典理论家"②。

有意思的是，在《垄断资本》一书出版 25 周年之际，斯威齐认为："《垄断资本》的分析就整体而言与现实一致。但是，存在一个明显的矛盾……那就是在最近 25 年里，美国和全球资本主义经济的典型特征表现为金融部门急剧扩张且日趋复杂。这反过来对由公司主导的'实体'经济的结构和作用机制产生了巨大影响。"③ 斯威齐强调，20 世纪 80 年代的"杠杆化狂热"几乎在一夜之间，导致大量的流动资本汇集到资源丰富且富于创新性的金融企业家的麾下。这些人对生产毫无经验，也了无兴趣；他们的目标是赚尽可能多的钱，并且将他们以及他们的客户所赚的钱再投资，以赚取更多钱④。为了达到上述目标，这些金融企业家大肆购买纸面资产以及房地产、艺术品等投机商品，以便随后再以高价卖出。这使得巴兰和斯威齐在《垄断资本》中所明确否定的"大君偷盗公司"的情形再次上演。这些新生代金融企业家们发现，通过积累大量

---

① 保罗·巴兰、保罗·斯威齐：《垄断资本：论美国的经济和社会秩序》，南开大学政治经济学系译，商务印书馆，1977，第 35 页。

② 保罗·巴兰、保罗·斯威齐：《垄断资本：论美国的经济和社会秩序》，南开大学政治经济学系译，商务印书馆，1977，第 34 页。

③ Paul M. Sweezy, "Monopoly Capital after Twenty-five Years", *Monthly Review*, Vol. 43, Issue 7, 1991.

④ Paul M. Sweezy, "Monopoly Capital after Twenty-five Years", *Monthly Review*, Vol. 43, Issue 7, 1991.

的流动性资本、与大股东签订特别协议以及向其他人提供可观的偿付额，能够有机会获得其他巨型公司的控制权。这一方面使得他们能够取代现有的公司管理层，另一方面也使得他们能够以各种方式掠夺在杠杆收购潮中被兼并的公司。

金融膨胀的现实打破了企业共同体拥有长远计划和长期具有高度稳定性的远景。正是在此基础上，斯威齐认为《垄断资本》一书的基本假设存在问题。在该书中，他们曾假定寡头垄断共同体处于经理的有效控制之下，保持着较长时期的稳定。随着垄断资本学派对金融化问题研究的推进，他们关于公司结构的认识越来越转向凡勃伦①。他们发现，在垄断资本主义时代，尽管只有一小撮大公司受制于公司收购，但这产生了非常深远的影响。许多巨型公司在面对公司收购时显得非常脆弱，并且认为其管理会受到威胁。因此，只要有机会，这些公司就会采取收购方可能采取的行动。1983年，斯威齐与哈里·马格多夫在考察生产与金融的内在关系时，提出了生产—金融二分法，并试图为宏观经济学的重构提供一个方法论前提。正是在这里，垄断资本学派回到了凡勃伦关于产业舵手与金融舵手对立的思想。他们日益认识到，"金融收购者带来的普遍威胁迫使管理层日益带有较早期公司文化所具有的投机性金融的色彩"。这导致斯威齐自我批判道："我们在《垄断资本》中所构建的公司范式是有问题的。"②

其次，凡勃伦以现代企业为分析起点考察了垄断资本主义企业的微观基础。垄断资本学派从马克思主义整体性视角出发，在一定程度上克服了凡勃伦试图通过垄断扩大化来解决垄断资本主义内在痼疾这一做法所具有的根本缺陷，并在一定程度上剖析了产业舵手与金融舵手对立的根源。具体而言，垄断资本学派从下述三个维度继承并且发展了凡勃伦的"破坏—不在场所有权"理论。

①垄断资本学派的核心范畴源自凡勃伦。凡勃伦对"破坏—不在场

---

① 张雪琴:《垄断资本学派金融化与资本积累理论研究》，中国人民大学博士学位论文，2016。

② Paul M. Sweezy, "Monopoly Capital after Twenty-five Years", *Monthly Review*, Vol. 43, Issue 7, 1991.

所有权"理论的进一步阐释涉及消费品的结构和功能，并在此基础上提出了"炫耀性消费"①。在凡勃伦看来，"严格地说，除了基于歧视性的金钱上的对比所做出的消费之外，别的消费都不应当列入炫耀性消费范围"②。此后，罗伯特·默顿（Robert K. Merton）将这一概念一般化为消费的"潜在功能"③。斯莱费尔在关于经济剩余概念的评述性文章中，比较了凡勃伦上述概念与"形式上的使用价值"之间的关联性，并且进一步讨论了经济剩余概念所具有的销售努力（sale effort）维度，发展了对经济剩余这一核心范畴的分析④。

②该学派考察了现代企业结构的根本性转变及其宏观后果。巴兰和斯威齐继承了凡勃伦的做法，从微观基础的角度研究资本主义从自由竞争阶段向垄断阶段的过渡，并进一步分析了竞争运行方式的转变。同凡勃伦类似，垄断资本学派分析了竞争形式的转变。他们认为，在巨型公司时代，价格竞争会显著减少，割喉竞争将会被垄断合谋取代，竞争条件转变的根源在于资本积累内在作用机制的变化⑤。正是基于此，斯威齐提出："在美国，深受马克思影响但是并不能算作马克思主义者的索尔斯坦·凡勃伦是第一个从理论上处理这一主题的社会科学家。"⑥

---

① 蔡受百先生将"conspicuous consumption"译为明显消费，孟捷教授认为最好译为"声誉消费"或者"炫耀性消费"。基于凡勃伦对这一概念的定义，本文采取"炫耀性消费"的译法。

② 索尔斯坦·凡勃伦：《有闲阶级论——关于制度的经济研究》，蔡受百译，商务印书馆，1964，第74页。

③ R. K. Merton, *Social Theory and Social Structure*, New York：The Free Press, 1957, p. 70.

④ Henryk Szlajfer, "Waste, Marxian Theory, and Monopoly Capital：Toward a New Synthesis", in J. B. Foster and Henryk Szlajfer（eds.）, *The Faltering Economy：The Problem of Accumulation Under Monopoly Capitalism*, New York：Monthly Review Press, 1984, pp. 297–321.

⑤ 保罗·斯威齐：《垄断与竞争》，张雪琴译，《政治经济学报》2017年第10期。

⑥ 保罗·斯威齐：《垄断与竞争》，张雪琴译，《政治经济学报》2017年第10期。

③该学派在考察现代公司的竞争策略时强调了销售努力对抵消经济剩余所具有的重要作用，这与凡勃伦强调通过营销手段增加市场份额的观点相一致。早在1923年，凡勃伦就明确提出："生产者日益重视产品的销路……工艺与推销二者的区别就这样弄得模糊不清，以至于现在人们可以得出这样的结论，即为市场而生产的许多产品的成本主要是供生产销售外观之用。"①凡勃伦的这一洞见为垄断资本学派分析浪费问题奠定了基础。亨里克·斯拉基弗（Henryk Szlajfer）曾经试图在凡勃伦和巴兰的基础上，为垄断资本时代具有普遍意义的浪费现象构建一般性的分析框架②。约翰·贝拉米·福斯特（John Bellamy Foster）在对生态问题展开具体分析时也再次回到了凡勃伦的上述观点③。

最后，垄断资本学派通过分析现代企业的微观基础和宏观整体性，将"破坏—不在场所有权"与投资不足相联系，进一步深入考察了经济停滞与金融舵手共生的问题，提出"停滞—金融化"悖论是垄断资本主义时代内在痼疾的外在表现。与凡勃伦所提出的所有权的聚集将使萧条从长期性现象转变为短期性现象相反，垄断资本学派认为，由于"破坏—不在场所有权"的普遍存在，除非存在有力的抵消因素，否则垄断资本主义的正常状态是停滞。由此出发，该学派对资本家的消费与投资、销售努力、政府民用支出、投机性金融以及军国主义与帝国主义在吸收剩余、抵抗停滞上所起的作用展开了具体分析。

凡勃伦在《企业论》中曾经强调，"以新的科学为基础的技术和不断改良的劳动过程组织形式具有过度生产的特征"，他提出"产品的非生产性消

① Thorstein B. Veblen, *Absentee Ownership*: *Business Enterprise in Recent Times*: *The Case of America*, New Brunswick and London: Transaction Publishers, 1997, p. 300.

② Henryk Szlajfer, "Waste, Marxian Theory, and Monopoly Capital: Toward a New Synthesis", in J. B. Foster and Henryk Szlajfer (eds.), *The Faltering Economy*: *The Problem of Accumulation Under Monopoly Capitalism*, New York: Monthly Review Press, 1984, pp. 297-321.

③ 约翰·贝拉米·福斯特：《生态马克思主义政治经济学——从自由资本主义到垄断阶段的发展》，张峰译，《马克思主义研究》2012年第5期。

费的增加"是解决这一问题的一种办法，尽管这一办法存在根深蒂固的缺陷①。有趣的是，斯威齐在写作《垄断资本》之际，曾对凡勃伦的这一观点展开批评②。但是，随着他和哈里·马格多夫对生产与金融的内在关系研究的推进，该学派逐步认识到了凡勃伦上述思想的深远意义，并提出"凡勃伦是最早且最富有洞察力的金融观察家"，不过他们也对凡勃伦没有将金融部门的增长作为对抗停滞趋势的抵消力量感到颇为遗憾③。正是在关于金融化的研究中，斯威齐和哈里·马格多夫回到了凡勃伦的"破坏—不在场所有权"理论，得出了如下极富预见性的观点："生产部门将继续停滞，而金融部门将继续膨胀"，并且"如果由生产部门和金融部门最近表演的奇怪的双人舞一直持续很长时间，我们也不应觉得奇怪"④。

三 垄断资本学派对凡勃伦思想的批判性继承及其思想史价值

凡勃伦的"破坏—不在场所有权"思想对垄断资本主义的内在运行矛盾展开了分析，为垄断资本学派在资本主义发展的新时期推进马克思的资本积累理论、构建国际金融垄断资本学说提供了丰富的思想养料。垄断资本学派对凡勃伦"破坏—不在场所有权"理论的批判性继承从方法论微观基础和宏观影响三个层次凸显了下述三个值得注意的问题。

---

① 转引自哈里·马格多夫、保罗·斯威齐《生产与金融》，张雪琴译，《清华政治经济学报》2014 年第 2 期；亦可参见索尔斯坦·凡勃伦《企业论》，蔡受百译，商务印书馆，1959，第 167~168 页。

② 1957 年，斯威齐在纪念凡勃伦诞辰 100 周年的文章中批评了凡勃伦将"商业（金融）"和"产业（实体生产）"进行严格区分的观点，参见 Paul M. Sweezy, "The Theory of Business Enterprise and Absentee Ownership", *Monthly Review*, Volume 9, Issue 3&4, 1957, p. 109。

③ 哈里·马格多夫、保罗·斯威齐：《生产与金融》，张雪琴译，《清华政治经济学报》2014 年第 2 期。

④ 哈里·马格多夫、保罗·斯威齐：《生产与金融》，张雪琴译，《清华政治经济学报》2014 年第 2 期。

第一，关于坚持和发展中国特色社会主义政治经济学。马克思在批判性吸收古典政治经济学的基础上对资本主义的基本运行规律作出了科学分析，为变革社会提供了指导。回顾垄断资本学派对凡勃伦思想的批判性继承可以发现，在进入垄断资本主义时代后，该学派的理论工作者充分吸收了垄断资本主义阶段经济学家的新思想。尽管这些经济学家存在着不可避免的缺陷，但在对垄断资本主义的分析上，他们为马克思主义者提供了研究借鉴的材料。垄断资本学派正是在批判性学习凡勃伦、凯恩斯以及熊彼特等重要经济学家对垄断资本主义富有洞察力且深入系统的研究的基础上①，构建了国际垄断金融资本理论，并极有预见性地作出了生产与金融的"双人舞"会持续较长时间的正确判断，阐释了2008年全球经济大衰退产生的根源及可能的后果②。

马克思在《资本论》中指出："资产阶级在法国和英国夺得了政权。从那时起，阶级斗争在实践方面和理论方面采取了日益鲜明的和带有威胁性的形式。它敲响了科学的资产阶级经济学的丧钟。现在问题不再是这个或那个原理是否正确，而是它对资本有利还是有害，方便还是不方便……不偏不倚的科学探讨让位于辩护士的坏心恶意。"③值得注意的是，马克思的批评有其产生的时代背景，如果不加分析地引用马克思的上述论点，就会忽视垄断资本主义阶段经济学家们所提出的重要理论洞见。习近平同志就曾指出，"马克思主义经济学的发展和完善，应当吸收西方经济学有关市场经济理论的研究成果"，并且"必须以基本范式最为科学、最能适应社会主义市场经济要求的马克思主义经济学作为基础和主体，去对西方经济学中的优秀成果进行

---

① 张雪琴：《马克思与凯恩斯在垄断资本时代的历史性相遇——对垄断资本学派凯恩斯渊源的考察》，《学习与探索》2018年第2期。

② 张雪琴：《停滞金融化悖论与马克思归来——基于欧债危机的视角》，《中国图书评论》2018年第1期；John Bellamy Foster and Fred Magdoff, *The Great Financial Crisis*, New York：Monthly Review Press, 2009；John Bellamy Foster and Robert W. McChesney, *The Endless Crisis：How Monopoly-Finance Capital Produces Stagnation and Upheaval from the USA to China*, New York：Monthly Review Press, 2012。

③ 《马克思恩格斯文集》第5卷，人民出版社，2009，第17页。

兼收并蓄"①。

垄断资本学派对凡勃伦等重要经济学家思想的批判性继承表明，唯有立足于马克思主义经济学，并对垄断资本主义阶段经济学家的思想加以扬弃，才能进一步发展和创新马克思主义经济学。2016 年 7 月 8 日，习近平总书记在主持经济形势专家座谈会时指出："坚持和发展中国特色社会主义政治经济学，要以马克思主义政治经济学为指导，总结和提炼我国改革开放和社会主义现代化建设的伟大实践经验，同时借鉴西方经济学的有益成分。"②

因此，不应将马克思与"西方经济学"完全对立，否则将会落入"马克思主义宗派化"的窠臼，无益于揭示现代社会的经济运行规律。③同时，政治经济学所具有的科学性并非仅存在于资产阶级萌芽时期，应该认识到资本主义发展有其阶段性。因此，需要有意识地以马克思主义经济学为基础，从资本主义发展阶段性的角度，甄别西方经济学的存在条件和运用场合，去粗取精、去伪存真，并将理论与实践有机结合。唯其如此，才能不断坚持和发展中国特色社会主义政治经济学，构建具有中国特色、中国风格、中国气派的经济学学科。

第二，关于经济停滞与金融舵手共生关系的微观基础。凡勃伦以现代企业为分析起点，考察了制度的两重性。从现代企业的劳动过程出发，凡勃伦发现机械操作对人类文明具有重大意义，他用"产业舵手"来高度评价自由竞争资本主义阶段企业家对"各种工业操作相互作用而引起的局势"的控制，指出"产业舵手"的目的"在于谋求生活"

---

① 习近平：《社会主义市场经济和马克思主义经济学的发展与完善》，《经济学动态》1998 年第 7 期。

② 《习近平主持召开经济形势专家座谈会强调 坚定信心增强定力 坚定不移推进供给侧结构性改革》，《人民日报》2016 年 7 月 9 日。

③ 值得注意的是，"西方经济学"是一个广义的概念，包含着众多流派。在西方社会，除了新古典综合经济学，还存在诸如西方马克思主义经济学、凯恩斯主义经济学、后凯恩斯主义经济学、演化经济学等诸多经济学流派。不过，由于新古典综合经济学在西方社会居于主流地位，其他经济学流派往往被视为"异端经济学"。

而非"博取投资的利润"。不过，随着机器大工业日益成为社会的普遍现象，企业规模扩大了，并且越来越多样化，企业盈亏得失的财务信息就显得颇为重要。由此滋生了一种"为博取利润的有组织的投资"，从而"企业家已不像过去那样全力注意在同他的生活一度密切结合在一起的某个工业操作，对它进行那种旧式的监督和管理；他现在所集中注意的是：怎样灵活调动他的投资，随时从利润较薄的转移到利润较厚的冒险事业，怎样通过机敏的投资以及同别的企业家的联络对企业局势作战略控制"①。

凡勃伦所强调的监督管理和控制活动，实际上是卢卡奇第二种目的论活动指涉的社会化生产所需要的协调和控制活动的具体化，对剩余的占有是推动这类目的论活动得以发展的动因。在卢卡奇看来，"这类目的论设定可以自发地或者以制度的形式"② 服务于对被统治者进行统治。凡勃伦的"破坏—不在场所有权"理论，实际上正确地指出了协调—控制活动的分离，从而以"金融舵手""商业大君"等表现形式呈现了不在场所有者凌驾于产业舵手之上的具体图景，构成了停滞金融化悖论的微观基础。

第三，经济停滞与金融舵手共生关系的宏观后果。凡勃伦在考察监督管理与控制活动分离的基础上，提出了制度二重性理论，从而在一定程度上触及了垄断资本主义时代相对剩余价值生产的运行机制和内在困境。孟捷教授在梳理马克思主义内部关于历史唯物主义三次重大争论的基础上，构建了以相对剩余生产为基础的马克思主义制度分析理论。③

在凡勃伦看来，"不在场所有权"凌驾于产业舵手之上体现着制度的"破坏性"特征，"价格战""割喉竞争"为共谋、市场营销等垄断竞争形式所取代。但他认为，市场营销等手段主要是提高企业在既有市场

① 索尔斯坦·凡勃伦：《企业论》，蔡受百译，商务印书馆，1959，第12~14页。
② 卢卡奇：《关于社会存在的本体论·下卷——若干最重要的综合问题》，白锡堃等译，重庆出版社，1993，第163页。
③ 参见孟捷《历史唯物论与马克思主义经济学》，社会科学文献出版社，2016。

上的份额，而非扩大整个市场的规模①。"破坏"与"炫耀性消费"相结合有助于确保生产的所有物品被消费掉，从而可以大量增加不必要的消费需求。不过，凡勃伦明确表示，用于军备、公用大建筑、宫廷、外交等方面的浪费性支出并不足以完全抵消现代工业的剩余生产能力。他认为，在充分发展的工业体系的背景下，避免"长期萧条"的唯一办法是竞争性企业相互联合或形成合谋，并且萧条的根源在于商人不愿意投资②。换言之，投资不足将成为垄断资本时代根深蒂固的特征。针对此种困境，凡勃伦提出，可以采取两种应对策略，即增加对商品的非生产性的消费，以及消灭那种"你死我活"的竞争。

凡勃伦认为，此种策略有助于增加企业的当前投资，从而能够部分避免投资不足所引发的长期萧条。显然，尽管凡勃伦正确地认识到了垄断资本主义根深蒂固的投资不足的问题，不过对于困境的解决，他又诉诸"相互联合或形成合谋"，试图通过垄断程度的进一步加深来解决垄断本身所导致的生产过剩问题。他提出："这种可恼的、磨折人的萧条，只有在垄断的基础上才能把它干脆地推开。"③ 有趣的是，大约是在 10 年之后，凯恩斯提出可以通过"投资的社会化"来解决垄断资本主义根深蒂固的投资不足的问题④。在这一点上，如果将垄断程度的进一步加深视为对数学上的极限问题的求解，那么"垄断的极大值"和"投资的社会化"无疑彰显了垄断资本主义时代经济学家对资本主义制度的尖锐批判。

由此可以发现，协调—控制活动的分离所产生的不在场所有权对产业舵手的控制成为垄断资本主义经济运行的内在逻辑，呈现了垄断资本主义条件下的相对剩余价值生产的运行机制和内在困境。垄断资本学派

---

① Thorstein B. Veblen, *Absentee Ownership*: *Business Enterprise in Recent Times*: *The Case of America*, pp. 299, 305-306.

② 索尔斯坦·凡勃伦：《企业论》，蔡受百译，商务印书馆，1959，第 143~144 页。

③ 索尔斯坦·凡勃伦：《企业论》，蔡受百译，商务印书馆，1959，第 146 页。

④ 约翰·梅纳德·凯恩斯：《就业、利息和货币通论》，高鸿业译，商务印书馆，1999，第 391 页。

由此出发建构了国际垄断金融资本理论，在一定程度上科学地阐释了垄断资本所面临的经济停滞和投资不足的问题，剖析了经济停滞与金融舵手共生现象背后的政治经济学原理，并对 2008 年全球金融和经济危机作出了极有预见性的分析。不过反思垄断资本学派的思想历程可以发现，该学派对凡勃伦的理解经历了一番曲折。尽管提出了生产—金融二分法，在一定程度上为重构宏观经济学提供了方法论前提，并对《垄断资本》一书的微观基础作了非常深刻的自我批评，但是，垄断资本学派的国际垄断金融资本理论在逻辑一致性和系统完备性方面尚存在缺陷①。因此，对垄断资本学派的凡勃伦思想渊源的考察，客观上从经济思想史的角度为金融化与资本积累理论研究提供了些许补充。

---

① 这不仅表现在以巴兰、斯威齐和哈里·马格多夫为代表的垄断资本学派的第一代学者对金融化问题的认识上，同时也表现在以福斯特、弗雷德·马格多夫等为代表的第二代学者的后续研究上。参见张雪琴《垄断资本学派金融化与资本积累理论研究》，中国人民大学博士学位论文，2016。

第四编　新型城镇化与经济发展

新型城镇化的战略意义和改革难题[*]

张占斌

2010 年，我国人均国民总收入为 4260 美元，首次由"下中等收入"经济体转变为"上中等收入"经济体。2011 年，我国城镇化率达到 51.27%，城镇常住人口首次超过农村人口。这两个"首次"意义重大，标志着我国开始由乡村中国向城市中国转变，我国经济社会和城镇化进入新发展阶段。党的十八大和中央经济工作会议对我国新型城镇化发展进行了顶层设计和总体部署，明确提出提高城镇化质量的要求。如何把城镇化的最大内需动力和改革的最大红利释放结合起来，这是未来发展必须高度关注的重大问题。

在当前复杂的国际国内形势下，靠什么样的力量沉着应对各种不利因素，保证我国经济持续健康发展？我的理解是：寄希望于新型城镇化健康发展。其理由是：努力走好具有中国特色的新型城镇化道路，将为我国赢得比较优势和后发优势发挥的巨大空间。新型城镇化是我国现代化建设进程中的大战略和历史性任务，是扩大内需的长期动力和推动我国经济持续健康发展的"火车头"，是我国全面建成小康社会和从经济大国向经济强国迈进的"王牌"引擎。积极稳妥推进新型城镇化建设，提高城镇化的质量，取决于一系列公共政策的集合，更取决于对改革难题的突破。

---

[*] 国家社会科学基金重点项目"城镇化与省直管县改革研究：模式、战略与政策"（11AGL007）、中国国际经济交流中心重大项目"我国由经济大国迈向经济强国战略研究"（12ZDXM001）的阶段性成果。本文原载于《国家行政学院学报》2013 年第 1 期，收入本书时有改动。

一 城镇化和新型城镇化道路解读

"urbanization"一词一般译为"城市化"，主要用于说明国外的乡村向城市转变的过程。由于"ur-ban"包含有城市（city）和镇（town），世界上许多国家镇的人口规模比较小，有的甚至没有镇的建制，"urbanization"往往仅指人口向"city"转移和集中的过程，故称"城市化"；中国设有镇的建制，人口规模不少与国外的小城市相当，人口不仅向"city"集聚，而且向"town"转移，这也可以看成中国特色的城镇化的一个特点。为了显示与外国的差别，有学者把中国的"urbanization"译为"城镇化"①。所以，外国的或者一般而言的"urbanization"称为"城市化"，中国的"urbanization"则称为"城镇化"。

城市化（或城镇化）是一个涉及多方面内容的社会经济演进过程，不同学科从不同的角度给出了各自的解读。人口学对城市化的定义强调农村人口向城市的转移和集中，以及其带来的城市人口比重不断上升的过程②。经济学对城市化定义强调的是农村经济向城市经济转化的过程③。社会学意义上的城市化强调的是城市社会生活方式的产生、发展和扩散的过程。如著名美国社会学家沃思（Louis Wirth）认为，城市化意味着乡村生活方式向城市生活方式发生质变的全过程④。美国学者索罗金认为，城市化就是变农村意识、行动方式和生活方式为城市意识、行动方式和生活方式的全部过程⑤。地理学的城市化定义强调的是人口、

---

① 辜胜阻：《非农化及城镇化理论与实践》，武汉大学出版社，1993，第6页。
② 参见赫茨勒《世界人口的危机》，何新译，商务印书馆，1963，第52页。
③ 参见沃纳·赫希《城市经济学》，刘世庆等译，中国社会科学出版社，1990，第22页。
④ Louis Wirth, "Urbanism as a Way of Life", *American Journal of Sociology*, 1989 (49) pp. 46-63.
⑤ 参见崔功豪《城市地理学》，江苏教育出版社，1992，第68页。

产业等由乡村地域景观向城市地域景观的转化和集中过程①。

随着城市化实践的发展和各学科对城市化研究的逐步深入以及学科间的互相渗透，城市化的定义日趋综合化和层次化。如罗西在《社会科学词典》中认为城市化有四个方面的含义：一是市中心对农村腹地影响的传播过程；二是全社会人口逐步接受城市文化的过程；三是人口集中的过程，包括集中点的增加和每个集中点的扩大；四是城市人口占全社会人口比重提高的过程②。美国学者弗里德曼（J. Friedman）将城市化区分为城市化Ⅰ和城市化Ⅱ。前者包括人口和非农业活动在规模不同的城市环境的地域集中过程，非城市景观转化为城市景观的地域推进过程；后者包括城市文化、城市生活方式和价值观在农村的地域扩散过程③。

综上，我们认为城市化或城镇化是现代化水平的重要标志，是随着工业化发展，非农产业不断向城镇集聚，从而农村人口不断向非农产业和城镇转移、农村地域向城镇地域转化、城镇数量增加和规模不断扩大、城镇生产生活方式和城镇文明不断向农村传播扩散的历史过程。

改革开放以来，我国城镇化水平快速提高，目前仍处于城镇化快速推进阶段，但同时也面临人口与资源、环境矛盾加剧，城乡差距扩大，产业结构升级与就业压力巨大等问题，跨过"中等收入陷阱"，实现"中国梦"，需要对我国的城镇化战略进行调整和优化，走新型城镇化道路。

关于新型城镇化道路目前尚未有标准定义。我们结合党的十八大和中央经济工作会议的新思想，把新型城镇化道路的内涵和特征主要归纳为四个方面内容。

一是工业化、信息化、城镇化、农业现代化"四化"协调互动，通

---

① 参见山鹿城次《城市地理学》，湖北教育出版社，1986，第106页。

② 参见许学强等《现代城市地理学》，中国建筑工业出版社，1988，第47页。

③ 参见康就升《中国城市化道路研究概述》，《学术界动态》1990年第6期。

过产业发展和科技进步推动产城融合，实现城镇带动的统筹城乡发展和农村文明延续的城镇化。这里面有四层内容：一是"四化"协调互动，缺一不可；二是需要通过产业积聚促进产城融合，尤其是需要通过服务业发展和科技进步来推动；三是统筹城乡和城乡一体化需要城镇发展来带动；四是城镇化发展不是要消灭农村、农业、农民，而是要注重"三农"问题的解决，增强农村文明的传承能力。

二是人口、经济、资源和环境相协调，倡导集约、智能、绿色、低碳的发展方式，建设生态文明和美丽中国，实现中华民族永续发展的城镇化。这里面有四层内容：一是人口、经济、资源和环境相协调，突出统筹均衡发展；二是要把生态文明理念和原则全面融入城镇化全过程，突出资源集约节约和生态环境友好，体现集约、智能、绿色、低碳城镇化；三是建设生态文明和美丽中国，实现人与自然和谐共处，发展生态经济和生态产品，为全球生态安全作出贡献；四是实现中华民族永续发展，突出代际公平和发展的可持续性。

三是构建与区域经济发展和产业布局紧密衔接的城市格局，以城市群为主体形态，大中小城市与小城镇协调发展，提高城市承载能力，展现中国文化、文明自信。这里面有四层内容：一是大中小城市和小城镇、城市群要科学布局、因地制宜、协调发展，突出与区域经济发展和产业布局紧密衔接；二是以城市群为主体形态，突出城市群的紧密联系和辐射带动作用；三是提高城市承载能力，突出资源环境承载能力与城镇化建设相适应，加强城市基础设施改善和综合能力建设；四是注重中华民族悠久文化传承与现代人文关怀相容，强调历史文化和现代文化的紧密结合，城镇化建设既不"邯郸学步"，又不"闭门造车"，要体现出东方大国的风采和力量。

四是实现人的全面发展，建设包容性、和谐式城镇，体现农业转移人口有序市民化和公共服务协调发展，致力于和谐社会和幸福中国的城镇化。这里面有四层内容：一是城镇化的本质是为了实现人的全面发展，而不是为了城镇化而城镇化；二是建设包容性城镇，强调城镇不同主体发展权利的同质均等性；三是农业转移人口有序市民化和公共服务协调发展，破解城乡二元体制；四是建设和谐式城镇，更注重城镇化的社会管理和服务创新，致力于和谐社会和幸福中国城镇化的奋斗愿景。

二　推进新型城镇化的重大战略意义

在经济社会和城镇化发展的新阶段，在国际经济格局发生重大调整和我国全面建成小康社会、跨越中等收入陷阱的关键时期，需要高度重视推进新型城镇化的战略意义。

①推进新型城镇化是顺应世界各国实现现代化的普遍规律，加快实现我国现代化的理性选择。工业革命以来的历史告诉我们，一国特别是大国要成功实现现代化，在推进工业化的同时，必须同步推进城镇化，世界发达国家成为强国的过程就是其逐步提高城镇化率的过程。根据联合国 2012 年 4 月发布的《世界城市化展望》，从 2011 年到 2050 年，世界城镇人口将从现在的 36.3 亿人增加到 62.5 亿人，城市化率将由 52.08% 提高到 67.13%，其中较发达地区将提高到 86.26%，而欠发达地区也将提高到 64.08%[①]。实际上，发达国家在现代化过程中都有过城市化较快推进的时期，而且这个时期往往也是工业化较快推进的时期。特别是德国和日本正是抓住了现代化发展阶段的历史性机遇，快速推进城市化进程，并最终完成了城市化任务。譬如，日本城市化率曾由 1950 年的 37.5% 猛增到 1955 年的 56.3%，城市化率 5 年上升 18.8 个百分点，年均提高 3.76 个百分点。我国要实现从经济大国向经济强国迈进，必须自觉遵循城镇化发展的规律的内在要求，努力推进新型城镇化，进而实现国家的现代化。

②推进新型城镇化是自觉遵循城镇化发展规律、建设经济强国的必由之路。美国城市地理学家诺瑟姆（Ray M. Northam）揭示了城镇化发展的三个发展阶段（见图 1）。在城镇化早期和后期阶段，城镇化率提升得十分缓慢，而在城镇化中期阶段，城市人口比重可在短短的几十年内

---

① 联合国经济和社会事务部：《世界城市化展望》，http://www.hse365.net/renjuhuanjing/yiju/2012051543201_2.html。

突破 50% 而上升到 70%，显然这是城镇化的快速发展阶段。当前，我国城镇人口占总人口的比重超过 50%，已进入城镇化发展的加速时期。我们要抓住世界城镇化的历史性机遇，充分发挥比较优势和后发优势，从提升国家综合实力、建设经济强国的角度来看，稳步提高新型城镇化质量和水平，经过 20 年使我国城镇化水平达到 70% 左右，基本完成城镇化任务，建设经济强国。

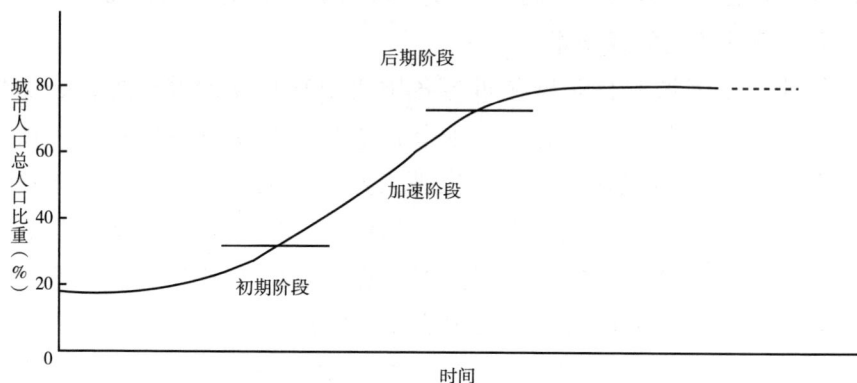

图 1 城市化进程的 S 形发展规律

资料来源：Ray M. Northam，*Urban Geography*，New York：John Wiley & Sons，1975。

1996 年以来，我国城镇化加速发展的特征十分明显。"九五"至"十一五"期间，城镇化率年均分别递增了 1. 43 名、1. 35 名和 1. 39 名，远远高于"六五"至"八五"期间城镇化率递增幅度（见表 1）。有学者认为中国城镇化进程太快了，应该减速。但是，对比法国、德国和日本城市化曾经出现过的高速度，中国这个速度并不是独有的，也不是最高的，更不能简单认定为不合理。其实，城市化是否合理，主要不能以速度的快慢作为标准，而是要看城市化的质量和健康状况。在中国城镇化快速发展的同时，并没有出现诸如拉美国家和印度那样严重的"城市病"、大量的失业和大面积的贫民窟。由此判断，中国城镇化速度是基本合适的。

表1 "六五"至"十一五"期间城镇化水平和速度比较

	"六五" (1981~ 1985年)	"七五" (1986~ 1990年)	"八五" (1991~ 1995年)	"九五" (1996~ 2000年)	"十五" (2001~ 2005年)	"十一五" (2006~ 2010年)
期初城镇化率 (%)	19.39	24.52	26.94	30.48	37.66	44.34
期末城镇化率 (%)	23.71	26.41	29.04	36.22	42.99	49.95
年均城镇化率 (%)	0.86	0.54	0.53	1.43	1.35	1.39

资料来源:《中国统计年鉴—2011》。

③推进新型城镇化有助于推动国民经济健康持续发展,跨越中等收入陷阱。第一,城镇化是扩大内需的最大潜力[1]。城镇化带动大量农村人口进入城镇,带来消费需求的大幅增加,同时还产生庞大的基础设施、公共服务设施以及住房建设等投资需求。第二,城镇化是统筹城乡发展的基本前提。通过推进城镇化,大量的农村富余劳动力向非农产业和城镇转移,农村居民人均资源占有量会大幅度增加,有利于提升农业生产规模化、市场化水平,加快农业现代化进程,解决农业增长、农村稳定、农民增收问题。城镇化还可推动工业反哺农业、城市支持农村,促进基本公共服务均等化,逐步缩小城乡差距,实现城乡共同繁荣发展。第三,城镇化是产业结构调整和升级的重要依托。城镇化产生集聚效益、规模效益和分工协作效益,极大地推动工业化进程。同时,城镇化不仅能够推动以教育、医疗、就业、社会保障等为主要内容的公共服务发展,也能够推动以商贸、餐饮、旅游等为主要内容的消费型服务业和以金融、保险、物流等为主要内容的生产型服务业的发展。第四,城镇化是转变经济发展方式的重要条件。城镇化带来人们生活方式的改变,带动消费需求从"吃穿用"转变到"住行学",推动消费结构和消费方式升级。城镇化带来人力资本和信息知识聚集,促进市场竞争、技术创新和改善

---

[1] 李克强:《协调推进城镇化是实现现代化的重大战略选择》,《行政管理改革》2012年第11期。

管理，有利于提高资源集约利用水平，减少工业排放，实现低碳、绿色发展。城镇化的规模效应将大幅度减少资源消耗，有利于对污染进行集中治理，促进两型社会建设。第五，城镇化是提高中等收入者比重的重要途径。城镇化形成更多的就业机会，提高劳动生产率，有利于提高劳动力的工资和劳动报酬在初次分配中的比重；同时，城市服务产业也是培育中产阶级或者中等收入人群最重要的产业载体，印度就是通过发展服务业使中产阶级数量在 20 年里增加了 4 倍，达到 2.5 亿人①。

④推进新型城镇化既是解决城镇化自身问题的基本途径，也是解决经济社会问题的重要出路。从整体上看，我国城镇化依然滞后，也出现了类似城市病的苗头和各种问题，并导致了其他社会经济问题的产生。在城镇化发展进入关键阶段之际，为了解决这些问题，亟须积极推进新型城镇化②。首先，继续保持一定的城镇化速度，是尽快改变城镇化滞后状态的需要。无论是从城市化与工业化和经济发展的相互关系，还是从国际比较的角度，我国城镇化水平都是滞后的③。城镇化滞后会带来一系列严重的问题，需要通过继续保持一定的城镇化速度，尽快改变城镇化滞后状态才能得到解决。其次，推进新型城镇化是解决城镇化问题的需要。从总体上看，目前我国的城镇化基本上是比较健康的，但是，也的确局部存在几种值得反思的属于病态城镇化倾向的不良现象，如半城镇化、被城镇化、"贵族化"城镇化和"大跃进"城镇化等现象。此外，由于缺乏有效措施和调控机制，在城镇化宏观整体布局上，还存在着大城市过度集聚、小城镇发展无序、地区发展失衡、城市之间的关系不协调等问题。这些问题虽然还没有发展为严重的城市病，但如果不采取科学的城镇化战略，尽早预防和治理，就很可能积重难返，无法根治。最后，积极稳妥推进新型城镇化还有利于城镇化问题带来的各种经济社

① 汝信、陆学艺、李培林主编《2010 年中国社会形势分析与预测》，社会科学文献出版社，2009。

② 马凯：《转变城镇化发展方式 提高城镇化质量 走出一条中国特色城镇化道路》，《国家行政学院学报》2012 年第 5 期。

③ 简新华、黄锟：《中国城镇化水平和速度的实证分析与前景预测》，《经济研究》2010 年第 3 期。

会问题的解决。城镇化不可避免地带来了其他各种经济社会发展问题。例如，由半城镇化造成的我国数量庞大的农业转移人口和日益严重的农民工问题；再如，由城市偏向政策和城乡要素难以自由流动造成的城乡收入差距过大、出现的双二元结构等诸多问题。这些问题主要由城镇化滞后、城镇化质量不高造成，必须依靠积极推进新型城镇化才能解决。

三　推进新型城镇化的基本思路和重点难题

推进新型城镇化是十分复杂的系统工程，面临的矛盾和问题非常突出。庞大的人口压力与城镇化同步、生态文明建设与城镇化同步，显现出我国城镇化必须有自己的特色，走符合国情的道路。因此，需要正确的思想方法，抓住重点难题，积极有序稳步推进。

①注重提高城镇化的质量和效益。新型城镇化要由过去偏重速度向质量和效益提高转变，进入以推进深度人口城镇化为特征、促进城乡一体化的新阶段。从当前的情况看，需要处理好以下几个方面的问题。一是要积极促进农业转移人口市民化，逐步解决半城镇化问题。目前，有1.6亿农民工长期生活在城镇，但并没有解决市民化问题。要按照因地制宜、分步推进、存量优先、带动增量的原则，坚持两手抓，一手推动户籍制度改革，一手推动基本公共服务均等化，有序推进农业转移人口市民化。与此相关联的还有数以千万计的知识型"北漂""南漂"，也需要让他们加快融入所在的城市，解决市民化问题。二是要以人为本，妥善解决城市病问题。要提供与城镇经济发展水平相适宜的基础设施和基本公共服务，解决城镇人口的就业、安居、教育、医疗、交通等问题，提高城镇居民生活质量。三是要转变城镇发展模式，提升城镇的可持续发展能力。要把生态文明理念和原则全面融入城镇化全过程，推进低碳生态城市建设。要围绕提升城镇发展软实力，加快城镇服务功能建设，建立合理的城镇管理体制，提高城镇综合管理服务水平。四是要加强城镇化与工业化、信息化、农业现代化协同发展。要适应新型工业化的要求，积极探索城镇化道路和模式。要积极探索工业反哺农业、城市支持农村的机制、途径和方法，妥善解决"三农"问题。五是要建立城镇化

发展评价体系，确保城镇化健康发展。科学制定城镇化质量评价指标体系，并纳入政绩考核、重大事项督查范围。

②尽量降低而不是抬高城镇化门槛。要降低进城务工和落户条件和成本，将符合条件的进城务工人员转化为城镇人口。这样有利于改变城镇化滞后、半城镇化和贵族化城镇化状况。一是要适当降低农民工落户条件，允许符合条件的农民工市民化。根据城市的规模和综合承载能力，以就业年限、居住年限和参加城镇社会保险的年限为基准，各类城市制定公平、公正的农民工落户标准。不仅要放开小城镇的落户条件，也要放宽大中型城市的落户条件。二是要坚持房地产调控不动摇，引导房地产市场健康发展和房地产价格理性回归，坚决抑制高房价。同时，积极完善多层次、多元化的住房保障体系，逐步提高保障性住房在城镇住房供给中的比重。三是要积极建立和完善城乡一体的基本公共服务体系。要逐步在全国范围内建立统一的教育、就业、医疗卫生、养老、住房、基本生活保障等公共服务体系。要适应农民工高流动性要求，尽快实现社会保险权益可顺畅转移、接续。四是要加快教育和医疗体制改革，切实解决城镇居民在教育和医疗方面的难题。此外，提高农民工的就业能力和收入水平也等同于降低了城镇化门槛。

③努力建设包容性和和谐式的城镇。建设包容性和和谐式城镇，强调城镇发展在经济、社会、治理、文化等领域的均衡与统一，强调城镇发展过程公平与效率的内在一致，强调城镇不同主体发展权利的同质均等性。建设包容性和和谐式城镇将有助于解决城镇内部由区域要素快速流动带来的社会"碎片化"问题。在我国正在由乡村中国向城市中国转变、城镇化加速发展、农民工不能正常市民化的特殊发展阶段，对于迅速发展的城镇，尤其是大都市，建设包容性和和谐式城镇显得尤为重要。首先，建设包容性和和谐式城镇的关键在于建设以人为本的公共服务体系。其中，基本公共服务的普惠化、均等化是完善公共服务体系的核心问题。其次，遵循城镇化的社会系统内生的运行规律，逐步减少乃至完全消除主导城镇化过程的"人治"色彩，以法治原则处理经济、政治、社会、法律之间不协调和系统失衡问题。再次，逐步消除不利于包容性发展的一切排斥性制度体系。促进农民

工等城镇外来人口的城市接纳与融合，使包括农民工在内的城市贫困阶层享有事实上的平等权利。最后，扩大城市规模也是建设包容性和和谐式城镇的重要内容。有研究表明，城市规模的扩大有利于提高劳动力个人的就业概率，而不是像有些人感觉的那样，外来移民会挤占原有居民的就业机会；而且拥有较低技能的劳动力群体从城市规模扩大的就业增加效应中受益最多①。

④积极完善城镇化规划和战略格局。城镇化规划和战略格局关系到城镇化的发展方向，是我国现代化发展战略的重要内容。要以科学发展观为指导，按照全国生态功能区规划要求，遵循城市发展的客观规律，加快构建和完善"两横三纵"城镇化规划和战略格局。一是要按照统筹规划、合理布局、完善功能、以大带小的原则，以大城市为依托，以中小城市为重点，合理引导人口流向和产业转移，逐步形成分工协作、优势互补、集约高效的城市群。已形成城市群发展格局的京津冀、长三角和珠三角等区域，要继续发挥带动和辐射作用，加强城市群内各城市的分工协作和优势互补，增强城市群的整体竞争力和辐射力；具备城市群发展条件的长江中游、成渝、中原等国家重点开发区域，要以特大城市和大城市为龙头，发挥中心城市作用，形成要素集聚能力强、人口分布合理的新城市群。在资源环境承载能力较强、城镇体系比较健全、区域中心城市有较强辐射带动作用的地区，积极培育区域性城市群；要科学规划城市群内各城市功能定位和产业布局，强化中小城市产业功能，增强小城镇公共服务和居住功能。二是要加快发展中小城市。积极挖掘现有中小城市发展潜力，优先发展区位优势明显、资源环境承载能力较强的中小城市；把有条件的东部地区中心镇、中西部重点区域县城和重要边境口岸发展成为中小城市；注意引导中小城市的有序发展，在农产品主产区和重点生态功能区集中建设县城和中心镇。三是要有重点地发展小城镇。发展小城镇要以县城和部分基础条件好、发展潜力大的建制镇为重点；在城市群周边地区，推动小城镇发展与缓解大城市中心区人口

---

① 陆铭、高虹、佐藤宏：《城市规模与包容性就业》，《中国社会科学》2012年第 10 期。

压力相结合，其他地区小城镇的发展要与服务"三农"相结合，与提供公共服务相结合。

四 在体制机制的重点领域和关键环节突破

城镇化是一系列公共政策的集合①，也期待着配套的改革突破。城镇化的健康发展离不开改革，离不开体制机制创新。我国过去30多年城镇化的快速发展与体制改革密不可分，存在的矛盾和问题也与体制机制的不完善直接相关。今后一段时期推进新型城镇化健康发展，必须把深化改革特别是体制改革放在十分突出的位置，加大难题的破解。

①统筹推进户籍制度改革。深化户籍制度改革，必须以城乡一体化、迁徙自由化为目标和方向，在中央的统一规划下，加快剥离户口所附着的福利功能，恢复户籍制度的本真功能，同时改革嵌入户籍制度之中的其他二元制度，分类整体推进。首先，要剥离户籍制度的福利分配功能，恢复其本身的管理功能。要打破城乡分割的农业、非农业二元户口管理结构，建立城乡统一的户口制度。特大城市和大城市要合理控制人口体量。其次，要建立健全深化户籍制度改革的配套制度。这也是户籍制度改革的难点所在。要继续弱化直至最后消解城市户口的附加利益，必须同时解决土地制度、劳动就业制度、社会保障制度等的配套改革问题。最后，要改革公共财政体制，为户籍制度改革提供必要的财政基础。要进一步推进分税制财政体制改革，确保地方财政有稳定可靠的税源，推动市民化的财力支持，调整城镇财政支出结构，将户口登记与财政待遇相结合，以财政管理促进户口管理。

②深化土地管理制度改革。按照解放和发展生产力、提高土地利用效率和城镇化的质量、保障农民利益的要求深化土地制度改革。一是要切实保护农民的合法土地权益。要按照明确和保护土地用益物权的思路，建立以承包权为核心的农地产权制度，并完善土地产权法律制度。二是

---

① 樊纲、武良成主编《城市化：一系列公共政策的集合——着眼于城市化的质量》，中国经济出版社，2010。

要完善征地和流转制度。严格界定公益性和经营性建设用地，逐步缩小征地范围，完善征地补偿机制，提高对农民的征地补偿标准。要在注重粮食安全和保护耕地的前提下，逐步放开农村集体建设用地流转后上市交易，让农民成为农村集体用地交易主体，使农村集体建设用地与城市建设用地真正实现同地、同权、同价。三是要积极开展土地综合整治。在一定区域内，按照土地利用总体规划的目标和用途，以土地整理、复垦、开发为重点，推动田、水、路、林、村综合整治，通过建立农村集体土地流转市场进行产权调整、协调各方主体利益，以及进行配套制度改革。四是要加强城镇化过程中土地资源集约利用。要制定科学的土地利用总体规划和城镇发展规划，注重城镇内涵发展。小城镇发展应注意规模化，乡镇企业应适当集中。出台土地节约集约利用优惠政策，提高土地利用集约度。重视土地环境的整治与保护，实现土地资源的可持续利用。

③完善住房保障制度改革。要以解决城镇低收入群体和农民工保障性住房为重点，完善住房保障制度体系。一是要坚持以市场供应为主，加大保障性住房供给，建立覆盖不同收入群体的城镇住房多元化供应体系。二是要完善住房保障体系，加大经济适用房和廉租房建设力度，大力发展公共租赁住房，增加对城镇中低收入群体的住房供给。三是要将住房保障纳入公共财政体系，建立稳定的住房保障资金渠道。四是要多渠道、多形式改善农民工居住条件，逐步将符合条件的农民工纳入城镇住房保障体系。

④深化财税金融体制改革。要通过财税金融体制改革，形成有利于城镇化健康发展的激励机制。一是提升公共服务能力，调整财政支出结构，强化政府基本公共服务供给的责任，推进建立惠及农民工的基本公共服务体系，探索农业人口市民化的成本分担责任和时间安排；二是加大中央财政转移支付力度，逐步提高中央财政在义务教育、基本养老、基本医疗等基本公共服务支出中的比重；三是加快地方税收体系建设，培育稳定的地方收入来源，加快开征房产税，增强地方政府提供基本公共服务的能力；四是合理确定土地出让收入在不同主体间的分配比例，将政府土地出让收入纳入公共财政进行管理，提高土地出让收入的使用

效率，减少地方政府对土地财政的依赖。在深化城镇建设投融资体制改革方面，要根据城镇基础设施和公共服务性质的不同，确立多元化、多渠道的资金供给模式。要放宽市场准入，鼓励民间资金进入经营性基础设施领域。要加大公益性基础设施的投入，政策性金融要予以支持，对介于公益性和经营性之间的城镇基础设施项目，要拓宽融资渠道，通过特许经营、股权融资、项目融资等方式，鼓励和吸引社会资金和境外资金参与建设。要严格规范地方投融资平台运作，稳妥发行城镇建设债券。

　　⑤优化行政区划设置改革。加快形成设置科学、布局合理、功能完善、集约高效的行政管理体制①，行政区划优化设置也越来越重要。未来 20 年，在以下方面需要努力探索。第一，依法调整行政区划，逐步减少地方政府层级。调整的方向是逐步调整省、县规模，适当把大省缩小，把小县扩大。第二，适当增设直辖市，实现合理布局。增设的直辖市的数量不宜过多，要强调城市质量，注意合理布局，要有带动性。第三，加快省域区域中心城市的形成，重点发展县级市。推进省直县改革探索，适当增加县级市。不论是整县改市还是切块设市，都是城镇化发展的客观要求。重新启动县级市的审批条件已经成熟，不宜拖久。第四，启动大镇、强镇改革试点。对于经济实力较强、城镇化水平较高的城镇应该积极进行设市或改区的改革，注重总结浙江、广东等省的经验，探索大镇、强镇管理改革的新模式。

---

　　① 张占斌：《推进我国城镇化的基本思路和体制机制》，《中国经济时报》2012
　　年 11 月 15 日。

我国新型城镇化健康状况的测度与评价[*]

——以 35 个直辖市、副省级城市和省会城市为例

张占斌　黄　锟

当前，随着经济社会的发展，我国城镇化发展进入新的阶段，即城镇化进入城镇化加速发展阶段和城市病发作阶段的叠加期①。面对经济社会发展的新阶段和新常态，积极稳妥地推进城镇化意义重大，影响深远。总结历史经验和教训，我国应该走中国特色新型城镇化道路，以促进城镇化的健康发展。本文将探讨新型城镇化健康发展的基本要求，并实证分析我国 35 个直辖市、副省级城市和省会城市的城镇化健康状况，最后提出推进城镇化健康发展的政策建议。

一　新型城镇化健康发展的基本要求

根据发达国家城市化的经验教训、城镇化的发展规律、新型城镇化的内涵要求和我国城镇化发展的实际，新型城镇化健康发展需要在发展

＊　国家社会科学基金重点项目"城镇化与省直管县改革：模式、战略与政策"（11AGL007）、国家行政学院重大科研项目"提高城镇化质量和效益研究"（2013ZBZD008）的阶段性成果。本文原载于《经济社会体制比较》2014 年第 6 期，收入本书时有改动。

①　张占斌、黄锟：《叠加期城镇化速度与质量协调发展研究》，《理论研究》2013 年第 5 期；简新华、罗钜钧、黄锟：《中国城镇化的质量问题和健康发展》，《当代财经》2013 年第 9 期。

速度、水平、布局、城乡关系、可持续性等方面具有独特而科学的规定性①。根据国内外的经验，新型城镇化健康发展的基本要求如下。

一是水平适当。新型城镇化是适度城镇化，要求城镇化水平与经济社会发展水平相适应，也就是说，城镇化既不能过度超前，也不能过于滞后。城镇化既是工业化、非农化和经济发展的结果，又是工业化、非农化、经济发展的促进器，也是社会发展的根本动力。城镇化和国民经济健康发展、社会进步要求城镇化必须与经济社会发展保持一定的对应关系，适度同步、协调发展，过度城镇化和滞后城镇化都是不健康的。判断城镇化率是超前、滞后还是适当，需要从不同的角度、采用不同的方法，既要看城镇化与工业化和经济发展的相互关系，又要进行国际比较，考察同类国家或不同国家同样发展阶段的城市化情况②。

二是速度适中。新型城镇化是速度适中的城镇化，强调速度与质量相协调，即城镇化速度要与经济发展、城市基础设施建设、人民生活水平提高等反映城镇化发展质量的指标相协调，既不能太快，也不能太慢，更不能以牺牲城镇化质量为代价片面追求城镇化速度。显然，城镇化是否健康不能单纯从城镇化速度来判断。之所以速度不是衡量城镇化健康状况的唯一指标，其原因如下。第一，城镇化不是匀速发展的，城镇化发展具有阶段性③。判断城镇化速度是否适中必须结合城镇化所处的发展阶段，在不同的发展阶段要保持相应的发展速度，该快的时候快，该慢的时候慢，不能错位发展。第二，判断城镇化速度是否适中必须结合城镇化质量，有质量的城镇化才是健康的城镇化。新型城镇化的实质和核心是人的城镇化，是经济、社会、人口、生态发展的综合体，这些也是反映城镇化质量的要素。所以，判断城镇化速度是否适中，关键是要看城镇化速度与这些反映城镇化质量的要素是否协调。

① 张占斌主编《中国新型城镇化健康发展报告（2014）》，社会科学文献出版社，2014。

② 参见简新华、黄锟《中国城镇化水平和速度的实证分析与前景预测》，《经济研究》2010年第3期。

③ 焦秀琦：《世界城市化发展的S型曲线》，《城市规划》1987年第2期。

三是布局合理。新型城镇化要科学规划、因地制宜、合理布局、协调有序，即国家要根据资源环境承载能力、发展基础和潜力，以城市群为主体形态、城镇体系合理布局、东中西地区因地制宜、大中小城市和小城镇协调发展，优化城镇化空间布局和城镇规模结构。从国际上看，在特定发展阶段，人口过度集聚和规模过大的特大城市都不同程度地存在"大城市病"，如伦敦的烟雾、纽约的交通拥堵、拉美特大城市普遍存在的贫民窟等。中国虽然地域广阔，但人多地少、人地矛盾十分尖锐。我国基本国情决定了我国城镇化既不能是大城市化，也不能是小城镇化，既不能是集中型城镇化，也不能是分散型城镇化，而必须优化城镇规模结构、集中型城镇化与分散型城镇化相结合、城镇空间布局合理、地区城镇化协调平衡。

四是城乡协调。新型城镇化要强调城镇化和新农村建设"双轮驱动"，形成城乡一体、良性互动的协同发展态势。自城市产生之后，城乡关系即随之产生。城乡关系的实质是城乡之间资源、经济、社会诸要素的自由流动，而流量和速率取决于城乡之间的联系程度[①]。处理好城乡关系的根本途径是促进城乡协调发展，而城乡协调发展是促进城镇化健康发展、缩小城乡差距、改变城乡二元结构、解决"三农"问题的根本途径，是我国实现现代化和科学发展的必由之路。城乡协调包括城乡政治协调、经济协调、生态环境协调、人口协调、文化协调、空间协调等方面，观念上消除城乡差别，发展模式上在城市发展的同时实现农村现代化，功能上强调城乡的一体化职能，空间和景观生态上城乡紧密联系、相互依存。

五是发展可持续。新型城镇化强调城镇化发展要与人口、资源、环境相协调，即新型城镇化必须将生态文明融入全过程，实现人口、经济、资源和环境相协调，建设生态文明的美丽中国，实现中华民族永续发展。人口多、资源不足、环境承载能力脆弱是我国的基本国情。随着城市人口的急剧增长及城市规模的迅速扩张，城镇化可持续发展问题日益突出。

---

① 曾磊、雷军、鲁奇：《我国城乡关联度评价指标体系构建及区域比较分析》，《地理研究》2002 年第 6 期。

近年来，我国资源和环境约束压力显著增大，这是资源禀赋、发展阶段、发展方式和体制原因共同作用的结果。目前，一些城市"十面霾伏"，垃圾围城，给我们敲响了警钟。解决经济发展与资源环境之间的紧张关系迫切要求促进城镇化与生态文明深度耦合，处理好城镇化发展和资源环境的关系。

二　新型城镇化健康发展评价指标体系与方法

（一）新型城镇化健康发展评价指标体系

作为城镇形成过程的城镇化，是速度、水平和质量的统一体，反映的是城乡空间结构的转变过程，其健康状况取决于城镇化诸要素的配置效率或速度、水平和质量的协调程度；作为城镇化结果的城镇，是人口聚集区经济、社会、生态等系统的综合体，反映的是城乡空间结构的转变结果，其健康状况取决于城镇经济、社会、生态等系统的发展状况及诸系统之间的协调发展程度。

因此，基于城镇化的内涵和新型城镇化的要求，评价城镇化健康状况，不仅要考虑城镇化的速度、水平，还要考虑城镇化的质量；不仅要考虑城镇化的经济发展状况，还要考虑社会、生态等方面的协同发展状况；不仅要考虑城镇化的发展成果，还要考虑为此付出的代价；不仅要考虑城镇的发展状况，还要考虑区域范围内的城乡协调情况。

为了评价城镇化发展的健康状况，根据新型城镇化的内涵、基本特征，遵循代表性、系统性、可操作性等指标设置原则，我们从城镇化发展水平、速度、可持续性和城乡协调性等方面设置四个一级指标，即水平适当性指标、速度适中性指标、发展可持续性指标和城乡协调性指标。从城镇化和城镇经济、社会、生态和城乡关系等领域设置若干个二级指标，其中，水平适当性指标下设置水平—经济发展适当性指标、水平—社会发展适当性指标两个二级指标，速度适中性指标下设置速度—经济建设适中性指标、速度—社会建设适中性指标、速度—生态建设适中性指标等三个二级指标，发展可持续性指标下设置人口承载力、资源利用率和环境保护度等三个二级指标，城乡协调性指标下设置城乡经济发展协调性指标和城乡社会发展协调性指标两个二级指标。根据一、二级指标的内涵和要求，我们设置了55个观察指标，即三级指标。这三级指标构成一个立体的指标体系，从多个维度、多个层面衡量城镇化的健康状况。

在权重方面，我们根据二级指标的数量（10个）为新型城镇化的健康发展指标平均赋值，即每个二级指标权重均为0.1，二级指标的权重平均分配到其下的三级指标，一级指标的权重分别为其下二级指标的简单加总。于是，新型城镇化健康发展评价指标体系如表1所示。

表1　新型城镇化健康发展评价指标体系

一级指标（权重）	二级指标（权重）	三级指标	权重	指标类型
水平适当性（0.2）	水平—经济发展适当性（0.1）	第三产业产值比重与城镇化率的比值	0.02	适中
		非农产业就业比重与城镇化率的比值	0.02	适中
		人均GDP（万元）	0.02	正向
		人均地方财政收入（万元）	0.02	正向
		城镇居民人均可支配收入（万元）	0.02	正向
	水平—社会发展适当性（0.1）	人均城市道路面积（平方米）	0.0125	正向
		每万人拥有公共汽车数（辆）	0.0125	正向
		人均排水管道长度（米）	0.0125	正向
		每百人公共图书馆图书数（册）	0.0125	正向
		养老、医疗、失业保险平均参保率（%）	0.0125	正向
		千人拥有床位数（床）	0.0125	正向
		财政人均科技支出（元）	0.0125	正向
		财政人均教育支出（元）	0.0125	正向
速度适中性（0.3）	速度—经济建设适中性（0.1）	第三产业产值比重增长率与城镇人口增长率之差	0.0167	正向
		非农产业产值比重增长率与城镇人口增长率之差	0.0167	正向
		非农产业就业比重增长率与城镇人口增长率之差	0.0167	正向
		人均GDP增长率与城镇人口增长率之差	0.0167	正向
		人均地方财政收入增长率与城镇人口增长率之差	0.0167	正向
		失业率增长率与城镇人口增长率之差	0.0167	反向

续表

一级指标 （权重）	二级指标 （权重）	三级指标	权重	指标类型
速度适中性 （0.3）	速度—社会建设适中性(0.1)	人均城市道路面积增长率与城镇人口增长率之差	0.0167	正向
		每万人拥有公共汽车数增长率与城镇人口增长率之差	0.0167	正向
		每百人公共图书馆图书增长率与城镇人口增长率之差	0.0167	正向
		人均医院卫生院床位增长率与城镇人口增长率之差	0.0167	正向
		财政人均科技支出增长率与城镇人口增长率之差	0.0167	正向
		财政人均教育支出增长率与城镇人口增长率之差	0.0167	正向
	速度—生态建设适中性(0.1)	市辖区人均公园绿地面积增长率与城镇人口增长率之差	0.0167	正向
		建成区绿化覆盖率增长率与城镇人口增长率之差	0.0167	正向
		工业除尘率增长率与城镇人口增长率之差	0.0167	正向
		工业固体废弃物综合利用率增长率与城镇人口增长率之差	0.0167	正向
		污水集中处理率增长率与城镇人口增长率之差	0.0167	正向
		生活垃圾无害化处理率增长率与城镇人口增长率之差	0.0167	正向
发展可持续性(0.3)	人口承载力(0.1)	劳动生产率： 单位劳动力实现的 GDP（万元/人）	0.025	正向
		职工平均工资（万元）	0.025	正向
		失业率（%）	0.025	
		居住用地占城市建设用地面积的比重	0.025	正向
	资源利用率(0.1)	能源利用效率： 单位 GDP 耗电量（千瓦时/万元）	0.0167 0.0167	反向
		土地利用效率： 市辖区人口密度（万人/公里²） 市辖区单位面积实现的 GDP（万元/公里²）	0.0333 0.0167 0.0167	正向

一级指标（权重）	二级指标（权重）	三级指标	权重	指标类型
发展可持续性（0.3）	资源利用率（0.1）	水资源利用效率：单位 GDP 耗水量（吨/万元）人均生活用水量（吨/人）	0.0333 0.0167 0.0167	反向 反向
		资金利用效率：规模以上工业企业万元资金提供的利润（元）	0.0167 0.0167	正向
	环境保护度（0.1）	人均拥有公园绿地面积（平方米）	0.0125	正向
		建成区绿化覆盖率（%）	0.0125	正向
		工业除尘率（%）	0.0125	正向
		空气质量达标天数（天）	0.0125	正向
		工业二氧化硫去除率（%）	0.0125	
		工业固体废弃物综合利用率（%）	0.0125	正向
		污水集中处理率（%）	0.0125	正向
		生活垃圾无害化处理率（%）	0.0125	正向
城乡协调性（0.2）	城乡经济发展协调性（0.1）	城乡居民人均收入比值	0.033	适中
		城乡人均 GDP 比值	0.033	适中
		市辖区与全市人均地方财政预算内收入比值	0.033	适中
	城乡社会发展协调性（0.1）	市辖区与全市中小学师生比的比值	0.02	适中
		市辖区与全市人均公共图书馆图书比值	0.02	适中
		市辖区与全市人均床位数比值	0.02	适中
		市辖区与全市人均地方财政预算内科技支出比值	0.02	适中
		市辖区与全市人均地方财政预算内教育支出比值	0.02	适中

（二）数据来源和标准化

本次评价范围包括直辖市、省会城市和副省级计划单列市，共 35 个城市。我们采用这 35 个城市在 2011 年的相关数据，数据来源为《中国统计年鉴》、《中国城市统计年鉴》、《中国城市建设统计年鉴》、各城市国民经济和社会发展统计公报等。

数据标准化处理方法如下。

①对于正向指标，标准化值为各指标值与最大指标值（异常值除外）的比值。

②对于反向指标，标准值为最小指标值（异常值除外）与各指标值的比值。

③对于适度指标，分情况处理。

在城乡发展协调性中，对于数值大于 1 的指标，取值为 1 与各指标值的比值；对于数值小于 1 的指标，取值为各指标值与 1 的比值。

在速度适中性指标中，有很多值为负值，标准化值的计算方式为：

第一步：相对化，即指标相对值＝（指标最小值−指标值）/指标最小值。

第二步：标准化，即指标标准值＝指标相对值/最大指标相对值。其中的“失业率增长率与城镇人口增长率之差”为反向指标，指标标准值＝非零最小指标相对值/指标相对值；指标相对值为 0 或负数（异常值）的指标标准值取值为 0。

④对于异常值，当异常值大于 1 时取值为 1，小于 0 时取值为 0。

三　中国城镇化健康状况综合评价的基本情况

（一）中国城镇化健康状况的总体情况

2011 年，全国 35 个城市城镇化健康指数为 0.5844，最高值为 0.6605（上海市），最低值为 0.4643（成都市），城镇化健康发展水平不高。上海、厦门、深圳、北京、杭州、呼和浩特、南京、青岛、沈阳、天津位居前十名，位居后十名的城市分别为银川、广州、石家庄、南宁、郑州、西宁、合肥、太原、兰州、成都（见表 2）。

（二）中国城镇化健康状况的主要特征

1. 我国城镇化健康状况的整体水平

全国 35 个城市城镇化健康指数平均为 0.5844，城镇化健康指数的最

表2　城镇化健康指数：分值及排序

排序	城市	城市编号	城镇化健康指数	排序	城市	城市编号	城镇化健康指数
1	上海	10	0.6605	19	武汉	21	0.5869
2	厦门	16	0.6586	20	海口	26	0.5812
3	深圳	24	0.6432	21	南昌	17	0.5786
4	北京	1	0.6422	22	贵阳	29	0.5777
5	杭州	12	0.6402	23	哈尔滨	9	0.5692
6	呼和浩特	5	0.6393	24	福州	15	0.5665
7	南京	11	0.6342	25	长沙	22	0.5636
8	青岛	19	0.6309	26	银川	35	0.5561
9	沈阳	6	0.6297	27	广州	23	0.5561
10	天津	2	0.6278	28	石家庄	3	0.5556
11	乌鲁木齐	36	0.6277	29	南宁	25	0.5525
12	长春	8	0.6165	30	郑州	20	0.5316
13	济南	18	0.6095	31	西宁	34	0.5271
14	大连	7	0.6085	32	合肥	14	0.5036
15	重庆	27	0.6083	33	太原	4	0.4810
16	宁波	13	0.6069	34	兰州	33	0.4752
17	昆明	30	0.6035	35	成都	28	0.4643
18	西安	32	0.5933				
35个城市平均				0.5844			

大值为0.6605，最小值为0.4643，最大值/最小值为1.422，标准差仅为0.05。可见，我国35个直辖市、副省级城市和省会城市城镇化健康状况的整体水平不高，且城市之间差异不明显。不过，从二级指标的指数看，除了发展可持续性指数的差距较小外，其余三个指数的城市间差距都较大，最大值/最小值均大于2.0，标准差也基本上大于0.1，其中速度适中性的最大值/最小值为6.016，标准差为0.15（见表3）。

2. 不同行政级别城市的城镇化健康状况

从城市行政级别看，城镇化健康指数由大到小依次为直辖市、副省级计划单列城市、副省级省会城市、其余省会城市，其指数分别为0.635、

表3　城镇化健康指数和二级指标指数的城市差异性比较

城镇化指数	最小值	最大值	最大值/ 最小值	平均值	标准差
城镇化健康指数	0.464	0.660	1.422	0.58434	0.052296
水平适当性指数	0.317	0.651	2.054	0.48108	0.090347
速度适中性指数	0.124	0.746	6.016	0.56506	0.151104
发展可持续性指数	0.447	0.723	1.617	0.56733	0.064175
城乡协调性指数	0.466	0.997	2.139	0.74353	0.129439

0.630、0.590、0.556；城镇化二级指标也具有类似的分布规律（见表4）。可见，本文所研究的35个城市的城镇化健康状况呈现出显著的行政级别特征，行政级别越高，自主性权力越大，城镇化健康程度越高。

表4　城市行政级别与城镇化健康状况的关系

城镇化指数	直辖市	副省级计划 单列城市	副省级省会 城市	其余省会 城市
城镇化健康指数	0.63470	0.62962	0.58999	0.55585
水平适当性指数	0.52925	0.58080	0.47630	0.44324
速度适中性指数	0.58175	0.58860	0.56940	0.55081
发展可持续性指数	0.61725	0.61220	0.56500	0.54376
城乡协调性指数	0.84550	0.76600	0.77220	0.69606

直辖市和副省级计划单列城市的城镇化健康指数之所以较高，贡献最大的因子为城乡协调性。城乡协调性是经济发展的结果。由表5可见，4个直辖市和5个副省级计划单列城市的人均GDP和第三产业比重高于10个副省级省会城市和17个省会城市。

表5　城市行政级别与经济发展水平的关系

城市级别	直辖市	副省级计划 单列城市	副省级省会 城市	其余省会 城市
人均GDP(万元)	7.10	8.55	6.49	4.74
第三产业比重(%)	0.59	0.51	0.46	0.47

3. 东、中、西部城市的城镇化健康状况

在35个样本城市中，东部城市16个、中部城市8个、西部城市11个。从城镇化健康指数看，东、中、西三地区分别为0.616、0.554、0.563，东部地区城镇化健康状况好于中、西部地区（见表6）。从新型城镇化二级指标看，也基本上呈现东部地区好于中、西部地区的区域特征（除西部地区城镇化的速度适中性指数比东部地区略高之外）。

表6　城镇化健康状况的区域差异

城镇化指数	全国	东部	中部	西部	东部/中部	东部/西部	东部/中西部	中部/西部
城镇化健康指数	0.584	0.616	0.554	0.563	1.112	1.094	1.098	0.984
水平适当性指数	0.480	0.524	0.480	0.424	1.093	1.236	1.197	1.131
速度适中性指数	0.565	0.567	0.521	0.594	1.087	0.954	1.006	0.877
发展可持续性指数	0.567	0.602	0.561	0.525	1.074	1.147	1.109	1.068
城乡协调性指数	0.744	0.800	0.666	0.719	1.201	1.113	1.133	0.927

但是，城镇化健康状况的地区差异远没有三大地区之间城镇化率差异那么大。2011年，东部地区的城镇化率分别是中、西部地区的1.30倍和1.42倍，地区差距比较显著；而东部地区的城镇化健康指数分别是中、西部地区的1.11倍和1.10倍，新型城镇化二级指标也基本上介于1.07~1.20倍，地区差距并不显著。

4. 不同规模城市的城镇化健康状况

按照最新的城市规模分类标准①，在35个城市中，北京、天津、上海、广州、深圳、重庆等6个城市为超级城市，太原、沈阳、大连、长春、哈尔滨、南京、杭州、宁波、厦门、济南、郑州、武汉、长沙、成都、贵阳、昆明、西安、乌鲁木齐等18个城市为特大城市，石家庄、

————————

① 人口1000万及以上为超级城市（或超大城市），人口300~1000万为特大城市，人口100万~300万为大城市，人口30万~100万为中等城市，人口5万~30万为小城市。

呼和浩特、合肥、福州、南昌、青岛、南宁、海口、兰州、西宁、银川等 11 个城市为大城市，这个样本中没有中等城市和小城市。从总城镇化健康指数看，城市规模越大，城镇化健康状况越好，超级城市、特大城市和大城市城镇化健康指数平均值分别为 0.62302、0.58905、0.56060（见表7）。

表7　城市规模与城镇化健康状况的关系

城市规模	指数类别	城市数	最低值	最高值	平均值	标准差
超级城市	总指数	6	0.556	0.660	0.62302	0.037142
	水平适当性	6	0.354	0.651	0.54950	0.110524
	速度适中性	6	0.322	0.739	0.49817	0.156337
	发展可持续性	6	0.570	0.723	0.63017	0.054777
	城乡协调性	6	0.723	0.997	0.87300	0.087907
特大城市	总指数	18	0.464	0.659	0.58905	0.052270
	水平适当性	18	0.354	0.597	0.46744	0.068061
	速度适中性	18	0.124	0.746	0.58622	0.166799
	发展可持续性	18	0.474	0.644	0.55417	0.054156
	城乡协调性	18	0.575	0.911	0.76722	0.092667
大城市	总指数	11	0.475	0.639	0.56060	0.048677
	水平适当性	11	0.317	0.639	0.45455	0.095172
	速度适中性	11	0.349	0.728	0.56691	0.120904
	发展可持续性	11	0.447	0.647	0.56373	0.065012
	城乡协调性	11	0.466	0.867	0.65245	0.126195

5. 不同人口密度城市的城镇化健康状况

从总城镇化健康指数看，如表8所示，人口密度在 0.5 万~1.0 万人/公里² 和 1.0 万~2.0 万人/公里² 的城市，城镇化健康状况最好，分别为 0.59630 和 0.59646；人口密度低于 0.5 万人/公里² 和高于 2.0 万人/公里² 的城市，城镇化健康状况相对较差。

表8　城市人口密度与城镇化健康状况的关系

指数类别	人口密度（万人/公里^2）				
	<0.5	0.5~1.0	1.0~2.0	2.0~3.0	≥3.0
总指数	0.59010	0.59630	0.59646	0.58855	0.55806
水平适当性	0.42000	0.42371	0.49367	0.49500	0.50137
速度适中性	0.70850	0.67686	0.57925	0.51917	0.44450
发展可持续性	0.50150	0.55743	0.56600	0.56750	0.60687
城乡协调性	0.71500	0.70600	0.77092	0.81767	0.71200

从新型城镇化二级指标看，各二级指标的人口密度特征差异很大：水平适当性指数和发展可持续性指数与城市人口密度正相关，人口密度越大，水平适当性指数和发展可持续性指数越大；速度适中性指数与城市人口密度负相关，人口密度越大，速度适中性指数越小；城乡协调性的人口密度特征与总指数相似，人口密度在1.0万~2.0万人/公里^{2}和2.0万~3.0万人/公里^{2}的城市，城镇化的城乡协调性最好，人口密度小于1万人/公里^{2}和大于等于3万人/公里^{2}的城市，城镇化的城乡协调性都较差。

四　结论与政策建议

根据新型城镇化健康发展评价指标体系和2011年的统计数据，对我国35个直辖市、副省级城市和省会城市的城镇化健康状况进行了评价，结果发现，这些城市的城镇化健康状况整体水平不高，且在城市之间的差异不大，不同城市行政级别、不同地区、不同城市规模、不同人口密度的城市城镇化健康状况分布不均衡。这一结果与我国城镇化发展健康状况的总体情况是一致的，因而具有较强的政策意义。

第一，我国城镇化健康状况整体水平不高，且在城市之间差异不大，而二级指标在城市之间的差距比较明显。这说明，有些城市在某个领域发展质量较高，健康程度较好，但在另外一些领域发展得又很不够，健康程度很低。所以，为了提升我国城镇化的总体健康程度，各城市需要在薄弱环节加强投入和建设。在四个一级指标中，水平适当性指数、速度适中性指数低于城镇化健康指数，其中，城镇化水平适当性指数主要受社会发展滞后的拖累，水平—社会发展适当性指数仅为 0.421，比水平—经济发展适当性指数低了 22%；城镇化速度适中性指数主要是受社会建设和生态的拖累，速度—社会建设适中性指数和速度—生态建设适中性指数比速度—经济建设适中性指数低 18%。这说明，在城镇化进程中，城市建设滞后于城镇人口增长速度，尤其是城镇社会建设和生态建设滞后于城镇化进程和城镇经济建设。因此，在未来城镇化进程中，在促进农民进城的同时，必须重视城市基础设施建设、城市基本公共服务能力建设、城市环境保护和治理、城市先进文化的教育普及，促进城市经济建设、社会建设、生态建设、文化建设的同步协调。

第二，我国城镇化健康状况呈现出显著的行政级别特征，即行政级别越高、自主性越大，城镇化健康程度越高。这一现象与城镇化发展规律和我国坚持市场化改革有较大的相悖。在我国，城市被划分为不同的行政级别，行政级别越高，自主性越大，可以调动的资源就越多，从而不仅能够使城市经济更快发展，也有更大的能力发展社会事业和生态环境保护，造成了行政级别越高，城市规模就越大，城镇化健康程度也越高的独特现象。因此，为了促进城市的健康发展，形成更多的增长极，应当减少行政层级，扩大城市自主权，充分地发挥市场在资源配置中的决定性作用。首先，可以考虑再增设 2~3 个直辖市，增加计划单列城市数量，扩大省直管县试点范围，加快镇改市的步伐。其次，要全面深化城镇经济体制和管理体制改革，减少政府对市场的直接干预，确保市场在资源配置中的决定性作用，明确政府与市场的边界，使城镇化成为一个自然的历史过程。

第三，我国城镇化健康状况呈现东部地区好于中西部地区的区域特征，但地区差异远没有城镇化率的地区差异大。这说明未来城镇化地区布局中需要确立两个重点任务：一是东部地区城镇化要以提高城镇化质量和健康状况为重点任务，主要包括尽快完成棚户区改造、推进农民工市民化和城市基本公共服务均等化、加强城市基础设施建设、推进淘汰落后产能和促进产业升级、重视生态保护和生态建设、加快城乡融合和一体化进程等；二是中西部地区要以推进 1 亿人口的城镇化、提高城镇化水平为重点任务，包括培育发展 1~2 个全国性城市群和若干个区域性城市群，加快发展县域经济，着力发展有历史记忆、地域特色、民族特点的宜居美丽城镇，加强道路、交通、管网等城镇基础设施建设，提高城镇基本公共服务供给能力，增强中西部城镇对集聚产业和人口的吸引力和集聚力。

第四，我国城镇化健康状况的规模特征表明，城市规模越大，城镇化健康状况越好。今后，要优化布局，根据资源环境承载能力构建科学合理的城镇化宏观布局，把城市群作为主体形态，促进大中小城市和小城镇合理分工、功能互补、协同发展；尤其要继续以中心城市为内核，培育发展全国性、区域性大都市圈和城市群，更好地发挥中心大城市在促进可持续发展、统筹城乡发展方面的示范带动作用。

第五，我国城镇化健康状况的人口密度特征表明，只有具有适度人口密度的城市，城镇化健康状况才是最好的，城市人口密度过大或过小，城镇化健康状况都不会太好。对于人口密度超过 2 万人/平方公里的城市，要注意加强城市新区建设和功能区的规划整合，通过城市基础设施、公共服务的均衡布局，调整和控制人口密度；对于人口密度不足 0.5 万人/公里^2 的城市，也要注意通过城市产业发展、功能区的规划布局、城市基础设施和公共服务的重新布局，增强城市的集聚功能，增加人口密度，发挥城市的集聚效应。

中国城镇化的最新进展和目标模式[*]

黄　锟

经过 30 多年的改革开放，中国城镇化取得了令人瞩目的成就，城镇化率由 1978 年的 17.92% 提升到 2012 年的 52.57%，与世界城镇化水平持平；城市数量、城市规模、城市经济总量也在不断扩大，开启了乡村中国向城市中国的转变。但同时城镇化也带来了许多问题，半城镇化、滞后城镇化、被城镇化、房地产化、城镇化低密度发展、城镇化规模结构和空间结构不尽合理等弊端日趋显现，旧的城镇化亟须转型升级。在城镇化发展的关键阶段，我们需要厘清城镇化发展历程，尤其是改革开放以来城镇化的新进展和存在的新问题，认真思考在人口负担重、资源相对短缺、生态环境比较脆弱、城乡区域发展很不平衡、世界经济局势日趋复杂的背景下，未来城镇化的目标模式是什么，如何积极稳妥推进城镇化进程，提升城镇化质量，兴利除弊，积极引导城镇化健康发展。

一　改革开放以来中国城镇化的新进展

改革开放以来，中国城镇化经过短暂的恢复性发展（1979～1984年），就步入稳定发展（1985～1995年）并逐渐加速（1996年至今）的

* 国家社科基金项目（13BJY055）、国家行政学院重大项目（2013ZBZD008）、教育部人文社会科学研究规划基金项目（12YJA790051）、河南省科技发展计划项目（132400410809）的阶段性成果。本文原载于《武汉大学学报》（哲学社会科学版）2014 年第 2 期，收入本书时有改动。

发展阶段，开始真正走上了城镇化的道路。在这一阶段，改革开放成为城镇化的最重要推动力①，城镇化建设也由此取得许多突破性成就。

（一）城镇数量增长较快，城市规模进一步扩大

1978 年中国有城市 191 个，1998 年发展到 668 个，此后相对稳定，2012 年为 658 个，比 1978 年净增 467 个，年均增加 13.3 个，是 1949～1978 年年均增加量的近 4 倍。建制镇数量也以每年 521 个的速度快速增长，由 1978 年的 2173 个，发展到 2012 年的 19881 个，净增 17708 个②。在城镇数量快速增长的同时，城市规模也在迅速扩大。尽管改革开放以来相当长的一段时间里，国家仍在延续控制大城市人口规模的政策，但随着经济的发展，大城市仍然保持了较快的发展速度。随着城市人口的快速增加，城市区域扩张也十分迅速。1984 年，全国城市市区土地面积占全国面积的比重仅为 7.6%，到 2006 年这一比重提高到 18%，北京、上海、天津、武汉、南京、广州、哈尔滨等特大城市周围的许多县区都已建成城市新区，城市区域不断扩大（见表 1）。这一时期，我国大城市数量在世界上居于前列，而且增长速度大大高于世界平均水平，上海、北京等城市规模已经进入世界十大城市行列。

表 1　2011 年代表性大城市的规模比较

城市	面积		人口	
	总面积（km²）	市区面积（km²）	总人口（万人）	市区人口（万人）
北京	16411	12187	1277.9	1207.1
上海	6340	5155	1419.4	1350.6
天津	11760	7399	996.4	816.3
哈尔滨	53068	7086	993.3	471.5
沈阳	12980	3471	722.7	519.1
南京	6587	4733	636.4	551.6

① 黄锟：《中国城镇化的基本经验和启示》，《经济要参》2013 年第 5 期。
② 数据来源于《中国城市统计年鉴》。本文数据如无特别说明均来源于《中国城市统计年鉴》。

续表

城市	面积		人口	
	总面积（km²）	市区面积（km²）	总人口（万人）	市区人口（万人）
武汉	8294	2718	827.2	515.2
郑州	7446	1010	1010.1	529.8
西安	10108	3582	791.8	568.8
成都	12121	2172	1163.3	544.8
广州	7434	3843	814.6	671.3

资料来源：《中国城市统计年鉴—2012》，中国统计出版社，2013。

（二）城镇人口迅速增加，城镇化进程加快发展

改革开放以来，城镇人口经过 1979～1984 年的短暂恢复发展阶段，就迅速进入稳定发展和快速发展阶段。1978～2012 年，城镇人口由 17245 万人增加到 71182 万人，净增 53937 万人，每年平均增加 1586 万人，是 1949～1978 年城镇人口每年净增数量的 4.04 倍。其中，1996～2012 年，城镇人口更以每年 2118 万人的速度递增，是 1949～1978 年城镇人口每年净增数量的 5.3 倍。随着城镇人口的迅速增加，中国城镇化水平从 1978 年的 17.92% 上升到 2012 年的 52.57%，共上升了 34.65 个百分点，年均增加 1.02 个百分点，与 1949～1978 年年均增加 0.25 个百分点相比，提高了 0.77 个百分点，城镇化速度明显加快（见图 1）。

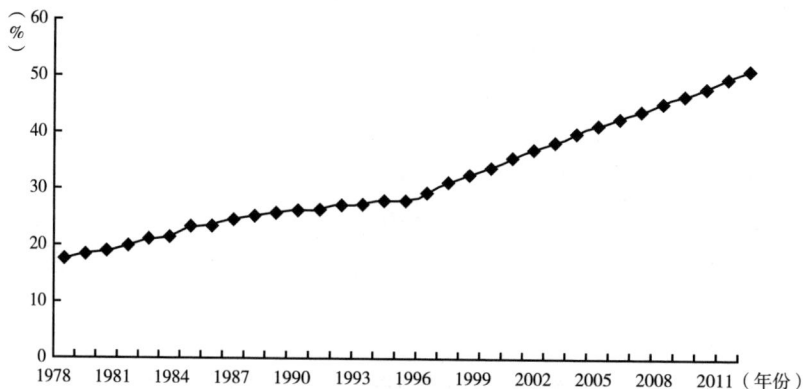

图 1 1978 年以来的中国城镇化率

资料来源：《中国统计年鉴—2012》。

（三）城市空间形态从城市单体发展向城市群体发展转变

改革开放以来，中国城市发展，尤其是大城市发展，逐步迈入城市群、城市圈、城市带和城市网的发展时期。目前，中国已形成了京津冀、长江三角洲、珠江三角洲三大国家级城市群，在铁路沿线、长江沿线逐步形成了城市带。其中，京津冀、长江三角洲、珠江三角洲三大城市群已经成为中国经济发展的增长极，是经济社会进步最明显地区。2011年，三大城市群区域面积达 27.37 万平方公里，占全国的 2.85%，却集聚了全国 18%的人口，创造了 36%的国内生产总值。这些城市群、城市带的形成，不仅使该地区的城镇化水平大大提高，而且使中国城镇化的空间结构呈现出新的特征。

（四）城市发展方式从单纯的规模扩张向规模和质量并举转变

改革开放以来是中国城市特别是大城市发展最重要的时期。进入 21 世纪以来，由于环境、资源特别是土地等方面的压力和影响，城市开始从规模扩张为主进入到规模与质量同时增进的新发展时期，城市的经济结构和功能特征逐步趋向优化。首先，中国城市经济持续高速增长。1988~1996 年，中国城市国内生产总值年均增幅为 18%。2002~2011 年，地级及以上城市（不包括市辖县）地区生产总值由 64292 亿元增加到 293026 亿元，增长 3.56 倍，年均增长 20%，2011 年占全国 GDP 的比重由 53%上升到 62%，提高了 9 个百分点。其次，同国家经济转轨、社会转型相适应，大城市注重经济增长方式的转变，进行了经济结构特别是产业结构的战略性调整。一些大城市从原来以工业特别是重工业为主导产业，开始转向以高新技术产业、现代服务业和文化创意产业等为主导产业的新的经济结构和产业体系。最后，城市基础设施的现代化程度显著提高，新技术、新手段得到大量应用，基础设施功能日益增加，承载能力、系统性和效率都有了显著的进步，改善了城市经济发展和居民生活的条件。

（五）城乡隔离局面逐步被打破，城乡关系进一步改善

随着城乡经济体制的改革和市场经济的发展，城乡分割和隔离的二

元体制逐渐被打破，城乡之间劳动力、人口、资本、人才和技术的流动日益增多，城乡商品流通关系和市场结构不断发生变化，城乡经济发展出现了某种融合的态势。城市社会福利和保障制度的改革，使城市居民在计划经济时代享有的"特权"不断减少，城市户口的"含金量"下降，户籍制度的约束力降低，市民和农民在社会身份上的差别不再像改革前那么突出，在一些经济发达地区，甚至出现了城里人向乡下流动的现象。在沿海经济发达地区，农村的农民在收入水平、消费水平、生活方式、生活环境、福利保障等方面都已经都市化了。对于数量庞大的农民工——城市新市民来说，虽然他们的户籍仍在农村，但部分城市已经开始给予他们市民身份和市民待遇。

二　中国城镇化面临的新问题

（一）城市平均规模过小、集中度偏低

美国布朗大学的两位经济学家发现，城市的净集聚效应首先随着城市规模扩大而急剧上升，在达到峰值之后缓慢下降，最大集聚效应的峰值处在 250 万~380 万人规模①。改革开放以来，中国各种规模等级的城市都有所发展，大城市数量增多。2008 年，100 万人以上的大城市和特大城市的数量为 56 座，共 14898 万人，每座城市平均 266 万人，分别比 2001 年提高了 37%、61% 和 18%，与中小城市和小城镇相比，提高的比例几乎都是最高的（只有中等城市的数量比 2001 年增加了 39%，略高于大城市和特大城市）。随着大城市和特大城市的扩张，其占全国城镇人口的比重也由 2001 年的 24.7% 提高到 2008 年的 30%，提高了 5.3 个百分点。从总体上看，中国城镇规模结构呈现出大城市数量不足、小城市和小城镇数量过多、城市集中度偏低、少数大城市规模又过大的特征。2008 年，我国 100 万人以上的大城市和特大城市数量仅为 56 座，中小城

---

① C. Au and V. Henderson, "Are Chinese Cities too Small?" *Review of Economic Studies*, Vol. 73, 2006.

市数量则多达 599 座，50 万人以下的小城市 513 座，平均人口不足 1 万人的小城镇更是多达 19234 座。不同规模城市数量结构的不合理直接导致了城市平均规模过小、集中度偏低。

（二）城市群紧凑度不高

城市密集地区的出现和都市区的形成与快速发展，即城市群的形成，是城镇化速度、水平的提升和城镇数量、规模的增长在空间上的突出表现。当前，中国的城市群主要包括 23 个城市密集地区和都市区。方创琳等采用聚类分析法，从产业、空间和交通三个视角研究了上述 23 个城市群的综合紧凑度，将中国城市群划分为高度紧凑、紧凑、中度紧凑、低度紧凑和不紧凑（分散）5 个等级。结果发现，中国城市群紧凑度总体不高，且空间差异性大，总体呈现出由东向西、由南向北逐渐降低的分布态势（见表 2）。

表 2   中国城市群综合紧凑度 U_c 的聚类分级

紧凑等级	U_c	城市群名称	个数
高度紧凑	$U_c \geqslant 1.00$	无	0
紧凑	$0.50 \leqslant U_c \leqslant 1.00$	长江三角洲城市群、珠江三角洲城市群、京津冀都市圈	3
中度紧凑	$0.35 \leqslant U_c \leqslant 0.50$	中原城市群、长株潭城市群、武汉城市群、山东半岛城市群、辽东半岛城市群、关中城市群	6
低度紧凑	$0.15 \leqslant U_c \leqslant 0.35$	皖中城市群、闽南金三角城市群、济宁城市群、晋中城市群、成渝城市群、银川平原城市群、南北钦防城市群	7
不紧凑	$0 \leqslant U_c \leqslant 0.15$	黔中城市群、赣北鄱阳湖城市群、滇中城市群、兰白西城市群、哈大长城市群、酒嘉玉城市群、呼包鄂城市群	7

资料来源：方创琳等《中国城市群紧凑度的综合测度分析》，《地理学报》2008 年第 10 期。

（三）城镇化地区差异显著

从三大地区①看，如表 3 所示，2011 年东部地区城镇化水平为 61.07%，中部为 46.99%，西部为 42.99%，东部比中部高 14.08 个百分点，比西部高 18.08 个百分点，中部比西部高 4 个百分点，城镇化水平的发展明显表现出梯度状态。与 2007 年相比，东部与中西部的城镇化水平之间差距进一步扩大，但中西部之间的差距呈现缩小趋势。

表 3 三大地区城镇化率差异

单位：%，个百分点

年份	全国	东部地区	中部地区	西部地区	东中差距	东西差距
2011	51.27	61.07	46.99	42.99	14.08	18.08
2007	44.94	53.74	42.10	35.99	11.64	17.75

资料来源：根据《中国统计年鉴—2012》《中国统计年鉴—2008》计算得到。

从各省区市看，按照 2011 年城镇化率的高低（见表 4），可以把我国 31 个省区市划分为五类地区：①城镇化水平在 80% 以上者，包括北京、上海和天津 3 个直辖市；②城镇化水平在 60%～80% 者，包括广东、辽宁、浙江、江苏 4 个省份；③城镇化水平在 50%～60% 者，包括黑龙江、吉林、内蒙古、福建、重庆、湖北、山东、海南 8 个省区市；④城镇化水平在 40%～50% 者，包括宁夏、山西、陕西、青海、江西、河北、湖南、安徽、新疆、四川、广西、河南 12 个省区；⑤城镇化水平小于 40% 者，包括甘肃、云南、贵州、西藏 4 个省区。

---

① 东部地区包括北京、天津、河北、辽宁、上海、江苏、浙江、福建、山东、广东、海南 11 个省（市）；中部地区包括山西、吉林、黑龙江、安徽、江西、河南、湖北、湖南 8 个省；西部地区包括内蒙古、广西、重庆、四川、贵州、云南、西藏、陕西、甘肃、青海、宁夏、新疆 12 个省（区、市）。

表4　2011年各省区市城镇化水平

省区市	城镇化率	排名	省区市	城镇化率	排名	省区市	城镇化率	排名
上海	89.30	1	吉林	53.40	12	安徽	44.80	23
北京	86.20	2	湖北	51.83	13	新疆	43.54	24
天津	80.50	3	山东	50.95	14	四川	41.83	25
广东	66.50	4	海南	50.50	15	广西	41.80	26
辽宁	64.05	5	宁夏	49.82	16	河南	40.57	27
浙江	62.30	6	山西	49.68	17	甘肃	37.15	28
江苏	61.90	7	陕西	47.30	18	云南	36.80	29
福建	58.10	8	青海	46.22	19	贵州	34.96	30
内蒙古	56.62	9	江西	45.70	20	西藏	22.71	31
黑龙江	56.50	10	河北	45.60	21			
重庆	55.02	11	湖南	45.10	22			

资料来源:《中国统计年鉴—2012》,中国统计出版社,2012。

(四) 农业剩余劳动力转移不彻底,"半城镇化"现象突出

中国农村剩余劳动力向城镇的转移并不像欧美等发达国家那样是一次性完成的,而是经过了一个曲折的过程,即农民的非农化与市民化不是同步实现的,而是先由农民转变为农民工,实现非农化,再由农民工转变为市民,实现城市化,这是一种具有中国特色的城镇化过程。一些学者将这种城镇化称为"隐性城市化"或"半城市化"。

"隐性城市化"或"半城市化"的结果,不仅在客观上具有明显的反城市化效应①,导致了"伪城镇化"、虚假的城镇化,而且必然会造成农村剩余劳动力转移的不彻底性,产生了严峻的农民工问题,造成了城市的新二元结构,进一步加剧了中国城镇化进程的复杂性和艰巨性。2012年底,全国农民工数量达到2.63亿人。2011年,按常住人口统计的城镇化率(常住人口城镇化率)虽然达到了51.3%,但按户籍统计的

---

① 徐林清:《我国农村劳动力转移方式的特征及其反城市化效应》,《乡镇经济》2002年第9期。

城镇化率（户籍人口城镇化率）仅为 34.7%，二者差距高达 16.6 个百分点（见图 2）。

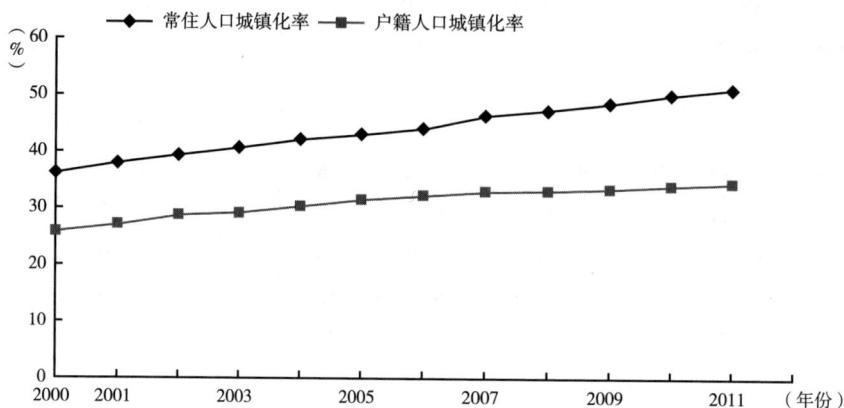

图 2　常住人口城镇化率与户籍人口城镇化率"剪刀差"

资料来源：《中国统计年鉴—2012》。

（五）城市病日趋严峻

"城市病"是困扰各国的世界性难题。随着城市化的快速推进和城市人口的迅速增长，城市中的大气污染、垃圾污染、噪声污染、水污染与水资源短缺、能源紧张、人口膨胀、交通拥挤、住宅短缺、土地紧张、失业严重、社会治安恶化、贫民窟惨不忍睹等问题日渐显著①。城市病与城市化发展阶段密切相关。根据城市病发展的四阶段论②，城市化率在 10%～30% 是城市病的隐性阶段，城市化率在 30%～50% 是城市病的显性阶段，城市化率在 50%～70% 是城市病的发作阶段，城市化率达到 70% 以上，则进入城市病的康复阶段（见图 3）。2010 年，中国城镇化率超过 50%，应该说是在城市病的显性阶段和发作阶段。从中国城镇化的

---

① A. A. Hezri, S. R. Dovers, "Sustainability Indicators, Policy and Governance: Issues for Ecological Economics", *Ecological Economics*, Vol. 60, 2006.

② 周加来：《"城市病"的界定、规律与防治》，《中国城市经济》2004 年第 2 期。

实际情况来看，也不同程度地出现了各种城市问题，存在一定程度的"城市病"，且有愈益严峻的发展态势，如环境污染、基础设施不足、交通堵塞、棚户区、房价虚高、烂尾楼、广场高楼热、形象工程、面子工程、贫富差距拉大，严峻的就业形势、犯罪率的上升、比较严重的农民工问题，等等，错综复杂，彼此交织，考验着中国城镇化的可持续健康发展。

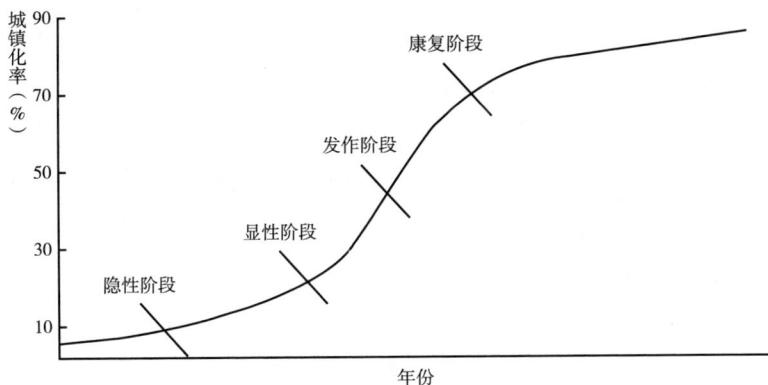

图 3　城市病发展阶段示意

三　中国城镇化的目标模式

当前，我国经济正处在增长速度换挡期和结构调整阵痛期，经济发展亟须转型升级，城镇化面临新的战略任务和日趋严峻的外部环境和约束条件，面对新问题、新机遇、新挑战，未来城镇化发展既不能简单照搬国际经验，也不能延续传统模式，必须着力提高城镇化质量，走以人为本、集约、智能、绿色、低碳的新型城镇化道路。

（一）新型城镇化是中国城镇化的目标模式

首先，新型城镇化是我国应对经济全球化、知识化、信息化背景下世界城市化发展趋势的理性选择。时代背景和历史条件是制约城镇化道路的重要因素，时代和条件变了，城镇化道路也必须相应改变。21 世纪是人类社会由工业经济社会转变为知识经济社会的时代，知识经济（或信息经济）是社会经济发展的最新阶段，经济知识化、信息化、网络化、全球化是当今世界的大趋势。知识成为越来越重要的生产要素，以信息技术为核心的高新技术向各个领域渗透，不仅导致许多新兴产业的诞生，而且使传统产业也发生着革命性的变革；生产、贸易、投资、研发进一步国际化，人流、物流、资金流、信息流在全球范围内更多更快地流动，国际分工、协作、交流日益增多，国际竞争日趋激烈。经济知识化、信息化、网络化、全球化正在改变着人类的生产方式、交往方式、思维方式和生活方式，也丰富和改变了现代化、工业化和城镇化的内涵和实现条件。这些新的国际因素的出现，必将对我国的城市化产生重要的影响，决定了必须走与以往不同的新型城镇化道路①。

其次，新型城镇化是遵循城镇化发展规律、实现城镇化发展目标的内在要求。1996年以来，中国城镇化明显进入了快速发展的周期②。按照美国城市地理学家诺瑟姆（Ray M. Northam）揭示的城市化发展三阶段论③，我国城镇化率在30%～70%都将处于城镇化加速阶段。同时，根据城市病发展的四阶段论，我国城镇化进入了城镇化快速发展阶段和城市病发作阶段的叠加期。从中国城镇化过程的特征看，在中国城镇化刚刚进入快速发展和城市病发作阶段的叠加期，虽然还没有出现诸如拉美和印度那样严重的"城市病"，但如果不未雨绸缪、及早诊治，势必演化为日益严重和难以治疗的"城市病"，甚至陷于"拉美陷阱"，严重影响中国城镇化的健康发展。因此，在城镇化进入快速发展周期和城市病显性化和发作阶段的叠加期，城镇化更需新的理念，着力提高城镇化质量，这是城镇化的生命力之所在。

最后，新型城镇化是国民经济持续发展、跨越中等收入陷阱的必然要求。2010年，我国的人均国民总收入为4260美元，首次由"下中等

---

① 简新华、何志扬、黄锟：《中国城镇化与特色城镇化道路》，山东人民出版社，2010。

② 简新华、黄锟：《中国城镇化水平和速度的实证分析与前景预测》，《经济研究》2010年第3期。

③ Ray M. Northam, *Urban Geography*, New York: John Wiley & Sons, 1975.

收入"经济体转变为"上中等收入"经济体。中等收入阶段是社会经济结构变革、升级的关键时期，城镇化既是城乡结构变革的关键环节，又对需求结构、产业结构、分配关系等具有重要影响，成为保持经济平稳较快发展的持久动力。①新型城镇化有利于扩大内需，彻底解除内需不足的桎梏。大量农村人口进入城镇，不仅带来消费需求的大幅增加，还将产生庞大的基础设施、公共服务设施以及住房建设等投资需求。据测算，城镇化水平提高1个百分点，将拉动最终消费增长约1.6个百分点。②新型城镇化有利于促进新型工业化，发展第三产业，实现产业结构升级。新型城镇化适应了新型工业化的要求，能够产生集聚效益、规模效益和分工协作效益，形成发达的城市文明，为新型工业化创造了重要的有利条件。同时，城镇化也能够推动以教育、医疗、就业、社会保障等为主要内容的公共服务发展，以商贸、餐饮、旅游等为主要内容的消费型服务业和以金融、保险、物流等为主要内容的生产型服务业的发展。③新型城镇化有利于改善分配关系，提高中等收入者比重。城镇化不仅能够带来更多的就业机会，而且提高劳动生产率，有利于提高劳动力的工资和劳动报酬在初次分配中的比重；同时，城市服务产业也是培育中产阶级或者中等收入人群最重要的产业载体。④新型城镇化有利于资源节约和环境保护，降低资源和环境压力。

（二）新型城镇化的特征和要求

新型城镇化作为我国城镇化的新的目标模式，立足于新的时代条件和中国国情，面临新的问题和挑战，肩负新的任务和使命，具有不同于以往旧的城镇化的特征和要求。

第一，从城镇化发展模式的选择方面来看，新型城镇化力求城镇化与新型工业化、信息化和农业现代化的同步发展。从国际经验和我国实际情况看，工业化是城镇化的发动机，城镇化是工业化的促进器，城镇化必须有产业和市场支撑，城镇化超前或是滞后都不利于城镇化的健康发展。城镇化是信息化的主要载体，为信息化的发展提供广阔的发展空间，为信息产业提供需求和市场；信息化提升城镇化的品质，提升和整合城镇功能，使城镇功能和产业结构进一步优化，带动城镇化向更高级的城镇化迈进。新型城镇化必须和农业现代化相辅相成，共同发展。农业现代化是城镇化发展的基础，城镇化是实现农业现代化的前提，并带动农业现代化的发展。

第二，从城市数量、规模和空间布局结构看，新型城镇化是大中小城市和小城镇协调发展的城镇化。中国人口众多、地域广阔，不能只搞集中型的大城市化，不可能让大部分人都集中到大城市；小城镇缺乏规模效益和集聚效益，也不能只实行分散型的小城镇化。因此，中国特色的城镇化在城镇化类型上，只能选择集中型与分散型相结合、据点式与网络式相结合、大中小城市与小城镇协调发展的多元化的城镇化。

第三，从城镇发展方式的选择看，新型城镇化是城镇发展方式多样化和合理化的城镇化。除了城市建设资金来源和渠道要多元化，政府还应当积极支持引导城市建设，从实际情况出发，不搞一刀切。

第四，从城镇化动力和实现机制的选择看，新型城镇化是市场推动、政府导向的城镇化。新型城镇化只能选择由市场推动、政府导向、政府发动型城镇化与民间发动型城镇化相结合、自下而上城镇化与自上而下城镇化相结合的方式。只有这样，才能既发挥政府的必要的调控作用，又充分利用民间的巨大潜力和市场促进效率提高的优势；既避免过度城市化，又防止城市化滞后，真正实现城镇化与工业化和现代化的适度同步发展。

第五，从城镇化发展的可持续性看，新型城镇化是资源节约、环境友好的可持续的城镇化。城镇发展必须综合考虑社会发展需求、资源承受能力和生态环境容量，切实通过节约资源、保护环境、建设循环经济，促进人与自然的和谐；城镇规划要将环境承载力和资源供给力指标引入规划方案，保证城镇发展与资源环境之间的良性互动，使城镇化在资源利用、环境保护、社会和谐等方面做到合理有效。

四　推进新型城镇化的思路与对策

新型城镇化是一项复杂的社会系统工程，不仅涉及政府、企业、农民、市民等多种主体，也涉及经济、社会、政治、文化、生态等多种领域。按照新型城镇化的要求，遵循市场规律，科学规划，合理布局，以提高城镇化质量为核心，促进城镇化健康发展。

（一） 科学规划，完善城镇化战略格局

城镇化战略格局关系到城镇化的发展方向，是中国现代化发展战略的重要内容。要在国家现代化战略布局框架下，以科学发展观为指导，认真研究制定我国城镇化发展的中长期规划和综合性的政策措施；要合理确定大中小城市和小城镇的功能定位、产业布局、开发边界，形成基本公共服务和基础设施一体化、网络化发展的城镇化新格局；要特别遵循城市发展的客观规律，考虑不同规模和类型城镇的承载能力，以大城市为依托，逐步形成辐射作用大的城市群，促进大中小城市和小城镇科学布局，加快构建和完善"两横三纵"城镇化战略格局；要科学规划城市群内各城市功能定位和产业布局，积极挖掘现有中小城市发展潜力，优先发展区位优势明显、资源环境承载能力较强的中小城市。

（二） 以人为本，有序推进农民工市民化

有序推进农民工市民化，需要树立包容性理念，以人为本，逐步降低城镇化门槛。一要根据城市的规模和综合承载能力，以就业年限、居住年限和城镇社会保险参加年限为基准，降低农民工落户条件；二要适应农民工高流动性要求，尽快实现社会保障权益可顺畅转移、接续，逐步建立全国统一的社会保障体系；三要积极完善多层次、多元化的住房保障体系，逐步将农民工纳入住房保障体系；四要加强农民工教育和培训，提高农民工的就业能力和收入水平；五要多渠道筹措资金，解决农民工市民化的高额成本问题。

（三） 四化同步，强化产业支持和城乡融合

促进城镇化与新型工业化、信息化和农业现代化协调发展城镇化需要产业支持，需要城乡协调发展，有城无业的城镇化是不可持续的。四化同步，就是要推动信息化和工业化深度融合、工业化和城镇化良性互动、城镇化和农业现代化相互协调，促进城镇发展与产业支撑、就业转

移和人口集聚相统一，促进城乡要素平等交换和公共资源均衡配置，形成以工促农、以城带乡、工农互惠、城乡一体的新型工农、城乡关系。

（四）促进融合，将生态文明融入城镇化全过程

以城镇化为主要载体，将生态文明融入城镇化全过程，这是新型城镇化和生态文明建设的共同要求。将生态文明融入城镇化全过程，要以主体功能区战略为指导，科学地制定与资源环境承载能力相适应的城镇化规划；要形成适应市场需求结构、可持续发展的产业结构体系，推进城镇生产方式的绿色、循环和低碳化转型；要围绕实现人的全面发展，加强城镇综合服务功能的建设；要努力培育生态文明意识，完善生态文化基础设施和公共服务载体建设，发展生态文化产业，形成永续传承的生态文化；要建立以生态补偿机制为主、均衡性转移支付和地区间横向援助机制为辅的经济手段，促进区域城镇化的协调发展；要以科学的考评机制为载体，落实城镇化的生态文明"绿色导向"。

（五）深化改革，释放改革红利

城镇化是一系列公共政策的集合①，城镇化的健康发展离不开体制机制创新。我国过去30多年城镇化的快速发展与体制创新密不可分，存在的矛盾和问题也与体制机制的不完善直接相关。推进新型城镇化必须把深化体制改革放在十分突出的位置，尤其需要在土地制度、户籍制度、就业制度和社会保障制度等重要领域和关键环节进行突破。如户籍制度改革必须以去利益化、城乡一体化、迁徙自由化为目标和方向，剥离户口所附着的福利功能，整体推进。土地管理制度改革要按照有利于明确和保护土地物权的思路，虚化所有权，强化承包权，建立以承包权为核心的农地产权制度，完善征地补偿机制，放开农村集体建设用地上市交易，等等。财税金融体制改革，既要建立健全公共服务能力，调整财政支出结构，强化政府基本公共服务供给的责任，还要加快地方税收体系

---

① 樊纲、武良成主编《城市化：一系列公共政策的集合（着眼于城市化的质量）》，中国经济出版社，2010。

建设，培育稳定的地方收入来源，加快开征房产税，合理确定土地出让收入在不同主体间的分配比例，建立多元化、多渠道的资金供给模式。此外，还要通过加快市镇体制改革，提高社会管理能力，加快形成设置科学、布局合理、功能完善、集约高效的行政管理体制①。

---

① 张占斌：《推进我国城镇化的基本思路和体制机制》，《中国经济时报》2012年11月15日。

中国城镇化健康发展的理念
转变与实现机制[*]

黄　锟

一　中国城镇化发展亟须理念转变

城镇化虽然是任何国家由贫穷落后走向发达繁荣的必由之路，在现代化进程中具有不可或缺的重要作用，但并不是所有的城镇化都有益无害，都有利于经济的发展和社会的进步。城市化存在超前城镇化、滞后城镇化和适度城镇化、病态城镇化和健康城镇化等多种不同的类型，超前城镇化、滞后城镇化、病态城镇化，会造成严重的"城市病"和"农村病"，产生城乡差别扩大、城市剥削农村、城乡对立等经济社会问题，极不利于工业化和经济社会的发展，只有适度城镇化、健康城镇化，才有利于工业化、现代化的顺利实现和经济社会的发展。

---

* 国家行政学院重大科研项目"提高城镇化质量和效益研究"（2013ZBZD008）、国家社科基金项目"中国特色的新型城镇化道路研究"（13BJY055）和教育部基金项目"新生代农民工市民化过程中的制度冲突与协调问题研究"（12YJA790051）的阶段性成果。本文原载于《经济研究参考》2014年第48期，收入本书时有改动。

当前，不仅我国经济社会发展进入新的阶段①，我国城镇化发展也进入新的阶段，即城镇化进入城镇化加速发展阶段和城市病发作阶段的叠加期②，城镇化自身也面临着转型升级。改革开放以来，我国城镇化取得了很大成就，但也出现了很多问题，甚至存在着一定程度的城市病③。因此，面临着经济社会发展新阶段下保增长、调结构、转方式、惠民生的多重任务和跨越中等收入陷阱的巨大挑战，积极稳妥地推进城镇化不仅意义重大，而且提出了更高的要求，即要求走出一条不同于旧的城镇化道路、符合经济发展新阶段要求的、具有中国特色的新型城镇化路子。但是，与城镇化概念一样，新型城镇化概念也是中性的，只是凸显了城镇化的某些新内容、新要求。

城镇化本身没有对错，只要是符合城镇化规律的城镇化都是我们所需要的城镇化。为了使城镇化更加符合中国国情和城镇化自身规律，需要为城镇化设置一个标准，来评判城镇化的对错。这个标准就是健康城镇化。可见，新型城镇化多数情况下指的是城镇化道路，而健康城镇化则是新型城镇化的目标和方向，是走新型城镇化道路所要追求的理想和结果。

作为城镇化的一种新理念、新目标、新要求，健康城镇化是与病态城镇化相对的一个概念，是速度、水平与质量相统一，具有较高质量和效益的城镇化发展形态。健康城镇化区别于病态城镇化的根本特征是健康城镇化不再因为片面追求城镇化的数量指标而忽视质量方面的要求，它以城镇化质量为核心，是量与质的统一，是内在结构的和谐一致。

因此，为了克服病态城镇化的种种弊端，避免和解决城市病，需要

---

① 曾培炎：《中国发展新阶段四大特征》，中国国际经济交流中心网站，2013年1月28日；迟福林主编《第二次转型——处在十字路口的发展方式转变》，中国经济出版社，2010；段炳德：《中国经济发展新阶段的特点、目标与战略需求》，《中国经济时报》2013年8月5日；厉以宁：《中国经济双重转型之路》，中国人民大学出版社，2013。

② 张占斌、黄锟：《叠加期城镇化速度与质量协调发展研究》，《理论研究》2013年第5期。

③ 简新华、罗钜钧、黄锟：《中国城镇化的质量问题和健康发展》，《当代财经》2013年第9期。

按照健康城镇化的理念和要求，实现城镇化目标、机制、模式、发展方式、结构、布局等方面的转变，促进城镇化健康发展，即发展目标上从以物为本到以人为本，从片面追求城镇化速度到以城镇化质量为中心，着力提高城镇化质量的转变；动力机制从政府过度干预向遵循城镇化自身规律转变；发展方式从粗放型向集约型转变；发展模式从滞后城镇化或超前城镇化向适度城镇化转变；城镇结构从不合理到趋于合理；城镇化布局从不均衡发展到均衡发展转变。

二 健康城镇化的基本内核

要素城镇化和人的城镇化是健康城镇化的两个基本内核。健康城镇化不再是过去的要素简单集聚和经济增长，片面强调城镇的生产功能，而是要更加重视城镇的生活和消费功能，是要素城镇化和人的城镇化双核驱动，协调并举。

（一）要素城镇化：由增长型向发展型转变

要素城镇化是发展型城镇化，强调的是城镇的生产功能。健康城镇化同样离不开人口、产业、资金、技术等要素的集聚，首要目标仍然是要解决发展问题。尽管经历30多年的改革开放和经济持续高速增长，城镇化和经济社会发展取得了举世瞩目的成就，但现阶段，发展仍然是我们的核心任务和解决诸多问题的根本途径，也是城镇化的重要目标和任务，城镇化和城镇经济发展越来越成为我国经济发展最重要的引擎和途径。因此，健康城镇化并非否认和取消城镇化的要素集聚和生产功能，面对我国跨越中等收入陷阱和经济转型升级的新形势、新要求，将更加强调要素的高效、集约使用，强调城镇化对调结构、转方式的重要作用。

过去，由于片面强调城镇的生产功能，忽视城镇的消费功能，加上在计划经济体制和不彻底的市场经济体制下，土地、劳动力、资本等生产要素市场尚未完全建立，土地、劳动力、资本等生产要素价格长期偏离、低于价值，我国城镇化选择了一条粗放式的数量型、增长型的城镇化道路。例如，由于土地的廉价供应，土地城镇化速度大大快于人口城镇化。改革开放 30 多年间，我国城市建成区面积扩大了 8 倍多，但城镇常住人口增加不到 3 倍。2001～2011 年，城镇征地面积的年增长率基本超过城镇人口的年增长率 5 个百分点以上（见图 1）。再如，由于农民工工资长期大幅低于城镇职工工资，城市大量使用农民工，因此城市聚集了大量农民工，造成我国常住人口城镇化率大大高于户籍人口城镇化率（见图 2）。

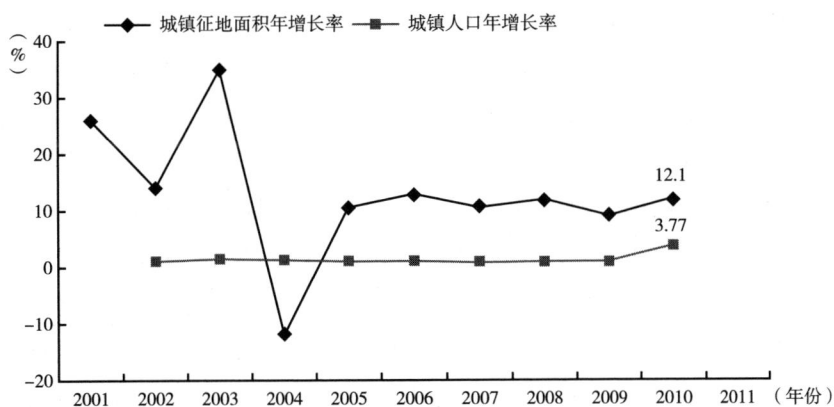

图 1　我国 2001～2011 年城镇征地面积年增长率与城镇人口年增长率比较

资料来源：根据历年中国统计年鉴整理。

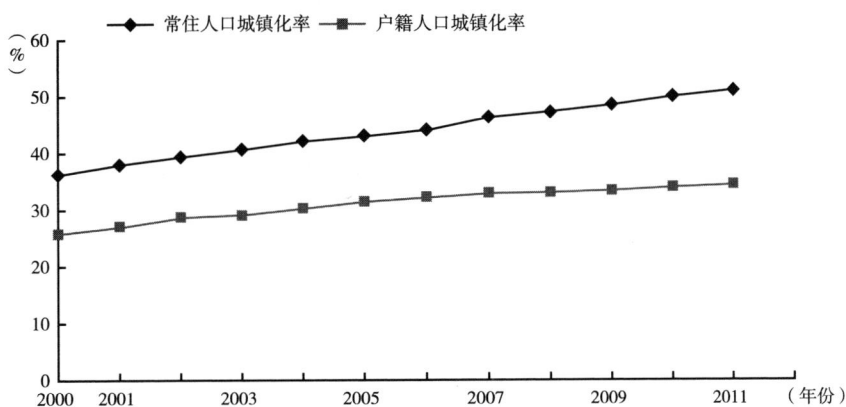

图 2　常住人口城镇化率与户籍人口城镇化率的"剪刀差"

资料来源：《中国统计年鉴—2012》。

近几年以来，尤其是党的十八大以来，经济增速明显放缓，我国经济进入中低速增长阶段，保持经济在合理区间平稳运行、淘汰落后产能、优化升级产业结构、转变经济发展方式、缩小城乡差距、促进经济转型升级成为未来经济发展的主要挑战和艰巨任务。在这种背景下，2013年年底召开的中央城镇化工作会议着重指出，城镇化是现代化的必由之路，推进城镇化是解决农业、农村、农民问题的重要途径，是推动区域协调发展的有力支撑，是扩大内需和促进产业升级的重要抓手，对全面建成小康社会、加快推进社会主义现代化具有重大现实意义和深远历史意义。

因此，在经济社会转型发展和全面深化改革阶段，城镇化需要由增长型向发展型转变，在保持一定发展速度的同时，尤其重视生产要素的合理配置和使用效率，科学规划，合理布局，遵循城镇化自身发展规律，处理好市场和政府的关系，既坚持使市场在资源配置中起决定性作用，又更好地发挥政府在创造制度环境、编制发展规划、建设基础设施、提供公共服务、加强社会治理等方面的职能，根据经济社会转型发展需要，全面深化改革，积极推进户籍制度、土地制度、城乡基本社会保障制度、利率市场化等方面的改革，最大化地释放改革红利，在城镇化转型发展中实现保增长、调结构、转方式、惠民生的发展目标。

（二）人的城镇化：健康城镇化的实质和根本要求

人的城镇化是民生型城镇化，强调城镇的消费、生活功能。人的城镇化是健康城镇化的实质和根本要求，是检验城镇化健康状况的重要标准，也是城镇化科学发展的根本保证。发展问题固然是健康城镇化的重要目标，但绝不是唯一重要的目标，满足城镇居民需要、提高居民生活质量才是城镇化的终极目标。

因此，城镇化不是"房地产化""造城运动"，不能见物不见人，而必须以人为核心，让更多城乡居民享受城市现代物质文明和精神文明，促进社会和谐进步。人们来到城镇，是为了生活更美好，能在城镇工作和生活是中国绝大多数人的愿望，也是他们的权利。随着城镇化的发展，大量农村富余劳动力进城务工，但长期以来，不少城镇更多的是购买他们的劳动力，仅仅把他们看成劳动者，而不是城市里平等的一员。如果城镇化不能给老百姓带来实实在在的利益，不能创造更加公平的社会环境，甚至导致更多不公平，城镇化就失去意义，也不可能持续。以人为核心的城镇化，就是要推进城乡要素平等交换和公共资源均衡配置，努力破解城乡二元体制和城镇内部的二元结构，使城乡居民平等参与城镇化进程，共同分享城镇化发展成果，过上更加美好幸福的生活。

健康城镇化以人的城镇化为实质和根本要求，就是要使更多居民享受现代文明生活方式，促进社会和谐进步。促进人的城镇化，要以人的城镇化为核心，合理引导人口流动，有序推进农业转移人口市民化，努力实现就业、教育、医疗卫生、社会保障等基本公共服务均等化；要加强城镇"五位一体"建设，实现城镇经济、社会、政治、文化、生态等领域的均衡发展，优先解决城镇人口的就业、安居、教育、医疗、交通等问题，提高城镇居民生活质量，建设和谐宜居的现代城市；要适当降低城镇门槛，消除歧视性制度障碍，实现城镇居民发展权利的同质均等性，使广大居民共享发展成果和城市文明，建设开放、公平、共享的包容性城市。

三 健康城镇化的实现机制

实现健康城镇化，需要借助四大机制，即速度、水平与质量协调机制（质量关系），城镇化与工业化、信息化、农业现代化同步发展机制（产城关系），城乡统筹发展机制（城乡关系），生态文明与城镇化融入机制（代际关系）。

（一）速度、水平与质量协调机制

城市病发展阶段理论表明，城市病是城镇化发展过程中的伴生现象，是城镇化发展到一定阶段的产物，与城镇化速度和城镇化水平高度相关。根据经验数据，城镇化率低于30%或高于70%时，城镇化发展速度则相对较慢，城市病处于隐性或康复阶段，城镇化质量较高，发展较健康；当城镇化率达到30%~70%时，城镇化处于加速发展阶段，速度较快，城市病也处于显性化和发作阶段。

图3直观地显示了城镇化速度、水平与质量之间复杂的互动关系。

在图 3 中，x 轴为城镇化质量，y 轴为城镇化速度和水平。城镇化速度、水平与质量之间的互动关系体现在四大象限和十六个小象限之中，共包含十六种不同类型的互动关系组合。其中第一象限为高质量、高速度、中上水平象限，第二象限为低质量、高速度、中下水平象限，第三象限为低速度、低质量、低水平象限，第四象限为高质量、低速度、高水平象限。在每一个象限内部，根据城市化速度、水平与质量的关系又可以细分为四个小象限。

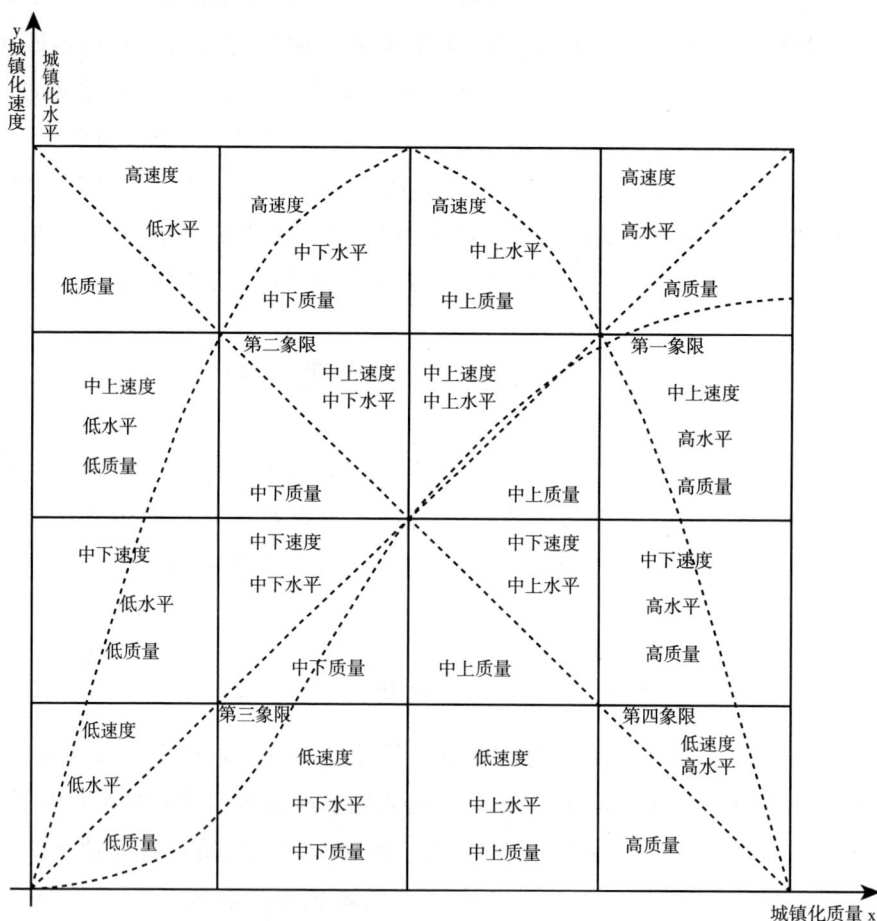

图中 y 轴：城镇化速度、城镇化水平；x 轴：城镇化质量 x

高速度 低水平 低质量	高速度 中下水平 中下质量	高速度 中上水平 中上质量	高速度 高水平 高质量
中上速度 低水平 低质量	中上速度 中下水平 中下质量（第二象限）	中上速度 中上水平 中上质量	中上速度 高水平 高质量（第一象限）
中下速度 低水平 低质量	中下速度 中下水平 中下质量	中下速度 中上水平 中上质量	中下速度 高水平 高质量
低速度 低水平 低质量（第三象限）	低速度 中下水平 中下质量	低速度 中上水平 中上质量	低速度 高水平 高质量（第四象限）

图 3　城镇化速度、水平和质量关系演变矩阵

注：图中倒 U 形抛物线为城镇化速度演变曲线，图中拉长的 S 形曲线为城镇化水平曲线。

如果将城镇化划分为欠发达阶段、初等发达阶段、中等发达阶段、发达阶段四个发展阶段，则城镇化分别对应着完全不健康、基本不健康、基本健康、完全健康四种健康状况，它们与城镇化速度、水平与质量之间的组合关系见图4。图4表现了城镇化发展阶段、健康状况与城镇化速度—水平—质量组合的对应关系。该对应关系表明，在城镇化进程中，城镇化发展阶段、城镇化健康状况与城镇化速度—水平—质量组合有着比较确定的对应关系，即随着城镇化发展经历欠发达阶段、初等发达阶段、中等发达阶段、发达阶段，城镇化健康状况分别对应着完全不健康、基本不健康、基本健康、完全健康，以及不同的城镇化速度—水平—质量组合。

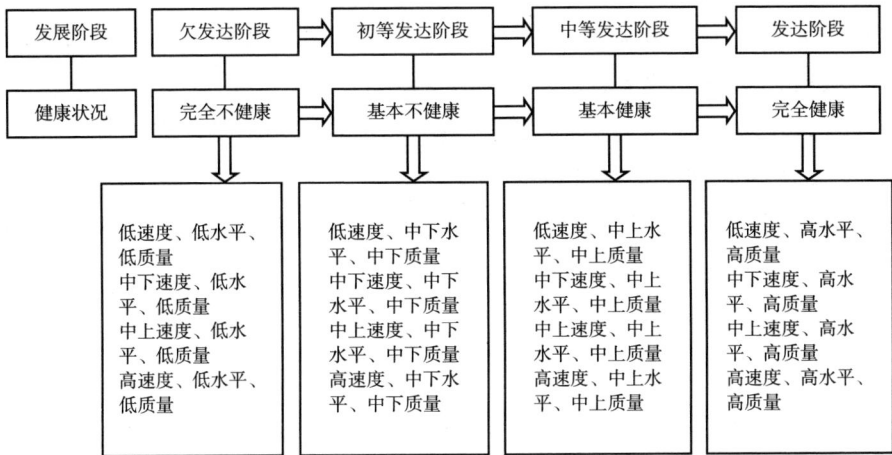

图4　城镇化不同健康状况的速度、水平与质量组合

可见，城镇化水平与城镇化质量同步发展的程度很高，二者的高低好坏共同决定城镇化健康状况，一般来说，城镇化水平和城镇化质量越高，城镇化就越健康；城镇化水平和城镇化质量越低，城镇化就越不健康。城镇化健康状况与城镇化发展速度关系不大，完全健康的城镇化对应着低速度、中下速度、中上速度和高速度等四种不同速度，而完全不健康、基本不健康和基本健康的城镇化也同样可以对应着低速度、中下速度、中上速度和高速度等四种不同速度。由于城镇化水平随城镇化进

程而不断提高是城镇化发展的必然结果，因此，如果在没有政府干预的市场规律作用下，城镇化将是一个自然的历史过程，在这一自然过程中，城镇化水平不断提高，城镇化质量也会得到逐渐提升，从而城镇化健康状况就会逐步由不健康向健康转变。换句话说，在没有政府干预的条件下，城镇化健康状况完全是城镇化自身内在规律的自然结果，政府引导推进城镇化必须首先遵循城镇化自身发展规律，不能错位干扰或取代城镇化自身发展规律，否则就难以实现城镇化健康发展。

（二）城镇化与工业化、信息化、农业现代化同步发展机制

城镇化要在与工业化、信息化和农业现代化四化融合中发展，促进工业化和城镇化良性互动、信息化和城镇化深度融合、城镇化和农业现代化相互协调，促进城镇发展与产业支持、就业转移和人口集聚相统一。城镇化要有产业支撑，兴城必先兴业，要以业聚人、以市兴城、产城融合，没有产业支撑的城镇化，就是"唱空城计"，容易产生"鬼城"。发达国家和一些东亚国家和地区，由于很好地协调了城镇化和产业发展，实现了现代化。相反，拉美一些国家现代化进程出现反复甚至停滞，一个很重要的原因，就是在城镇化过程中产业发展没能跟进，就业创业问题解决得不好，出现了"过度城镇化"和城市贫民窟等社会问题。

1. 工业化和城镇化良性互动

从国际经验和我国实际情况看，工业化是城镇化的发动机，城镇化是工业化的促进器，城镇化必须有产业和市场支撑，城镇化超前或是滞后都不利于城镇化的健康发展。服务业是城镇就业最大的容纳器，发达国家走过的路子也反映了这一点。目前，发达国家服务业产值和就业比重都在70%甚至80%以上，中等收入国家在50%~60%，2012年我国服务业增加值比重不到45%，就业比重只有37%，发展的潜力很大。

2. 城镇化和信息化深度融合

城镇化是信息化的主要载体，为信息化的发展提供广阔的发展空间，为信息产业提供需求和市场；信息化提升城镇化的品质，提升和整合城

镇功能，使城镇功能和产业结构进一步优化，带动城镇化向更高级的城镇化迈进。21世纪是人类社会由工业经济社会转变为知识经济社会的时代，知识经济（或信息经济）是社会经济发展的最新阶段，知识成为越来越重要的生产要素，以信息技术为核心的高新技术向各个领域渗透，经济知识化、信息化、网络化、全球化是当今世界的大趋势，正在改变着人类的生产方式、交往方式、思维方式和生活方式，也丰富和改变了现代化、工业化和城镇化的内涵和实现条件。21世纪的现代化、工业化、城镇化都离不开信息化，都要以信息化作为最重要的内容和特征；推动和支撑城镇化发展的不仅有传统工业，更重要的是高新技术产业和新兴产业；城镇化的发展，不能仅考虑工业化的要求，还要适应知识化、信息化、网络化、全球化的需要，城市的建设和管理也要逐步实现信息化、数字化，智慧城市、数字城市、网络城市建设加速推进；交通、通信更加方便、快捷，加快城镇化步伐、消除城乡差别的经济技术条件更加优越；城镇化将不再与生态破坏、环境污染同步，技术密集、清洁型的工业将取代劳动密集、高污染的工业，减少对能源和资源的需求，可以开发环保型的新能源，又可以通过新技术、新材料实现封闭的工业生态循环。

3. 城镇化和农业现代化相互协调

健康城镇化和农业现代化相辅相成，共同发展。农业现代化是城镇化发展的基础，城镇化是实现农业现代化的前提，并带动农业现代化的发展。没有农业的发展、农村的繁荣、农民的富裕，就不可能有城镇的繁荣与健康发展。首先，城镇化依赖农业现代化。农业现代化是城镇化的最初动力，没有农业现代化就没有城镇化。农业现代化不仅为城镇化提供了土地、劳动力、资本等最初的基本生产要素和粮食安全保障，而且带动了农业企业不断壮大和集中，促进小城镇发展，加速推进农村城镇化进程，逐渐缩小城乡差距，加快城乡一体化进程，促进城乡协调发展。其次，城镇化也为农业现代化提供有利条件和必要支持，没有城镇化就没有农业现代化。农业现代化的任何一个方面都需要雄厚的资金、技术、人才和市场支持，都需要高度发达的城镇化、工业化、信息化作为坚强的后盾。如城镇非农产业的发展为农业现代化提供必要的硬件与软件支撑，城镇化创造着越来越多的非农就业岗位，吸引大量农村人口向城镇地区转移，使耕地逐渐集中，为农业实现规模化、机械化、专业化生产创造必要的外部条件。有关研究表明，农村人口比重下降到25%以下时，农业集约化、规模化和专业化才能达到一定水平，农业的科技含量和服务水平才能大幅度提高，农民的收入水平和整体素质才会有明显的进步（见图5）。

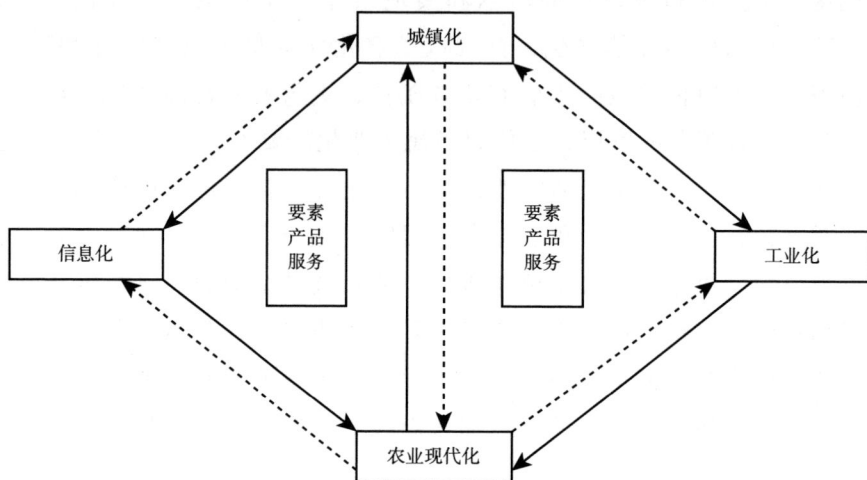

图5　城镇化与工业化、信息化和农业现代化同步发展机制

（三）城乡统筹发展机制

城乡统筹发展机制是推进城乡统筹发展的各种要素之间的相互关系和作用机理。城市和乡村是区域发展的两翼，只有在城镇化进程中统筹城乡发展，整个区域经济才能可持续发展。在城乡经济发展中，存在着集聚与扩散两种不同的效应，两者相互作用，决定了城镇化和区域经济发展及其空间结构演变。集聚效应使区域经济从孤立、分散的均质无序状态（城乡混杂阶段），逐渐发展为局部聚集、整体发展不平衡的低级有序状态（城乡分野阶段）；而扩散效应则使区域极化中心逐步向整个区域推进，最终使区域经济走向相对均衡的高级有序状态（城乡融合阶段）。它们的相互作用，使城乡区域空间结构由最初的低水平平衡阶段，因聚集效应而形成城乡二元结构并逐渐增强，再由扩散作用致使城乡二元结构逐渐减弱，最终形成城乡一体化（见图6）。

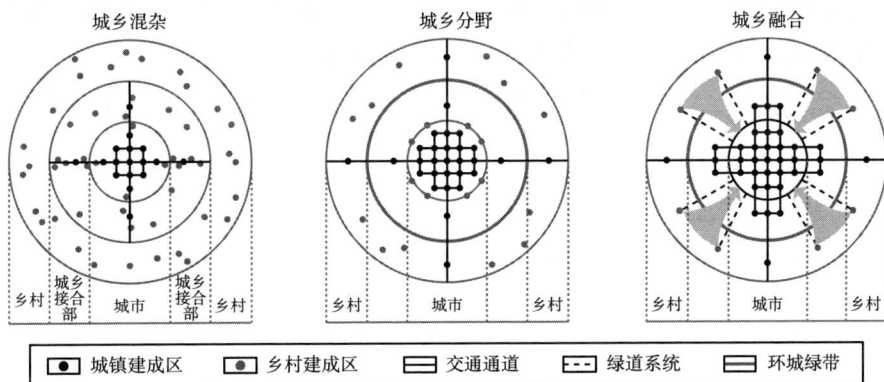

图6　城乡统筹发展演变的三个阶段

　　按照集聚与扩散作用力大小来分，可将其发展过程分为集聚阶段、集聚扩散阶段、扩散集聚阶段、扩散阶段。在区域经济发展的不同阶段，集聚与扩散这两种效应的作用强度和方式不同。在区域经济成长的初级阶段，生产要素有限，基于区域优势等有利条件，少数节点获得优先发展。在这个阶段，与扩散效应相比，集聚效应占优势，区域经济呈不平衡发展态势，区域空间逐渐形成中心—外围的二元结构。随着区域经济的进一步发展，集聚效应逐渐减弱，而扩散效应却不断增强，两种效应的作用力基本平衡，因而这时区域空间的中心—外围结构达到一种相对比较稳定的状态。到了区域经济发展的高级阶段，扩散效应逐渐增强，经济中心区的经济增长势能大规模向外围地区扩散，从而使原来的中心—外围结构越来越不明显，最终使区域差距逐步缩小，区域经济获得相对均衡的发展，区域空间一体化逐渐形成。可见，集聚效应会使经济活动进一步向条件好的高梯度地区集中，从而容易扩大核心地区与周围区域的经济发展差距；而扩散效应会促使经济活动从经济中心向其周围的低梯度地区扩散，从而致使经济中心的发展带动整个区域经济的发展。因此，可以这样说，促进集聚形成的根本目的是发挥集聚中心的扩散效应，辐射、带动周边落后地区的发展，最终实现区域经济的协调发展。

空间的集聚和扩散一般是在市场机制的作用下自发进行，但是，通过改变空间集聚和扩散的条件，或者是使空间集聚和扩散的影响因素发生变化，可以改变空间集聚效应和扩散效应的强弱程度，改变集聚与扩散作用发展的阶段特征（见图7）。

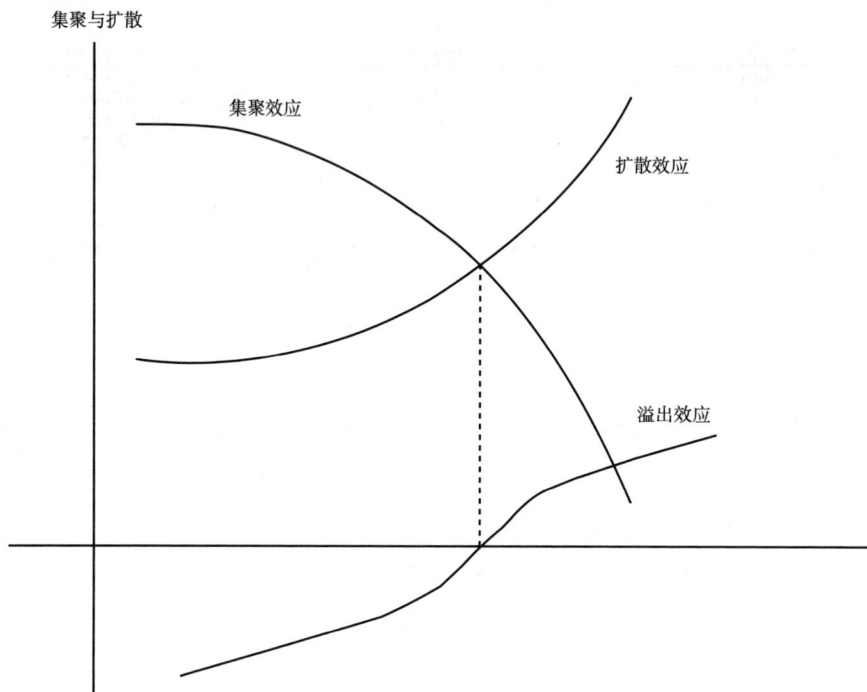

图7　区域经济发展中的集聚效应和扩散效应

集聚与扩散的效应受到多因素的共同影响。一般来说，生产要素流动越充分、越自由，运输成本越小，两地的经济规模越大、经济水平越高、关联效应越强，经济集聚与扩散的效应就越强。此外，集聚与扩散主体的主观愿望也会影响集聚与扩散效应的大小。因此，在区域经济发展中，可以通过改变集聚和扩散的条件，或者使空间集聚和扩散的影响因素发生变化，加快或者减缓空间集聚与扩散的速度，改变集聚与扩散效应的强弱程度和相对关系，从而改变区域经济发展的阶段特征。

在城乡经济系统中，通过加强城市对农村的集聚作用，提高城乡资源配置效率，在一定程度上能够有效提高城乡整体的经济发展水平和速度；同时，充分发挥政府的宏观调控作用，促进城市对农村的扩散作用，能够有效带动农村经济发展，缩小城乡经济发展差距。可见，通过促进城乡空间作用的充分发挥，统筹城乡发展，既能提高城乡资源配置效率，保证经济的快速发展，使城乡整体的经济水平得到有效提升，同时也可有效地促进城市对农村的辐射和带动作用，使农村经济发展速度和水平得到提高，从而缩小城乡差距。在区域经济发展的低级阶段，尽管城市对农村的集聚作用大于其扩散作用，但是，通过政府正确干预，改善扩散的条件，促进扩散作用的发挥，可以缩小城市对农村扩散作用与集聚作用的差距，也就是说可以扩大溢出效应，缩小城乡差距。这样，在城乡经济发展水平较低的阶段，也能实现原来要在经济发展高级阶段才能实现的城乡统筹发展。因此，尽管城乡统筹发展的机制主要是在市场机制作用下实现的，但政府的规划、引导和参与同样不可或缺，比如有关政策、法规的制定，为市场运行提供一种宽松的、良好的环境，保证市场经济正常运行。

（四）生态文明与城镇化融入机制

生态文明与城镇化融入机制协调的是城镇化进程中人与自然之间的天人关系以及人与子孙后代的代际关系。生态文明作为一种理念和文明形态，从人与自然关系的角度来反映人类文明的程度，强调人与自然的和谐共处、良性互动和可持续发展，主张建设以资源环境的承载力为基础、以自然规律为准则、以可持续发展为目标的资源节约型、环境友好型社会。因此，生态文明与城镇化融入机制将为城镇化可持续发展提供世界观和方法论。

首先，在价值理念上，生态文明要求城镇化过程必须尊重自然、顺应自然和保护自然，努力构建城镇的生态文化、提高城镇居民的生态意识、倡导社会生态道德等生态文明理念的牢固树立。

其次，在社会实践上，生态文明要求城镇化在资源的利用、环境的保护、社会的和谐等方面做到合理和有效。在利用自然的同时又保护自然，形成人类社会可持续的生存和发展方式，要求城镇化从区域整体的角度考虑人与自然的平衡，强调大城市、中小城市和小城镇之间的功能协调互补，注重地区各自的主体功能的发挥。同时，要对城镇内部进行合理的功能规划，必须使城镇内部的交换从开放的、直线的、单通道的模式变成一个闭路的、多循环的、仿生的模式，使得大中小城市以及城镇之间既有交换的外循环，也有交换的内循环，甚至还有微循环。

最后，在时间维度上，生态文明是一个动态的历史过程，同样，城镇化也是一个动态的历史过程。因此将生态文明融入城镇化过程不能只看当前，要看得更加长远。生态文明不断地从低级向高级进步，所以认识生态文明融入城镇化过程必须要有辩证的观点、历史的观点和与时俱进的观点。要实现这两个历史过程的同步协调发展。生态文明融入城镇化过程也不是一劳永逸的过程，这是一个不断实践、不断认识和不断解决矛盾的过程。随着内外环境的变化，出现的矛盾也会变得越来越复杂和多样，这就更加需要用发展的历史观来认识生态文明指导下的城镇化规律和内涵。

新型城镇化建设的新使命、
新内涵、新要求[*]

黄　锟

2019 年底以来城镇化的发展形势发生了两个显著变化：一是我国常住人口城镇化率首次突破 60%，城镇化进入一个新的发展阶段；二是突如其来的新冠肺炎疫情对我国经济社会发展带来前所未有的冲击，城镇化面临的来自外部环境的挑战之严峻前所未有。面对日益复杂的国内外形势，中央多次围绕新型城镇化建设作出部署，新型城镇化建设骤然提速发力。新型城镇化建设提速发力，意味着我国城镇化进入下半程。与以往的城镇化和新型城镇化相比，下半程的新型城镇化被赋予新使命、新内涵、新要求。

一　加速新型城镇化是建设社会主义现代化
强国的重要内容

城镇化是现代化应有之义和基本之策。2021 年起，我国将在全面建成小康社会的基础上，开启全面建设社会主义现代化强国的新征程。全面开启新征程，意味着中华民族迎来了从站起来、富起来到强起来的伟大飞跃，这将是一个长期过程，也是人类发展史上最有意义、最具挑战的重大课题。我们要从国情、世情出发，积极应对新形势、新要求、新挑战，探索研究新型城镇化的发展战略、发展目标和重点任务，推动城镇化高质量发展。

---

[*] 本文原载于《人民论坛》2020 年第 34 期，收入本书时有改动。

以城市群为主体形态，形成大中小城市协调发展的格局。要优化布局，根据资源环境承载能力构建科学合理的城镇化宏观布局，把城市群作为主体形态，促进大中小城市和小城镇合理分工、功能互补、协同发展。尤其是要继续以中心城市为内核，培育发展全国性、区域性大都市圈和城市群，更好地发挥中心大城市在促进可持续发展、统筹城乡发展方面的示范带动作用。

提升中心城市和超大城市治理能力。改进城市治理理念、治理方式、治理手段，走出一条符合中心城市和超大城市特点和规律的社会治理新路子。强化依法治理，善于运用法治思维和法治方式解决城市治理难题，努力形成城市综合管理法治化新格局。强化智能化管理，提高城市管理标准，更多运用互联网、大数据等信息技术手段，提高城市科学化、精细化、智能化管理水平。加快补好短板，聚焦影响城市安全、制约发展、群众反映强烈的突出问题，加强综合整治，形成常态长效管理机制，努力让城市更有序、更安全、更干净。

减少行政层级，扩大城市自主权，充分发挥市场在资源配置中的决定性作用。首先，可以考虑再增设 2~3 个直辖市，增加计划单列市数量，扩大省直管县试点范围，加快镇改市步伐。其次，要全面深化城镇经济体制和管理体制改革，减少政府对市场的直接干预，确保市场在资源配置中的决定性作用，明确政府与市场的边界，使城镇化成为一个自然的历史过程。

制定实施差别化的区域发展政策。东部地区要以提高城镇化质量和健康状况为重点任务，主要包括尽快完成老旧小区改造、推进农民工市民化和城市基本公共服务均等化、加强城市基础设施建设、促进产业升级、重视生态保护和生态建设、加快城乡融合发展进程等。中西部地区要以推进人口城镇化、提高城镇化水平为重点任务，包括培育发展 1~2 个全国性城市群和若干个区域性城市群，加快发展县域经济，着力发展有历史记忆、地域特色、民族特点的宜居美丽城镇，加强道路、交通、管网等城镇基础设施建设，提高城镇基本公共服务供给能力，增强中西部城镇对集聚产业和人口的吸引力和集聚力。

调控城镇人口密度。对于人口密度超过 2 万人/公里^2 的城市，要注意加强城市新区建设和功能区的规划整合，通过城市基础设施、公共服务的均衡布局，控制人口密度；对于人口密度不足 0.5 万人/平方公里的城市，也要注意通过城市产业发展、功能区的规划布局、城市基础设施和公共服务的重新布局，增强城市的集聚功能和人口密度，发挥城市的集聚效应。

二　加速新型城镇化是形成国内国际双循环相互促进的新发展格局的重要基石

2020 年 5 月以来，习近平总书记多次强调，要推动形成以国内大循环为主体、国内国际双循环相互促进的新发展格局。这个新发展格局是根据我国发展阶段、环境、条件的变化提出来的，是重塑我国国际合作和竞争新优势的战略抉择。新型城镇化提速发力是构建国内循环体系的重要基石，也是推动形成整个新发展格局的重要路径。第一，城镇化是我国内需最大潜力之所在。城镇化自身具有的巨量市场需求、供给能力，使其成为经济发展的"调控阀"，是经济增长率、就业水平等不滑出"下限"、物价涨幅等不超出"上限"的重要保证，成为构建国内循环体系的硬核。第二，推进新型城镇化是保障和改善民生的重要平台。新型城镇化过程是解决好城乡居民生产生活、保障和改善民生的全过程。新型城镇化有利于保障城乡就业这一"民生之本"，有利于改变农民工和棚户区、老旧小区居民居住条件差、家庭收入少、保障水平低的现状，改善底层群众的生产生活状况，有利于加强基础设施建设和公共服务供给，改善居民居住和生活条件。第三，推进新型城镇化是促进经济结构优化升级的重要推动力。城镇化有利于构建完整的内需体系和产业链体系，减轻经济增长对出口、投资的依赖，城镇化的集聚效应也有利于服务业及科技、金融、信息、物流、文化等产业的发展。第四，推进新型城镇化是释放改革红利、增强国内需求和发展后劲的重要突破口。要通过新型城镇化的一系列配套措施推动供给侧结构性改革，为收入分配、土地制度、现代企业制度、科技体制、财税体制、行政体制等整体配套改革的全面推进创造有利的条件，为经济发展提供持久动力。第五，以大城市、特大城市为中心的都市圈是教育、科技、研发、高新技术产业的重要载体，圈内企业是国际投资、国际贸易、国际技术交流最主要的市场主体，也是国内产业链、价值链由中低端迈向中高端最重要的推动力。

为推动形成国内国际双循环相互促进的新发展格局，新型城镇化要重视其在扩大内需、塑造产业、优化布局、提升国际竞争力、构建对外开放新格局等方面的重要作用。一是充分发挥大中小城市和小城镇的差异性作用。常住人口城镇化率突破 60% 以后，新型城镇化除了要继续加强中心城市和城市群的核心带动作用外，还要重视提升县城的公共设施和服务能力，积极发挥县城在促进城乡发展、增加城乡居民收入、增加消费需求、扩大有效投资中的重要作用。二是强化新型城镇化的产业支撑。推动信息化和工业化深度融合、工业化和城镇化良性互动、城镇化和农业现代化相互协调，坚持城市发展与产业成长"两手抓"，把城镇化与调整产业结构、培育新兴产业、发展服务业、促进就业创业结合起来，为城镇化健康发展提供产业支撑。三是优化城市空间布局。以京津冀、长三角、粤港澳大湾区等开放高地、发展高地为重点，布局战略性新兴产业和未来产业，加强区域、城乡等不同级次产业融合，形成世界级产业集群。四是重视发挥新型城镇化在推动经济发展方式加快转变中的作用。要加强新型基础设施建设，发展新一代信息网络，拓展 5G 应用，建设数据中心，增加充电桩、换电站等设施，推广新能源汽车，发挥新型城镇化在激发新消费需求和助力产业升级、推动经济发展方式加快转变中的作用。五是构建对外开放新格局。依托开发区、自贸试验区、自贸港建设，坚持互利共赢的开放战略，以"一带一路"倡议为重点，促进商品、资金、技术、人员在更大范围内流通；进一步推进简政放权改革和负面清单制度，营造更具国际竞争力的营商环境，吸引国际资本来华投资。

三　加速新型城镇化是推进城乡融合发展的基本前提

城市与乡村是一个相互依存、相互融合、互促共荣的共同体。城市的发展和繁荣绝不能建立在乡村凋敝和衰败的基础上，乡村振兴也离不开城市的带动和支持，城乡共荣是实现全面小康和全面现代化的重要前提。从城乡分割到城乡一体化和城乡统筹发展再到城乡融合发展，反映了城乡关系的复杂性和不同发展阶段城乡关系所表现的主要特征。由于城市和乡村在资源禀赋、产业结构等方面有着本质的不同，也有着各自的发展规律，城镇化和乡村发展在发展目标、发展次序、制度安排、资源配置等方面必然会存在矛盾和冲突，结果必然是乡村发展滞后于城市发展，城乡差距持续扩大。

1995 年以来，我国城镇化进入加速发展阶段，城镇化率年均提升1.3 个百分点，到 2019 年底突破 60%，城镇化进入一个新的发展阶段，城乡融合发展的条件基本具备，新型城镇化提速发力需要协调推进新型城镇化与乡村振兴战略，逐步缩小城乡差距，实现城乡平衡、融合发展。

一是发展目标的协调：从城乡非平衡发展转向城乡平衡发展。我国社会主要矛盾已经转化为人民日益增长的美好生活需要和不平衡不充分的发展之间的矛盾，其中不平衡不充分是主要矛盾的主要方面，而城乡发展不平衡是最大的不平衡，农村发展不充分是最大的不充分，所以补齐农村发展短板是解决不平衡不充分发展问题的必然要求。如何补齐农村发展短板？根本的一条是要转变发展战略，即从非平衡发展战略转向平衡发展战略。

二是优先次序的协调：从城市优先发展转向乡村优先发展。"三农"问题是关系国计民生的根本性问题，必须始终把解决好"三农"问题作为全党工作的重中之重。而在不同的发展阶段，由于发展规律和客观条件的限制，必然存在不同的城乡之间优先发展次序的选择。在工业化初始阶段，农业支持工业、为工业提供积累是带有普遍性的倾向。但在工业化达到相当程度后，工业反哺农业、城市支持农村，坚持农业农村优先发展，实现工业与农业、城市与农村协调发展，这也是带有普遍性的倾向。为了保证农业农村优先发展，要在干部配备上优先考虑，在要素配置上优先满足，在资金投入上优先保障，在公共服务上优先安排，加快补齐农业农村短板。

三是制度安排的协调：从城乡二元制度转向城乡一元制度。城乡二元制度一元化变革是协调推进新型城镇化与乡村振兴战略的制度保证。

重点是要推进户籍制度改革，全面实行流动人口居住证制度，全面放开中小城市和小城镇户口，建立健全户籍制度与居住证制度有效衔接的人口管理制度；鼓励引导工商资本参与农村振兴，鼓励社会各界人士投身乡村建设，汇聚全社会力量，强化乡村振兴人才支撑；建立健全乡村振兴战略财政投入保障制度，公共财政更大力度向"三农"倾斜；健全适合农业农村特点的农村金融体系，强化金融服务方式创新，提升金融服务乡村振兴的能力和水平。

四是资源要素的协调：从限制流动、单向流动转向双向、自由流动。要坚决破除体制机制弊端，使市场在资源配置中起决定性作用，更好地发挥政府作用，推动城乡要素自由流动、平等交换，引导资源要素向农村流动。首先，要加强农村基础设施和环境建设，让资源要素下得去。要提升与现代产业融合相衔接的农村硬件基础设施水平，提升与现代产业融合相匹配的农村软件治理制度环境的建设水平。其次，要推进以农业农村为基础的产业融合，让资源要素留得住。要鼓励城市产业要素通过农业产业链的节点衍生新业态，利用已有的要素聚集空间打造城乡产业要素共生平台。最后，要形成与农民共享的利益机制，让资源要素能持续。克服工商资本下乡与民争利的矛盾，通过利益共享机制，形成城乡产业要素的共生关系，让城乡要素通过共生融合在一起。

五是发展结果的协调：从城乡分野转向城乡融合。从城乡分野转向城乡融合，虽然是城乡发展的必然要求和自然过程，但也需要政策的引导和支持，需要建立健全城乡融合发展的体制机制和政策体系，主动作为，加快城乡融合进程。要推动新型工业化、信息化、城镇化、农业现代化同步发展，加快形成工农互促、城乡互补、全面融合、共同繁荣的新型工农城乡关系。

四　加速新型城镇化是贯彻落实共享发展的重要途径

以人为本是新型城镇化的核心和重要内涵，贯彻落实共享发展是实现以人为本、促进新型城镇化持续健康发展的基本要求。当前，影响共享发展的障碍主要有三个方面。一是农民工市民化进展缓慢。从户籍人口城镇化率与常住人口城镇化率的缺口看，7 年间仅缩小 1.35 个百分点。从农民工规模数量看，2012 年全国农民工总量为 26261 万人，2019 年农民工总量增加到 29077 万人，虽然 7 年间农民工市民化人数接近 9000 万人，但农民工总量却增加了 2816 万人。农民工总量不降反增，说明农民工市民化速度和户籍人口城镇化速度不及农民工增速，农民工市民化任重道远。二是大中小城市和小城镇之间发展差距较大。在城镇化数量型、速度型发展阶段，无论是市场还是政府，都更加倾向于把更多的资源要素配置到大城市、特大城市和超大城市，而对于数量更多的中小城市，尤其是以县城为代表的中小城市和小城镇，市场竞争力、财政收入能力、资源调配能力相对不足，制约了县城产业集聚、人口集聚能力和整体发展水平，影响了县城的基础设施建设和公共服务能力以及县城居民的就业、收入和生活水平。以县城为代表的中小城市和小城镇发展的不充分及其与大城市、特大城市和超大城市之间发展的不平衡，已经成为我国城镇体系的主要矛盾，成为共享城镇化发展成果的短板和薄弱环节。三是城市内部基本公共服务布局不平衡。在城市内部，基本公共服务布局极不平衡，影响不同区域居民的共治共享。

因此，贯彻落实共享发展的重点任务包括以下三个方面。一是大力推进农民工市民化。从根本上讲，农民工问题是由城乡二元制度造成的，解决农民工问题也应从城乡二元制度入手。由于城乡二元制度的存在，农民进城务工却不能享有市民待遇。反过来讲，让农民工享有市民待遇就必须改革直至逐步消除城乡二元制度。这就需要在推进新型城镇化进程中，按照共享发展的思路，着力缩小城乡差距，逐步消除城乡二元体制，从根本上消除产生农民工问题的制度基础。

二是提升中小城市和小城镇的公共设施和服务能力。首先，要明确政府的主体责任。公共设施和服务作为公共产品，具有较强的公共性和外部性，存在市场失灵的可能，必须主要由政府来提供。在政府体系中，要充分认识到中小城市和小城镇公共设施和服务能力不足的短板和弱项对于城镇化高质量发展和城乡融合发展、城乡居民美好生活的实现可能产生的负面影响，确立起主体责任。其次，要科学规划，区分轻重缓急。中小城市和小城镇公共设施和服务能力不足的短板和弱项是历史长期积累的结果，补短板绝不可能毕其功于一役。提升中小城市和小城镇公共设施和服务能力，重点在于促进公共服务设施提标扩面、环境卫生设施提级扩能、市政公用设施提档升级、产业培育设施提质增效。最后，要完善多渠道筹集资金机制。中小城市和小城镇政府是资金筹集的主体，公益性项目主要通过地方政府财政资金予以投入，符合条件的公益性项目可通过中央预算内投资予以适当支持。同时，各地区要针对准公益性及经营性固定资产投资项目，设计市场化的金融资本与工商资本联动投入机制，通过健全政银企对接机制、新型城镇化建设专项企业债券、规范有序推广 PPP 模式等多渠道解决资金问题。

三是积极推进老旧小区改造。老旧小区改造应依托新基建，维修完善基础设施和公共设施，实现未来住区的联网化和数字化。近年来，由于盈利模式不清晰，社会资本参与老旧小区改造的热情并不高，老旧小区改造一直以财政资金为主导，资金不足是老旧小区改造的巨大难题。构建完善的资金筹集机制，是老旧小区改造的重要任务。2020 年 4 月 14日，国务院常务会议要求建立政府与居民、社会力量合理共担改造资金的机制，中央财政给予补助，地方政府专项债给予倾斜，鼓励社会资本参与改造运营。政府除提供低息资金支持外，还应改变老旧小区粗放式的管理和收费方式，争取实现居民和企业价值共享。

"瘦身"与"提质":特大城市人口控制的路径选择[*]

黄 锟

一 特大城市人口控制的有关争论

城市集聚理论认为,城市的形成和发展依赖于聚集所产生的聚集经济和聚集不经济①。聚集经济主要指,人口和产业聚集产生的规模经济效应和信息外溢效应,集聚不经济的最典型表现是拥堵带来的地租和通勤成本的增加。前者促使城市规模不断扩张,后者则阻止城市规模过度扩张,这两股市场力量共同决定了最优城市规模②。但是,传统集聚经济理论普遍忽略了城市内部结构,而研究最优城市规模必须进一步考察城市内部经济活动的分布规律。米尔斯(Mills)和惠顿(Wheaton)构

———————

* 马克思主义理论研究和建设工程 2016 年度重大项目"中国特色社会主义与社会主义现代化强国目标研究"、国家行政学院 2017 年度重点科研项目"以人为本的中国特色城镇化道路研究"的阶段性成果。本文原载于《思想战线》2017 年第 6 期,收入本书时有改动。

① M. Fujita, *Urban Economic Theory*: *Land Use and City Size*, Cambridge University Press, 1989.

② 斯特拉斯蔡姆:《城市住宅区位理论》,米尔斯主编《城市经济学》(《区域和城市经济学手册》第 2 卷),郝寿义等译,经济科学出版社,2003,第25~26 页;托利、克瑞菲尔德:《城市规模与位置的政策问题》,米尔斯主编《城市经济学》(《区域和城市经济学手册》第 2 卷),郝寿义等译,经济科学出版社,2003,第 486~488 页。

建了城市一般均衡模型，并从区位均衡条件推导出城市的均衡密度和均衡规模①。其中，米尔斯讨论了城市人口规模给定而效用内生的"封闭"城市模型②，藤田昌久（Fujita）研究了城市规模内生而居民效用外生的"开放"最优城市规模模型③。但是，城市一般均衡模型均以居民具有相同的偏好结构和厂商具有同质一致的生产函数为假设，这意味着，在没有其他外生因素影响的条件下，城市将具有相同的人口和空间规模。而对于这种单一最优城市规模的观点，理查森（Richardson）最早提出了质疑。他认为，最优人口规模会因城市结构和功能不同而在某一区间内动态变化④。亨德森（Henderson）通过加入外部效应的影响，考察了产业集聚收益和城市通勤成本间的均衡模式⑤。其研究发现，不同行业间存在着规模经济和集聚收益差异，这导致城市间的专业化分工，所以以不同行业为主导的城市，必然会形成不同的最优规模。而德斯梅特（Desmet）和罗西-汉斯伯格（Rossi-Hansberg）的研究则表明，城市的生产效率、政府效率损失和宜居程度共同决定了城市规模分布，任一特征差异的改变，都将引起大规模的人口迁移⑥。格莱泽（Glaeser）分析了集聚密度和集聚规模的政策含义，他认为，城市规模发展应是城市内集聚密度的提高，而不应是城市地域的空间蔓延，只有规模较大城市的人

① E. S. Mills, "An Aggregative Model of Resource Allocation in a Metropolitan Area", *American Economic Review*, Vol. 57, No. 2, 1967, pp. 197–210; W. Wheaton, "Monocentric Models of Urban Land Use: Contributions and Criticisms", in P. Mieszkowski and M. Straszheim, eds., *Current Issues in Urban Economics*, London: The Johns Hopkins University Press, 1979, pp. 105–129.

② E. S. Mills, *Urban Economics*, Glenview: Scott Foresman and Co., 1972.

③ M. Fujita, *Urban Economic Theory: Land Use and City Size*, Cambridge University Press, 1989.

④ H. W. Richardson, "Optimality in City Size, Systems of Cities and Urban Policy: A Sceptic's View", *Urban Studies*, Vol. 9, No. 1, 1972, pp. 29–48.

⑤ J. V. Henderson, "The Size and Types of Cities", *American Economic Review*, Vol. 64, No. 4, 1974, pp. 640–656.

⑥ K. Desmet, E. Rossi-Hansberg, "Urban Accounting and Welfare", *American Economic Review*, Vol. 103, No. 6, 2013, pp. 2296–2327.

口分布过于分散,才会带来城市蔓延问题,这将不利于土地的集约使
用①。对于一个国家来说,整个国家的生产和人口集中度,会随着集聚
和分散而呈现先集中后分散的趋势②。因为随着经济的增长,一方面,
居民需要住房和自然环境的改善;另一方面,国家也积累了足够的财力
去改善内陆地区的基础设施和投资环境。

随着中国城市化进程的推进,国内学者开始关注中国城市的最优规
模问题。有研究认为,我国大部分城市规模偏小,还没能充分发挥出集
聚经济效应③;还有研究认为,城乡二元分割政策导致了我国城镇化进
程受阻、大城市发展不足和城市体系扭曲等问题④。但也有研究认为,
我国城镇化进程中也出现了特大城市规模迅速膨胀、中小城市和小城镇
相对萎缩的两极化倾向⑤,因此,要实行差别化的人口规模调控政策,
严格控制 400 万人以上的特大城市人口规模,鼓励支持大城市和中小城
市的发展。

以上关于特大城市人口控制的有关争论,为本文的研究提供了重要
基础和思路。其中,传统集聚经济模型和城市一般均衡模型,尽管存在
忽略城市内部结构和单一最优城市规模的观点等局限,但所提出的城市
最优规模理论,为我国特大城市人口控制提供了最初的理论思路和分析

---

① E. Glaeser, *Triumph of the City*, London: Macmillan, 2011.

② J. Williamson, "Regional Inequality and the Process of National Development", *Economic Development and Cultural Change*, No. 6, 1965, pp. 3 – 45; N. Hansen, "Impacts of Small and Intermediate-Sized Cities on Population Distribution: Issues and Responses", *Regional Development Dialogue*, No. 11, 1990, pp. 60-76.

③ 参见王小鲁、夏小林《优化城市规模 推动经济增长》,《经济研究》1999 年第 9 期;王小鲁《中国城市化路径与城市规模的经济学分析》,《经济研究》2010 年第 10 期;C. C. Au, J. V. Henderson, "Are Chinese Cities Too Small?" *Review of Economic Studies*, Vol. 73, No. 3, 2006, pp. 549-576.

④ 陆铭、向宽虎、陈钊:《中国的城市化和城市体系调整:基于文献的评论》,《世界经济》2011 年第 6 期。

⑤ 魏后凯:《中国城镇化进程中两极化倾向与规模格局重构》,《中国工业经济》2014 年第 3 期。

方法。后来的研究者提出的集聚收益和通勤成本、集聚密度和集聚规模等概念，以及城市最优规模会随着城市功能、产业结构调整而在某一区间动态变化的思想，则有助于丰富我国特大城市人口控制的分析工具和政策思路。但是，这些研究都没有涉及我国特大城市人口调控的两个特殊背景，即我国特大城市正处于产业结构转型升级的关键发展时期，户籍制度正处于由城乡二元户籍制度向城乡一体化的新型户籍制度转型的深化改革时期。在这两个特殊背景下，我国特大城市人口调控面临着与西方任何国家都截然不同、更为复杂的背景和形势，从而也必然会需要不同的思路、路径和对策。

二　特大城市人口调控中的困境

2014 年 6 月，中央全面深化改革领导小组通过了《关于进一步推进户籍制度改革的意见》，新型户籍制度改革方案面世。本次户籍制度改革是中央统一部署推动的综合配套改革，它不仅是户籍制度自身的改革，更是需要各相关部门统筹配合的改革。与前几次户籍制度改革相比，本轮户籍制度改革的重点是剥离黏附在户籍之上的权益，并要求城乡之间、不同城市之间的户籍权益均等化。目前，新型户籍制度改革为各类规模的城市初步建立基本公共服务均等化提供了机制，其要求所有中小城市和小城镇的落户限制全面放开，大城市和特大城市则通过与转移人口的就业、住房、缴纳社会保障的年限等约束性条件挂钩，实行积分落户制，允许符合设定条件的转移人口入户并享有基本公共产品和服务。

尽管我国大城市的户籍制度改革在保障转移人口合法权益上获得了一定突破，但仍然在中央政府和地方政府的关系、经济结构调整与社会分工的协调、构建新型户籍制度与破除城乡二元结构等方面存在多重困境①。其中，在中央政府和地方政府的关系方面，户籍制度改革的顶层

---

① 参见朱蓓倩、高向东、陶树果《新型户籍制度下特大城市人口调控的博弈研究——以上海为例》，《浙江工商大学学报》2016 年第 2 期。

设计要求特大城市的基本公共服务在常住人口与户籍人口之间实现全覆盖与均等化;但从地方政府层面来看,由于基本公共服务供给的增量严重滞后于其人口集聚的快速增长,地方政府存在巨大的公共财政支出压力,这一点在经济"新常态"下表现得尤为突出。在这样的背景下,除非中央政府有强制性要求,否则地方政府会最大限度地规避对非户籍人口的基本公共服务供给义务。在经济结构调整与社会分工的协调方面,北上广深等超大城市正处在产业结构优化升级转型的关键时期,这客观上会对农民工等流动人口形成排挤效应,部分城市也因此推行"腾笼换鸟"的人口调控政策,城乡之间的户籍樊篱会进一步在特大城市产业转型升级中不断强化;而在另一方面,城市的社会分工仍然需要包括农民工在内的各类型劳动力,否则特大城市的正常运转就会受到严重影响,城市的可持续发展也会面临严峻挑战,这一点在春节期间表现得尤为突出。在构建新型户籍制度与破除城乡二元结构方面,现阶段新型户籍制度的实施,固然从制度上消弭了农业户口与非农业户口的鸿沟,打破了居民在"身份"上的城乡二元结构;但是,如果没有配套制度跟上,尤其是缩小中小城镇、广大农村与特定城市在基本公共服务供给方面的差异,流动人口仍然会大规模地在特定城市聚集,城乡之间、中小城镇与特定城市之间仍然会存在事实上的二元结构。

三 特大城市人口调控的两个"堰塞湖"

早在 20 世纪 80 年代,我国就实施了"严格控制大城市规模,合理发展中等城市和小城市"的人口调控政策。然而,这一政策的实施,似乎在大城市和中小城市之间形成了坚不可摧的"堰塞湖",阻挡了人口在大城市和中小城市之间自由流动,这在客观上阻碍了我国城市体系的发育和成长。从经济学的理论逻辑来看,形成"堰塞湖"的根本原因是我国特大城市与中小城市之间巨大的户籍福利差距,以及特大城市内部中心城区和外围区域之间巨大的公共资源差距。前者把人口堵在了特大城市,后者把人口堵在了特大城市的中心城区,进一步加剧了特大城市的人口压力。

"在户籍制度改革和特大城市人口控制讨论中，人们往往只关注诸如教育、医疗、就业服务和培训、社会保障和住房保障等与城市户籍相挂钩城市福利（可以称之为户籍福利），却忽视了城市的社会秩序、文化氛围、就业机会、信息服务、基础设施等另一类城市福利（可以称之为非户籍福利），户籍福利和非户籍福利之和构成了城市居民的总效用。其中，户籍福利带有准公共产品性质，它的获取必须以取得该城市的户籍为前提；具体因素取决于该城市的户籍政策控制程度，如关于户籍指标数量、积分落户条件和居住证制度等方面的规定。非户籍福利具有纯公共产品性质，它的获取不需要取得该城市的户籍身份，凡是来到该城市务工生活的居民都能获得的一种城市福利，这类福利的大小主要由城市的经济发展水平来决定，由于现阶段特大城市明显具有更高的经济发展水平，往往能够为城市居民和外来人口提供更多的非户籍福利。"[①] 加之，我国特大城市往往具有更高的行政层级和更强的调配能力，其经济体量和发展水平往往也高出中小城市，特大城市的基础设施和基本公共服务等也都远远优于中小城市。显而易见，这些差距正是特大城市与中小城市之间形成第一个"堰塞湖"的根本原因。

与此同时，特大城市的公共资源过度集中在中心城区，造成中心城区和外围区域的巨大差距，则是形成特大城市内部"堰塞湖"的根本原因。从全国范围看，绝大多数特大城市都是单中心或单极的城市空间结构，根据城市空间发展需要，由中心城区向四周逐步延展，这是典型的单中心的、"摊大饼"式的空间布局和发展模式。这种单中心的、"摊大饼"式的空间布局和发展模式既没有形成多极、多层次的都市圈城市体系和分工关系，又造成城市基础设施、公共服务等公共资源过度集中于中心城区，从而在中心城区形成人口的"堰塞湖"。以北京市为例，在长达数十年的发展中，没有在外围地区形成功能相对完善的新

---

① 邹一南：《农民工市民化过程中的户籍—土地联动改革》，张占斌主编《中国新型城镇化健康发展报告（2016）》，社会科学文献出版社，2016。

城、副中心、次中心，城市功能、产业、基础设施、公共服务、人口都
主要集中在四环以内或东城、西城、海淀、朝阳、石景山、丰台等六个
主城区，形成了典型的单极结构的城市空间分布结构。与东京相比，
2014 年，北京市面积 16410 平方公里，人口 2151 万人，人口密度 1310
人/公里^2，仅为东京都市圈人口密度的 50%，但大城市病和人口压力却
远比东京严重。究其原因，东京是"多心多核"和"分散型网络结构"
的城市空间布局，城市功能、产业、基础设施、公共服务、人口在整个
都市圈相对均衡分布，如东京周边有 20 多个新城，城市地铁密度极高，
是北京的 40 倍，东京核心区的人口密度不及北京城六区（分别为 6106
人/公里^2 和 6207 人/公里^2），但东京都市圈的人口密度却是北京市的
2 倍。

四　特大城市人口调控的路径思考

正如理论逻辑所一再显示的那样，特大城市绝不能只是一个单核的城
市，更是一个由该特大城市和周边的副中心、次中心组成的都市圈或城市
体系。因此，我国特大城市人口调控也绝不能局限于该特大城市本身，而
必须立足于以该特大城市为中心的都市圈或城市体系，将人口调控的思路
拓展至整个都市圈或城市体系。过去，我国特大城市人口调控效果不显著
的原因除了前面所阐述的特大城市自身的集聚规模效应、不同特大城市与
中小城市之间巨大的非户籍福利差距，还有一个重要原因是没有立足于以
特大城市为中心的都市圈或城市体系，特大城市与周边各类城市，尤其是
小城镇，没有形成有效的分工与协作。从发达国家特大城市人口调控的经
验看，只有立足于以特大城市为中心的都市圈或城市体系，做到既"瘦
身"，又"提质"，双管齐下，二者并重，才能收到成效。以东京为例，东
京都市圈从诞生之日起，就通过政府的直接推动与协调和五次首都圈规
划，在整个都市圈内布局城市功能、产业、人口、基础设施、公共服务，
并与都市圈内其他城市形成了合理的社会分工与协作关系。以此为基础，
东京一方面才能够有效地"瘦身"，另一方面也才能够集中资源"提质"，
从而较好地实现了东京都市圈的协调发展。目前，即使东京都市圈已拥有

3600 万人口，但也没有证据表明东京这样的特大城市已经过于庞大①。从这些经验出发，我国特大城市的人口调控首先需要做好"减法"，即通过压缩城市的非核心功能、有序引导部分产业向周边城市转移等方式，在控制特大城市人口快速增长的基础之上，强化特大城市作为"增长极"的扩散效应，并促进其与周边各类城市的协同发展。在进行"瘦身"行动的同时，我国特大城市也需要注重提质行动，即通过强化基础设施在中心城区与外围城区的均衡布局与无缝对接，基本公共服务在城市常住人口与户籍人口之间的全覆盖与均等化等措施，进一步提升特定城市的可持续发展能力与人口承载能力。

与此同时，我国特大城市的人口调控还需要促进公共资源均衡化布局，避免中心城区公共资源过度集中。由于公共资源布局，尤其是基础教育、公共医疗、就业机会等基本公共服务对人口在都市圈各区域分布有着至关重要的导向作用，因此我国特大城市的人口调控需要在最大限度上利用这种导向作用。以北京、上海等超大城市为例，这些地区集中了我国最为优质、最为丰富的基础教育资源与公共医疗资源；而周边城市与其相比，公共资源的供给数量不足，且其质量也明显不如这些城市，这就使得中心城区—外围区域的公共资源分布呈现出了断崖式分布的特征。这种公共资源在大都市圈中心城区和外围区域、城市极不均衡的布局方式，成为中心城区人口过度集中、外围区域城市人口集中严重不足的最重要因素，结果造成整个都市圈人口承载能力的严重下降。目前，虽然北京、上海等超大城市也在积极采取措施促进公共资源在城市圈内的均衡化分布，但效果并不显著，中心城区人口过度集中的趋势并未得到扭转，北上广深等超大城市人口净流入的趋势仍然十分明显。相比之下，东京通过公共资源均衡化布局，比较成功地引导了人口在各个区域的合理分布，大大提升了整个都市圈的人口承载能力。仅以教育为例，东京通过教育经费投入和教师轮岗制度，大力促进教育的均衡发展。在

---

① Y. Kanemoto, T. Ohkawara, T. Suzuki, "Agglomeration Economies and a Test for Optimal City Sizes in Japan", *Journal of the Japanese and International Economies*, Vol. 10, No. 4, 1996, pp. 379-398.

经费保障方面，义务教育的经费投入全部由较高层级政府承担，都市圈内县级政府（相当于我国省级政府）投入比重占40%以上，其余主要由中央政府承担。在师资水平方面，公立中小学的教师按公务员对待，由政府统一管理。政府直接主导教师的定期轮岗流动，同时相关法律规定，教师在同一所学校连续工作不能超过5年。通过教育经费投入和教师轮岗制度，保证了各区域义务教育的经费来源和各区域师资力量与教学水平的相对均衡①。

---

① 参见王大伟、文辉、林家彬《应对城市病的国际经验与启示》，《中国发展观察》2012年第7期。

第五编　减贫与农民工市民化

新型城镇化进程中的省直管县改革研究*

张占斌

近几年，一些省区省直管县改革呈现出新的特点，即在完善省直接管县财政体制、继续向县放权、减少行政层级的同时，推进省直管县改革与城镇化发展相结合，推动县域城镇化的发展，选择具备条件的县（市）发展成为中心城市。这一改革趋势在党的十八大后得到了进一步加强。当前，我国城镇化发展已经站到新的起点上，《国家新型城镇化规划（2014—2020 年）》的颁布，把加快发展中小城市作为优化城镇规模结构的主攻方向，县域的城镇化将面临一次大的机遇。

一　城镇化存在的问题及解决的政策思路

城镇化是伴随工业化发展，非农产业在城镇集聚、农村人口向城镇集中的自然历史过程，是人类社会发展的客观趋势，是国家现代化的重要标志。我国现在的城镇化客观上是城乡二元结构的转变，是经济社会全方位的变革，对于经济社会发展和造福人民群众产生广泛的"乘数效应"。省直管县改革是行政体制改革的重要内容，对于优化行政层级、调整行政资源、提高行政效率具有重要意义。党的十八大、十八届三中全会，对省直管县改革任务予以明确。从十几年大范围省直管县改革来

　＊　国家社会科学基金重点项目"城镇化与省直管县改革：模式、战略与政策"（11AGL007）、国家行政学院重大科研项目"提高城镇化质量和效益研究"（13ZBZD008）的阶段性成果。本文原载于《西南大学学报》（社会科学版）2014 年第 4 期，收入本书时有改动。

看，改革有利于县域城镇化的发展，特别是县城的发展，有利于具备条件的县（市）快速向中心城市发展。

（一）城镇化发展存在的一些问题

改革开放以来，我国城镇化快速发展。2013 年，统计意义上的城镇化率已达 53.7%，城乡结构发生了重大转变，经济社会发展成效显著。但我们也要看到，城镇化发展在人口、产业、资源、环境等方面存在严重问题。一是大量农业转移人口没有融入城市。目前农民工已成为我国产业工人的主体，受城乡分割的户籍制度影响，被统计为城镇人口的 2.34 亿农民工及其随迁家人，未能在教育、就业、医疗、养老、保障房等方面享受城镇居民的基本公共服务。总体上，产城融合不紧密，产业集聚与人口集聚不同步，城镇化滞后于工业化。二是土地城镇化快于人口城镇化。城镇化建设用地粗放，新城区、开发区和工业园区占地面积过大，建成区人口密度偏低。1996~2012 年，全国建设用地年均增加 724 万亩，其中城镇建设用地年均增加 357 万亩；2010~2012 年，全国建设用地年均增加 953 万亩，其中城镇建设用地年均增加 515 万亩。2000~2011 年，城镇建成区面积增长 76.4%，远高于城镇人口 50.5%的增长速度；农村人口减少 1.33 亿人，农村居民点用地却增加了 3045 万亩①。三是城镇结构不合理。主要表现为城市群布局不尽合理，城市群分工协作不够，集群效率不高。部分特大城市、大城市人口压力偏大。中小城市发育不够，集聚产业和人口不足。四是城镇体系产业布局失衡。现在不少中小城市和小城镇缺乏产业支撑，成为"穷城""空城"，而大城市往往存在"大而全"的问题，各类产业齐全，超出城市承载能力。

（二）解决城镇化问题的政策思路

近年来，我们到多地调研城镇化发展，感觉到大城市多方面已处于饱和状态，城镇化速度必须降下来。未来一段时间，城镇化的发展将表

---

① 韩启德：《新型城镇化和县域经济发展是一项历史任务》，《人民论坛》2014 年第 10 期。

现出差异，大城市主要是提高城市质量，优化城市功能，解决已进城却还没成为"城市人"的那部分农村转移人口落户城镇问题。新型城镇化的重点在于城市群的发展，在于中小城市的发展。这在《国家新型城镇化规划（2014—2020年）》中讲得非常明确：优化城镇规模结构，增强中心城市辐射带动功能，加快发展中小城市，有重点地发展小城镇，促进大中小城市和小城镇协调发展。有这样两个方向：一是重视中小城市的产业支撑。改变以行政层级分配资源的做法，减少城市行政权力对市场机制的干预和对公共资源配置的影响，分散大城市的部分功能，以市场为导向，重点扶持中小城市和小城镇发展。统筹规划城镇体系产业布局，实现不同城市和城市群产业梯度分工协作。在政策上增强县域集聚生产要素的能力，促进县域经济发展。二是重视中小城市公共服务建设。将基本公共服务全覆盖、均等化作为改革的首要方向。深化户籍制度改革，剥离户籍制度所附着的各种不平等的经济福利和社会福利。2011年，我国外出农民工中流向直辖市、省会城市和地级市的占64.7%。这种人口流动除了产业布局的原因，公共资源和社会福利的大小城市差距也是主要原因，这不仅不断加剧城镇化发展格局的不均衡，也进一步增大大城市放开户籍限制的难度。

（三）我国已进入县域经济时代

我们现在正处在转方式、调结构的重要时期，城市经济不可避免地受到一定的影响。县域经济被认为是新的增长点的突破口，也是新型城镇化推进的关键要素。2014年，省一级政府工作报告对县域经济发展有较多表述，并作出发展安排，这是我国进入县域经济的一个标志。过去县域经济之所以很少被提及，是因为县域经济更多地表现为农业经济，缺乏作为个体研究的样本意义。现在县域经济早已不局限于农业经济，已发展成为综合的经济形态，而且越来越以工业特别是制造业为主导产业，这样一种经济形态跟过去有着本质的区别。近几年，县域更多体现在承接产业转移、培育区域特色产业方面。《国家新型城镇化发展规划（2014—2020年）》的发布，标志着新型城镇化走进县域，未来县域经济所承载的内容将更加多元。一方面，它作为国家制造业转移的主要承接地区，肩负着继续发展的重任。另一方面，按照党的十八届三中全会和中央城镇化工作会议的要求，县域有相当部分还要保留农村的形态，承担保障国家粮食安全和生态安全的重任。所以说，我国已进入县域经济时代①。新型城镇化发展与此高度关联。

（四）省直管县改革有利于城镇化的发展

从各地省直管县改革实践来看，改革进一步扩大了县级经济社会发展权，促进了县域城镇化发展，特别是县城的发展。省直管县改革，一方面有利于行政决策和管理更加贴近于县域经济社会发展的实际；另一方面，县级在获得权力的同时，也承担了更大的责任，发展地方的积极性和自主性有了显著提高。从我们的调研结果来看，省直管县体制推进好的省区，县域经济发展得都比较好，城镇化发展得都比较好。当前，省直管县与市管县相比，总体上有利于城镇化的推进。这是因为，省级政府会站在宏观的角度，根据地方经济和产业发展需要进行合理布局，逐步引导大中城市的工业和制造业向县城和小城镇转移，增强小城市的吸引力，把县城和中心镇建设成为生产要素集聚和承载农村转移人口的重要区域，促进县域城镇化的发展。省直管县改革的核心内容在于赋予县级政府更大的管理权限和自主发展县域经济社会的空间。从政策效果来看，主要有三个方面。一是有利于中小城市的发展。省直管县改革实践中，县级的城市规划有所提高，由省一级来审定，规划编制科学性增强，有利于城市功能的体现，有利于城市的发展。更加重要的是，县一级可以获得更多的市政基础建设、公共服务设施建设投入和配置，加速了城市发展。二是有利于城乡发展一体化。省直管县改革加快消除城乡二元结构的体制机制障碍，加大统筹城乡发展的力度，增强了县域发展活力，在缩小城乡公共服务差距方面有特别的功效。三是有利于保障国家粮食安全。确保国家粮食安全是推进城镇化的重要任务。近些年来，粮食大县省直管县改革得到了

---

① 《孙久文：中国将进入县域经济时代》，中国人民大学网站，http：//nads. ruc. edu. cn/xzgd/14c369a351254dc494bbdb51f049001c. htm。

比较好的推进，国家补贴直接到县，产粮大县的投入有了一定的保障，主产区的农民的积极性有所提高。

二　城镇化发展和省直管县的结合

近十几年来，一些省区在适度调整行政区划、实行省直管县改革方面进行了探索，对促进城镇化发展发挥了积极作用。城镇化发展和省直管县改革有效结合，是优化城镇体系、推进新型城镇化的一个重要手段，是未来一段时间行政体制改革的落脚点。

（一）省直管县改革是新型城镇化发展的需要

当前，我国经济社会发展进入到发展方式加快转型和城乡关系深刻变革的新阶段，城镇化发展面临的基础条件和背景正在发生深刻变化。

第一，转方式、调结构影响到城镇化的发展，省直管县改革能够相应对冲这种影响。城镇化是经济社会发展的结果，它的发展是靠经济社会发展来支撑和推动的。当前，我国经济正处在由高速增长转向中高速增长的"换挡期"，经济结构性矛盾成为必须解决的问题。如，随着国际市场扩张放慢和我国经济增速放缓，产能过剩矛盾突出。尽管产能过剩是市场经济常有的现象，西方发达国家也频繁出现，有时候甚至更严重，但我国现在的产能过剩，尤其是低端产能过剩，已经严重制约了我国经济结构转型，严重制约着经济的发展。与之相适应的是，过度依赖传统的投资驱动经济增长的城镇化发展模式面临转型。相当一部分城市建设规模和速度超出财力，城市政府债务负担过重，财政和金融风险不断积累。经济结构调整中和城镇化发展中存在的问题，必然对市场和政府形成双重压力，对我国未来一段时间城市经济、城市投资产生重大影响。城镇化发展将放缓。

从各地改革来看，省直管县改革对推动县域经济社会的发展，特别是县城的发展发挥了很好的作用。当前，县域经济开始进入县城经济引领时期，这对推进新型城镇发展是有利的①。一是发挥县城承上启下的

---

① 《为什么说做大做强县域经济首先必须做大做强县城经济》，《河北日报》2013 年 5 月 29 日。

功能。所谓承上，是指县城连接大城市、大市场，有部分县城是城市群的有机构成，成为大城市体系的一部分；所谓启下，是指县城作为县域经济的龙头，通过城乡一体化的发展，把基础设施向乡村延伸、公共服务向乡村覆盖，逐步形成以城带乡、城乡互动、一体化发展的新格局，从而引领县域城镇化的发展。二是我国工业产能正在向县城汇聚。一方面，随着国家的有效调控、市场作用的发挥，大城市工业产能下移已成趋势。由于大城市产业升级和节能减排的约束，以及成本的上升，一些工业产能正在向外转移，其中大部分分流到县城。另一方面，乡镇企业由于规划的引导，工业产能大部分上移，进入到县城的工业园区。这两方面的工业产能汇聚到县城，大大提升了县城的经济总量，优化了产业布局，有利于县城城镇化的发展。产业结构调整、传统城镇化影响到大城市的发展，在县域得到对冲。

第二，传统人口红利减弱影响到城镇化发展，省直管县释放改革红利推动城镇化发展。随着城乡关系"刘易斯拐点"逐步到来，农村劳动力向城镇转移显现放缓迹象。近几年，"招工难"已经出现。2012年首次出现15～59岁劳动年龄人口负增长，当年绝对减少345万人。其实，从2010年开展的第六次全国人口普查结果来看，这个年龄段人口的下降从2011年就开始了，预计2010～2020年将累计减少2934万人。我们可以将此看作中国劳动力供给的下降。与此同时，经济增长将保持对劳动力的强劲需求[1]。这表明我国传统的人口红利将减弱，城镇化发展将正式进入城乡统筹与城乡发展一体化的阶段。这一时期，劳动力成本上升将成为城镇经济发展的常态，随着城镇生活成本的上升和农村要素收入、社会保障能力的提高，农村人口向城镇流动与转移的动力将不断弱化，城镇化发展的微观动力机制开始发生深刻转变。

人口红利减弱，城镇化发展要向制度要红利、向改革要红利，省直管县改革就具有十分重要的政策含义。城镇化有多种模式，就近城镇化是未来发展的主要模式之一，这种模式是农民转移到中小城市，重点是

---

[1] 蔡昉：《破解中国经济发展之谜》，中国社会科学出版社，2014，第138～139页。

县城。这比单纯发展大城市和小城镇的城镇化思路扩展了一些，这既突出了城镇建设的规模化、集约化效益，也在一定程度上集中了经济规模，这对于有效集聚人口是个促进。从农村转移人口角度看，到县城工作符合中国老百姓认同乡土文化的特点，也为他们接受公共服务提供了便利。清华大学 2013 年的一项调查问卷问外出打工者："如果回乡就业最希望到哪里？"回答结果为：选择镇的有 14.3%，选择县城的有 31.7%，选择地级市的有 21.7%，选择省会城市的有 14.9%，选择回村的有17.4%①。我们的调查也显示，本地农民选择城镇化，大多数还是选择了县城。省直管县改革是县域城镇化特别是县城发展的重要支点，这一点将在未来充分体现。

（二）省直管县改革是对传统城镇化发展模式的修正

改革开放以来，我国城镇化进程明显加快，取得显著进展。同时，我们也要看到，我国城镇化在快速发展中也积累了不少突出矛盾和问题，需要多方面改革促进城镇化健康发展，省直管县改革能够对传统城镇化发展模式进行修正。

第一，农民工在大城市没有享受到同城市居民完全平等的公共服务，省直管县改革能够有效缓解这一问题。我国现在城镇化率超过了50%，但按户籍人口计算的城镇化率只有 35%左右，大量进城务工人员还没有享受到城市的基本公共服务，还不是真正的市民。解决好农村转移人口公共服务问题是推进新型城镇化的关键。从近日出台的《国家新型城镇化发展规划（2014—2020 年）》来看，主要是解决已经转移到城镇就业的农业转移人口落户问题，这一问题的解决主要依靠中小城市。按照党的十八届三中全会精神，全面放开建制镇和小城市落户限制，有序放开中等城市落户限制，合理确定大城市落户条件，严格控制特大城市人口规模。农村转移人口向大城市、特大城市的转移空间已不大，主要的潜力在中小城市，重点在县城。通过省直管县改革，提高县

---

① 李强：《主动城镇化与被动城镇化》，《西北师大学报》（社会科学版）2013年第 6 期。

城的人口承载能力，提高转移人口基本公共服务水平，解决好农民工子女教育、医疗卫生、社会保障方面的问题，让他们稳定下来，变成真正的居民。对那些已经在县城就业而不愿落户的人口，也要逐步提高基本公共服务水平，使他们在经济周期扩张、城镇对简单劳动需求增加时可以在城市就业，而在经济周期收缩、城镇对劳动力需求减少时可以有序回流农村。

第二，城市体系中缺少中小城市，省直管县能够促进中小城市发展。回顾我国城镇化发展历程，我们可以看到，以大城市战略、土地扩张为特征的城镇化发展模式，致使人口单向、大规模向特大城市涌入，超出了城市基础设施、生态环境、就业吸纳的承载力。城镇化发展目标上，存在着追求扩大城市规模、追求不切实际的高增长、不注重改善人的生活质量、不注重提升生态环境质量等问题。"大城市病"主要是由城市体系不合理、中小城市过少、城市功能不健全造成的。为此，通过省直管县改革，加大县城、重点乡镇的建设，使一批中小城市得到发展，来缓解城市发展体系存在的问题，这是当前需要加强的工作。要按照《国家新型城镇化发展规划（2014—2020年）》要求，根据资源、环境承载能力构建科学合理的城镇化布局，把城市群作为主体形态，促进大中小城市和小城镇合理分工、功能互补、协同发展。在城市的发展方向上，走新型城镇化道路。大中小城市和小城镇协调发展是新型城镇化发展的一个原则。省直管县改革有利于推进县域城镇化发展，要适应城镇化的发展特点，具备条件的地方要加快改革。在加快城市群发展的同时，当前要把发展中小城市作为战略重点，特别是县城的发展。不能片面借鉴国外重点发展特大城市的经验，要从中国城镇化的实际情况出发。发展中小城市，不仅是解决城和乡的协调发展问题，也是最终解决城镇化成本过高问题的关键，只有小城市、小城镇发展得好，大城市才能提高发展质量。

三　省直管县改革推动城镇化发展实践

党的十八大以来，吉林、河南、四川、山东、河北、陕西、山西、江西、辽宁等省区又一次出台省直管县改革政策，这些改革政策大多与推进城镇化发展相结合，重点推进县域城镇化发展，推进具备条件的县（市）向中心城市发展。

（一）吉林省直管县改革意在打造中心城市

2013 年底，吉林省政府对外宣布，省里决定公主岭、梅河口两个县级市进行省直管县改革试点。根据《吉林省深化扩权强县改革试点实施方案》，赋予公主岭市和梅河口市地级市政府的经济社会管理权限；试点市党委、政府直接向省委、省政府报告工作；试点市人大、政协和法院、检察院体制暂时不变；试点市党委和政府各部门依照法律、法规，接受省委、省政府对应部门的业务指导或者领导；试点市党政正职领导干部仍由省委管理，其他正副县级领导干部由省委组织部代省委管理；试点市的统计数据直接向省对口部门上报，并计入所在地级市总量；试点市政府经济社会发展目标考核由省里组织进行。

吉林省自 2005 年已先后三次向县（市）下放经济社会管理权限，为县（市）经济社会发展提供了良好环境。这次吉林省选择公主岭市和梅河口市进行省直管县改革试点，选取的是两个基础条件好、都曾经作为地级市存在过、经济总量比较大、代表性比较强的县级市，以体制的突破带动城镇化的发展。试点分为两个阶段：第一阶段到"十二五"末，两个试点市经济总量、财政收入、城乡居民收入有大幅度提高；第二阶段到"十三五"末，把试点市建设成为具有较强活力的中等城市①。

自 20 世纪 80 年代以来，吉林省实行市管县体制，意在发挥中心城市对县域经济的辐射带动作用。但经过 30 多年的发展，至今能够发挥中心城市带动作用的城市仅限于长春市，其他地级市的带动作用十分微小或者基本没有②。吉林省有 40 个县（市），除去延边州 8 个县（市），可实施省直管的县只有 32 个，从行政区划来看，具备省直管县基本条件。县域人口占全省人口的 70%，其中 14 个县的人口在 50 万人以上，县域面积占全省

---

① 《扩权强县深化改革》，《吉林日报》2013 年 11 月 2 日。
② 郭庆海：《吉林省县域经济发展的特点及路径》，《经济纵横》2013 年第 8 期。

面积的90%。县域经济的发展决定全省经济发展程度。加快县域经济发展，培育县域中心城市，以省直管县为突破口就成了必然的选择。

（二）陕西省直管县改革意在打造省内计划单列市

2012年5月，陕西省对外发布，在韩城市（原为县级市）试点设立省内计划单列市，实行副市级建制。这项决定，标志着省直管县改革与城镇化发展相结合推进，标志着陕西省直管县的升级。发布文件明确指出，韩城设为省内计划单列市，有利于进一步增强韩城市发展动力，激发创新活力，打造区域中心城市，加快陕西东大门建设步伐；有利于推进省直管县改革①。

在我国，计划单列市这一概念由来已久，与省直管县改革结合到一起，就有了简政放权的政策含义。目前，我国原有的计划单列市都发展成为中国有影响力的大城市或特大城市，这说明计划单列体制巨大的经济政策效能。陕西省中等城市偏少且分布不均，关中城市群的巨大能量汇聚已使关中地区经济跨越式发展，城镇化进程快速推进。然而其他城市之间辐射作用都难以成片，陕西省需要发展更多的中等城市支撑全省的经济发展，以其带动城镇化的发展。

韩城之所以被选中，实行省内计划单列，与其独特区位优势、资源优势是分不开的。韩城地处陕西，作为黄河沿岸主要节点城市，区位优势明显，资源富集，拥有大量煤炭等矿产资源。陕西省的目的，就是把韩城打造成黄河沿岸区域性中心城市、新型工业城市和国家级循环经济示范基地，使之在推动陕西东大门建设和全省发展中发挥更大作用。

（三）河南省直管县改革意在打造重要节点城市

2010年，在中央编办安排下，河南省启动省直管县体制改革试点。省委、省政府在选择试点县（市）时有明确的标准，即：离中心城市较远，处于若干行政区域的接合部，人口普遍较多，产业基础较好，经济实力较

---

① 赵晓娥、张钧巨、任梦娥：《"省直管县"体制改革难点问题研究——以陕西省为例》，《陕西社会主义学院学报》2014年第1期。

强，具有发展成为中等城市或区域性中心城市的条件，搞好了就可以形成一批新的区域增长极。巩义市是河南省10个试点县市之一。

省直管县改革试点以来，巩义市进一步明确了"一个目标"（加快建设郑州西部区域性中心城市）、"两条路子"（高端化、终端化、高效益的产业转型升级路子和符合巩义实际、城乡一体、具有广泛示范意义的新型城镇化路子）、"三大任务"（产业转型升级、新型城镇化建设、大交通体系构建）的发展思路。积极探索走好符合巩义实际、城乡一体、具有广泛示范意义的新型城镇化路子，根据山区丘陵地区实际，确定一个中心城市、两个城镇组团的空间新格局，积极推动以人为核心的全域城镇化，巩义加快建设郑州西部区域性中心城市上升为郑州战略。

从2014年1月1日起，河南省对巩义市等10个省直管县试点县（市）实行全面直管，调整党委、人大、政协、法院、检察院和群团体制。目前，巩义市进行省直管县改革初步取得成效，城市建设得到快速发展，初具中心城市规模。

（四）四川省直管县改革意在推进人口大县城镇化发展

2013年11月，四川省出台《关于支持百万人口大县改革发展的政策措施》，选择部分条件成熟的人口大县开展省直管县改革试点。四川省目前183个县（市、区）中，百万人口大县有20个，人口超过全省总人口的1/4，经济总量占据全省的1/6，粮食产量超过全省的1/3。对这些人口大县进行省直管县改革试点意义重大。

主要改革办法如下。一是赋予人口大县地市级经济社会管理权限。在省直管县改革方面，四川省下放地市级经济管理权限和社会事业管理权限，支持人口大县开展扩权强镇改革试点，将建设管理、市场监管、公共服务、民生事业等部分县级管理权限下放至试点镇。二是试点大县按中等城市进行规划。在城镇规划和建设方面，百万人口大县的县城将按照中等城市规划，加快推进城市新区建设和旧城改造，加强重点镇建设，支持人口大县规划建设县域副中心。三是推进园区建设。在产业发展方面，百万人口大县将优先布局重大产业项目，具备条件的产业园区将升级为省级开发区。四是支持人口大县金融发展。在财政金融方面，四川省将适当加大人口大县基本公共服务支持转移支付补助力度，减轻政策性新增支出负担压力；优先支持人口大县中条件成熟的农村信用社联合社改制成为农村商业银行①。

（五）河北省直管县改革意在促进县城的发展

河北省有 22 个县级市、113 个县，县（市）数量高居全国第二。县多城小，是河北省的现状，有近 60% 的县城人口不足 10 万人。众多小县给省直管县改革出了一个大难题。

2013 年，河北省大力实施"小县大县城"战略，发布了《关于全面推进县城建设的意见》等 7 个文件，出台一揽子措施促进县城扩容提质。根据意见，三至五年内，28 个县（市）规划成中心城市的卫星城（区），35 个县（市）加快向中等城市迈进，支持其他 70 个县城发展成为宜居宜业的小城市，2 个省直管县市按照区域中心城市规划建设②。其中一项重点工作是保护生态和人文环境。2013 年河北省新增绿地面积 2530 公顷；出台了历史文化名城名镇名村保护办法，对 5 个国家级历史文化名城、6 个省级历史文化名城等进行保护。

中共河北省委八届五次全会把县域经济和县城做大做强作为四大攻坚战略之一进行部署，并指出做大做强县域经济首先必须做大做强县城经济。县城是县域的政治、经济、文化、教育中心，是带动县域经济社会发展的龙头，对全县发展起着综合引领作用。在省直管县改革的大背景下，县城建设是推动新型城镇化的重要突破口。在县城推进城镇化，县城基础最好、成本最低、速度最快、效果也最好，加快县城建设，有利于吸纳更多农民进城。

从发展趋势看，我国经济已经进入城市经济的引领时期。一是工业化程度不断加深，一些地方经济甚至已经具有后工业化的特征，对城镇的依赖度越来越高。二是我国城镇化率突破 50%，说明有一半以上的人口工

---

① 《我省将试点省直管县》，《四川日报》2013 年 11 月 12 日。

② 《河北下大力量聚业纳人，做大做强县域经济》，《河北日报》2013 年 12 月 29 日。

作、生活在城市。三是第三产业比重超过第二产业。第三产业占优势正是城市经济的重要特征。与此相对应，县域经济也开始进入县城经济引领期。

四　省直管县改革重点加强的几个方面

从以往的省直管县改革来看，重在下放权力，减少政府层级。在新的历史时期，推进新型城镇化建设，在进一步规范省和市县事权的基础上，省直管县改革应转到促进县域城镇化建设和中小城市发展上来。

第一，进一步落实省直管县财政体制改革。财政体制改革是省直管县的重点。2009 年，国家财政部下发推进省直接管理县财政改革的意见，指出省直接管理县财政的总目标是，力争 2012 年底，全国除民族地区外全部推进省直接管理县财政体制。现在看，改革对保障县级财政支出、推进县域经济社会发展、推进城乡公共服务均等化起到了重要作用。但不可否认的是，由于改革方案设计的缺失、省区落实的不到位，改革效果并没有设想的那么好。2013 年 12 月，国务院办公厅转发财政部《关于调整和完善县级基本财力保障机制的意见》，可以看作针对 2009 年以来省直接管理县财政体制改革存在的问题进行的一个调整。此前规定实施县级财力保障机制的责任主体是地方财政，但没有明确是哪级财政，哪级责任主体。这次文件明确了省级政府是责任主体。将责任主体由地方部门上升到省级政府，体现了强化省直管县责任的理念。这对县域发展是重大利好，有利于省直管县改革的推进，有利于新型城镇化的发展。今后要重点做好以下工作。一是继续推进好省直管县财政体制改革。要将省直管县财政体制改革与建立县级基本财力保障机制有机结合，省级政府要加大调控力度，将财政体制核定到县，转移支付测算到县。完善农业大县财政保障机制，保障新型城镇化在县域的落实。二是完善省以下转移支付制度。扩大一般性转移支付规模，进一步扩大均衡性转移支付的规模，提高比重，减少、合并专项转移支付项目，严格控制专项转移规模。进一步优化纵向财力分配格局，向县域倾斜。

第二，规划设计好县城的发展。县城在县域城镇化中占有重要地位。

我国城镇化率已达到 53.73%，说明有一半以上的人生活、工作在城镇，而且 2013 年第三产业比重首次超过第二产业，而第三产业发达是城市经济的特征。与此对应的是，县域经济也进入县城经济引领期。从某种意义上说，县域城镇化更多体现在县城的建设上。根据我们对一些地方的调研，省直管县改革最大受益者就是县城。由于省直管县各种资源和要素加速流向县域，有承接能力的首先是县城，特别是县城的城市化建设，呈现加速发展态势。从新型城镇化发展布局来看，突出县城的发展，就是要弥补中小城市发育不够、数量过少的不足。推进省直管县改革，今后一个重要方面是要促进县域新型城镇化的发展，首要的问题是规划设计好县城的发展。一是做好县城城市发展规划。国家新型城镇化规划出台后，要及时分解落实县城的发展目标、重点任务，并明确推进办法。要因地制宜地编制和实施县城新型城镇化发展规划，规划要与县域工业化、城镇化、农业现代化结合起来，使县城成为县域新型城镇化的龙头。每个省区都要规划一些重点县城，力争用 10~20 年时间将其发展成有一定规模的中等城市。二是做好产城融合发展规划。目前我国有 1.6 亿多外出的农民工，其中六成多在地级市以上城市，两成多在县级城市，不到一成在小城镇。这种分布是我国产业规划政策的体现，大中城市综合产业规划造成了"大而全"的产业结构，挤压了县城和小城镇的产业发展空间。由于大中城市处于强势的地位，县城就失去了很多发展的机会。要结合省直管县改革，把一些适合于在县域发展的产业布局在县城园区，促进农村人口就近向城镇集聚。国家到 2020 年要解决约 1 亿人口在中西部的城镇化，推动新型城镇化与农业现代化相辅相成，重点是要在中小城市加以解决，最大的潜力就在县城。

第三，加强地级市与直管县合作机制的建立。省直管县改革，使得直管县与原省辖市在隶属关系上发生了变化，但由于同在一个经济板块上，加上历史文化、社会生活的多方联系，还需要进一步的合作才能共同发展。省直管县的基本立足点是通过改革促进发展，而不是单纯的体制转换，要注意与所在省辖市合作机制的建立。一是省里出台直管县与所在省辖市合作规范意见。强化直管县与所在省辖市之间的协调配合，重点加强土地利用和城乡规划、产业布局、基础设施建设、公共服务等方面的统筹协调，加快信息化建设，防止重复建设，促进市场要素的合理配置和自由流动，实现重大公共基础设施共建共享、互联互通，构建互利共赢的新型市县关系。二是探索直管县与所在省辖市建立跨行政区的公共服务体系。跨行政区划、跨行政层级的不同政府之间，可以形成自主治理的合作机制，也就是复合行政。另外，还可借鉴国外管理经验，组建跨界的区域性协调机构——城县联盟等，在省的领导下，自主协商，共同解决问题。

第四，推进撤县设市、强镇扩权工作。从省直管县改革试点推进方案来看，大多省区关注扩大经济社会管理权限、调整管理体制、理顺条块关系等方面，对省直管县改革与城镇化发展设计不够。"十二五"及以后更长时期，是我国加速推进新型城镇化的重要阶段。省直管县改革就是在这样的大环境中展开，城镇化对省直管县体制会产生重要影响，省直管县体制也会促进城镇化发展，两者具有高度的关联性。目前看，我国行政区划管理已经滞后于城镇化的发展要求，需要调整和完善。在我国城镇体系结构规模中，直辖市数量明显偏少，地级市数量相对适中，县级市数量较少，而且分布不匀，是城镇体系中最薄弱的部分。随着省直管县改革的推进，大县、强县、特色县城镇化发展的要求越来越迫切，重新启动县改市工作已经成熟。重点应加强中西部地区县改市工作。省直管县改革的目的在于推进县域经济社会的发展，在于打破市管县体制的非均衡发展，重建省直管县体制的均衡。在这一改革中以全国多个县城为依托发展中小城市，是中国城镇化发展的重要方向。另外，直管县中的经济发达镇行政体制改革也要积极推进，使之与省直管县体制相适应。通过深化行政管理体制改革，扩大经济发达镇的经济社会管理权限，切实增强社会管理和公共服务能力，破除经济发达镇发展中遇到的体制障碍，更好地适应省直管县体制。

中国减贫的历史性成就及其世界影响[*]

张占斌

新中国成立以来，党中央高度重视减贫扶贫工作，从救济式扶贫到开发式扶贫再到精准扶贫，不断探索符合中国国情的有效减贫模式。特别是党的十八大以来，以习近平同志为核心的党中央高度重视扶贫工作，把扶贫开发工作纳入"五位一体"总体布局和"四个全面"战略布局，把脱贫攻坚作为全面建成小康社会的底线任务和标志性指标，带领全国各族人民坚决打赢脱贫攻坚战，取得了决定性成就，书写了人类发展史上"最成功的脱贫故事"，积累了丰富的实践经验，创造了珍贵的精神财富，产生了重要的世界影响。

一　中国减贫取得历史性成就

消除贫困，自古以来就是人类梦寐以求的理想。新中国成立后的70多年，贫困治理作为国家治理的重要组成部分，取得了巨大成功，这与中国共产党对马克思主义反贫困理论的发展与创新分不开，与中国共产党的使命担当分不开。

1. 对马克思主义反贫困理论的发展与创新

马克思恩格斯研究分析资本主义贫困问题，是从制度层面切入的。他们认为，造成无产阶级贫困的根本原因在于资本主义生产资料私有制，

---

* 2020年国家高端智库重点课题"中国减贫的实践经验、世界影响及创造的精神财富研究"（CCPSGDZK2020001）的阶段性成果。本文原载于《马克思主义研究》2020年第12期，收入本书时有改动。

· 338 ·

要根除贫困，就必须消除资本主义生产资料私有制。1842 年，恩格斯在《英国工人阶级状况》中揭露了资产阶级对无产阶级进行残酷剥削和压迫的情况，这是马克思恩格斯研究反贫困理论的开始。马克思研究政治经济学的"初心"，就是源于对贫困问题的关注。在《1844 年经济学哲学手稿》中，马克思提出了雇佣劳动者是"最贫困的商品"的论断，深刻地揭露了无产阶级贫困化及贫困积累的根本原因在于资本主义雇佣劳动下的资本剥削①。在《共产党宣言》中，马克思恩格斯对资本主义社会贫穷问题的根源进行了系统的揭露与批判，并对工人阶级如何消除贫困进行了深入思考。

新中国成立后，中国共产党对马克思主义反贫困理论进行了发展与创新。新中国成立之初，毛泽东同志主张，通过改造生产资料私有制、开展人民公社化运动来解决社会主义贫困问题，尽管有曲折，但这是中国共产党人反贫困的大胆探索，积累了经验。改革开放时期，邓小平同志强调，社会主义的特点不是穷，而是富，但这种富是人民共同富裕，并提出"一部分地区、一部分人可以先富起来，带动和帮助其他地区、其他的人，逐步达到共同富裕"②的反贫困理论。中国特色社会主义进入新时代，习近平总书记进一步提出："消除贫困、改善民生、逐步实现共同富裕，是社会主义的本质要求。"③ 这一论述与马克思主义反贫困理论一脉相承，是新时代中国共产党对马克思主义反贫困理论的创新与发展，在习近平总书记扶贫理论体系中处于重要位置。这些重要论述，反映了新中国成立后我们党在不同时期对马克思主义反贫困理论的重大创新和发展，有力指导了我国不同时期的扶贫工作。

2. 绝对贫困问题得到历史性解决

第二次世界大战结束以来，消除贫困始终是广大发展中国家面临的重要任务④。杰弗里·萨克斯在《贫穷的终结——我们时代的经济可能》一书中，曾乐观地表示我们这一代人有可能到 2025 年结束极端贫困现

① 参见马克思《1844 年经济学哲学手稿》，人民出版社，1979，第 11~12 页。
② 《邓小平文选》第 3 卷，人民出版社，1993，第 149 页。
③ 《习近平谈治国理政》，外文出版社，2017，第 83 页。
④ 参见《十八大以来重要文献选编》(中)，中央文献出版社，2016，第 717 页。

象。但实际上，消除贫困仍然是当今世界面临的最大全球性挑战，当今世界仍有 8 亿多人生活在极端贫困之中，贫困及其衍生出来的饥饿、疾病等系列难题依然困扰着许多发展中国家。新中国刚成立时，国家一穷二白，是世界上最贫困的国家之一。联合国统计资料显示，1949 年，中国人均国民收入仅有 27 美元，不足整个亚洲人均国民收入 44 美元的 2/3，大多数中国人处于极端贫困状态。

新中国成立 70 多年来，党中央高度重视减贫工作，出台实施了一系列中长期扶贫规划，从救济式扶贫到开发式扶贫再到精准扶贫，探索出一条符合中国国情的农村扶贫开发道路，取得了历史性的成就。新中国成立初期，为快速扭转落后贫困的局面，党带领人民迅速恢复生产，在较短时间内基本解决了吃饭问题。但到 1978 年末，按当年价现行农村贫困标准衡量，中国当时是世界上贫困人口数量最多的国家，贫困人口达到 7.7 亿人，农村贫困发生率高达 97.5%①。改革开放后，中国成立了专门的扶贫机构，开始了大规模、有组织、有计划的扶贫工作，到 2012 年末，农村贫困人口大幅减少，按照现行农村贫困标准，我国农村贫困人口降至 9899 万人，农村贫困发生率降至 10.2%②。特别是党的十八大以来，我国实施了精准扶贫精准脱贫战略，全面打响了脱贫攻坚战，脱贫攻坚创造了历史上最好的减贫成绩，到 2019 年底，贫困人口减少到 551 万人③，贫困发生率降至 0.6%④。经过 8 年接续奋斗，脱贫攻坚目标任务如期完成，中华民族千百年来的绝对贫困问题得到历史性解决。

---

① 参见《国际地位显著提高 国际影响力持续增强——新中国成立 70 周年经济社会发展成就系列报告之二十三》，http：//www. stats. gov. cn/tjsj/zxfb/201908/t20190829_ 1694202. html。

② 参见《人民生活实现历史性跨越 阔步迈向全面小康——新中国成立 70 周年经济社会发展成就系列报告之十四》，http：//www. stats. gov. cn/tjsj/zxfb/201908/t20190809_ 1690098. html。

③ 参见《国新办就决战决胜脱贫攻坚有关情况举行新闻发布会》，http：//www. cpad. gov. cn/art//2020/3/11/art_ 2241_ 441. html。

④ 参见李克强《政府工作报告——2020 年 5 月 22 日在第十三届全国人民代表大会第三次会议上》，人民出版社，2020，第 3 页。

3. 区域整体性减贫成效明显

贫困是个复杂的综合性问题，致贫因素很多，既有主观的问题，也有客观条件的制约。新中国成立 70 多年来，各地区社会经济不断发展，贫困问题逐步得到解决。但我国地域辽阔，受自然资源、历史发展差异等诸多因素影响，贫困具有明显的区域性特征，中西部地区整体性贫困相对突出。特别是一些老少边穷地区，自然环境恶劣，交通设施落后，脱贫的难度很大。20 世纪 80 年代中期，我国开始聚焦贫困区域，实施减贫战略。特别是党的十八大以来，党中央加大了对贫困地区尤其是深度贫困地区的扶持力度，推进东西部地区协作扶贫，区域性整体减贫成效明显。

区域性整体贫困得到解决。到 2019 年底，贫困地区农村贫困人口为 362 万人，比 2012 年底减少了 5677 万人；农村贫困发生率从 2012 年底的 23.2% 下降至 2019 年底的 1.4%，年均下降 3.1 个百分点。从东部、中部、西部地区看，农村贫困人口显著减少。从 2012 年底到 2019 年底，东部地区农村贫困人口从 1367 万人减少到 47 万人，中部地区从 3446 万人减少到 181 万人，西部地区从 5086 万人减少到 323 万人，分别减少 1320 万人、3265 万人和 4763 万人。分省区来看，2019 年各省区贫困发生率普遍下降至 2.2% 及以下。其中，贫困发生率在 1%~2.2% 的省区有 7 个，包括广西、贵州、云南、西藏、甘肃、青海、新疆；贫困发生率在 0.5%~1% 的省区有 7 个，包括山西、吉林、河南、湖南、四川、陕西、宁夏[1]。

4. 贫困地区农村居民收入快速增长

新中国成立初期，农村居民生活困苦，收入水平低下，收入渠道单一。1949 年，我国农村居民年人均可支配收入只有 44 元，收入主要来源于家庭经营收入。改革开放后，农村居民收入进入快速增长期，收入渠道增多。2012 年，全国农村居民人均可支配收入达到 8389 元，比 1978 年实际增长了 11.5 倍，收入来源由集体工分收入和家庭经营收入为主转为家庭经营、工资和转移性收入并驾齐驱。党的十八大以来，农

---

① 参见方晓丹《从居民收支看全面建成小康社会成就》，《人民日报》2020 年 7 月 27 日。

村居民收入继续保持较快增长，尤其是贫困地区农村居民收入实现快速增长，贫困人口发展能力持续提升，收入渠道进一步拓宽。

贫困地区农村居民收入实现快速增长。2019 年，贫困地区农村居民人均可支配收入为 11567 元，是 2012 年的 2.22 倍。集中连片特困地区农村居民人均可支配收入增速高于全国农村增速。2019 年集中连片特困地区农村居民人均可支配收入为 11443 元，增长 11.5%，比全国农村高1.9 个百分点。2013~2019 年，贫困地区农村居民人均可支配收入增速分别为 16.6%、12.7%、11.7%、10.4%、10.5%、10.6%、11.5%，年均名义增长 12.0%，扣除价格因素，年均实际增长 9.7%，实际增速比全国农村平均增速高 2.2 个百分点。2019 年贫困地区农村居民人均可支配收入是全国农村平均水平的 72.2%，比 2012 年提高 10.1 个百分点，与全国农村平均水平的差距进一步缩小①。随着扶贫方式的多样化，比如水利扶贫、电力扶贫、旅游扶贫等方式的增加，资产性收入也逐渐成为贫困地区农村居民的一个主要收入来源。随着收入的快速增长，贫困地区农村居民生活消费水平显著提高，生活条件不断改善，生活质量全面提高。贫困群众"两不愁"质量水平明显提升，"三保障"突出问题总体解决。贫困地区群众出行难、用电难、上学难、看病难、通信难等长期没有解决的"老大难"问题普遍得到解决，义务教育、基本医疗、住房安全有了保障②。

5. 形成了符合中国国情的扶贫开发制度体系

制度是人类社会活动的规范体系，是上层建筑的重要组成部分③。新中国成立 70 多年来，我国的贫困治理取得决定性成就，绝对贫困问题和区域性整体贫困得到历史性解决，一个根本性原因就是我们逐渐形成了一套符合中国国情的扶贫开发制度体系。这套制度体系，是党和人民

---

① 参见方晓丹《2019 年全国农村贫困人口减少 1109 万人》，http：//www. stats. gov. cn/tjsj/sjjd/202001/t20200123_ 1724700. html。

② 参见习近平《在决战决胜脱贫攻坚座谈会上的讲话》，《人民日报》2020 年3 月 7 日。

③ 参见任理轩《当代中国发展进步的根本制度保障》，《人民日报》2019 年 11月 28 日。

在长期实践探索中形成的科学制度体系，是中国特色社会主义制度的重要组成部分。我国的减贫实践证明，这是一套行得通、真管用、有效率的扶贫开发制度体系，是当代中国减贫治理的根本制度保障。习近平总书记指出："总的看，我们在脱贫攻坚领域取得了前所未有的成就，彰显了中国共产党领导和我国社会主义制度的政治优势。"[①]

这套扶贫开发制度体系，是包括责任体系、政策体系、投入体系、动员体系、监督体系、考核体系等在内的科学制度组合。在党中央的坚强领导下，脱贫攻坚按照中央统筹、省负总责、市县抓落实的工作机制，构建了责任清晰、各负其责、合力攻坚的责任体系。中西部22个省份党政主要负责同志向党中央签署脱贫攻坚责任书。攻坚期内贫困县党政正职保持稳定。省、市、县、乡、村五级书记抓扶贫。党中央、国务院制定脱贫攻坚重要文件，中共中央办公厅、国务院办公厅和国务院扶贫开发领导小组先后制定19个配套文件，各地区各部门出台和完善"1+N"的政策举措，形成了完善的政策体系。坚持政府投入在扶贫开发中的主体和主导作用，增加金融资金对扶贫开发的投放，吸引社会资金参与扶贫开发的多渠道投入体系。建立东西部扶贫协作、定点扶贫和社会动员相结合的动员体系。建立专项巡视、民主监督、督查巡查、纪检监察和审计监督、行业监督以及社会监督等多方面的监督体系。建立包括省级党委和政府扶贫开发工作成绩考核、东西部扶贫协作和中央单位定点扶贫工作考核评价、脱贫攻坚专项评估检查以及扶贫政策落实情况和扶贫成效的第三方评估机制等在内的考核评估体系，确保扶贫开发效果。

二 中国减贫的实践经验

新中国成立后，特别是改革开放以来，中国共产党带领中国人民走出了一条有中国特色的扶贫减贫之路，积累了丰富的实践经验。

1. 重视战略规划引领

中国共产党历来十分重视从战略全局高度着手制定国家发展方略，

---

① 习近平：《在决战决胜脱贫攻坚座谈会上的讲话》，《人民日报》2020年3月7日。

扶贫开发计划就是纳入整体考虑的重大战略性问题。中国减贫实践经验首要的一点就是制定扶贫开发战略规划，其重要意义已经被国际社会所认可。1986 年，国家成立国务院贫困地区经济开发领导小组，领导和组织在全国范围内有计划、大规模的扶贫开发工作，开启了开发式扶贫的新阶段。1994 年颁布《国家八七扶贫攻坚计划（1994—2000 年）》，这是中国政府制定的首个系统性减贫规划。此后，又分别于 2001 年和 2011 年制定了《中国农村扶贫开发纲要（2001—2010 年）》《中国农村扶贫开发纲要（2011—2020 年）》。党的十八大以来，以习近平同志为核心的党中央坚持规划引领，出台了系列规划举措。2015 年 11 月，中共中央、国务院颁布《中共中央 国务院关于打赢脱贫攻坚战的决定》，提出了打赢脱贫攻坚战的总体要求和具体方略。2016 年 11 月，国务院印发《"十三五"脱贫攻坚规划》，阐明了"十三五"时期我国脱贫攻坚的总体思路、基本目标、主要任务和重大举措。2018 年 6 月，中共中央、国务院又印发了《关于打赢脱贫攻坚战三年行动的指导意见》，对 2018～2020 年的脱贫攻坚工作作了全面部署，进一步明确了各项工作的任务书、路线图和时间表。这些战略规划的出台，为我国扶贫开发工作明确了方向和措施，有力地指导了我国的减贫工作。

2. 适时调整减贫模式

在不同的历史时期，结合具体情况制定相应的减贫模式，这是中国成功减贫的一条重要经验。中国的扶贫模式经历了从"救济式扶贫"到"开发式扶贫"再到"精准扶贫"的阶段演变，扶贫模式的变化体现了扶贫理念的适时更新和与时俱进。随着中国减贫的推进，瞄准贫困群体成为减贫政策制定的出发点，"精准"显得尤为重要。2013 年，习近平总书记首次提出精准扶贫。精准扶贫是习近平总书记关于扶贫工作重要论述的精髓，是我国打赢脱贫攻坚战的基本方略。精准扶贫是一套内涵丰富、逻辑严密的思想体系，是对传统扶贫开发方式的根本性变革，是国家贫困治理体系现代化的建设①。贫困瞄准的偏离与漏出是国际贫困

---

① 参见黄承伟《脱贫攻坚伟大成就彰显我国制度优势》，《红旗文稿》2020 年第 8 期。

治理实践中的难题。由于受各种因素的干扰，在贫困治理实践中如何瞄准贫困群体在操作上一直都非常困难。这也是中国过去农村扶贫开发工作中令人备受困扰的问题之一。精准扶贫很好地解决了这个问题，精准扶贫的关键是要把扶贫对象摸清搞准，通过建档立卡，实现了贫困人口的精准识别。精准扶贫取得巨大成效，关键在于精准，在于能够做到六个精准，即扶持对象精准、项目安排精准、资金使用精准、措施到户精准、因村派人精准、脱贫成效精准。脱贫攻坚贵在精准、重在精准，通过六个精准，中国脱贫攻坚很好地解决了"扶持谁""谁来扶""怎么扶""如何退"的问题，确保各项政策好处落到扶贫对象身上，取得了显著的成效。

3. 构建高效的执行体系

习近平总书记强调："到 2020 年现行标准下的农村贫困人口全部脱贫，是党中央向全国人民作出的郑重承诺，必须如期实现，没有任何退路和弹性。"① 这是一场硬仗，没有好的执行体系，很难完成。党的十八大以来，党和国家构建了"中央统筹、省负总责、市县抓落实"的扶贫开发工作机制，分工明确、责任清晰、任务到人，形成了高效的执行体系。党中央、国务院主要负责统筹制定扶贫开发大政方针，出台重大政策举措，规划重大工程项目。省级（自治区、直辖市）党委和政府对扶贫开发工作负总责，抓好目标确定、项目下达、资金投放、组织动员、监督考核等工作。市（地）党委和政府要做好上下衔接、域内协调、督促检查工作，把精力集中在贫困县如期摘帽上。县级党委和政府承担主体责任，县委书记和县长是第一责任人，做好进度安排、项目落地、资金使用、人力调配、推进实施等工作。中央和国家机关各部门要按照部门职责落实扶贫开发责任，充分运用行业资源做好扶贫开发工作。军队和武警部队要发挥优势，积极参与地方扶贫开发。同时，为确保工作成效，又建立了脱贫攻坚责任体系、监督体系和考核评估体系。

4. 建立完善的要素支撑体系

扶贫开发是个综合系统，需要人、财、物等要素的支持，中国脱贫

---

① 习近平：《在决战决胜脱贫攻坚座谈会上的讲话》，《人民日报》2020 年 3 月 7 日。

攻坚构建了完善的扶贫财政、金融、用地、人才等要素保障体系。习近平总书记强调："按照脱贫攻坚要求，明显增加扶贫投入。扶贫开发力度，要同打赢脱贫攻坚战的要求相匹配。"① 增加扶贫要素投入，完善减贫要素保障体系至关重要。党的十八大以来，我们建立了完善的减贫要素保障体系。一是构建和完善财政扶贫政策体系。加大对"三区三州"等深度贫困地区、重点贫困地区的转移支付力度，一般性转移支付资金、各类涉及民生的专项转移支付资金和中央预算内投资向贫困地区和贫困人口倾斜。加大财政资金整合力度，充分发挥项目的整体优势。二是构建和完善金融扶贫政策体系。大力发展普惠金融，增加贫困地区金融服务的可获得性。鼓励和引导商业性、政策性、开发性、合作性等各类金融机构加大对扶贫开发的金融支持。三是创新和完善扶贫开发用地政策。在有条件的贫困地区，支持开展未利用地开发利用试点。加大城乡建设用地增减挂钩支持力度，鼓励贫困地区搞好区域基础设施建设。四是发挥科技和人才在扶贫中的重要作用。加大科技扶贫力度，解决贫困地区特色产业发展和生态建设中的关键技术问题。同时，创新体制机制，大力激发贫困地区闲置的生产要素。

5. 抓牢减贫重点补短板强弱项

针对贫困地区的致贫根源，突出抓重点、补短板、强弱项，强化对重点地区、重点领域、重点产业的投资和帮扶力度。扶贫开发工作既要全面推进，又要突出重点，这样才能将好钢用到刀刃上，取得显著效果，各地脱贫攻坚战的关键是补短板、强弱项。一是加强贫困地区基础设施建设。党的十八大以来，中国农村基础设施建设成效显著，绝大多数自然村实现了通公路、通电、通电话、通自来水、通天然气、通宽带网络。二是加大贫困地区生态环境保护力度。坚持扶贫开发与生态保护并重，通过实施重大生态工程建设、加大生态补偿力度、大力发展生态产业、创新生态扶贫方式等，切实加大对贫困地区、贫困人口的支持力度，实现脱贫攻坚与生态文明建设"双赢"。三是推进贫困地区特色产业发展。因地制宜，发展特色产业扶贫是贫困地区探索脱贫致富的主要途径，包

① 《十八大以来重要文献选编》（下），中央文献出版社，2018，第48页。

括农林产业扶贫、旅游扶贫、电商扶贫、资产收益扶贫、科技扶贫等。四是重点支持特殊贫困地区发展。统筹推进集中连片特困地区规划实施，集中建设一批区域性重大基础设施和重大民生工程。

三　中国减贫创造的精神财富

中国减贫事业取得举世瞩目成就，创造了人类历史上的奇迹，孕育了伟大的精神财富。这些精神财富，与延安精神、铁人精神、焦裕禄精神、载人航天精神等一样，是中国精神的有机构成。中国减贫历程中孕育出来的精神财富，是我们党和政府推动工作的制胜法宝，在全面建设社会主义现代化国家新征程中显得弥足珍贵，需要我们认真总结，格外珍惜。

1. 坚定了"不忘初心、牢记使命"的奋斗宗旨

习近平总书记在党的十九大报告中指出，不忘初心、方得始终。中国共产党人的初心和使命，就是为中国人民谋幸福，为中华民族谋复兴。我们党百年的历史证明，这个初心和使命一直是激励中国共产党人不断前进的根本动力，是推动党的事业不断发展壮大的精神支柱。中国特色社会主义进入新时代，以习近平同志为核心的党中央带领全党全国各族人民打响了脱贫攻坚战，决战决胜脱贫攻坚就是我们党践行初心使命的时代号角。不忘初心、牢记使命，不是说说而已，而是一代又一代中国共产党人用行动体现出来的。中国共产党第一个百年的历史已经雄辩地证明了这一点。正如习近平总书记所指出的，新中国成立前，我们党领导广大农民"打土豪、分田地"，就是要让广大农民翻身得解放。现在，我们党领导广大农民"脱贫困、奔小康"，就是要让广大农民过上好日子①。

2. 彰显了中国共产党领导是中国发展最大的政治优势

党的领导是"定盘星"。中国扶贫开发工作是在党中央亲自关心和关怀下大力推动的一项重大工程。在脱贫攻坚过程中，中国共产党始终

---

① 参见《十八大以来重要文献选编》（下），中央文献出版社，2018，第31页。

坚持、高度重视对这项工作的领导和推动，凝聚全党全国各族人民力量，团结一致打赢脱贫攻坚战，为世界执政党做好经济社会建设和反贫困提供了国际典范。党的十八大以来，习近平总书记更是高度重视脱贫攻坚工作，先后在延安、贵阳、银川、太原、成都、重庆和北京等地7次召开脱贫攻坚座谈会，分阶段、分专题部署推进工作，先后深入河北阜平县骆驼湾村和顾家台村、甘肃渭源县元古堆村、湖南凤凰县菖蒲塘村、湖南花垣县十八洞村、河南兰考县张庄村、江西井冈山市神山村、安徽金寨县大湾村、宁夏泾源县杨岭村、宁夏永宁县原隆村、青海格尔木市长江源村、青海互助土族自治县班彦村、河北张北县德胜村等24个贫困村考察调研。坚持党委领导、政府主导扶贫开发，构建省、市、县、乡、村等五级书记一起抓扶贫的领导体系。各级党组织把各项资源集中到脱贫攻坚上，资金、人力、物资都往脱贫攻坚倾斜。实践证明，中国共产党领导是中国发展最大的政治优势。哈佛大学肯尼迪政府学院调查报告指出，中国民众对中央政府满意度超过了93%。中国共产党的执政基础之所以稳固，其韧性源于人民群众的广泛支持。

3. 体现了马克思主义政党人民至上的根本立场

发展为了人民，这是马克思主义的根本立场。马克思恩格斯指出："无产阶级的运动是绝大多数人的、为绝大多数人谋利益的独立的运动。"[①] 经济社会发展归根结底要以增强人民的获得感和幸福感为目标，在未来社会生产将以所有人的富裕为目的。脱贫攻坚一个也不能少，绝不能让一个少数民族、一个地区掉队，要让14亿中国人民共享全面小康的成果，这是我们党对人民作出的庄严承诺。中国脱贫攻坚工作充分体现了中国共产党坚持人民至上和以人民为中心的根本立场，特别突出地体现了作为21世纪马克思主义的习近平新时代中国特色社会主义思想的伟力。坚持公平正义、发展成果由人民共享的原则，为世界减贫事业树立典范，也让中国的扶贫开发模式享誉世界。社会主义制度坚持人民的主体地位，劳动人民才是国家和社会的主人。始终坚持人民至上的立场，把"以人民为中心"的发展思想贯穿于扶贫开发进程，始终关心最困难

---

① 《马克思恩格斯选集》第1卷，人民出版社，2012，第411页。

群众的生活疾苦、最贫苦地区的生产生活，调动一切可以调动的资源，千方百计提高贫困人口生活水平和生活质量，千方百计帮助贫苦地区群众脱贫致富。贫困人口共享改革发展成果彰显了中国共产党作为马克思主义政党坚持以人民为中心的根本立场。

4. 证明了中国特色社会主义道路的正确性

中国脱贫攻坚事业取得的伟大成就，有力地证明了中国特色社会主义道路的正确性、中国特色社会主义理论的科学性、中国特色社会主义制度的优越性和中国特色社会主义文化的引领性。一是坚定道路自信。中国扶贫开发的巨大成就，证明了中国特色社会主义道路是中国人民在新的伟大实践中所作出的正确选择。二是坚定理论自信。脱贫攻坚实践证明，精准扶贫、精准脱贫战略是打赢中国脱贫攻坚战的行动指南，是对马克思主义的新发展。三是坚定制度自信。中国扶贫事业的攻坚克难、逐年推进、日新月异，关键在于中国的政治优势和制度优势。四是坚定文化自信。"守望相助""疾病相扶"等中华优秀传统文化中的扶贫济困思想，为脱贫攻坚取得巨大成就提供了重要的思想基础和精神支撑。

5. 彰显了幸福生活是奋斗出来的思想观念

幸福靠奋斗，兴邦靠实干。党的十八大以来，习近平总书记多次论述"幸福不会从天而降""新时代是奋斗者的时代""奋斗本身就是一种幸福"等重要观点，强调"幸福都是奋斗出来的"，深刻指出了幸福的来源和真谛。脱贫攻坚成果不是拍脑袋拍出来的，幸福生活不是从天上掉下来的，是广大干部群众扎扎实实干出来的。从中央到地方，各级党政主要领导同步主抓脱贫攻坚工作，构建了立体式、垂直化的扶贫开发管理体制，为中国的脱贫攻坚事业奠定了坚实组织保障。充分利用东部地区对口帮扶西部贫困地区的东西部协作机制，通过一对一的对口帮扶，增强西部贫困落后地区发展能力。充分调动社会资源共同参与脱贫攻坚，使人人参与到脱贫攻坚中来，体验到新时代是奋斗者的时代。减贫是一项长期的历史任务，脱贫摘帽不是终点，而是新生活、新奋斗的起点。减贫需要长期奋斗，世界上没有随随便便就成功到达的彼岸，要幸福就要不懈奋斗、接续奋斗。

6. 淬炼了干部勇于担当的政治品格

干部的担当作为，首先来自思想上的觉悟，来自理想信念的坚定，来自内在的动力。在扶贫工作中，干部的担当体现在政治站位要高，要善于谋划脱贫攻坚的大事，有自我牺牲的精神。实践出真知，锻炼长才干。到实践中经风雨、见世面、壮筋骨，是提升干部能力的有效途径。在扶贫中党员干部勇于直面热点、痛点、难点问题，深入基层、蹲在一线，到矛盾集中、任务繁重、局面复杂的地方去啃硬骨头。在脱贫攻坚中，广大干部勇担压力，带领群众艰苦奋斗，在艰苦工作环境中得到磨砺，在复杂繁重工作中得到锻炼，政治素养和专业素养显著提高。

四　中国减贫的世界影响

贫困是人类社会的顽疾，是世界许多国家经济社会发展过程中面临的共同挑战。经过 70 多年的接续奋斗，中国为世界减贫事业作出巨大贡献，丰富了世界摆脱贫困走向富裕的新理论，为全球减贫提供了中国智慧、中国方案和中国力量，为世界消除贫困提供了强大信心。

1. 中国减贫加快了全球减贫进程，推动了减贫事业发展

新中国成立 70 多年来，我国通过加快农村发展，有组织有计划扶贫和精准扶贫，农村贫困人口大幅减少，加速了全球减贫进程。1978～2019 年，按照当年价现行农村贫困标准，我国农村贫困人口从 7.7 亿人减少到 551 万人，累计减少 7 亿多人，对全球减贫贡献率超过 70%。同时，我国的减贫速度明显快于全球，根据世界银行的数据，按照每人每天 1.9 美元的国际绝对贫困标准，1981～2015 年，中国贫困发生率累计下降了 87.6 个百分点，年均下降 2.6 个百分点，同期全球贫困发生率累计下降 32.2 个百分点，年均下降 0.9 个百分点，中国减贫速度明显快于全球的减贫速度①。中国减贫事业取得举世瞩目的成就，2005 年中国实

---

① 参见国家统计局住户调查办公室编《中国农村贫困监测报告-2019》，中国统计出版社，2019，第 6 页。

现贫困人口减半，提前 10 年率先完成《联合国千年发展目标》提出的任务。2020 年中国打赢脱贫攻坚战后，困扰中华民族几千年的绝对贫困问题得到历史性的解决，这又将提前 10 年率先完成《联合国 2030 年可持续发展目标》。中国减贫速度大大加快了全球减贫进程，有力地推动了世界减贫事业的发展。

2. 中国减贫模式为发展中国家减贫提供理论借鉴

中国的减贫实践在不同的时期有着不同的工作思路和扶贫模式，构建了与本国经济社会发展水平相适应的反贫困体制机制，形成了具有中国特色的社会主义减贫理论和实践体系，为处在不同经济社会发展阶段的发展中国家提供了多样的扶贫工作的理论依据和实践经验。中国减贫实践为全球反贫困理论创新作出了重大理论和实践贡献，进一步丰富了发展经济学理论。一是在经济社会发展比较落后的时期，实施特殊困难群体救济的扶贫模式。新中国成立初期，人民生活普遍处于贫困水平，政府减少贫困主要通过对特殊困难群体实施兜底救助的扶贫模式。二是经济社会发展较快的时期，实施改善区域整体贫困的扶贫模式。改革开放后，中国经济进入快速发展时期，经济财政实力逐渐增强。随着财政实力的增强，中国扶贫开发的区域、群体逐渐扩大，贫困瞄准的范围逐渐缩小。扶贫开发区域逐渐由 20 世纪 80 年代初期的"三西"地区扩大到全国的贫困地区，扶贫瞄准的范围也逐渐缩小到贫困县、贫困村，扶贫的效果更加显著。三是经济社会发展达到一定水平后，实施精准扶贫、精准脱贫的扶贫模式。党的十八大以来，我国经济实力已稳居世界第二，国家财政实力达到一定水平。减贫群体扩大到全国所有的地区、所有的极端贫困人口，瞄准对象精准到户、到人，确保一个也不能少，汇集全国的资源和力量，彻底消除千百年来难以解决的重点贫困地区的区域性整体贫困和农村极端贫困问题。

3. 中国特色减贫道路为全球减贫提供中国方案

中国减贫之所以取得巨大的成就，关键在于中国探索出了一条符合中国国情的扶贫开发道路。一是要有坚强的领导力量一以贯之推动扶贫事业。脱贫攻坚，加强党的领导是根本①。新中国成立 70 多年来，党中央一直高度重视减贫治理，把扶贫开发工作放到国家治理中十分重要的位置。特别是党的十八大以来，以习近平同志为核心的党中央把脱贫攻坚纳入"五位一体"总体布局和"四个全面"战略布局，举全党全国全社会之力，持续高位推进，为减贫治理提供了坚强政治保证。二是要与时俱进地选准扶贫路径。中国的扶贫路径是根据经济发展阶段动态调整的，从区域整体性扶贫到精准扶贫，从"大水漫灌"到"精准滴灌"，从救济式扶贫到开发式扶贫，从输血式扶贫到激发困难群众内生动力，中国扶贫路径和扶贫阶段的变化始终与经济社会发展的综合实力变化紧密相连。三是要注重发展成果与民众分享共享。随着经济发展水平提高，国家加大对贫穷落后、农村地区基础设施建设和公共服务投入，增强了人民的获得感、幸福感和安全感。四是要注重激发扶贫的内生动力。激发群众内生动力，建立可持续发展的内生扶贫长效机制。中国积极推行参与式扶贫模式，让广大贫困人口直接参与扶贫资金使用决策和扶贫开发项目建设，增强贫困人口的自我积累和自我发展能力，引导贫困群众自力更生，就业创业。

4. 中国建立解决相对贫困长效机制为世界减贫提供经验

党的十九届四中全会明确提出，要建立解决相对贫困的长效机制。中国这种着眼长远、接续努力，探索建立彻底消除贫困机制的做法，为全球贫困治理提供了参考。习近平总书记强调："全部脱贫，并不是说就没有贫困了，就可以一劳永逸了，而是指脱贫攻坚的历史阶段完成了。相对贫困问题永远存在，我们帮扶困难群众的任务永无止境。"② 作为马克思主义政党，消除绝对贫困不是中国共产党的最终目标，中国共产党减贫治理的目标是实现共同富裕。在即将消除绝对贫困之时，中国就将建立解决相对贫困长效机制作为下一步减贫治理的重要任务。解决相对贫困是一项更加艰巨的工作，是一个全球性的难题，即使对于不少发达

---

① 参见习近平《在打好精准脱贫攻坚战座谈会上的讲话》，《求是》2020 年第 9 期。

② 杜尚泽、王汉超、张晓松、朱基钗：《"一个少数民族也不能少"——记习近平总书记在宁夏考察脱贫攻坚奔小康》，《人民日报》2020 年 6 月 12 日。

国家而言，相对贫困、相对落后、相对差距问题也都是长期存在的。相对于贫困的解决要涉及经济发展水平、执政党宗旨、政策整合等更多方面的条件、更深层次的利益调整等，需要持续发力、久久为功。发展不平衡、不充分，收入分配改革不到位，社会保障体系不完善等因素是我国产生相对贫困的主要原因。今后减贫将出现一些变化。在治理目标靶向上，由开发扶贫、精准脱贫模式转变为巩固脱贫、防止返贫模式，由农村脱贫重点转变为城乡兼顾的贫困救助格局①。在政策取向上，重点推进好这几方面：一是推进全面脱贫与乡村振兴有效衔接，二是促进减贫与更多国家宏观政策的衔接，三是实现我国现有扶贫开发制度的进一步高效整合。

5. 中国减贫成功实践为世界消除贫困提供强大信心

消除贫困依然是当今世界面临的最大全球性挑战。中国减贫成功实践不仅体现在消除自身贫困取得的历史性成就中，也体现在中国为全球减贫事业提供的帮助和取得的成就中。一是中国在实现自身减贫的同时也努力帮助其他发展中国家减贫。中国政府提出了帮助发展中国家发展经济、改善民生的一系列新举措，包括中国将继续增加对最不发达国家投资，免除有关最不发达国家、内陆发展中国家、小岛屿发展中国家的无息贷款债务等措施。截至 2015 年 10 月，中国共向 166 个国家和国际组织提供了近 4000 亿元人民币援助，派遣 60 多万援助人员，积极向 69 个国家提供医疗援助，并先后为 120 多个发展中国家落实联合国千年发展目标提供帮助②。二是推进"一带一路"建设，让国际减贫合作成果惠及更多国家和人民。党的十八大以来，中国先后提出共建丝绸之路经济带和 21 世纪海上丝绸之路，并倡议筹建亚洲基础设施投资银行，设立丝路基金，促进欠发达国家的经济社会发展，帮助更多发展中国家更好地融入全球供应链、产业链、价值链，增强自身发展能力，以发展促减贫，为发展中国家减贫事业注入新活力。中国的努力，使广大发展中国

---

① 参见高洪波《2020 年后中国贫困治理结构新变迁》，《人民论坛·学术前沿》2019 年第 23 期。

② 参见国家统计局住户调查办公室编《中国农村贫困监测报告-2019》，中国统计出版社，2019，第 6 页。

家和共建"一带一路"国家看到了消除贫困的可能。

6. 中国共产党为全球政党治理贫困提供了国际典范

中国共产党领导是中国特色社会主义最本质的特征，是中国特色社会主义制度的最大优势，也是减贫治理的最大组织保障。第二次世界大战后，西方国家也在第三世界开展了数十年扶贫实践，但大多以失败告终。究其根源，主要是扶贫与基层社会脱节，只靠外部资源输入，缺乏内生动力。中国的减贫治理，是以党的领导为根本，以加强基层组织建设为抓手，通过各级党组织将农村社会、群众、贫困户组织起来，动员全社会的力量，以国家资源注入带动社会自身运转，实现了可持续脱贫、可持续发展，为世界减贫事业提供了系统的方法路径借鉴。中国的减贫治理思想和实践取得了显著成就，充分体现了中国共产党作为马克思主义政党的本质特征和中国社会主义制度的本质要求。同时，在中国共产党领导下，还充分发挥各民主党派、无党派民主人士和其他爱国人士的力量积极参与扶贫开发工作，执政党与各党派围绕同一个目标勠力同心，共同做好扶贫工作，体现了民主协商、商量办事的优越性。中国的减贫治理瞄准贫困落后的地区和贫困群众，不以选票为导向，而是以民为本、执政为民，中国共产党的贫困治理充分体现了马克思主义政党的执政理念，为世界政党治理提供了国际示范。

中国共产党百年减贫实践与启示[*]

王海燕

中国共产党自成立之日起，就把为中国人民谋幸福和为中华民族谋复兴作为自己的历史使命。无论是在革命时期还是在社会主义建设时期，都始终团结带领中国人民与贫困作斗争。特别是在新时代组织实施了人类社会历史上规模空前的脱贫攻坚战，采取了一系列超常规的政策举措，经过百年接续奋斗，完成了消除绝对贫困的历史任务。中国共产党的百年减贫实践，见证了中国共产党和中国人民与贫困和落后进行不屈不挠斗争的百年奋斗史，彰显了中国共产党始终坚守的初心使命、社会主义集中力量办大事的显著优势，以及数以亿计中国人民艰苦奋斗所迸发的巨大力量，为新发展阶段改善民生、实现共同富裕提供了经验借鉴、坚定了奋斗信心。

一 "革命"式减贫：扫除和消除贫困的政治
障碍（1921～1949 年）

1921 年中国共产党成立时，中国已沦为半殖民地半封建社会，在帝国主义、封建主义和官僚资本主义"三座大山"的压迫下，国家羸弱，广大人民尤其是农民日益贫困化以至于大批地破产，过着饥寒交迫和毫无政治权利的生活。

---

* 本文原载于《北京警察学院学报》2021 年第 6 期，收入本书时有改动。

（一）围绕土地开展革命斗争

中国的贫困问题集中体现为中国农民的贫困问题，农民的贫困问题又主要体现在土地问题上。早在 1927 年，在国民党中央土地委员会第一次扩大会议上，毛泽东同志就明确指出："解决土地问题的意义有：（一）使农民得解放。……（二）土地问题不解决，经济落后的国家不能增加生产力，不能解决农民的生活痛苦。……（三）保护革命。"① 革命时期，党围绕土地这个根本问题展开了一系列斗争。

1927 年 8 月，中国共产党南昌起义打响了武装反抗国民党反动派第一枪后，为吸引农民参加革命，每打下一地，就会"打土豪、分田地"。1928 年底，中国共产党颁布了第一部土地法规——井冈山《土地法》，规定没收一切土地归苏维埃政府所有，分配给农民耕种②。1929 年 4 月，党在苏区制定实施了兴国县《土地法》，变封建地主土地所有制为农民土地所有制，形成了一套比较切实可行的土地革命路线和政策，吸引大量贫困农民参加革命。1947 年 10 月，中国共产党颁布了《中国土地法大纲》，在解放区深入开展了土地改革，彻底废除了封建地主土地私有制，实行了"耕者有其田"的土地制度。土地革命大大提高了广大农民的政治觉悟，改善了农民的贫困生活状态，大批农民加入人民解放军，并将大量粮食、被服等送上前线，担负后勤工作，等等，为解放战争的胜利提供了源源不断的人力、物力支持。

（二）大力促进根据地生产发展

革命时期，中国共产党建立的根据地大多在农村偏远艰苦地区，为了吸引更多贫困农民参加革命，党一直高度重视根据地的经济工作，带领农民大力发展生产，解决贫困群众的生活困难。

在 1933 年 8 月 12~15 日召开的中央革命根据地南部十七县经济建设

---

① 《毛泽东文集》第 1 卷，人民出版社，1993，第 43 页。
② 这个土地法有几个错误：一是没收一切土地，而不是只没收地主土地；二是土地所有权属政府而不是属农民，农民只有使用权；三是禁止土地买卖。这些错误后来都改正了。

大会上，毛泽东同志在《粉碎五次"围剿"与苏维埃经济建设任务》①的报告中，强调了做好苏区经济建设工作的重要意义，批评了忽视经济建设的错误倾向，并提出："我们要使人民经济一天一天发展起来，大大改良群众生活，大大增加我们的财政收入，把革命战争和经济建设的物质基础确切地建立起来。"② 为促进经济建设，苏区专门成立了各级国民经济部，领导经济工作。主要采取发展生产合作社、创办国营企业和鼓励私人经济发展的方式发展经济，通过合作社组织农民兴修水利、改造农田、改良种子和改进积肥方法等，大大促进了苏区农业生产力的提高。国营企业主要是发展军需工业，如兵工企业、被服厂等。同时，通过减免税收，提倡和奖励私人经济发展。在陕甘宁边区时期，经济建设以农业为重点，把农业生产放到经济建设的第一位，主要通过鼓励开荒、增加耕地面积等方式发展农业生产。同时，支持其他行业与农业协同发展，如通过建立公营工厂、生产合作社和家庭手工业等方式发展工业。通过开办消费合作社、发展对外贸易等，促进商品流通，促进商业发展。

（三）尽可能改善贫困农民的生活

由于革命环境的残酷和形势的复杂多变，党有时缺乏消除农村贫困的有利条件，但党总是把群众的利益放到首位，及时调整政策，尽可能地减轻贫困农民负担，改善贫困群众的生活。

在抗日战争时期，为团结更多的阶层促成抗日民族统一战线的建立，党调整了原有的土地政策，放弃了没收地主土地的主张。但为了改善农民生活，党在陕甘宁边区等根据地实施了减租减息的政策，减轻农民负担。抗日战争进入相持阶段后，由于边区脱产人员的增加等原因，农民生活负担加大。为减轻边区农民负担，党中央提出了"发展经济、保障供给"的方针，号召边区军民开展大生产运动，并专门安排三五九旅军垦屯田，自力更生、克服困难。同时，调整政策，减轻农民负担。一是

---

① 毛泽东同志报告的一部分后来以《必须注意经济工作》为题，被收入《毛泽东选集》第1卷。
② 《毛泽东选集》第1卷，人民出版社，1991，第122页。

迅速将当年征收的公粮数量由计划的 20 万石减到 16 万石。二是实施精兵简政，明确要求各根据地的全部脱产人员应不超过居民总数的3%。这些措施实施后，边区等根据地群众的生活负担得到了较大的缓解。

在革命和战争时期，中国共产党人志存高远，努力通过革命消除封建地主土地私有制的剥削制度，彻底改变中国农民千百年贫困的命运。中国共产党人千方百计改善和消除农民贫困的实践，使绝大多数农民深刻认识到，中国共产党才是他们利益的坚定维护者，他们义无反顾地站在了中国共产党的一边，与党同呼吸、共命运，大量农民踊跃参加革命，出人、出力、出物，为推翻"三座大山"、取得革命胜利、建立新中国奠定了深厚的群众基础。

二 "制度"式减贫：奠定消除贫困的制度基础
（1949~1978 年）

1949 年新中国成立时，由于长期战乱，中国是当时世界上最贫穷的国家之一。当时中国人均国民收入仅有 27 美元，不足印度 57 美元的一半，大多数中国人处于绝对贫困状态，绝大多数贫困人口是农民①。

（一）实现"耕者有其田"

地主阶级封建剥削的土地制度是旧中国农民贫困的根本原因。中华人民共和国成立时，占全国农户总数不到 7% 的地主占据着 50% 以上耕地，大多数农民靠租地为生。

为实现"耕者有其田"，新中国成立不久，党开始在全国范围内进行土地改革，1950 年 6 月颁布的《中华人民共和国土地改革法》明确规定：废除地主阶级封建剥削的土地所有制，实行农民的土地所有制。没收地主的土地、耕畜、农具、多余的粮食及其在农村中多余的房屋。征收祠堂、庙宇、寺院、教堂、学校和团体在农村中的土地及其他公地。所有没收和征收得来的土地和其他生产资料，除本法规定收归国家所有

---

① 《中国共产党历史》第 2 卷（上），中共党史出版社，2011，第199 页。

外，均由乡农民协会接收，统一地、公平合理地分配给无地少地及缺乏其他生产资料的贫苦农民所有。截至 1952 年底，除一部分少数民族地区及台湾地区外，土地改革基本完成。通过土地改革，我国农村的土地占有关系发生了根本性变化，3 亿无地和少地的农民共分得 7 亿亩土地，占农村人口 92.1% 的贫农、中农，占有全部耕地的 91.4%。此外，广大农民还分得大批其他生产资料和生活资料，计有耕畜 296 万头、农具 3944 万件、房屋 3795 万间、粮食 100 多亿斤[①]。土地改革彻底废除了在中国延续两千多年的封建土地所有制，实现了"耕者有其田"，长期被束缚的农村生产力获得了历史性的大解放，这为缓解农村大面积贫困奠定了重要基础。

（二）组织起来发展生产

毛泽东同志认为，由于小农经济的脆弱性，农民光有土地还是不够的，必须要实行农业合作化的制度，走社会主义道路。他指出，"全国大多数农民，为了摆脱贫困，改善生活，为了抵御灾荒，只有联合起来，向社会主义大道前进，才能达到目的"[②]。

从 20 世纪 50 年代初开始，党把农民组织起来发展生产。1950 年，中华全国供销合作社联合总社成立，负责解决农业生产的购销困难。1951 年 9 月，中共中央召开全国第一次农业互助合作会议，制定《中共中央关于农业生产互助合作的决议（草案）》。到 1951 年底，中国农村的互助组达到 467.5 万个，参加的农户达 2100 万户，占全国农户总数的 19.2%。1952 年，全国新增农业互助组 335.1 万个，参加的农户达 4536.4 万户，占全国农户总数的 39.9%[③]。1953 年底，中共中央制定《关于发展农业生产合作社的决议》。到 1956 年底，全国 96% 的农民参加合作社，实现了土地公有化，在广大农村建立起社会主义集体所有制经济。1957 年，《1956 年到 1967 年全国农业发展纲要》颁布实施，这是

---

① 《中国共产党历史》第 1 卷（上），中共党史出版社，2011，第 100~101 页。
② 《毛泽东文集》第 6 卷，人民出版社，1999，第 429 页。
③ 陈锡文：《读懂中国农业农村农民》，外文出版社，2018，第 67 页。

中国历史上第一个农业农村发展的中长期规划。随即，全国掀起农田水利基本建设高潮。为了适应当时兴修水利的需要，毛泽东同志认为农业合作社还需要进一步发展，需要小社并大社，组建人民公社。1958 年 8 月，中共中央作出《关于在农村建立人民公社问题的决议》，当年全国 99% 以上的农户加入人民公社。通过农村合作化和人民公社化运动，党把农民有效地组织了起来，大兴水利等，农业基础设施建设得到极大改善，农业综合生产能力大大提高。

（三）建立社会主义制度

在中国实现社会主义，是中国共产党自创立时就确定的奋斗目标。1953 年 6 月，中央制定了过渡时期的总路线："从中华人民共和国成立，到社会主义改造基本完成，这是一个过渡时期。党在这个过渡时期的总路线和总任务，是要在一个相当长的时期内，逐步实现国家的社会主义工业化，并逐步实现国家对农业、对手工业和对资本主义工商业的社会主义改造。"①

在过渡时期总路线的指导下，中国开始对农业、手工业和资本主义工商业进行有系统的社会主义改造。从 1953 年起到 1956 年，在较短的时间里，我国实现了生产资料所有制的深刻变革，全民所有制和劳动群众集体所有制这两种社会主义公有制形式，在整个国民经济中占据绝对优势地位，社会主义改造取得决定性的胜利，社会主义制度初步建立。1954 年 9 月，《中华人民共和国宪法》颁布，明确规定："中华人民共和国是工人阶级领导的、以工农联盟为基础的人民民主国家。""中华人民共和国的一切权力属于人民。"从宪法上确立了工人、农民在政治上的主人翁地位。《中华人民共和国宪法》的颁布和社会主义制度的初步建立，确保了工人、农民在政治、经济上的主人翁地位，为消除贫困奠定了政治、经济制度基础。

---

① 《毛泽东文集》第 6 卷，人民出版社，1999，第 316 页。

（四）建立社会保障制度

为了改善和保障人民生活水平，新中国成立后，在发展生产力的同时，我国分别在农村和城市建立了相应的社会保障和社会救济制度。

1954 年颁布的《中华人民共和国宪法》规定："中华人民共和国公民在年老、疾病或者丧失劳动能力的情况下，有从国家和社会获得物质帮助的权利。"在农村，中国建立了以基本医疗、"五保"供养、优抚安置和救济救灾为核心的社会保障政策体系。如在基本医疗方面，依托农村集体经济形成了农村"保健站"、"合作医疗"和"赤脚医生"三结合的农村医疗保障制度。"五保"供养制度形成于 20 世纪 50 年代末期，农业合作社对社内缺乏劳动力、生活没有依靠的鳏寡孤独的社员，做到保吃、保穿、保烧（燃料）、保教（儿童和少年）、保葬，使他们的生养死葬都有依靠。优抚安置主要是按照国家规定对优抚对象（伤残人员、牺牲和病故人员家属以及军队离退休干部等）从政治、经济上给予优厚待遇。救济救灾主要是对农村居民因自然灾害等原因造成的吃穿住医等方面的困难，由国家提供急需的物资和资金。在城市，为了保障广大职工的生活水平，建立起了城市社会保障制度，以企事业单位为依托，为职工提供了比较完善的医疗、住房、生育、工伤保险、退休等福利保障。

在社会主义革命和建设时期，中国共产党人带领全国人民开展了轰轰烈烈的土地改革，消除了造成农民贫困的主要制度因素。通过三大改造，建立起社会主义政治、经济和社会保障等制度，为从根本上解决贫困问题提供了最基本的制度保证。全国人民在党的坚强领导下，自力更生、艰苦奋斗，我国的生产力得到了较快发展，国民福利水平得到一定的提高，人民物质生活和文化水平逐步提高，占世界近 1/4 人口的中国人民特别是农民的基本生活需求得到初步满足，实现了中国历史上第一次大规模的贫困缓解。

三 "开发"式减贫：为消除贫困提供更多的机会渠道（1978~2012 年）

1978 年中国进入改革新时期，由于新中国基础薄弱，在发展上采取高积累、低消费的政策和计划经济体制的固有弊端等因素，当时农村居民生活水平普遍低下，不少地方农民吃饱饭仍成问题。到 1978 年，我国农村还有 2.5 亿贫困人口，占当时农村人口的 30.7%[1]。

（一）农村经济体制改革带动农业大发展

中国的经济体制改革是从农村开始的。1978 年，小岗村的 18 家农户为了能吃饱饭，率先实行了"包产到组、包产到户"，拉开了中国农村经济改革乃至整个经济体制改革的序幕。为尽快改变农村的落后局面，党充分尊重农民首创精神，在农村进行了经济体制改革。一是改革土地制度。在农村普遍建立了家庭联产承包责任制，使农民再次获得了土地的经营权。二是改革农村分配制度。打破了以"平均主义"为核心的农村分配格局，确立了"交足国家的，留足集体的，剩下的全是自己的"的分配原则。三是进行了农产品价格改革。1979 年，我国开始对农产品价格形成和流通体制进行市场化改革，18 种主要农产品的收购价格得到了调整，平均提价幅度达到 24.8%[2]。同时，放开了城乡农产品交易。这些改革，充分激发了农民的生产积极性，极大地解放并发展了农村生产力，粮食和其他农产品产量都大幅度增加，长期困扰中国经济发展的农产品短缺问题得到了基本缓解，农民收入大幅度提高。

（二）城市经济体制改革和乡镇企业崛起增加消除贫困的渠道

城市经济体制改革为我国城乡居民增加收入、消除贫困提供了大量的机会。随着农村的快速发展，20 世纪 80 年代初期，我国的城市经济体制改革也逐步推开。一方面，逐步扩大对外开放。20 世纪 80 年代初，我国在沿海地区开始设立经济特区。自此开始，我国由点到线，由线到面，开放程度不断提高。另一方面，城市开始了经济体制改革。通过简政放权、扩大企业经营自主权，到改革单一的公有制经济等举措，最终

---

① 张磊主编《中国扶贫开发政策演变（1949—2005 年）》，中国财政经济出版社，2007，第 60 页。
② 陈锡文：《读懂中国农业农村农民》，外文出版社，2018，第 93 页。

确立了建立社会主义市场经济体制的改革方向，建立了灵活的充满活力的发展机制。改革开放带动了我国经济的高速发展，城市对劳动力的需求大幅度增加，为城乡居民特别是农村富余劳动力提供了大量的就业机会，大量农民开始进城务工。截至 2012 年，农民工总量达到 2.6 亿人，外出农民工 1.6 亿人①。进城务工成为脱贫致富的重要途径，带动数以亿计的农民摆脱贫困。

乡镇企业的异军突起也为消除贫困提供了新的渠道。20 世纪 70 年代中后期，我国的乡镇企业快速发展起来。乡镇企业最早叫社队企业，1966 年毛泽东"五七"指示允许农民办工业，一些农民看到市场对商品需求那么大，就抓住了这个机会，利用各种条件办起了社队工业。1971年，国务院召开的全国农业机械化会议提出发展"五小"工业②，为农业机械化创造物质基础。这样，社队企业慢慢发展起来了。到 20 世纪70 年代后期，随着农村经济体制改革的进行，乡镇企业开始快速发展起来。1978~1991 年，乡镇企业每年都有 300 亿~400 亿元的补农资金，每年增加农民就地就业 621.7 万人。乡镇企业的快速发展，吸纳了大量的农村富余劳动力，大大提高了农民的收入，支援了集体福利发展③。

（三）实施有组织的大规模扶贫

有组织的扶贫开始于专项扶贫。1980 年，为了支持老革命根据地、少数民族地区、边远地区和贫困地区发展，中央财政专门设立了"支援经济不发达地区发展资金"。1982 年 12 月 10 日，党中央决定对甘肃省定西地区、河西地区和宁夏回族自治区西海固地区专门进行"三西"扶贫开发建设。"三西"建设开创了中国区域性扶贫先河，并为全国性扶贫开发积累了丰富经验。

---

① 数据来源于 2013 年 5 月国家统计局发布的《2012 年全国农民工监测调查报告》。
② 指小钢铁、小煤窑、小机械、小水泥和小化肥。
③ 参见宗锦耀、陈建光《历史不会忘记乡镇企业的重要贡献——为纪念我国改革开放四十周年而作》，http：//www.moa.gov.cn/xw/bmdt/201807/t2018 0731_ 6154959.htm。

1986 年 5 月，党中央专门成立了国务院扶贫开发领导小组及办公室，省地县各级也成立了相应的机构，明确提出由救济式扶贫转向开发式扶贫。我国开始在全国范围内开展有计划、有组织、大规模的扶贫开发。到 1992 年底，全国农村没有解决温饱的贫困人口，由 1978 年的 2.5 亿人减少到 8000 万人①。为了进一步解决农村贫困问题，缩小地区差距，我国先后制定实施了《国家八七扶贫攻坚计划（1994—2000 年）》、《中国农村扶贫开发纲要（2001—2010 年）》和《中国农村扶贫开发纲要（2011—2020 年）》，不断提高贫困标准，加大扶贫投入和工作力度。《国家八七扶贫攻坚计划（1994—2000 年）》力争在 20 世纪内最后 7 年，集中力量，基本解决全国农村 8000 万贫困人口的温饱问题。《中国农村扶贫开发纲要（2001—2010 年）》决定从 2001 年到 2010 年，集中力量加快贫困地区脱贫致富的进程，明确提出坚持开发式扶贫方针。2011 年，为进一步加快贫困地区发展，促进共同富裕，实现到 2020 年全面建成小康社会奋斗目标，党中央制定印发了《中国农村扶贫开发纲要（2011—2020 年）》，明确提出了"两不愁、三保障"的总体目标，并坚持开发式扶贫方针，实行扶贫开发和农村最低生活保障制度有效衔接。

在改革开放和社会主义建设的新时期，中国共产党人通过经济体制改革，加速我国经济发展，带动大量城乡贫困居民通过自身努力摆脱了贫困。同时，在全国范围内开展有组织、有计划的大规模扶贫，在各级扶贫机构的共同努力下，开发带动贫困地区经济社会发展，农村贫困人口大幅减少。但是，随着农村经济体制改革的推进，不少地区的集体经济解体，依托其上的农村社会保障体系也随之解体。加上 20 世纪 90 年代城市教育、医疗和住房市场化改革的启动和加快，农民负担增加，农村贫困出现新的情况。

四 "精准"式减贫：凝聚起中华民族减贫的磅礴伟力（2012~2020 年）

2012 年，中国发展进入新时代。全面建成小康社会、实现第一个百

---

① 数据来源于 2021 年中华人民共和国国务院新闻办公室发布的《人类减贫的中国实践》白皮书。

年奋斗目标进入关键阶段。此前的 2011 年，为提高发展能力、缩小发展差距，中国提高了扶贫标准，按照 2300 元的新标准，当时中国还有贫困人口 9899 万人①。减贫仍然面临严峻的形势，面对的都是贫中之贫、坚中之坚，减贫进入啃硬骨头、攻坚拔寨的冲刺阶段。

（一）建立健全精准扶贫工作机制

进入新时代，为提高扶贫成效，习近平总书记创造性地提出了精准扶贫。精准扶贫的重点是解决好扶持谁、谁来扶、怎么扶的问题，做到扶真贫、真扶贫、真脱贫，让真正的贫困群体有更多的获得感。在精准扶贫思想的指导下，党在贫困地区建立了精准扶贫工作机制，采取了一系列原创性、独特性的重大举措，推动扶贫由"大水漫灌"转为"精准滴灌"。

一是通过建档立卡建立精准识别机制，解决"扶持谁"的问题。2014 年以来，通过科学制定贫困识别标准和程序，组织扶贫干部进村入户，为贫困户建档立卡，在全国范围内实现了贫困数据到村到户到人，摸清贫困人口分布、致贫原因、帮扶需求等情况。二是建立驻村帮扶工作机制，解决"谁来扶"的问题。截至 2020 年底，全国累计选派 300 多万名驻村干部，在岗驻村工作队 25.3 万个、驻村干部 88.7 万名；累计选派第一书记 51.8 万名、在岗 24 万名②。三是推进分类施策，解决"怎么扶"的问题。在脱贫攻坚中，针对不同的贫困情况分类施策，通过实施"五个一批"和创新扶贫措施实现精准扶贫。四是建立贫困退出机制，确保扶贫效果。以脱贫实效为依据，以群众认可为标准，明确了贫困县、贫困户退出的标准和程序，并严格执行退出标准，强化监督检查，既防止数字脱贫、虚假脱贫等"被脱贫"，又防止达到标准却不愿退出等"该退不退"，确保效果真实。五是建立监测帮扶机制，确保脱贫不返贫。设立 5 年过渡期，过渡期内保持主要帮扶政策总体稳定，持续巩固脱贫攻坚成果，防止返贫致贫。

---

① 数据来源于 2021 年中华人民共和国国务院新闻办公室发布的《人类减贫的中国实践》白皮书。

② 数据来源于国家乡村振兴局网站，https：//tpgj. cctv. com/4/2/index. shtml。

（二）围绕减贫重点难点攻坚克难

进入新时代后，扶贫工作剩下的其实都是难啃的硬骨头，容易做的工作基本上都已做了，中国共产党带领全国人民不惧艰难，围绕减贫工作的重点难点，攻坚克难。

一是加强贫困地区基础设施建设。基本的基础设施是实现脱贫的基础性、先导性条件，基础设施薄弱一直是制约贫困地区发展的瓶颈。为破除瓶颈制约，党和政府大幅度增加财政投入，加快贫困地区的交通、水利、电力建设。截至 2020 年底，新改建公路 110 万公里，新增铁路里程 3.5 万公里。2016 年以来，新增和改善农田有效灌溉面积 8029 万亩，新增供水能力 181 亿立方米[①]。大幅提升贫困地区用电条件，农村地区基本实现稳定可靠的供电服务全覆盖，供电能力和服务水平明显提升。二是加快农村危房改造和人居环境整治。2013 年以来，累计 790 万户 2568 万贫困人口的住宿条件得到改善，住上了安全住房。对 1075 万户农村低保户、分散供养特困人员和困难残疾人家庭的危房进行了改造[②]。加大贫困村生活垃圾处理、污水治理、改厕和村庄绿化美化力度，整体人居环境显著提升。三是加快推进深度贫困地区脱贫攻坚。2017 年 6 月，习近平总书记主持召开深度贫困地区脱贫攻坚座谈会，明确新增脱贫攻坚资金、项目、举措主要用于深度贫困地区，国家重点支持"三区三州"。有关省区市根据贫困发生率、贫困人口规模和脱贫难度等因素共确定了 334 个深度贫困县，约 1800 个深度贫困乡镇，约 3 万个深度贫困村，明确了深度贫困地区脱贫攻坚工作重点[③]。2017 年以来，每年专项安排每县 600 亩用地计划指标用于扶贫产业项目等。2018~2020 年，中央财政对深度贫

---

① 数据来源于 2021 年中华人民共和国国务院新闻办公室发布的《人类减贫的中国实践》白皮书。

② 数据来源于 2021 年中华人民共和国国务院新闻办公室发布的《人类减贫的中国实践》白皮书。

③ 数据来源于国家乡村振兴局网站，https://tpgj.cctv.com/4/6/index.shtml。

困地区新增资金 722 亿元，占三年新增中央财政扶贫资金总量的 60.2%①。

（三）大扶贫凝聚了减贫的磅礴伟力

消除贫困是全党全社会的共同责任。党的十八大以来，在党中央的统一领导下，坚持全民动员、全民参与，动员和凝聚全社会力量广泛参与，不断强化东西部扶贫协作和对口支援，党政机关和企事业单位定点扶贫，人民军队、民营企业、社会组织和个人等社会力量参与扶贫，构建形成了政府、社会、市场协同推进，专项扶贫、行业扶贫、社会扶贫互为补充的大扶贫格局，凝聚形成了脱贫攻坚的磅礴力量。

一是强化东西部扶贫协作。2016~2020 年，东部 9 个省市向扶贫协作地区共投入财政援助资金 765.4 亿元，投入社会帮扶资金 225.2 亿元；扶贫协作双方累计互派党政挂职干部超过 1.63 万人次，互派教师、医生等专业技术人才 12 万人次；2 万多家东部企业对扶贫协作地区实际投资达 1.07 万亿元；帮助中西部 383 万贫困劳动力在协作地区"点对点"稳定就业，帮助 886 万贫困劳动力在东部省份稳定就业。二是中央单位和军队定点扶贫效果显著。2016~2020 年，中央单位累计向定点扶贫县投入和引进帮扶资金 854.8 亿元，培训基层干部和各类技术人员 334.6 万人次，选派挂职干部和驻村第一书记 8186 名，购买贫困地区农产品 19 亿元，帮助销售贫困地区农产品 1032 亿元。全军部队共扶持产业项目 8351 个，援建"八一爱民学校"156 所，帮建贫困村小学 1544 所，帮扶 4100 个贫困村、29.3 万个贫困户、92.4 万名贫困群众全部实现脱贫。三是群团组织大力支持脱贫攻坚。如全国妇联累计组织 1021 万贫困妇女和妇女骨干参加各类培训，提升贫困妇女脱贫能力。为妇女进行宫颈癌检查近 1.2 亿人次、乳腺癌检查 4800 多万人次，为 19.22 万名贫困"两癌"患病妇女提供救助。中国科协组织 1956 个农技协联合会、1.2 万个农技协和科技组织参与扶贫，助力 390 万建档立卡贫困人口脱贫。四是

---

① 数据来源于 2021 年中华人民共和国国务院新闻办公室发布的《人类减贫的中国实践》白皮书。

民营企业"万企帮万村"。2015~2020年，共组织动员12.7万家民营企业参与"万企帮万村"精准扶贫行动，精准帮扶13.91万个村（其中建档立卡贫困村7.32万个），产业投入1105.9亿元，公益投入168.64亿元，安置就业90.04万人，技能培训130.55万人，共带动和惠及1803.85万建档立卡贫困人口。此外，还有社会组织等其他力量参与到脱贫攻坚中来。全国性社会组织2301家均在不同程度上参与了扶贫工作。香港、澳门也积极参与内地脱贫攻坚工作。香港帮扶四川省巴中市南江县，助力1580户贫困户增收致富，帮助培训360名乡村医生，资助500名家庭困难学生。澳门帮扶贵州省黔东南苗族侗族自治州从江县，累计帮扶项目72个，投入资金5880.14万元，资助贫困家庭学生3000名①。

中国发展进入新时代。以习近平同志为核心的党中央带领全国人民迎难而上，不断进行理论和实践创新，提出了精准扶贫、精准脱贫战略，突出"精准"要求，建立健全精准扶贫工作机制，以更大的决心、更明确的思路、更精准的举措、超常规的力度，攻坚克难，凝聚起全党全社会脱贫攻坚的磅礴力量，如期完成脱贫攻坚目标任务，区域性整体贫困得到解决，彻底消除了我国的绝对贫困。

五 中国共产党百年减贫实践的启示

回顾中国共产党带领人民消除绝对贫困的百年历史，历程艰辛，成就巨大。党始终把人民的利益放到首位，在人民的拥护和支持下实现了民族独立，推翻了"三座大山"，结束了旧中国战乱、分裂的局面，为消除绝对贫困创造了根本条件；团结和带领人民，自力更生、艰苦奋斗，建立了社会主义制度，确立了中国的发展方向，为消除绝对贫困奠定了制度基础；团结和带领人民，解放思想、奋发图强，坚定不移推进改革开放，建立了灵活的充满活力的体制机制，为消除绝对贫困提供了更多

---

① 本段数据皆来源于国家乡村振兴局网站，https：//tpgj.cctv.com/5/1/index.shtml。

的机会和渠道；团结和带领人民，自信自强、守正创新，创造性地提出了精准扶贫，凝聚了中华民族减贫的磅礴伟力，完成了消除绝对贫困的艰巨任务。以史为鉴，可以知兴衰。消除绝对贫困不是终点，而是新生活、新奋斗的起点，实现全体人民共同富裕的目标仍然任重道远，需要我们深刻总结历史经验，探寻建立新的历史伟业的成功密码。

（一）党的领导是消除贫困的关键

中国共产党的领导是消除贫困的关键。在28年的艰辛革命中，党与人民一体同心、生死相依，始终把人民的利益放到最高位置，开展土地运动，努力改善人民群众的贫困生活状态，使人民群众深刻认识到只有共产党才是他们利益的根本代表，只有共产党才能带领他们改变贫困的命运，觉醒的人民在党的领导下，改变了旧中国一盘散沙的局面，取得了革命的胜利，为中国彻底改变贫困局面创造了根本条件。新中国成立后，党带领人民建立了社会主义的各项制度，建立了独立自主、比较完整的工业和国民经济体系，创造了更具活力的社会主义市场经济体制，为消除绝对贫困奠定了制度基础，提供了更多的机会和渠道。特别是新时代，党带领人民，创新体制机制，坚持精准要求，汇聚全党全社会的力量，为彻底解决绝对贫困凝集了磅礴力量，彻底解决了绝对贫困问题，创造了人类历史上的奇迹。以史为鉴，消除相对贫困、实现共同富裕必须坚持党的全面领导，完善党的领导。

（二）坚持社会主义的发展方向

社会主义道路是近代中国的唯一出路。在社会主义方向的指引下，中国共产党带领中国人民推翻了"三座大山"，改变了旧中国一盘散沙的局面。社会主义制度确立后，实现了中国有史以来最为广泛而深刻的社会变革，改变了我国贫穷落后面貌。进入改革开放新时期，党深化了对社会主义的认识，明确提出"贫穷不是社会主义"，社会主义要"消灭贫穷"，并逐渐认识到，要消除贫困，必须走中国特色社会主义的道路，解放和发展生产力，实施有组织、有计划的大规模的扶贫开发。进入新时代，党进一步认识到消除贫困、改善民生、实现共同富裕是社会主义的本质要求，把消除绝对贫困作为全面建成小康社会的底线任务。创造性地提出了精准扶贫、精准脱贫思想，构建精准扶贫体制机制，充分发挥社会主义制度集中力量办大事的显著优势，凝聚一切可以凝聚的力量，彻底地消除了绝对贫困。以史为鉴，建立社会主义现代化强国，必须坚持社会主义的发展方向，坚持道路自信。

（三）充分发挥贫困群众的内生动力

人民是历史的创造者，是真正的英雄。中国共产党能够成就消除绝对贫困的历史伟业，最根本在于党始终相信和依靠人民，把最广大的人民群众组织起来为自己的利益而奋斗，充分发挥了人民群众的主体作用。在党的领导下，贫困农民爆发出巨大的力量，从人力、物力、财力等多方面支持革命，支持党从小到大、从弱到强，打败了国内外一个又一个强大的敌人。新中国成立后，被组织起来的贫困群众自力更生、艰苦奋斗，建立了独立的、比较完整的工业体系和国民经济体系。进入新时代，在党的坚强领导下，数以千万计的贫困群众抓住脱贫攻坚的历史机遇，积极配合党的各项政策措施，不断提高自己的思想水平，自强不息、艰苦奋斗，彻底改变了绝对贫困的落后状况。以史为鉴，巩固脱贫攻坚成果，不断增加脱贫人口收入，全面实现乡村振兴任重道远，必须充分发挥人民群众的主体作用，激发最广大人民的内生动力。

（四）始终坚持以发展为基础

发展是解决包括贫困问题在内的中国所有问题的关键。旧中国积贫积弱，关键就在于当时半殖民地半封建社会不具备充分发展的条件。马克思主义经典作家认为，物质生产实践是社会存在和发展的基础。作为马克思主义政党，中国共产党自成立起就深刻明白发展的重要性，始终高度重视发展问题。在革命时期，虽然条件缺乏，党仍努力促进根据地各项事业的发展，改善群众生活，积蓄革命力量。新中国成立后，中国共产党更是把发展作为执政兴国的第一要务，集中精力搞建设、谋发展，把发展作为消除贫困的重要推动力。特别是进入新时代后，党把发展放到了更加重要的位置，全面深化改革，推进农村承包地"三权分置"、集体产权制度改革等，完善社会主义市场经济体制，坚定不移扩大对外开放，破除阻碍发展的各种壁垒，消除导致贫困的制度性因素，取得了历史性成就，为消除绝对贫困提供了有力保障。以史为鉴，过去我们消除绝对贫困要靠发展，未来不断改善人民生活水平、满足人民对美好生活的向往也要坚持发展、促进发展。

（五）牢牢把握"精准"要求

政策和策略是党的生命。贫困是困扰人类社会的顽疾，中国共产党取得消除绝对贫困的人类奇迹，一个重要原因在于党能够根据我国不同发展阶段的形势变化和特点，制定科学的减贫策略和方略，持续用力。特别是进入新时代后，我国减贫进入攻坚期，剩下的都是难啃的硬骨头。国际上，一些国家在减贫上虽然也取得了很大成就，但就是不能做到彻底消除绝对贫困，留下了一些死角。中国共产党创造性地提出了精准扶贫，创新扶贫路径，建立健全精准扶贫工作机制，实施"精准滴灌"，彻底消除了绝对贫困。精准扶贫战略实施几年来，"精准"已不再仅仅是扶贫的工作要求、工作机制，更是逐渐成为我们更多工作的价值目标、策略方法和指导思想。消除绝对贫困"一个也不能少"，共同富裕同样"一个也不能少"。脱贫攻坚需要"精准"，实现全面乡村振兴同样也需要"精准"。以史为鉴，进入新发展阶段，我国面对的形势和问题更加严峻复杂，我们更要把握"精准"的要求。

农民工市民化制度创新的总体思路和阶段性制度安排[*]

黄　锟

为了有序推进农民工市民化，促进城镇化健康发展，各项制度创新正在加速推进。然而，从制度创新的实践看，市民化制度创新的目标还不够明确，思路也不甚清晰，制度安排也比较混乱且存在冲突，甚至制度创新中还经常出现反复。因此，在这一关键阶段，必须明确促进农民工市民化制度创新的目标、思路和大致的制度安排，制定科学有效的创新策略，平稳有序地推进制度创新。

一　农民工市民化制度创新的总体思路

从城乡二元制度改革和演进的历程看，虽然城乡二元制度已经发生了巨大变革，尤其是在放松劳动力流动限制、加强农民和农民工社会保障方面取得了较大进步。但是，从整体上看，城乡分割、城市倾向、城乡二元的制度性特征并没有发生根本的改变。这些制度特征不仅使城乡收入差距出现扩大化的趋势，而且限制了农业剩余劳动力的彻底转移，即市民化。因此，为了推进农民工市民化，促进农业剩余劳动力的彻底

---

* 中国国际经济交流中心 2012 年度招标项目"我国由经济大国迈向经济强国战略研究"、国家社会科学基金一般项目"城乡统筹背景下新生代农民工市民化的体制与政策研究"（IOBJY034）、教育部规划基金项目"新生代农民工市民化过程中的制度冲突与协调问题研究"（12YJA790051）的阶段性成果。本文原载于《国家行政学院学报》2013 年第 2 期，收入本书时有改动。

转移，构建良性互动的和谐城乡关系，缩小城乡差距，最终实现城乡一体化，还必须进一步创新城乡二元制度。针对城乡二元制度的缺陷和改革中出现的问题，结合农民工问题的复杂性，农民工市民化制度创新的总体思路应该是：一元化方向、渐进式改革、分类型实施、整体性推进。即在不损害城镇居民既得利益和不影响现代化进程的前提下，根据实际情况，通过对城乡二元制度的改革，分阶段、有区别地逐步扭转和取消城乡分割、城市倾向的制度安排，最终形成有利于城乡良性互动、和谐发展的城乡一体化的制度体系，为农民工市民化提供必要的制度保障。

（一） 一元化方向

首先，由于城乡二元制度是阻碍农民工市民化的最重要的制度性因素[①]，因此，促进农民工市民化就必然要从根本上改革城乡二元制度。其次，从历史的角度看，城乡二元制度是我国在特殊的历史时期形成的特殊的制度安排，随着经济发展战略的转变、经济体制的转轨，城乡二元制度也将失去存在的理由和条件。最后，从发展的观点看，随着工业化、城市化的完成，我国二元经济社会结构必将转化为一元结构。随着二元结构向一元结构的转化，城乡二元制度也必将随之解构。因此，从最终目标看，农民工市民化的制度创新必然是实现城乡一体化的制度安排。城乡一体化的制度安排将消除城乡隔离、城市倾向的二元性制度，确立城市支持农村、工业反哺农业、城乡要素自由流动和城乡良性互动、和谐发展的城乡一体化的制度体系。

（二） 渐进式改革

从阶段上看，由于制度惯性、利益集团的阻碍及城市的财政等承受能力等因素，农民工市民化很难一步到位，必然要经历农民工—准市民

---

① 黄锟：《中国农民工市民化制度分析》，中国人民大学出版社，2011。

的准市民化阶段，再从准市民—市民的完全市民化阶段①；从时间上看，由于农民工市民化不能一步到位，而是要经历农民工—准市民，再从准市民—市民等两个阶段，不可能随主观愿望，一蹴而就，而是在条件成熟的情况下才能实现，农民工市民化必然要经历一个相对较长的过程。因此，农民工市民化的制度创新也不可能一步到位，而必然采取渐进的方式。在渐进式改革过程中，与农民工市民化的两阶段相对应，制度创新也应分为两个阶段，即过渡性制度安排和最终制度安排。前者对应的是从农民工到准市民的准市民化阶段，后者对应的是从准市民到市民的完全市民化阶段。

（三）分类型实施

在渐近式改革中，还要区别情况，根据城市大小、地区经济发展程度、农民工群体差异，分类型实施制度创新和决定创新进程。①根据城市大小，分类型实施。城市大小不同，人口压力、生活费用、对农民工素质的要求都会存在很大差异，从而对农民工市民化的成本、意愿、能力都会产生很大的影响，并最终影响到不同城市的市民化进程。市民化进程的快慢将对农民工市民化制度创新的差异产生重要影响。一般来说，大城市的人口压力大、生活费用高、市民化成本高，对农民工素质和市民化能力要求也高；中小城市的人口压力小、生活费用低、市民化成本低，对农民工素质和市民化能力要求也低。因此，大城市的农民工市民化和市民化制度创新的阻力较大，中小城市的农民工市民化和市民化制度创新的阻力较小。所以，应该重点推进中小城市的农民工市民化进程，中小城市的市民化制度创新的进程也要相对较快。②根据地区经济发展程度，分类型实施。地区经济发展程度不同，农民工就业机会、就业稳定性、收入、企业和政府提供市民化

---

① 所谓准市民是指已经取得了市民身份或城镇户口，但还不能与原市民享有完全相同的权利和待遇，不过差距正逐步缩小。随着市民化条件的完全成熟，准市民将逐步取得与原市民完全相同的权利和待遇，这时准市民将成为完全意义上的市民。

待遇的能力存在较大差异。一般来说，发达地区的就业机会更多、就业较稳定、农民工收入稳定而较高、企业和政府提供市民化待遇的能力更强，欠发达地区的就业机会较少、就业稳定性较差、农民工收入不稳定且较低、企业和政府提供市民化待遇能力弱。因此，当前应该重点推进发达地区的农民工市民化进程，加快发达地区的市民化制度创新进程。③根据农民工群体差异，分类型实施。随着经济社会发展，农民工群体出现了社会分层。李培林根据拥有资本和雇佣方式的不同，将农民工分为三个不同的社会阶层：占有相当生产资本并雇用他人的业主（老板）、占有少量资本的自我雇用的个体工商业者（个体户）和完全依赖打工的受薪者（打工仔）[1]。前两个群体属于高收入群体，他们的素质较高、工作较稳定、收入水平较高、居住条件较好、社会地位较高，因而市民化能力较强；占农民工群体中绝大多数的第三部分人属于低收入群体，他们的素质较低、工作不稳定、收入水平低、市民化能力较弱，他们处于城市社会的最底层或属于城市社会阶层之外的边缘性群体。因此，应该重点推进高收入群体的市民化进程，市民化制度创新也应该主要立足于高收入群体的市民化。

（四）整体性推进

由于农民工市民化制度创新是一个复杂性社会系统工程，涉及各种利益集团、各个社会层面、多项社会制度，如果农民工市民化制度创新采取单兵突进的方式，不注意其他制度的配合和协调，则必然会与其他社会制度产生冲突，也会受到其他利益集体的阻止，因此，在农民工市民化制度创新过程中，必须注重整体性推进。整体性推进有两层含义或层次：一是城乡二元制度自身的整体性制度创新，即要加强城乡二元制度内部的协调和配合；二是其他配套性制度与城乡二元制度的整体性制度创新，即要加强其他制度创新与城乡二元制度创新的协调和配合，在创新城乡二元制度的同时，还要同时推进配套改革，如加快经济转轨，

---

① 李培林：《流动民工的社会网络和社会地位》，《社会学研究》1996 年第 4 期。

加快城市化进程和城市基础设施建设，切实落实科学发展观，改革财政体制等。

二 农民工市民化制度创新的阶段性制度安排

从整体上看，农民工市民化可以划分为准市民化和完全市民化两个阶段，在不同阶段，将面临不同的经济发展阶段、社会形势和制度环境，农民工市民化的任务、难点也将呈现出很大的差异，因而市民化制度创新必然呈现出阶段性，并在不同的阶段具有不同的目标、要求和制度特征。

（一）准市民化阶段的制度安排

1. 目标和要求

准市民化阶段的制度创新目标和要求是建立适应准市民化要求的制度体系，消除对农民工的各种歧视，赋予农民工准市民身份，并逐步缩小准市民与原市民的权利和待遇差别。其中，户籍制度创新的目标和要求是：在保障公民迁徙自由的基础上，剥离户口所附着的福利功能，恢复户籍制度的登记和管理功能，建立城乡统一的户籍制度，赋予农民工市民身份。农村土地制度创新的目标和要求是：按照有利于明确和保护土地物权的思路，完善农村土地制度，保护农民对土地的各项权益，以弱化土地保障功能，提高土地估值和补偿标准，加快土地流转。社会保障制度创新的目标和要求是：逐步完善农民工和准市民社会保障制度，并缩小与城镇职工社会保障的差距。就业制度创新的目标和要求是：逐步消除劳动力市场的分割和就业歧视，为农民工和准市民创造平等的就业环境，维护合法的就业权益，初步形成城乡统一的就业制度。

2. 制度特征

在上述制度创新目标和总体要求下，准市民化阶段的制度创新具有过渡性、二元性和不协调性的制度特征。过渡性是指，准市民化阶段的制度创新并不是最终的制度安排，而是与准市民化阶段的经济发展阶段、社会形势和制度环境相适应的，具有暂时性、处于发展中的、阶段性的制度安排。从发展的角度看，随着农民工市民化条件的逐步成熟，这一阶段的制度安排将最终被更为完善的制度安排所取代。二元性是指，由于社会经济条件的不成熟，虽然在向一元化方向努力，但还没有完成向一元化的转变，因而在很多方面仍然存在二元性的特征。不协调性是指，我国的改革路径从整体上是一种渐进式改革，采取的是整体改革与单项推进相结合的改革策略，而且很多改革还没有突破"增量改革"的模式，这就必然会造成不同领域改革进程的有快有慢和制度间的不协调。过渡性阶段制度安排的不协调性主要表现在两个层面。一是城乡二元制度与其他制度的不协调。如城乡二元制度与市场经济体制改革进程的不协调。市场化改革在农村比较彻底，市场化程度较高，但在城镇比较滞后，尤其是在限制农业劳动力转移和市民化方面，很多制度还停留在改革初期的管制和计划经济思路上，这就造成了城乡二元制度与城镇和农村的市场经济体制的不协调。此外，城乡二元制度的过渡性与二元性也造成了这一制度与财政制度、收入分配制度、城市管理体制等的矛盾和冲突。二是城乡二元制度内部制度的不协调。其中最常见的也最为棘手的是城乡二元户籍制度和城乡二元就业制度和社会保障制度矛盾和冲突。

3. 制度创新要点

准市民化阶段的制度创新要点包括：①建立城乡统一的户籍制度，赋予农民工市民身份。主要包括：剥离户口所附着的福利功能；建立城乡统一的户口制度，赋予农民工市民身份；强化户籍管理基础性工作，完善户口登记制度；调整人口迁移政策，实现迁徙自由；由户籍登记逐步过渡到人口登记；配套制度创新。②完善农村土地制度，保护农民对土地享有的各项权益。主要包括：完善以承包权为核心的农地产权制度，建立和完善基于承包权的农地流转制度，完善基于土地物权的农地征用制度，配套制度创新。③初步形成城乡统一的就业制度。主要包括：建立健全全国统一的劳动力市场，建立城乡平等的就业准入、就业服务、就业培训制度和同工同酬制度，完善劳动力市场的监管制度，逐步缩小准市民与城镇职工在社会福利和社会保障上的差距，配套制度创新。④逐步完善农民工和准市民社会保障制度，缩小与城镇职工社会保障的差异。主要包括：完善农民工社会保障体系，包括继续完善农民工社会保险体系，逐步建立社会福利体系和社会救济体系，并最终形成全国统一的农民工社会保障体系；健全农民工社会保障运行机制，包括完善管理机制、异地转移衔接机制、资金筹措机制等；配套制度创新。⑤配套制度创新。主要包括：加快经济转轨，为农民工市民化制度创新提供必要的体制基础；加快产业结构调整，促进第三产业发展，为农民工市民化制度创新提供必要的经济前提；改革公共财政体制，为农民工市民化制度创新提供必要的财政基础；贯彻落实科学发展观，构建和谐社会，为农民工市民化制度创新提供必要的社会环境。

（二）完全市民化阶段的制度安排

1. 目标和要求

完全市民化阶段的制度创新的目标和要求是：在准市民化阶段制度创新的基础上，建立适应完全市民化要求的制度体系，完全消除对进城劳动力的各种歧视，赋予其市民身份，使其享有与原市民完全平等的权利和待遇，实现城乡劳动力要素的自由流动和城乡居民平等的国民待遇。其中，户籍制度和农村土地制度创新的目标和要求主要是：在准市民化阶段制度创新的基础上，根据新情况、新形势，进一步完善户籍制度和农村土地制度，以及配套制度的进一步完善。社会保障制度创新的目标和要求是：统一农民工与城镇居民社会保障标准，形成城乡一元化的社会保障制度。就业制度创新的目标和要求是：形成完善的、城乡统一的就业制度，实现城乡完全平等的就业权。

2. 制度特征

与第一阶段的制度创新相比，第二阶段的制度创新具有彻底性、一元性和协调性的特征。所谓彻底性，是指完全市民化阶段的制度创新是比较成熟的，也是最终的制度安排。这是因为，这一阶段的制度创新是充分借鉴了上一阶段制度创新的成果和经验教训而逐步形成和完善的；这一阶段的制度创新基本上满足了工业化、城市化和农民工市民化的基本要求，并与其最终目标相适应；在这一阶段，社会经济基本上达到了稳态运行，出现新情况、新问题的概率大为降低，从而制度创新的动力大大削弱；城乡关系也将由分割、封闭和不平等转变为统一、开放和平等的正常关系，正常的城乡关系将是未来城乡关系的主旋律，因此建立在这种正常城乡关系之上的城乡制度也不会发生大的改变。一元性是指，城乡二元制度将彻底被城乡一元化的制度体系取代，城乡差别、城乡不平等的状况将彻底改变。因为，经过几十年的消化和吸纳，农民工市民化的压力将逐年减释，城市社会对农民工的态度将由歧视和拒斥转为尊重和接纳；而且这一阶段农业剩余劳动力转移的压力将大为减轻，城市经济也有了足够的经济承载能力，建立城乡一元化的制度是可能的。同时，在这一阶段，我国社会经济结构将实现由二元结构向一元结构的转化，经济体制转轨也将彻底完成，城乡二元制度将失去其存在的社会经济基础和体制基础。协调性是指，各项城乡制度已经十分完善，在时间上和地域空间上都将达到统一化（都达到了彻底性和一元性）。同时，我国的改革进程基本上已经完成，市场经济体制完全建立，双轨制将不复存在，其他社会经济政治制度也比较成熟、健全。因此，在这种制度环境下，新的城乡制度与其他制度之间，以及城乡制度内部各项制度之间的矛盾和冲突已经降到最低限度，基本上达到了互补与协调运行。

3. 制度创新要点

完全市民化阶段的制度创新要点包括：①户籍制度的进一步修改和完善。②土地制度的进一步修改和完善。③城乡完全平等的就业制度创新。包括建立城乡完全平等的就业制度；完全消除新市民与原市民在社会福利和社会保障上的差别，将其纳入统一的社会保障体系中。④城乡一元化的社会保障制度创新。包括对保障项目、保障标准、保障资金和保障机构和法规建设进行全面而有效的整合，构建起有统有分的城乡一体化社会保障体系。⑤配套制度的进一步完善。

三　农民工市民化制度创新的配套措施

（一）加快经济体制转轨，为农民工市民化制度创新提供必要的体制基础

历史上，城乡二元制度的形成在于计划经济体制，在于在计划经济

体制之下，以户籍为基础分割了城乡产品市场和要素市场，阻止农业劳动力的自由迁移，倾斜性地向城市配置资源。因此，以消除城乡二元制度为最终目标的农民工市民化制度创新，必然要以市场经济体制为体制基础，进行社会资源公平有效的配置。始于 1978 年的经济改革实际上就是经济体制由计划经济向市场经济转轨的过程。经过 30 多年的市场化体制改革，城乡已经从两个封闭、半封闭的区域变成了相对开放的、自由的、公平的区域。经济转轨对农民工市民化及其制度创新起到了积极的推动作用，如户籍制度的松动、蓝印户口制度的尝试、农民工社会保障的积极探索等。但是，由于中国改革的渐进性，市场经济体制并未完全建立，中国仍然处于体制转轨的过渡期，中国未来的农民工市民化及其制度创新也必将在相当长的时期内受到双规制和体制转轨的影响，因此，为了加快制度创新进程，保障农民工市民化，还需要继续深化经济体制改革，加快改革攻坚，尽快完成经济转轨。针对农民工市民化所遇到的实际困难，今后要着重消除城乡二元的劳动力市场及城市内部的二元劳动力市场，建立全国统一的劳动力市场；要继续巩固和发展公有制经济，鼓励、支持、引导非公有制经济发展，形成各种所有制经济平等竞争、相互促进新格局；要建立事权与财权相匹配的财政体制，完善中央对地方的转移支付，提高一般性转移支付的规模和比重，提高基层政府的财政保障水平；要完善市场规则，加强市场立法，建立"法治的市场经济"，即"好的市场经济"[①]；要继续推进政府改革和政府职能转换，处理好政府与市场的关系；等等。

（二）加快产业结构调整，促进第三产业发展，为农民工市民化制度创新提供必要的经济前提

城镇非农产业的发展，尤其是具有较大就业弹性的第三产业的发展，不仅有利于增加农民工的就业机会和收入，有利于企业扩大生产规模，提高盈利水平，也有利于政府增加财政收入，从而有利于提高农民工、企业、政府等制度创新主体的潜在利润。但是，从目前的产业结构看，无论

---

① 吴敬琏：《呼唤法治的市场经济》，生活·读书·新知三联书店，2007。

是从产值的角度，还是从就业的角度，世界经济发达国家第三产业的比重大都在 70% 以上，而且很多国家已经进入第三产业主导城市化的阶段，一些主要城市已经从工业生产中心转为第三产业中心，彻底实现了城市职能的第三产业化。在这种形势下，第三产业的发展对城市化水平的制约作用将更加显著。反观中国，第三产业的发展长期滞后于工业化，第三产业与城市化呈现一种低水平制约关系，尤其在 20 世纪五六十年代，我国第三产业与城市化甚至呈现负相关关系，相关系数为 -0.63[①]，这在世界经济发展史上是罕见的。即使到 2010 年，我国的城镇化率接近 50%，第三产业的产值比重和从业人员比重也仅仅略高于第二产业。这一方面反映了我国第三产业发展的滞后，另一方面也说明了我国第三产业还有很大的发展空间。因此，加快产业结构调整，重点就是要发展第三产业。在市场经济条件下，加快产业结构调整，发展第三产业，要以市场手段为基础，通过合理的产业政策，积极引导和鼓励生产因素流向第三产业。

（三）改革公共财政体制，为农民工市民化制度创新提供必要的财政基础

有些人反对农民工市民化制度创新，一个重要的依据就是担心给予农民工平等的市民待遇会加重城市的财政负担，而许多地方在农民工市民化制度创新中出现反复的一个重要原因也是地方公共财政难以为更多的农民工及其家庭提供相应的公共支出，如城市基础设施、教育、住房、社会保障等。可见，农民工市民化制度创新能否继续下去是要受到城镇财政能力制约的。所以为了保证农民工市民化制度创新的成功，必须改革现行的公共财政体制。

首先，进一步推进分税制财政体制改革，确保地方财政有稳定可靠的税源。分税制财政体制的实质是要规范中央与地方以及地方各级政府财政分配关系，其完善与否直接关系到各级政府职能能否得以正常履行，也是农民工市民化制度创新能否得以实施的关键。合理确定中央与地方以及地方各级政府的事权范围，在此基础上，尽快建立地方税体系，保

---

① 丁小平：《我国城市化滞后的产业因素分析》，《经济学家》2004 年第 3 期。

证各级地方、各个城市有固定税源满足各级政府行使正常职能，应是分税制财政体制改革的关键。

其次，进一步调整城镇财政支出结构。根据公共财政基本框架的要求，城镇政府的主要职责是提供覆盖本城镇范围内的公共物品和服务。城镇财政支出的重点也就应放在这些公共物品和服务上，原则上是给本城镇的居民以平等待遇，如文化、教育、社会保障、公园、娱乐、消防、水供应系统、环境保护、交通和城市公用设施等。为此，就必须通过机构改革来调整城镇公共支出结构，压缩一批与新体制下政府职能不相适应的支出，增加与新体制下政府职能相适应的必要支出，使城镇公共支出结构真正适应政府职能转变的要求，也为农民工市民化制度创新提供财政基础。

最后，户口登记与财政待遇相结合，以财政管理促进户口管理。可以学习其他国家在人口管理上的先进经验，将户口登记制度与财政给予的相关待遇结合起来，以财政管理促进户口管理，促进农民工市民化制度创新。

（四）贯彻落实科学发展观，构建和谐社会，为农民工市民化制度创新提供必要的社会环境

进入 21 世纪，中国政府的发展理念发生了巨大的转变，主要表现即是科学发展观和构建和谐社会的提出。科学发展观强调发展的全面、协调和可持续性，通过统筹来实现城乡、区域、经济与社会、人与自然的和谐发展，来协调个人与集体、局部和整体、眼前和长远的利益关系。而构建和谐社会强调通过改革来解决诸如教育公平、就业机会公平、收入分配合理以及社会保障、医疗卫生等的均等化问题，同样是调整和处理各种利益关系。因此，这些执政理念和发展观的提出，为消除社会歧视、实现社会公平、调整和处理各种利益关系，提供了良好的社会环境。在这种社会环境下，农民工问题，包括农民工市民化问题受到了空前的关注。解决农民工问题，促进农民工市民化，成为社会共同的心声。这将有利于调整和处理农民工市民化制度创新主体的利益冲突，统一各种主体的思想和行为，从而不仅有利于提高各种主体的潜在利润，也有利于降低制度创新的交易成本。

农民工市民化过程中的制度冲突与协调[*]

——以城乡二元制度为例

黄　锟

一　引言

在实践中，尽管我国中央政府和地方政府对农民工市民化的制度创新十分重视，并将其提升到科学发展观、构建和谐社会以及统筹城乡发展的战略高度，因而从劳动力自由流动就业的层面看，已经几乎不存在制度性的障碍，但是，从农民工市民化的层面看，农民工市民化率提高的速度并没有制度创新的进展那么快，制度创新的实际效果并不明显。这似乎成为制度创新的"创新—效果悖论"。为什么会造成这种局面？或者说制度创新的实际效果不理想的原因是什么？这是农民工市民化及其制度创新中必须解决的重大理论问题和现实问题。

对于这一问题，青木昌彦似乎早有预料。他在集大成的著作《比较制度分析》一书中专门强调了他的新制度观（博弈均衡制度观）适合于制度分析的五个理由，指出了制度关联和相互依赖对实施效果的意外影响[①]。他认为制度之间是彼此关联的，经济作为一个整体就是相互依赖

*　国家社会科学基金项目"城乡统筹背景下新生代农民工市民化的体制与政策研究"（10BJY034）、教育部人文社会科学基金项目"新生代农民工市民化过程中的制度冲突与协调问题研究"（12YJA790051）的阶段性成果。本文原载于《经济研究参考》2013年第39期，收入本书时有改动。
①　青木昌彦：《比较制度分析》，周黎安译，上海远东出版社，2001。

的制度之间稳固而连贯的整体性安排；但是制度化关联和互补关系为整体性制度安排抵御来自域内外的变化提供了一定的耐久性，使之成为经济发展的障碍；同时它们也影响着制度沿特定方向的演化。一项新的制度的实施之所以在一定的经济、政治和社会背景下经常会产生意想不到的后果，一个主要原因是该制度和现存的制度环境之间缺乏必要的"耦合"。这说明，只有相互一致和相互支持的制度安排才是富有效率和可维系的，否则就会造成制度之间的冲突。

制度风险理论则进一步解释了制度冲突的后果，即产生制度风险。真正的制度风险是反身性的制度风险，即制度自身被预期的功能出现偏差而产生的不确定性①。美国社会学家默顿关于社会结构"功能复杂性"的理论，不仅阐明了制度风险的实际存在，更昭示出制度出现功能偏差的具体形式②。德国社会学家乌尔里希·贝克（Ulrich Beck）认为"现代性"制度潜在的副作用带来了风险社会③。安东尼·吉登斯（Anthony Giddens）对社会风险的阐述也隐含着制度风险的存在④。制度风险的存在基础是制度与相关的其他正式制度或相应的非正式制度之间的冲突，只要在同一场域内存在某种与制度不协调的正式或非正式制度，风险就可能发生。制度风险的发生还有意识层面的客观性根源，即理性的有限性。哈耶克在批判理性主义专断的同时，触及理性有限性及其导致制度风险的可能⑤。他认为由于人类理性的有限性，任何单一的个人或组织都无法掌握全部知识，作为理性设计产物的制度建设，自然不可能达到在个体的自利行为激励下，通过自发的制度创新与演变而形成制度所具有的效率。安东尼·吉登斯在《社会的构成：结构化理论大纲》一书

---

① 李文祥：《社会建设中的制度风险与制度协调》，《天津社会科学》2007 年第 3 期。

② R. K. Merton, *Theoretical Sociclogy*, New York：The New York Press, 1967.

③ Ulrich Beck, *Risk Society：Towards a New Modernity*, Cambridge：Polity Press, 1992.

④ 安东尼·吉登斯：《社会的构成：结构化理论大纲》，李康、李猛译，生活·读书·新知三联书店，1998。

⑤ 哈耶克：《致命的自负——社会主义的谬误》，冯克利、胡晋华译，中国社会科学出版社，2000。

中，从结构二重性理论出发，对在社会结构的制约性与行动者的反身性
监控所联结的结构化过程中，行动的意外后果和社会的突生结构如何产
生的理论阐述，也表达了人类理性的有限性对制度风险生成的根源性
作用①。

然而，在中国，存在于农民工市民化过程中的制度关联、制度冲突
和制度风险问题却还没有引起学术界的重视。本文就是要运用制度关联
理论和制度冲突理论尝试分析中国农民工市民化过程中的制度关联、制
度冲突以及制度冲突的协调。由于农民工市民化的制度障碍主要归结于
城乡二元制度，城乡二元制度创新是整个制度体系创新的核心和重点，
因此本文仅仅分析城乡二元制度的制度关联、冲突与协调②。

二　农民工市民化过程中的制度关联

从以上理论分析可见，任何制度都不是孤立存在的，都不同程度地
与制度环境或制度体系中的其他制度存在一定的制度联系和相互依赖。
城乡二元制度作为一套制度体系，内部各子制度之间必然存在着有机的
联系。在农民工市民化进程中，各种子制度创新和制度安排都是以农民
工市民化为目标、以对市民化意愿和市民化能力的影响为中介而潜在地
相互联系。而且，随着农民工市民化的日益迫切，这种制度联系还将在
广度上和深度上日益拓展。城乡二元制度内部各子制度之间联系形式主
要包括嵌入性关联、互补性关联、中介性关联等三种。

1. 嵌入性关联

制度嵌入是指一种制度嵌入另一种制度之中，并以后者为基础运
行和产生制度效果。在城乡二元制度体系中，制度嵌入的情形是很常

---

① 安东尼·吉登斯：《社会的构成：结构化理论大纲》，李康、李猛译，生
活·读书·新知三联书店，1998。

② 实际上，城乡二元制度的制度关联、冲突与协调包括城乡二元制度作为一
个整体与其制度环境的关联、冲突与协调，本文讨论的范围仅限于城乡二
元制度内部四个最重要的制度，即城乡二元户籍制度、社会保障制度、就
业制度和土地制度。

见的，主要有：①土地制度、就业制度和社会保障制度嵌入到户籍制度之中。这样，前面的三种制度就以户籍制度为基础，具有不同户籍的人就享有不同的权利和待遇，如农村居民拥有土地承包权以及由土地承包权带来的收入和福利；城镇居民拥有有保障的就业权以及由就业权带来的收入和福利；社会保障制度也被划分为二元结构，农村居民和城镇居民分别参加农村和城镇的社会保障。随着农民工的出现和市民化的推进，虽然出现了第三元，但城乡二元结构的整体框架和这种制度嵌入方式没有发生根本的变化，只是使城镇内部的就业制度和社会保障制度出现了新的二元性体制。②在上述制度嵌入的基础上，还存在着农村社会保障制度嵌入土地制度、城镇社会保障制度嵌入就业制度的情形。在传统计划经济体制中，农村和城镇的社会保障制度都很不完善，农民的社会保障主要靠土地来提供，城镇居民的社会保障主要由就业来提供。

2. 互补性关联

一般来说，一种制度往往只能是单个域的行为规范，因此只有不同域的制度彼此配合才能协调参与人在不同域的行为和决策。在制度互补情况下，一种制度就成为另一种制度的参数或制度环境。在城乡二元制度体系中，四个子制度彼此之间存在着制度互补。如户籍制度主要是户口登记和户籍管理中规范人的行为，土地制度主要是调节农民的土地利益关系，就业制度主要是在劳动力市场起到规范作用，社会保障制度主要保障居民的基本生存权利。在农民工市民化过程中，单靠其中的任何一种制度都无法使农民工做出市民化的决策，只有四项制度以其互补性发挥整体功效，才能使农民工愿意并有能力成为市民。

3. 中介性关联

上述两种关联方式都是制度之间直接发生的关联，中间不通过第三方。中介性关联则与之不同，两种制度之间要以第三方为中介才能发生关联。其中第三方可以是一项制度，一个组织，一种利益关系，也可以是一种共同的目标，一种行为，等等。在农民工市民化进程中，城乡二元制度内部子制度之间会因有利于市民化的共同目标而联系得更加密切。此外，构建和谐社会和落实科学发展观的执政理念、经济体制的转轨、宏观经济形势的变化等都可能会使各项子制度之间建立新的关联。

三 农民工市民化过程中制度冲突的主要原因

（一）制度创新目标选择的冲突

实际上，不仅制度是协调利益关系的重要设置，而且制度创新的根本动力也来自于对潜在利润的追求，是利益集团博弈的结果，因而制度冲突的根源即在于由于制度安排的不当造成的利益冲突。实际上，城乡二元制度体系内部各项子制度分别体现了不同域的利益关系，而不同域中的利益关系不仅具有不同的内容和性质，而且对各个主体来说也具有很大的差异。例如，就户籍制度来说，适应农民工市民化要求的制度创新的目标是放开户籍限制，建立允许人口自由迁移的人口登记和人口管理制度。随着人口的自由迁移，农民和农民工将实现自由迁移，并可能获得其他平等权，因此在短期将增加其净收益，但从长期看，随着城乡一体化的推进和城乡差距的缩小，这种潜在的净收益将趋于下降。中央政府将因此获得广大农民和农民工的广泛拥护，从而获取极大的政治利益。由于人口的自由流动，中央政府还将实现劳动力资源的优化配置，实现经济发展（包括财政收入增长）和社会进步。短期净收益将大于长期净收益。迁出地政府能获取较大的经济利益和政治利益，但迁入地在短期内将只能获得政治利益，却难以获得经济利益，但从长期看经济利益也能够增加。市民主要关注他们的就业、收入以及生活质量（包括生活空间、生活设施）会不会因户籍放开而受到影响。从短期看，可能会造成负面影响，但从长期看，负面影响将逐步消除。单纯户籍的放开对企业利益基本上没有影响。其他制度创新对不同主体的目标函数和净收益也有着不同的影响。表1列出了不同子制度的创新对各个主体的目标函数和净收益的影响。从中可以看出，不同子制度的创新对各个主体的目标函数和其净收益的影响具有显著的差异。由于这些差异的存在，不同制度创新的目标选择就难免存在冲突。

表1 不同子制度的创新对各个主体的目标函数和净收益的影响

主体		户籍制度	土地制度	就业制度	社会保障制度
农民和农民工	目标函数	自由迁移,各项平等权	土地收益增加,割裂与土地的关系	平等就业和收入增长	平等社会保障权
	影响强弱	短期:++ 长期:+	短期:++ 长期:+	短期:++ 长期:+	短期:++ 长期:+
中央政府	目标函数	经济发展和收入增加,政治利益	财政收入增加,政治利益	经济发展和收入增加,政治利益	财政支出增加,政治利益
	影响强弱	短期:++ 长期:+	短期:- 长期:+	短期:++ 长期:+	短期:- 长期:+
地方政府	目标函数	迁出地:财政收入增长;政治利益 迁入地:财政支出增加,政治利益	迁出地:土地收入下降;政治利益 迁入地:无	迁出地:就业压力下降,收入增长 迁入地:就业压力增加,政治利益	迁出地:财政支出下降 迁入地:财政支出增加,政治利益
	影响强弱	迁出地:短期,++;长期,+ 迁入地:短期,-;长期,+	迁出地:短期,-;长期:+ 迁入地:无	迁出地:短期,++;长期,+ 迁入地:短期,-;长期,+	迁出地:短期,++;长期,+ 迁入地:短期,-;长期,+
市民	目标函数	就业、收入以及生活质量影响	无	就业、收入影响	无
	影响强弱	短期:- 长期:+	短期:0 长期:0	短期:- 长期:+	短期:0 长期:0
企业	目标函数	无	土地成本支出增加	工资成本支出增加,社会利益	非工资性成本增加,社会责任
	影响强弱	短期:无 长期:无	短期:- 长期:0	短期:- 长期:+	短期:- 长期:+

注：①+、-分别代表正面影响和负面影响，++、+，--、-代表影响的强弱。
②短期是指准市民化阶段，长期是指完全市民化阶段。

（二）制度创新进程快慢的冲突

城乡二元制度创新的整体方向是一元化，但实际进程却有快有慢。造成制度创新进程有快有慢的主要原因有两个方面。一是城乡二元制度创新主要采取了诱致性和渐进式的方式。如果制度创新采取的是强制性和激进式的方式，整个制度的创新在很短的时间内迅速完成，就不会造成不同制度的快慢之分。而诱致性和渐进式的方式就在客观上为不同制度的创新速度的快慢提供了可能。因为，在这种方式下，制度创新要先由制度环境或经济形势的变化导致民间形成制度创新的要求，再由政府试点，试点成功后再由政府制定新的制度进行推广和实施。在这些环节中，不同制度的创新的需求程度不同，政府的重视程度不同，试点的进程和效果不同，以及政府制定新的制度和组织制度实施的速度也可能不同，所以这种制度创新方式就必然会造成制度创新过程的快慢之别。二是不同制度涉及的利益主体不同，利益主体的利益关系的复杂程度和矛盾大小不同，利益协调的难度和博弈结果也就不同。这是造成不同制度创新快慢之别的主观原因。户籍制度涉及创新主体的经济利益不显著，即使对农民和农民工、中央政府、地方迁出地政府的经济利益有影响，但几乎都是积极的正面影响，而且作为制度创新的最重要的推动者和组织者，中央政府和地方政府都还能从户籍制度创新中获取较大的政治利益，所以户籍制度的创新的阻力较小，从而一直是最快速的。土地制度创新虽然涉及的主体最少，只涉及农民和农民工、中央政府和迁出地政府，但是由于制度创新对政府的经济利益的负面影响巨大，又是在组织化程度最低、势力最弱的农民、农民工和组织化程度最高、实力最强的政府之间的博弈，加之农村土地所有权的模糊和承包权弱化的制度产权缺陷，农民和农民工更是无法在制度创新中发挥应有的作用，结果农村土地制度创新进程反而比较缓慢。同样，就业制度和社会保障制度的创新也因利益主体在制度博弈中的力量的不对等而进展缓慢。

然而，由于很多地方的户籍制度已经与土地制度、就业制度和社会保障制度等具有实质性福利的制度相脱离，赋予农民工城镇户口显然不能使农民工（或准市民、新市民）享受到实质性的福利待遇，所以很多农民工对于是否取得城镇户口并不像制度创新者设想的那样在意。因此，可以预测，在其他具有实质性的制度尤其是就业制度和社会保障制度没有发生重大创新之前，制度创新的冲突就会持续下去，不仅使农民工市民化的意愿难以提高，而且使农民工市民化能力难以提高，从而农民工市民化状况就难以有所改观，制度创新的整体实效就难以提高。

（三）制度创新阶段性重点定位的冲突

在城乡二元制度体系中，户籍制度是核心，其他制度主要是嵌入户籍制度之中的。因此，这些制度对农业剩余劳动力转移的影响方式是不同的。其中，城乡户籍制度构成了农业剩余劳动力转移的第一道障碍，这是显性的、形式化的障碍；土地制度、就业制度、社会保障制度构成了农业剩余劳动力转移的第二道障碍，这是隐性的、实质性的障碍。但是，在不同的阶段，这些制度的作用是不同的，从而制度创新的重点是不同的。在农业剩余劳动力转移的第一阶段，城乡户籍制度的显性的、形式化障碍的影响更大；而在农业剩余劳动力转移的第二阶段，即农民工市民化阶段，土地制度、就业制度、社会保障制度的隐性的、实质性的障碍的影响更大。所以在第一阶段，应该以户籍制度创新和取消以户籍制度为基础的行政门槛为重点；在第二阶段，应该以土地、就业、社会保障制度创新和消除农民工市民化的经济门槛为重点。而在实践中，却存在均衡用力，甚至选错了制度创新重点。如第一阶段的制度创新基本上选对了重点，在户籍制度创新和消除行政门槛方面取得了重要突破，基本上为农业剩余劳动力第一阶段的转移清除了制度障碍。但是，在第二阶段，很多地方的制度创新重点仍然放在户籍制度方面，甚至将给予农民工城镇户口和农民工市民化画等号，而在其他关键制度的创新上重视不够，导致这些制度创新进展不大甚至停滞不前。

（四）制度创新地区差异的冲突

首先，从经济发达程度看，经济发达地区的就业机会较多，政府财政较为充裕，企业发展较快，盈利能力也较强，从而政府和企业对市民化的社会成本支付能力较高，再加上经济发达地区对劳动力的需求大，如果不能妥善解决农民工市民化问题，农民工会选择用脚投票，造成当地劳动力供给不足（如 2004~2005 年的"民工荒"），影响当地经济发展，这些情况都会为发达地区阻碍市民化制度创新造成较高的代价。因此经济发达地区的制度创新进程相对更快。而经济欠发达地区的就业机会较少，政府财政较为紧张，企业发展缓慢，盈利能力也较低，从而政府和企业对市民化的社会成本支付能力较低。因此，相对于经济发达地区，欠发达地区的制度创新进程较为落后。

其次，从城市大小看，一般情况下，中小城市和镇的制度创新进程要领先于大城市的制度创新。尽管从市民化制度创新的经济净收益看，大城市与中小城市和镇相差不大，而且大城市支付农民工市民化的经济成本的能力更高，因此大城市的制度创新应该领先于中小城市和镇。但是，由于大城市的就业机会较多，收入水平、社会福利和社会保障水平较高，基础设施较为完善，大城市的拉力要远远高于中小城市和镇。如果大城市的制度创新领先于中小城市和镇，率先允许农民工市民化，那么将有大量的农民工涌入大城市，这将使大城市面临很大的人口压力、交通压力、基础设施压力、环境保护压力，对城市承载力构成了严峻的挑战。因此，在现实选择中，大城市一般不敢在制度创新上领先于中小城市和镇。相反，中小城市和镇面临的上述压力则要小得多，城市扩容的空间也较大，而且中央政府也希望先在中小城市和镇进行试点，待条件成熟后再推广到大城市。所以中小城市和镇的制度创新进程相对更快。

最后，从迁出迁入地看，情况较为复杂。从理论上讲，以迁出为主的地区，市民化压力不大，而且还能从迁出农业劳动力的市民化中获取更大的外部性收益，如迁出农业劳动力的汇款、返乡创业等都能够带动迁出地的经济发展，因此以迁出为主的地区应该在制度创新中更加主动；而以迁入为主的地区，市民化压力较大，制度创新的阻力应该更大。但是，从制度创新的实践看，情况刚好相反，以迁入为主的地区的制度创新快于以迁出为主的地区。其中可能的原因是，以迁出为主的地区往往是经济欠发达地区，以迁入为主的地区往往是经济发达地区，而经济发达程度可能对制度创新的影响更大一些。

四 农民工市民化过程中制度冲突的主要表现

（一）户籍制度与嵌入其中的就业和社会福利性制度的制度冲突

在传统城乡二元制度中，户籍不仅具有普通的户口登记和人口管理的功能，还具有身份划分以及由身份划分而形成的权利和待遇的分配功能。因此，户籍制度成为整个城乡二元制度体系的核心制度安排，而其他制度如社会福利性制度（包括土地制度①、就业制度、社会保障制度、教育制度等）则成为嵌入户籍制度的制度安排。

当前，由于户籍制度的创新进程较快，很多地方已经打破了城乡户籍的界限，实行城乡统一的户籍制度，但由此带来的不容忽视的问题是：一方面，统一了城乡户籍，农民工获得了城镇户口；另一方面，嵌入户籍制度的其他福利性制度却没有跟上，如就业歧视和城市劳动力市场分割状况依然存在，农民工社会保障与城镇职工的社会保障存在较大差异。这样，农民工虽然取得了城镇户口，但并没有取得与城镇居民相同的权利和待遇，所以他们取得的城镇市民身份也与原有市民有着很大的区别，如有的地方将其有区别地称作"准市民"或"新市民"，从而实际上又在城镇形成了新的二元结构和二元制度。

新的城乡二元制度提出了一个新的问题：农民工和城镇居民的户口统一之后，原来以户籍划分为依据的城乡居民（主要是农民工和城镇居民）的权利和待遇该如何分配呢？解决这一问题的方案不外乎三种：一是取消城镇居民的特权，实行平等的国民待遇，这样城乡户口自然就不再拥有人为赋予的特殊权利和福利，人人享有平等的国民待遇；二是继续保持现有的城乡居民差别性的权利和福利，但对农民工市民化采取门槛限制，只有符合条件的农民工才能取得市民身份，并享有与原有城镇

---

① 这里将土地制度作为社会福利性制度，因为在城乡二元制度下，城镇居民获得了就业和社会保障等，而农民只获得了土地，所以土地不仅是农民的生产资料，也是其最主要的福利和社会保障。

居民相同的权利和福利；三是剥离户籍制度的社会福利功能，并逐步减小城乡居民权利和福利差别，户籍制度只保留其应该具有的人口登记和人口管理功能，其他就业和社会福利功能分别由就业制度、土地制度、社会保障制度等相应的制度承担，即要通过户籍制度与社会福利性制度的"脱钩"，实现户籍制度与社会福利性制度的相对独立运行。

第一种方案看似简单有效，实际上会由于城市社会既得利益集团的反对而不可能实现，至少在短期内不可能实现。

第二种方案承袭了传统城乡二元分割制度的基本思路，是目前很多城镇的通行做法，但随着政府执政理念的转变和统筹城乡发展和城乡一体化的推进，这种方案明显不再符合时代要求，也会受到广大农民和农民工的强烈反对，因而将变得越来越不可行。

第三种方案应该是今后城乡二元制度创新的目标和方向，但这一方案本身就体现了户籍制度与社会福利性制度的矛盾和冲突，而且这一方案本身也具有很大的难度，在短期内很难理顺户籍制度与社会福利性制度的关系。因此，户籍制度与社会福利性制度的矛盾和冲突还将在一定时间内继续存在。

（二）社会保障制度与土地制度、就业制度的制度冲突

社会保障制度的主要社会功能和创新目标就是要为每个公民提供公平的社会保障。土地在土地改革以来就承担着农民的社会保障功能；传统的城镇就业制度不仅为城镇职工提供了就业岗位和主要的收入来源，也承担着城镇职工的社会保障。因此，社会保障制度与土地制度、就业制度虽然是不同领域的三项不同的制度，但它们的功能发生了重叠，如果处理不当，就难免发生冲突。

为了适应农村劳动力转移和农民工市民化的要求，社会保障制度与土地制度、就业制度都在不断创新中。其中农村土地制度除了创新土地产权制度之外，重点强调了农村土地的流转制度和征地制度的创新，试图加快土地流转、规范征地过程、提高征地补偿标准，逐步剥离农村土地的社会保障功能，割断农民工与土地的联系，促进农民工市民化。同时，城镇就业制度创新中也打破"铁饭碗"和"大锅饭"，逐步将就业

与社会保障剥离开来。与此同时，社会保障制度也开始逐步建立起来，目前，城镇已经建立了比较完善的社会保障制度，农村社会保障制度也在建立和完善之中，并且有些地方还根据农民工的特点着手建立农民工社会保障制度。

然而，从整体上看，社会保障制度与土地制度、就业制度的创新进程很不协调，在一定程度上造成了制度冲突，其主要表现是农民工社会保障制度创新的滞后性。一方面，随着土地收入占农民和农民工家庭收入比重下降，农民和农民工家庭的无地现象和土地集中规模经营，土地的保障功能呈现下降的趋势在一定程度上弱化了，造成农民和农民工最后一道防线的虚化①；同时，由于"铁饭碗"和"大锅饭"被打破，就业制度也失去了昔日的社会保障功能。但是，另一方面，农民工社会保障制度却很不完善，不仅社会保障项目少、社会保障水平低，而且社会保险关系难以转移、社会保障门槛过高、地区差异显著，必然造成"两低一高"的问题，即参保意愿低、实际参保率低、退保率高。这样，农民工虽在城镇就业，却既不能参加城镇社会保障，也逐渐失去土地的社会保障，农民工社会保障制度又很不完善，这就造成了社会保障制度与土地制度和就业制度的矛盾和冲突，不仅会直接影响农民工生存状况的改善和农民工市民化的推进，而且会反过来制约土地制度和就业制度的进一步制度创新进程，进而导致农民工市民化制度创新的整体进程反过来制约农民工市民化，如此恶性循环，使整个制度处于低水平的均衡状态。

五　协调农民工市民化制度冲突的基本思路和政策选择

（一）协调农民工市民化制度冲突的基本思路

化解制度冲突的基本方式可以分为事后补救与事前控制两种。事后补救是针对制度创新造成的制度冲突后果，采取救援性的措施，使制度达到新的均衡状态，化解制度冲突。事后补救一方面将放任制度冲突的

---

① 梁鸿：《土地保障：最后一道防线的虚化》，《发展研究》1999年第6期。

发生，以至于牺牲制度效率，阻碍社会的发展与进步；另一方面将需要新的制度创新，以克服旧制度的低效率，从而会陷入因为创新制度带来冲突而需要继续创新制度的怪圈。而事前控制却能预先考虑到制度关联和依赖关系，统筹兼顾，整体设计，最大限度地实现制度之间的协调，避免可能出现的制度冲突。因此，事前控制是化解制度冲突的最佳选择。再者，制度关联理论和制度风险理论都将制度之间关系的不协调视作制度冲突的主要原因，并一致提出了以整体性制度创新来加强制度协调、避免和化解制度冲突的观点。

因此，协调城乡二元制度内部冲突的基本思路应该是：通过利用现代社会科学与自然科学所积累的知识与技术，加强制度调研，全面、科学、客观地认识城乡二元制度内部诸制度的制度关联和相互依赖关系，准确预判各种可能的冲突，统筹兼顾，整体设计，最大限度地实现制度之间的协调，从制度创新的源头上消除制度冲突的可能性；同时，加强新制度实施中的跟踪和调研，及早发现制度冲突，并按照上述制度创新的要求及时进行事后补救，最终达到实现制度协调。

（二）协调农民工市民化制度冲突的政策选择

1. 改革目标选择冲突的协调

一是要建立利益冲突协调机制，包括利益表达机制、利益协商机制、利益获取机制和利益补偿机制等，以缩小不同利益主体的制度创新净收益的差距，协调利益差别，从而降低冲突的程度。二是要充分发挥政府在改革中的作用，确保制度公正。在改革目标选择中，政府必须要发挥其作为全局利益的代表者、协调者作用，从全局出发，统筹兼顾各方利益，确保制度不是服务于特权阶层，确保制度创新不为强势人群所左右，成为少数人维护和扩大自身利益的工具。三是要发展壮大公民社会，改变农民和农民工的弱势地位。

2. 改革进程快慢冲突的协调

在改革的过程中是有时滞的，也就是说在潜在利润出现和使潜在利润内部化的制度创新之间存在一定的时间间隔。中国的改革是一种渐进式改革。因此，改革所经历的时间间隔可能会很长，而且时间间隔长短也会有很大的差异。如初级行动团体的形成基于潜在利润的发现，因此能否发现潜在利润，对潜在利润大小的判断，以及发现潜在利润所需要的时间，成为制约形成初级行动团体的重要因素。新的改革方案的提出和方案的评估、选择也可能会因认知方面的原因而需要很长的时间。再者，各个过程的转换和衔接单纯靠民间力量和地方政府与组织可能也需要更长的时间。因此为了缩短时间间隔，需要中央政府发挥其组织和引导作用，如帮助潜在利润的发现，参与新的改革方案的提出、评估、选择和实施，并且尽快推动各个过程的转换和衔接。

3. 改革阶段性重点定位冲突的协调

首先，要根据社会经济发展状况、农民工市民化所面临的主要制度障碍、城乡二元制度各项子制度的利益关系的复杂程度及其在城乡二元制度体系中的地位和作用，明确不同阶段的改革重点。其次，要处理好重点制度的改革与其他制度的关系。由于城乡二元制度内部子制度的制度关联性和相互依赖性很强，因此在某个阶段除了需要对重点制度的改革外，还需其他子制度的配套改革，这样才能推进城乡二元制度的整体性改革，避免制度冲突。最后，要加强阶段性重点制度改革的更替和切换。当社会经济状况发生了变化，劳动力转移或农民工市民化的任务或阶段发生了转换时，制度创新的重点也要随之更替和切换。

4. 地区差异冲突的协调

一是要加强对地区利益差异的协调。这包括通过制度的整体性设计，尽量从制度上协调地区的利益诉求，以及在制度设计之外对受损的地区进行利益补偿，最终达到利益的基本平衡。二是要加强中央政府的统一规划、指导和监督。三是要加快欠发达地区经济发展，缩小地区发展差距。

城乡二元制度对农民工市民化进程的
影响与制度创新[*]

黄 锟

尽管中国农村劳动力迁移的第一阶段（非农化）已经几乎没有制度障碍，但第二阶段，即农民工市民化却依然困难重重。文军[①]，姜作培[②]，刘传江、徐建玲等[③]从人口因素、思想观念、行为方式、社会权利、生活质量和社会参与、制度等多个方面分析了影响农民工市民化的因素。简新华、张建伟认为制度障碍和费用来源是妨碍农民工市民化的两个最大的困难[④]。虽然影响农民工市民化进程的因素是复杂的、多方面的，但是在这些因素中，制度因素是最重要的、根本的因素，其他因素都在某种程度上受到制度因素的制约[⑤]。因此，解决农民工问题，需要从体制和机制入手[⑥]。胡鞍钢也认为包括农民工问题在内的"四农"问题的本质很明显是"一国两制"问题，即城乡两

---

* 本文原载于《经济研究参考》2014年第8期，收入本书时有改动。

① 文军：《农民市民化：从农民到市民的角色转型》，《华东师范大学学报》（哲学社会科学版）2004年第3期。

② 姜作培：《农民市民化必须突破五大障碍》，《城市规划》2003年第12期。

③ 刘传江、徐建玲等：《中国农民工市民化进程研究》，人民出版社，2008。

④ 简新华、张建伟：《从农民到农民工再到市民——中国农村剩余劳动力转移的过程和特点分析》，《中国地质大学学报》（社会科学版）2007年第6期。

⑤ 黄锟：《中国农民工市民化制度分析》，中国人民大学出版社，2011。

⑥ 陆学艺、龚维彬：《从体制和机制入手解决农民工问题》，《农村·农业·农民》2006年第9期。

种不同身份居民的制度安排①。刘应杰从中国长期对峙而极不合理的城乡关系和工农关系出发，论证了中国农民工阶层的出现、存在和发展的重大意义②。郭书田、刘纯彬等将这种城乡关系概括为二元社会结构，认为二元社会结构是由 14 种具体制度构成的，它是中国国情的根本特征和要害③。

本文认为，从制度、体制或城乡关系的角度研究农民工市民化的思路无疑是正确的，因为它抓住了问题的根本。但是这种制度、体制或城乡关系究竟怎样概括才最准确、清晰？它的内涵和特征是什么？这一制度对农民工市民化的影响究竟如何？能够定量分析吗？农民工市民化进程④没有预期的那样快，或者说，制度创新的预期效果并不显著，原因是什么？怎样调整下一阶段制度创新的重点和基本思路？如何解决制度创新效果不显著的问题？这一系列问题，都是推进农民工市民化过程中无法回避的重大问题，需要系统的、深入的研究。本文将阻碍农民工市民化的制度因素归结为城乡二元制度，并对上述问题进行全面的回应。

一 城乡二元制度概括了农民工市民化的特殊制度环境

城乡二元制度，简单地说，就是城乡分割、城乡有别的制度体系。具体来说，城乡二元制度是指在二元经济结构中为了加快城市工业化进程和限制劳动力等生产要素在城乡之间的自由流动而建立起来的城乡分割、城乡有别的制度体系。城乡二元制度几乎涉及所有的社会、经济、政治和文化领域，具体包括户籍制度、住宅制度、粮食供给制度、副食

① 胡鞍钢：《中国存在"四农"问题》，《经济展望》2005 年第 4 期。
② 刘应杰：《中国城乡关系与中国农民工人》，中国社会科学出版社，2000。
③ 郭书田、刘纯彬等：《失衡的中国——城市化的过去、现在与未来》（第一部），河北人民出版社，1990。
④ 这里用市民化进程表示农民工市民化的结果，其中相对于农民工个体时表示农民工是否已经成为市民，相对于农民工群体时表示已经成为市民的人数或比例（即市民化率）。

品与燃料供给制度、生产资料供给制度、教育制度、就业制度、医疗制度、养老保险制度、劳动保护制度、人才制度、兵役制度、婚姻制度、生育制度等 14 种制度[①]。

城乡二元制度不仅是对身份的认定，更是对利益关系的界定，它具有城乡二元性、城市偏向性和城乡分割性等基本特征。城乡二元性有三层含义：一是从城乡二元制度的内涵看，城乡二元制度规范的是城市和农村或市民和农民之间的经济社会关系，是关于城市和农村或市民和农民之间经济社会关系的制度体系；二是从城乡二元制度产生和存在的条件看，城乡二元制度的产生和存在依赖于经济结构的二元性，二元经济结构是城乡二元制度产生和存在的前提条件；三是从城乡二元制度的影响看，城乡二元制度一旦形成，它不仅催生了另一个二元结构——二元社会结构，又造成了二元经济结构中产值结构和就业结构的偏差，从而强化了经济结构的二元性。然而，城乡二元性仅仅是城乡二元制度的表面特征，其本质特征在于城乡不同的权利和利益规定。在城乡权利和利益的规定上，城乡二元制度强调牺牲农村居民的利益，以保障城镇居民的利益，采取的是农业哺育工业、农村支持城市的战略，城乡二元制度就像抽水泵，源源不断地将农业剩余和农民的利益输送到城镇。这种城市偏向的城乡二元制度通过户籍制度、就业制度、社会保障和社会福利制度等具体制度制造了农村居民和城镇居民在权利和利益上的巨大差异（见表1），形成了两个权利、地位迥异的社会阶层。为了保证城乡二元存在及其背后城市偏向的利益格局，就必然要求在城乡二元制度的设计上限制某些生产要素在城乡之间的自由流动，尤其是要严格限制农村居民向城镇居民的转化，从而将农村和城镇二元分割开来。但是，这种分割就像是单向的、不可逆转的棘轮，它只允许农业剩余转移到城镇，却不允许城镇工业剩余转移到农村；只允许城镇劳动力到农村就业，却限制农村劳动力到城镇就业、定居。因此，城乡二元制度的分割性是片面的、单向的分割，而不是将农村和城镇严格分割、封锁起来。

[①] 郭书田、刘纯彬等：《失衡的中国——城市化的过去、现在与未来》（第一部），河北人民出版社，1990，第29~78页。

表1　改革开放前城乡二元制度造成的农村居民和城镇居民的待遇差异

待遇	农村居民	城镇居民
户籍身份	农村户口	城镇户口
就业方式	自然就业	统包统分
就业部门	农业或农村个体手工业和第三产业	城镇正式部门或非正式部门
收入	较低	较高
所得税	农业税和各种提留款	没有
社会保障	无	较完善
社会福利	无	较完善
住房	自建	福利分房
迁移方式	乡城迁移受限制，主要局限于农村内部	主要在城市内部迁移，但由城市到乡村迁移几乎没有限制

关于城乡二元制度形成的原因，目前学术界主要有以下三种观点。第一种观点是从国家实行重工业优先发展战略的目标和途径来解释，认为在重工业优先发展战略下，经济资源向城市重化工业集中，政府实行农产品统购统销政策、人民公社制度和户籍制度等来严格控制人口的流动，实行城乡分割①。第二种观点认为，农民虽然人数众多，但因居住分散而导致的集体行动中过高的沟通成本，以及单个农民的产品只占农业产出的微小份额，造成免费搭车现象，因而缺乏政治力量。由此便形成农民人数众多而政治影响力微弱这种所谓"数量悖论"②。第三种观点认为，我国上级政府对下级政府的政绩考核方式导致了城市偏向的经济政策和城乡二元制度③。以上三种观点只是从不同的侧面解释了城乡二元制度的成因，然而，城乡二元制度绝不是某一种因素独立作用的结果，而是多种因素共同作用形成的。除了上述因素外，城乡二元制度产生和存在还有其经济条件，即二元经济结构；体制基础，即计划经济体制；

---

① 林毅夫、蔡昉、李周：《中国的奇迹：发展战略与经济改革》（增订版），上海三联书店、上海人民出版社，2002，第38～49页。

② M. Olson, *The Logic of Collective Action*, Cambridge, MA：Harvard University Press, 1965, pp. 53 – 65.

③ 陆铭、陈钊：《城市化、城市倾向的经济政策与城乡收入差距》，《经济研究》2004年第6期。

以及人口因素，即巨大的人口压力。

改革开放以来，中国政府采取了许多政策措施，以不断调整和改革城乡二元制度。尽管中间经历了反复和倒退，但从总体趋势上看，城乡二元制度是朝着有利于改善城乡关系和促进农村劳动力转移的方向改革和演进的①。经过 30 余年的改革和演进，城乡二元制度发生了巨大的变革，尤其是在放松劳动力流动限制、加强农民和农民工社会保障方面取得了较大进步。但是，从整体上看，其制度性特征并没有发生根本的改变。这些制度性特征不仅使城乡收入差距出现扩大化的趋势，而且限制了农村剩余劳动力的彻底转移，即市民化。

完整的农业劳动力转移应该包含两个基本含义②：一是产业间转移，即农业劳动力由农业向非农产业转移（非农化）；二是地域间转移，即农业劳动力由农村向城市转移（城市化）。从农业剩余劳动力转移的国际经验看，农业劳动力的非农化和人口城市化大体是同步的。而中国农业劳动力转移却呈现不同的特征。

如图 1 所示，除个别年份外，随着工业化的推进，第二产业增加值占 GDP 的比重逐渐提高，由 1952 年的 20.9% 提高到 2007 年的 44.9%。与此同时，农业劳动力比重也随之下降，非农就业人口比重（即非农化率）和城市人口比重也逐步提高。但是，城市人口比重一直低于非农化率，而且从总体态势上看，城市人口比重提高的幅度更是小于农业劳动力比重下降的幅度和非农化率提高的幅度。1952 年，非农就业人口比重是 16.5%，城市人口比重是 12.46%，前者是后者的 1.32 倍。到了 1995 年，非农就业人口比重提高了 31.3 个百分点，达到 47.8%；而城市人口比重为 29.04%，仅提高了 16.58 个百分点，前者是后者的 1.65 倍。1996 年之后，城市化与非农化的差距才开始逐渐缩小。但直到 2005 年，二者的比率仍然高达 1.26。这种巨大的偏差向我们提出了一个问题：从农业部门转移出来的数量庞大的劳动力并没有带来城市人

① 蓝海涛：《我国城乡二元结构演变的制度分析》，《宏观经济管理》2005 年第 3 期。

② 周叔莲、郭克莎主编《中国城乡经济及社会协调发展研究》，经济管理出版社，1996，第 84 页。

口的相应增加，城市化与非农化的巨大偏差到底意味着什么？它的经济含义是什么？

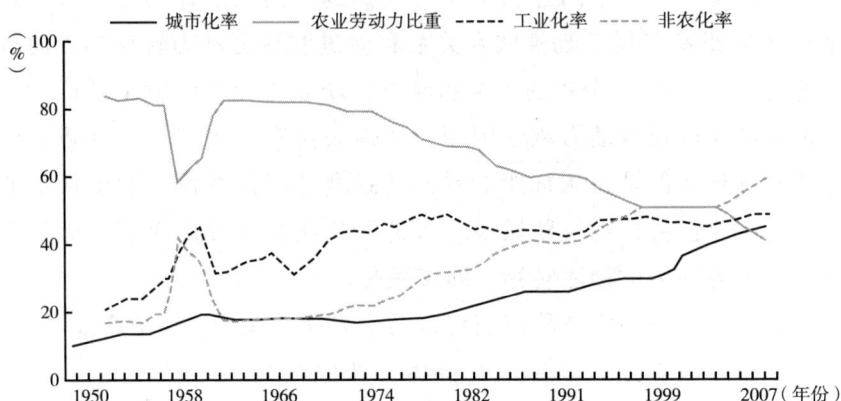

图1　城市化率与工业化率和非农化率的偏差

资料来源：《中国统计年鉴》（1995年，2008年）。

从表面上看，中国城市化速度落后于农业劳动力比重下降速度和非农化率提高的速度。其深层含义是：与国际常态的农村劳动力迁移不同，由于存在独特的城乡二元制度，中国农村劳动力的非农化和人口城市化发生了脱节，即农村劳动力迁移不是一次性完成的，他们在完成产业间转移的同时没有完成真正的地域间转移。也就是说，他们虽然随着工业化的推进而由农业部门转移到非农产业部门就业，但是他们中的绝大多数在城市非正规部门就业，不仅工资待遇很差，而且没有城市户口，没有在城市定居，更没有融入城市，他们是"候鸟型"的迁移者，闲暇时进城打工，农忙时返乡继续从事农业生产。因此，严格来说，他们甚至没有彻底从农业部门转移到非农产业部门。对于这种在城镇非农产业不稳定就业、往返于城镇和农村之间、身份仍然是农民的特殊群体，人们称之为农民工。农民工要想成为城市居民，还必须突破种种障碍。这就是中国劳动力转移的特殊过程（见图2）。可见，农民工是在中国独特的城乡二元制度环境下农村劳动力迁移过程中的一个过渡性的特殊群体，是农村劳动力非农化和人口城市化不同步的结果；农民工市民化则是非农化的延续，而几乎所有的农民工问题都是在这一过程中浮现出来的。因此，城乡二元制度概括了农民工市民化的特殊制度环境。

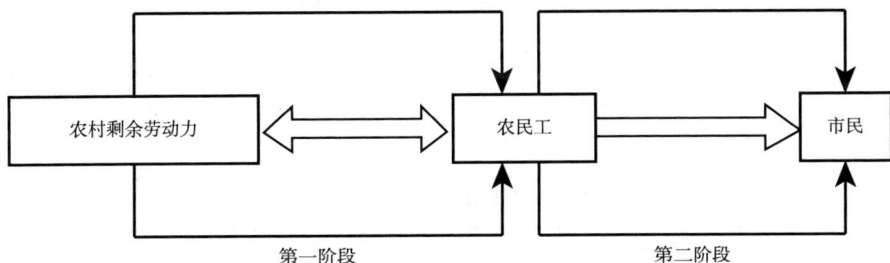

图2　城乡二元制度环境下中国农村劳动力迁移的特殊过程

二　城乡二元制度对农民工市民化进程的影响

农民工的市民化进程实际上受到农民工的市民化意愿和市民化能力的双重约束，只有既有市民化意愿又有市民化能力的农民工才能实现市民化。因此，为了全面考察城乡二元制度对农民工市民化进程的影响，本文分别将农民工的市民化意愿、市民化能力①、市民化进程作为因变量，将自变量划分为基于农民工个体特征的一般性变量和基于城乡二元制度特征的制度性变量。其中一般性变量包括农民工的性别（SEX）、教育程度（EDU）和打工时间（$TIME$）；制度性变量包括分别反映就业制度、户籍制度、社会保障制度、土地制度等城乡二元制度因素，包括找工作时是否使用过亲戚熟人（TW）、从事的行业（EI）、劳动保护状况（LP）、户籍制度是不是阻碍市民化的因素（HI）、是否愿意参加当地社会保障（SSI）以及打工期间土地处置方式（FI）。这样，影响农民工市

---

①　由于农民工市民化一般主要是以家庭为单元，而农民工的配偶或子女可能并没有外出务工，所以为了更接近现实，应该将农民工的工资乘以一个百分数（如70%），因此农民工市民化能力净值＝农民工工资×70%－城镇居民家庭人均总支出。

民化意愿、市民化能力、市民化进程的 Logistic 回归模型可以共同表示为：

$$f(P) = \alpha + \beta_1 SEX + \beta_2 EDU + \beta_3 TIME + \beta_4 TW$$
$$+ \beta_5 EI + \beta_6 LP + \beta_7 HI + \beta_8 SSI + \beta_9 FI + \varepsilon$$

根据 2007 年 2~3 月武汉大学"农民工问题研究"课题组的调查数据①和 Eviews 6.0 软件得出的回归结果如下（见表 2）。

表 2　影响农民工市民化的 Logistic 模型回归结果

模型变量	市民化意愿（模型 1）		市民化能力（模型 2）		市民化进程（模型 3）	
	系数	P 值	系数	P 值	系数	P 值
性别	−0.009	0.838	0.151 ***	0.000	0.027	0.251
教育程度	0.002	0.919	0.105 ***	0.000	0.022 *	0.100
外出打工时间	0.001	0.714	0.008 ***	0.003	0.002	0.154
是否使用过亲戚熟人	0.068	0.167	−0.068	0.156	−0.054 ***	0.041
从事行业	−0.020 *	0.067	0.000	0.983	−0.012 ***	0.041
劳动保护状况	0.044 **	0.049	0.063 ***	0.004	0.004	0.734
户籍是不是阻碍因素	−0.016	0.663	0.026	0.469	0.003	0.885
参加当地社保意愿	0.054 *	0.130	0.042	0.223	0.021	0.265
土地处置方式	−0.016	0.268	0.025 *	0.073	0.015 ***	0.045
常量	0.568	0.000	−0.320	0.004	−0.011	0.852

注：＊、＊＊ 和 ＊＊＊ 分别表示在 10％、5％ 和 1％ 水平上显著。

由模型 1 可见，行业因素和劳动保护因素对市民化意愿具有显著影响（分别在 10％ 和 5％ 水平显著）。其中，行业值越高，市民化意愿越弱，由描述性统计结果可知，制造业、运输、仓储业和建筑业三个行业的农民工的市民化意愿较高，而其他行业农民工的市民化意愿较低；劳动保护越好，市民化意愿越强。参加当地社会保障的意愿也有一定影响，大约在 10％ 水平上显著，正的系数显示，社保意愿越强，市民化

---

① 该调查共发放问卷 1000 份，收回问卷 812 份，有效问卷 741 份，接受调查的农民工的就业地分布在 19 个省市，输出地分布在 28 个省市。调查严格遵循随机抽样原则，样本量较大，具有较为广泛的代表性。

意愿越强。其他因素都没有显著影响。其中户籍因素对农民工市民化意愿影响不显著，这可能与人们的认识有所出入，但却与同为本次调查的其他结果相一致。在农民工不希望成为市民的原因中排在前四位的依次是"城市压力大，不如农村生活舒适""城市就业风险大，害怕失业后生活没有保障""城市房价太高，买不起住房""城市生活费用太高"，分别占 22.7%、21.9%、14.6%、11.2%，而选择"没有城市户口，享受不到市民待遇"的农民工比例仅为 1.7%，这说明农民工市民化的障碍主要来自城市的工作、生活压力和风险，而不是户籍因素。与农民工不希望成为市民的原因的调查结果相类似，农民工的最大愿望同样不是"得到城镇户口，成为市民"（仅占 3.6%），而是"增加工资"、"拥有稳定职业"、"子女能正常上学"和"在城里拥有自己的住房"（分别占 37.8%、33.1%、16.9%、8.7%）。这些调查结果说明农民工对是否取得城镇户口并不看重，因此户籍因素对农民工市民化意愿的影响不显著。

由模型 2 可见，性别、教育程度、外出打工时间和劳动保护状况对农民工的市民化能力具有显著影响（1%水平上显著）。其中，样本为男性、教育程度越高、外出打工时间越长和劳动保护越好，则农民工的市民化能力越强；而土地处置方式在 10%水平上显著，对土地越不重视（如无偿转包或抛荒），市民化能力越强。因为该调查显示，男性、教育程度越高、外出打工时间越长和劳动保护越好的农民工，其工资收入就越高。当然，无偿转包或抛荒只是农民工在农村土地难以流转或交易成本较高的情况下做出的次优选择，但无偿转包或抛荒毕竟不能为农民工带来任何收益，这也在一定程度上制约了这一部分农民工的市民化能力的进一步提高。是否使用过亲戚熟人、从事行业、户籍因素对农民工市民化能力的影响没有通过显著性检验。合理的解释可能是绝大多数农民工（85.3%）在外出就业时都借助过亲戚熟人的帮助，而他们从事的行业基本上都是非正规部门，而且其就业性质基本属于非正规就业，因此农民工在这两个方面的差距并不明显，但是这种状况恰恰反映了农民工在就业方面亟须解决的问题。这种状况主要是由户籍歧视造成的，因此户籍因素对农民工市民化能力的影响也不显著。

由模型 3 可见，在市民化进程方面，是否使用过亲戚熟人、从事行业、土地处置方式对其有显著影响，它们在 1% 的水平上显著。其中，教育程度越高，市民化进程越快，使用过亲戚熟人找到工作的农民工的市民化进程慢于没有使用过亲戚熟人找到工作的农民工；行业值越高，市民化进程越慢；对土地越不重视（如无偿转包或抛荒），市民化能力越强。此外，教育程度对农民工市民化进程也具有显著影响（10% 水平上显著）。性别、外出打工时间、劳动保护状况、户籍因素和参加当地社会保障意愿对农民工市民化的影响均不显著。

通过以上分析，可以得出如下几点重要结论。

第一，城乡二元制度对农民工市民化意愿有着重要影响。在城乡二元制度下，我国农业剩余劳动力被迫采取农民工的就业模式，即身份转变和职业转换相背离。在这种情况下，农业剩余劳动力转移不能像其他国家那样一次性完成，而是被分割为两个阶段。而且农民工在城市受到歧视，在就业和生存状况方面都远远不如城镇职工，成为城乡之间的"边缘人"。正是这种独特的农民工就业模式、生存状态和劳动力转移过程的分割，反过来又降低了他们自身的市民化预期净收益，从而减弱了市民化动力和意愿，成为农民工市民化的障碍。

第二，城乡二元制度对农民工市民化能力也有着重要影响。在城乡二元制度下，由于就业歧视等制度性歧视的存在，大多数农民工只能在城镇次属劳动力市场上就业，而次属劳动力市场就业稳定性差，劳动强度大，工资和社会福利、社会保障待遇差。因而，与不存在城乡二元制度相比，实际就业率下降，实际工资性收入和非工资性收入也低得多。因此，在市民化经济门槛不变的情况下，城乡二元制度导致了农民工市民化能力净值的下降，从而制约了农民工市民化。

第三，具有市民化意愿和市民化能力，以及已经成为市民的农民工的比例呈明显的下降趋势。这说明，一方面，农民工具有比较强烈的市民化愿望，但另一方面，由于受到市民化能力的制约，绝大多数农民工无法转化为市民。因此尽快提高农民工的市民化能力成为促进农民工市民化的关键。

第四，既然城乡二元制度是影响农民工市民化的重要因素，那么加快城乡二元制度的变革，对于促进农民工市民化具有重大意义。

三　未来城乡二元制度改革的重点

目前，城乡二元制度改革正在加速推进，或者说，已经进入关键阶段。然而，从实践看，改革的目标还不够明确，制度安排也比较混乱和存在冲突，甚至制度创新中还经常出现反复。因此，在这一关键阶段，必须明确城乡二元制度改革的重点。

在现有的很多文献中，户籍制度几乎成为众矢之的，好像农民工市民化受阻都是户籍制度造成的，而城乡二元制度的改革自然应该以户籍制度改革为突破口和重点。但从上面的实证分析看，目前，户籍因素对农民工市民化意愿、能力和进程的影响都不显著，影响农民工市民化的制度性因素主要是嵌入到户籍制度中的就业、社会保障、土地、教育等福利性的制度安排。这说明与 2005 年以前，尤其是 20 世纪 90 年代以前相比，随着户籍制度的逐步放开，尤其是一些地方将允许农民工取得城镇户口（如蓝印户口）与享受市民待遇脱钩以来，阻碍农民工市民化的因素已经从形式化的户籍制度（即显性户籍墙）转化为对农民工的预期和收入等权利和待遇具有实质性影响的制度安排（即隐性户籍墙），如就业制度、社会保障制度等。因此，未来城乡二元制度改革的重点不能继续停留在形式化的户籍制度层面，而应该尽快切换到对农民工的预期和收入等权利和待遇具有实质性影响的就业制度、社会保障制度、土地制度上来。如逐步形成城乡统一的劳动力市场，消除就业歧视，加强就业服务，加强劳动保护，逐步提高农民工的工资标准和福利待遇；改革和完善土地产权制度、流转制度和征地制度，在解除土地对农民工市民化束缚的同时，提高农民工合法的土地承包、土地流转和土地补偿收益，这也在一定程度上有利于提高农民工的市民化能力；尽快建立适合农民工的社会保障体系，并逐步缩小与城镇社会保障水平的差距，提高农民工的参保意愿和参保率，为农民工市民化消除后顾之忧；户籍制度的创新主要是继续将就业、社会保障等福利性制度从户籍制度中剥离出来，尽快确立国民待遇原则。此外，加强农村教育，普及农村九年制义务教育，发展农村职业教育，强化农民工的职业技能培训和其他多种形式的成人教育、继续教育，提高农民和农民工的教育程度，对于提升农民工的市民化能力、促进市民化进程也具有十分重要的意义。

后　记

为了展示中共中央党校（国家行政学院）马克思主义学院政治过硬、理论自觉、学术精进的学术风范，展示马克思主义学院人学习研究习近平新时代中国特色社会主义思想的最新成果，不断扩大马克思主义学院在国内乃至国际上的政治影响力、学术影响力和社会影响力，自2019年以来，我们先后编辑出版了三批"马克思主义理论研究丛书"，共29册。丛书出版后，得到中共中央党校（国家行政学院）校（院）委会领导和科研部、教务部的重视，并在社会上产生了较大影响，第一批丛书入选中央宣传部"庆祝中华人民共和国成立70周年大型成就展"。

2022年是中国共产党第二十次全国代表大会召开之年。为了向党的二十大献礼，集中展示马克思主义学院标志性研究成果，我们编辑出版《马克思主义研究前沿》（全六卷）学术丛书。各卷分别为《当代中国马克思主义研究》《马克思主义基本原理及经典著作研究》《马克思主义发展史研究》《马克思主义中国化研究》《中国特色社会主义政治经济学研究》《中国道路研究》，主要收录党的十八大以来马克思主义学院学者发表的体现党校特色、代表马克思主义学院学术水准、立足思想前沿的重要研究成果。

本套丛书的编辑出版得到中共中央党校（国家行政学院）领导的大力支持。社会科学文献出版社社长王利民、社会科学文献出版社政法传媒分社总编辑曹义恒及各卷编辑也为本书编辑出版做出了重要贡献，在此一并感谢。由于我们的水平有限，错误之处在所难免，请广大读者批评指正。

丛书编委会

2022 年 9 月 10 日

图书在版编目（CIP）数据

马克思主义研究前沿：全六卷／中共中央党校（国家行政学院）马克思主义学院主编．--北京：社会科学文献出版社，2022.11（2023.12 重印）

ISBN 978-7-5228-0930-4

Ⅰ.①马… Ⅱ.①中… Ⅲ.①马克思主义-发展-中国-文集 Ⅳ.①D61-53

中国版本图书馆 CIP 数据核字（2022）第 192709 号

马克思主义研究前沿（第五卷）

主　　　编／中共中央党校（国家行政学院）马克思主义学院

出 版 人／冀祥德
责任编辑／曹义恒
文稿编辑／李月明
责任印制／王京美

出　　　版／社会科学文献出版社·政法传媒分社（010）59367126
　　　　　　地址：北京市北三环中路甲 29 号院华龙大厦　邮编：100029
　　　　　　网址：www.ssap.com.cn
发　　　行／社会科学文献出版社（010）59367028
印　　　装／三河市东方印刷有限公司

规　　　格／开　本：787mm×1092mm　1/16
　　　　　　印　张：26.25　字　数：396 千字
版　　　次／2022 年 11 月第 1 版　2023 年 12 月第 2 次印刷
书　　　号／ISBN 978-7-5228-0930-4
定　　　价／980.00 元（全六卷）

读者服务电话：4008918866

版权所有 翻印必究